ATUALIDADES EM PSICOTERAPIA FENOMENOLÓGICO-EXISTENCIAL

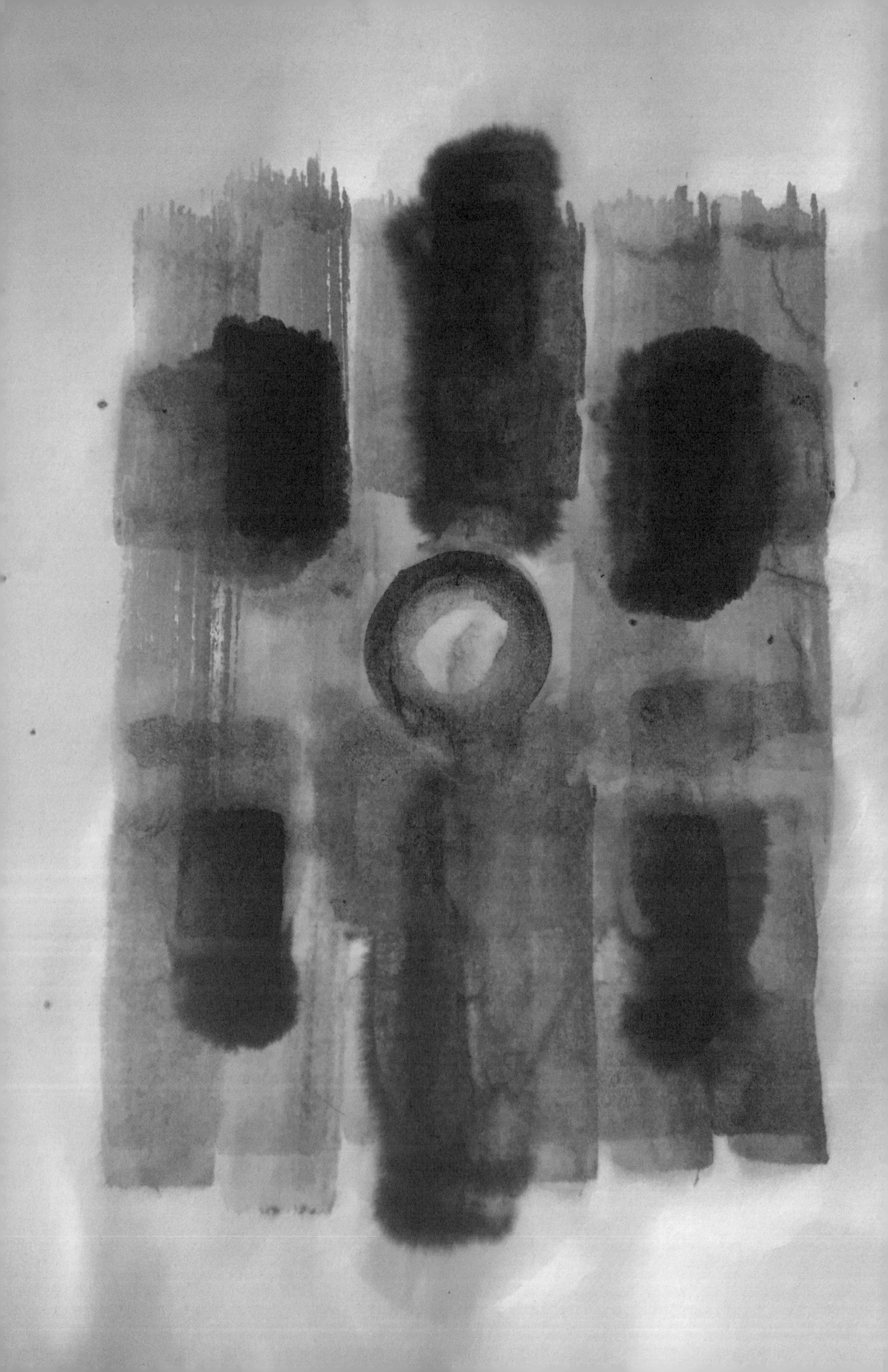

VALDEMAR AUGUSTO ANGERAMI
(Organizador)

ATUALIDADES EM PSICOTERAPIA FENOMENOLÓGICO-EXISTENCIAL

Adriano Furtado Holanda
André Luis Sales da Costa
Bruno Gonçalves
Dafne A. V. Suit
Daniela Darabas Jacinto
Ênio Brito Pinto
Fausto Rocha Fernandes
Francisco B. Assumpção Jr.
Gisele Alves Medeiros
Ileno Izídio da Costa
Lucia Cecilia da Silva
Luiz José Veríssimo
Miguel Mahfoud
Rafael Renato dos Santos
Renata Rodrigues Penha de Souza Oliveira
Rodolfo Rigon Spack
Rosana Zanella
Sueli Guerreiro
Sylvia Mara Pires de Freitas
Tommy Akira Goto

Artesã

Atualidades em psicoterapia fenomenológico-existencial

1ª edição

COORDENAÇÃO EDITORIAL
Karol Oliveira

DIREÇÃO DE ARTE
Tiago Rabello

REVISÃO
Débora Andreza Zacharias

CAPA
Karol Oliveira

IMAGEM DE CAPA
Evandro Angerami

PROJETO GRÁFICO E DIAGRAMAÇÃO
Conrado Esteves

A886

Atualidades em psicoterapia fenomenológico-existencial / Organizador: Valdemar Augusto Angerami . – Belo Horizonte : Artesã, 2020.

356 p. ; 24 cm.

ISBN: 978-85-7074-049-6

1. Psicoterapia. 2. Fenomenologia existencial. 3. Psicoterapia existencial. I. Angerami, Valdemar Augusto, 1950-.

CDU 615.85

Catalogação: Aline M. Sima CRB-6/2645

IMPRESSO NO BRASIL
Printed in Brazil

(31)2511-2040 (31)99403-2227
www.artesaeditora.com.br
Rua Rio Pomba 455, Carlos Prates - Cep: 30720-290 I Belo Horizonte - MG
/artesaeditora

Sumário

Apresentação

Valdemar Augusto Angerami

A maior dádiva do universo é tua vida,
e a Lua contemplativa no firmamento...
(SABEDORIA CIGANA)

Primavera! As flores da sibipiruna, das tipuanas, do ipê-verde, do ipê-amarelo e do ipê-branco estão em festa, e a vida pede mais vida nessa toada maravilhosa de cores. A Constelação de Pégaso ilumina as noites estreladas, mostrando sua maravilhosa configuração. E nesse cenário onírico, a emoção de escrever a apresentação de mais um livro. Um novo trabalho, que é lançado ao alcance de todos que se debruçam sobre os escritos da psicoterapia embasada sob a ótica fenomenológica e existencial. Um novo livro, novo sonho a acalentar nossos dias na crença de que estamos ajudando a construir uma sociedade mais justa, digna e humana. E o fazemos através de nosso instrumental principal que é a palavra escrita transposta para os livros. Livro que traz antigos e fiéis parceiros na companhia de novos caminheiros nessa empreitada de difusão e propagação de conhecimento.

Vamos caminhar por sendas em que a nossa busca teórica se enfeixa com a dos leitores e se funde em algo novo e dinâmico, algo que se faz, acima de tudo, com muita emoção.

Esse é o nosso novo livro, sonho partilhado com você que o tem em suas mãos. Ele também é seu projeto de vida e de sonhos de uma nova psicologia, uma psicologia verdadeiramente mais humana.

Serra da Cantareira, numa manhã azul de Primavera...

PARTE I

Fundamentos históricos e epistemológicos da psicoterapia

CAPÍTULO 1

Da constituição das psicoterapias ditas fenomenológicas e existenciais

Gisele Alves Medeiros
Tommy Akira Goto
Adriano Furtado Holanda
Ileno Izídio da Costa

A constituição do "campo" das psicoterapias remonta aos clássicos trabalhos referidos ao "fazer" médico – desde os tradicionais oráculos, perpassando a confraria dos "terapeutas" de Alexandria, bem como as profundas conversões operadas por Hipócrates e Galeno (Fílon de Alexandria, 1996; Nicaretta, 2009, 2012; Holanda, 2012; Piccinini, 2012) – estabelecendo um contexto difuso, mas consistente, de práticas focadas basicamente na fala e na relação dual, que ganharam cada vez mais relevância, historicamente, com o magnetismo animal (mesmerismo) e a hipnose (Neubern, 2006, 2008), até alcançar notoriedade com a perspectiva freudiana do século passado (Freud, 1987; Mezan, 1986).

A partir daí, uma série de perspectivas diferentes foram se organizando em torno da ideia de uma terapêutica para os conflitos, angústias, paradoxos e sentidos diversos do humano, constituindo assim, um imenso leque de abordagens ou "escolas psicoterápicas".

A relação entre a Fenomenologia e o campo das psicoterapias é igualmente difusa e complexa, exigindo, há tempos, uma reflexão crítica e fundamentada, visto que sob a alcunha do "fenomenológico-existencial" – expressão difundida particularmente a partir dos trabalhos de Sartre e Merleau-Ponty, mas igualmente associada ao pensamento de Heidegger e tantos outros – abriga-se um conjunto relativamente amplo (e ao mesmo tempo, distinto) de práticas e teorias, que na busca de uma consolidação possível, tomaram para si a alcunha de "psicoterapia fenomenológica" ou "clínica fenomenológica", propondo uma aproximação quando não a designação de "fundamentação" – com a Filosofia Fenomenológica e as Filosofias da Existência.

Neste sentido, podemos tomar um comentário de Maslow (1970), representante clássico do movimento humanista estadunidense (que representa o maior impacto nas práticas ditas "fenomenológicas" e "existenciais" correntes no Brasil):

> Temos agora um novo impulso nessa direção pelos fenomenologistas e existencialistas (...) A fenomenologia tem uma história no pensamento psicológico americano, mas de um modo geral creio que definhou. Os fenomenologistas europeus (...) podem reensinar-nos a melhor maneira de compreender outro ser humano (...). É claro, uma tal conclusão é rudimentar, à luz de qualquer Filosofia positivista da ciência (Maslow, 1970, p.40).

No entanto, não foi em solo estadunidense que se iniciou a influência da Fenomenologia no campo da Psicologia e Psiquiatria. Antes mesmo, na Alemanha, muitos psicologistas, psicólogos experimentais e psiquiatras encontraram nessa filosofia a possibilidade de romper com o positivismo e naturalismo reinantes e retomar a subjetividade e o sentido próprio da vida psíquica em sua motivação originária (Spiegelberg, 1972; Misiak; Sexton, 1973). A Fenomenologia nascente ofereceu, então, a possibilidade de um método rigoroso capaz de dirigir a análise diretamente ao fenômeno psíquico, em um contato imediato com a subjetividade psíquica (Holanda, 2014; Goto, 2015; Goto; Holanda; Costa, 2018). Todavia, é fundamental entendermos no que consistiu a Fenomenologia e o método fenomenológico, e como aconteceu a relação entre Fenomenologia e Psicologia, para que essa filosofia viesse a ser conclamada como fundamento de diversas propostas de Psicologias e Psicoterapias.

A Ideia da Fenomenologia e a Psicologia Fenomenológica

Edmund Husserl (2006) contribuiu de maneira significativa para uma nova compreensão e articulação da Psicologia, por isso é fundamental evidenciarmos aqui algumas ideias centrais da Fenomenologia e do método fenomenológico. Para isso podemos partir dos seguintes questionamentos: como Husserl concebeu a Fenomenologia? O que se entende por fenômeno? Qual sua proposta de Psicologia Fenomenológica? Partindo desses questionamentos iniciais, Husserl nos diz que a Fenomenologia:

> [...] é uma ciência essencialmente nova, distante do pensar natural em virtude de sua peculiaridade de princípio e que, por isso, só nossos dias passou a exigir desenvolvimento. Ela se denomina uma ciência de "fenômenos". [...] Por diferente que seja o sentido da palavra fenômeno em todos esses discursos, e que significações outras ainda possa ter, é certo

que também a fenomenologia se refere a todos esses "fenômenos", e em conformidade com todas essas significações, mas numa atitude inteiramente outra, pela qual se modifica, de determinada maneira, o sentido de fenômeno que encontramos nas ciências já nossas velhas conhecidas" (Husserl, 2006, p.25).

A Fenomenologia é, pois, uma ciência que investiga aquilo que aparece ou se mostra à nossa consciência em todas as suas significações possíveis (Goto, 2015; Goto; Holanda; Costa, 2018).

> [...] consiste em uma filosofia cujo projeto radical está no retorno à subjetividade transcendental e ao mundo-da-vida, buscando recuperar metodologicamente a origem de todas as vivências, ou seja, a própria auto manifestação da subjetividade transcendental. É uma filosofia e um método que consiste, em termos gerais, em um estudo rigoroso e descritivo dos fenômenos, ou seja, constitui-se como uma "ciência dos fenômenos" (Goto, 2015, p.273).

Para Husserl, a palavra "fenômeno" é entendida como tudo aquilo que aparece – para uma consciência – portanto, são todas as "coisas" (*Sache*) que se apresentam a alguém; é tudo aquilo que aparece ou surge no campo da consciência como algo puro e absoluto, não sendo uma mera aparência (Husserl, 2006), como pensava Kant. Ao contrário, os fenômenos são *aparecimentos*, e não aparências, pois se dão por si mesmos e com isso as coisas aparecem (Sokolowski, 2007).

A partir dessa ideia fundamental, a Fenomenologia pode reconhecer e restaurar o mundo que ficou "perdido" em meio às inúmeras confusões filosóficas. Como assinala Ales Bello (2017), Husserl não estava preocupado só com a existência[1], mas com a essência. Em outras palavras, o filósofo se preocupava mais com o "sentido das coisas" que com a "existência dos fatos". Em verdade, para este filósofo, a existência dos fatos deveria ser "colocada entre parênteses", porque a forma de compreender os fatos era mais importante do que a existência deles em si.

É válido ressaltar que Husserl (1990, 2006), ao criticar a preocupação com a existência das coisas, estava fazendo-o em relação à noção positivista. Assim, faz-se mister compreender melhor o que Husserl quis dizer sobre o significado da existência. Ales Bello (2017) comenta que Husserl não afirma que as coisas não existem; porém, não quer levar em consideração apenas a existência em sua

[1] A rigor, "existência" não é um tema propriamente husserliano, embora reconheçamos – tal qual outros comentadores – a possibilidade de sê-lo, desde que seja radicalizado o método, ou seja, uma vez cumpridas as etapas necessárias, a *epoché*, ao deparar com a intrínseca relação ego-mundo, potencializa o sujeito da consciência como existente e como existência (RICOEUR, 2009; HOLANDA, 2016; THÉVENAZ, 2017).

factualidade, como os teóricos do Positivismo compreendiam, por exemplo. O que estava em jogo, para Husserl, não era apenas a existência das coisas, pelo contrário; para ele todas existem, da mesma maneira que o significado das coisas (Ales Bello, 2017). "Se 'positivismo' quer dizer tanto quanto fundação", afirma o filósofo, "de todas as ciências naquilo que é 'positivo', ou seja, apreensível de modo originário, então somos nós os autênticos positivistas" (Husserl, 2006, p. 64).

Bem sabemos que uma das influências decisivas na Fenomenologia de Husserl foi a psicologia de Franz Brentano (Ales Bello, 2017; Gomes, Castro, 2010; Holanda, 2014), que desenvolveu o "conceito de intencionalidade", qual seja a característica de toda consciência ser sempre consciência de algo. No entanto, Husserl, por meio de seus estudos psicológicos e lógicos chegou à ideia do "*a priori* da correlação universal", uma ideia que ampliou e modificou de maneira significativa o conceito de intencionalidade brentaniano. Goto lembra que Husserl

> [...] revisitou esse conceito, mostrando que a consciência intencional, em verdade, não é única e exclusivamente psicológica, mas que é constituída por uma multiplicidade de atos intencionais, ou seja, que cada modo de consciência tem seus objetos (fenômenos) e vice-versa, indo para além da atribuição psicologista de Brentano. Ainda, a intencionalidade não é apenas uma ligação ou conexão com o objetivo, mas é um ato que visa possuir o objeto que acontece por muitos atos (Goto, 2015, p. 275).

Assim, Husserl (2006, 2012), na tentativa de superar o psicologismo presente naquele contexto histórico, desenvolveu o seu próprio percurso analítico que o levou à elaboração de um conceito fenomenológico de consciência. Na "Quinta Investigação" das *Investigações Lógicas*, o filósofo explicitou três possíveis significados para definir o conceito de consciência. O primeiro significado é a relação das vivências psíquicas verificáveis no fluxo das vivências; o segundo, a percepção interna das próprias experiências, e o terceiro, a vivência intencional (Husserl, 2012a, p. 295). E é a partir do terceiro significado que Husserl direcionará a sua pesquisa fenomenológica da intencionalidade. Nesse sentido, o fenomenólogo irá definir a consciência como a unidade de vivências, como a totalidade de atos intencionais de significâncias.

A proposição de que a intencionalidade deve ser considerada a característica fundamental da consciência abriu portas significativas no desenvolvimento do pensamento husserliano. Então, para Husserl (2006), toda consciência é intencional por efetivamente estar direcionada para algo. Nas palavras do filósofo: "todos os vividos que tem em comum essas propriedades *eidéticas* também se chamam de 'vividos intencionais', uma vez que são consciência de algo, eles são ditos 'intencionalmente referidos' a esse algo" (Husserl, 2006, p. 89). No entanto, é importante destacar que o conceito de *consciência intencional* não será mais analisado a partir do "conceito de intencionalidade psíquica" de Brentano; diferentemente, Husserl construirá o seu conceito de intencionalidade levando em consideração o seu aspecto transcendental, a partir do *a priori da correlação*. Assim Husserl (2006) explicita:

> Trata-se, exclusivamente, do halo de consciência inerente à essência de uma percepção efetuada no modo do "estar voltado para o objeto" e, mais ainda, daquilo que está contido na própria essência desse halo mesmo. Ora, faz parte dessa essência que certas modificações do vivido originário sejam possíveis, modificações que designamos como livre mudança do "olhar" – não exatamente e meramente do olhar físico, mas do "olhar do espírito" (p. 87).

A *intencionalidade,* enquanto aquilo que caracteriza a consciência no sentido forte do termo, acaba por designar todo o fluxo do vivido em fluxo de consciência e como unidade de uma única *consciência*. Em relação ao *a priori da correlação*, as "análises husserlianas principiam pelo *cogito* cartesiano, desvelando um tríplice alicerce preliminar da consciência: um sujeito, um ato e um objeto (correlatos), tendo como condição primordial o denominado '*a priori* da correlação'" (Goto; Holanda; Costa, 2018, p. 126); ou seja, aquilo que mantém correlato no princípio de qualquer vivência, as coisas e a consciência. Nota-se que o pensamento de Husserl é o oposto de um psicologismo que reduz o fenômeno a uma mera compreensão psíquica; a fenomenologia husserliana pressupõe que só é possível encontrar um fundamento para a formação de uma ciência rigorosa nas experiências vividas puras.

Contudo, pode-se entender a Fenomenologia husserliana como uma analítica intencional, ou seja, uma filosofia da consciência, posto que é uma ciência descritiva dos fenômenos e que o fenômeno é todo aparecer da coisa à consciência. Desta feita, Husserl desde os seus primeiros trabalhos empreendeu a análise da consciência para compreender e apreender a origem e os processos que formam o conhecimento, afastando a sua construção teórica do contexto do psicologismo e do logicismo. Entretanto, é importante frisar que a analítica intencional não fez parte apenas do trabalho fenomenológico de criticar e refutar o psicologismo que existia dentro da Filosofia e nas demais ciências, mas procurou, por meio da consciência, buscar uma fundamentação radical da Filosofia.

Outro aspecto da concepção de Fenomenologia, elaborada por Husserl, é que esta se constitui como "ciência pura", como "ciência dos fenômenos", devendo ser entendida como a ciência das essências, ou seja, "como uma ciência que pretende estabelecer exclusivamente 'conhecimentos de essência' e de modo algum 'fatos'" (Husserl, 2006, p. 28). Dessa forma, a concepção de Fenomenologia de Husserl se distancia do sentido convencional do termo, de uma ciência dos fenômenos físicos ou psicológicos, muito menos uma ciência dos fatos.

Assim, a fenomenologia husserliana além de ser uma ciência dos fenômenos, ou seja, uma ciência do sentido das coisas, será também uma "ciência eidética". Como afirma Binswanger, compreende-se que sua tarefa como "ciência eidética" é explicitar

> [...] as experiências fundamentais apriorísticas ou puras e descrevê-las em forma pura, quer dizer, sem realizar nem fundamentar teoricamente [...], fundamentalmente contraria a todas as teorias, inclusive as pertencentes a teoria do conhecimento. Não adota a tal fim posição afirmativa nem negativa alguma. Não pretende ser mais que uma ciência dos fenômenos da consciência e certamente dos fenômenos puros ou essenciais dos mesmos, percebidos por visão categorial e observação essencial (Binswanger, 1973, p. 20).

Como foi abordado até aqui, a Fenomenologia se autodenomina como a "ciência dos fenômenos", e deve ser compreendida como "a ciência que investiga aquilo que aparece ou que se mostra à consciência em todas as suas significações possíveis" (Goto, 2015, p. 64). Todavia, a concepção de fenômeno de Husserl não deve ser confundida com a tradição kantiana ou aristotélica – que definia o fenômeno como aquilo que aparece exteriormente e se torna objeto *de* e *em* nossa experiência sensível. Então, para Husserl, o fenômeno não é apenas mera aparência e nem um aparecimento objetivo, mas é real; por meio dele as coisas aparecem, e por meio dele é possível conhecer as coisas, o mundo e os sujeitos (Husserl, 2016).

Por fim, mesmo que concisamente, ainda cabe destacar que a Fenomenologia de Husserl teve o intuito de conduzir a Filosofia em uma ciência rigorosa. Nesse sentido, Husserl pretendeu elevar a Filosofia afastando-se das divergências filosóficas e do ceticismo presente no campo da filosofia e das ciências humanas, alicerçando-a na Filosofia sob bases sólidas e apoiando-a em evidências, na ausência absoluta de dúvidas (Tourinho, 2010).

A ideia de Fenomenologia influenciou muitos filósofos, psicólogos, biólogos entre outros, que estavam direta e indiretamente ligados à filosofia de Husserl, principalmente aqueles que estavam interessados nos fenômenos da existência. Um deles foi Martin Heidegger, que investigou os fenômenos da existência humana, nomeando-os como *Dasein* (Ales Bello, 2017) e, como o mestre, influenciou também uma geração de estudiosos. Além de Heidegger, um dos responsáveis por introduzir o tema da existência no contexto da filosofia contemporânea, precisamos destacar os trabalhos de Merleau-Ponty sobre a corporeidade e os de Jean-Paul Sartre sobre o imaginário, como derivações das reflexões fenomenológicas (Ales Bello, 2017; Spiegelberg, 1972; Thévenaz, 2017). No entanto, há que se observar, com Ales Bello (2017), que todos estes admitiram a presença do fenômeno da existência humana, porém, não examinaram a dimensão do ato intencional.

Diferentemente destes, a aluna e assistente de Husserl, Edith Stein (2002), concordou com a dimensão dos atos, da análise eidética da consciência, se interessando pela estrutura da pessoa, reconduzível à realidade transcendental – aos atos de consciência –, a partir dos atos intencionais psíquicos. É importante mencionar que, para Stein (2002), é por meio dos atos conquistados que vem a existência das coisas (Ales Bello, 2017).

Ao adentrarmos na história da Fenomenologia e das concepções filosóficas que sofreram influência direta do pensamento de Husserl, é possível perceber que muitas delas não deram as mesmas ênfases que Husserl, tal como comenta Paul Ricoeur, "(...) ainda que a fenomenologia em sentido lato seja a soma da obra husserliana e das heresias que nasceram de Husserl, é também a soma das variações do próprio Husserl" (Ricoeur, 2009, p. 8-9). Um exemplo desta afirmação de Ricoeur está no comentário de Ales Bello (2017) que, do ponto de vista histórico, é possível perceber que o pensamento filosófico do Heidegger, Merleau-Ponty e Sartre nasceram da análise fenomenológica da existência, constituindo, assim, o chamado *Existencialismo*, embora o próprio Husserl não fosse um existencialista. Nas palavras da filósofa italiana, em certo sentido, os existencialistas entram indiretamente na questão dos atos, porém, não seguiram rigorosamente a análise husserliana sobre a subjetividade, consciência, e é neste ponto que essas filosofias se distanciam da Fenomenologia de Husserl.

Husserl (2006, 2012) adentra a subjetividade, os atos intencionais, as vivências, para conhecer o sujeito que apreende o fenômeno; para assim poder conhecer as características do que está "fora" (não factualmente) e "dentro", conforme foi apreendido pelo sujeito. Faz uma análise do ponto de visto do *espírito*. Em contrapartida, os "*Existencialistas* estão mais interessados na existência do ser humano, no seu existir, em sua facticidade, permanecendo fora, no 'aí' do mundo" (Ales Bello, 2017, p. 95).

Essa observação é importante, pois quando essas diferenças são levadas em consideração, tem-se a evidência de certas confusões e equívocos conceituais que estão presentes principalmente nas análises psicológicas que, habitualmente, chamamos de "Psicologia Fenomenológica", principalmente na psicologia brasileira (Goto, 2015; Orengo, 2017). Uma das características – bases do pensamento husserliano –, que muitas vezes aparece negligenciada por boa parte das interpretações psicológicas no Brasil, é que "a Fenomenologia é, igualmente, uma ciência, como um "conhecimento atento e aprofundado de alguma coisa", ou como "noção precisa", conhecimento sistematizado a respeito de algo (Holanda, 2014, p. 31). Com isso, percebe-se que o fundamento de muitos trabalhos acadêmicos no campo da Psicologia não parte da concepção de Fenomenologia presente em Husserl, mas de interpretações – variadas, e muitas vezes destoantes, em alguns casos até mesmo confusas – de seus seguidores.

O Método Fenomenológico: Epoché, Redução Eidética e Fenomenológica

O ponto essencial na compreensão de Fenomenologia é o "método fenomenológico", pois só assim poder-se-á pensar no acesso à subjetividade transcendental e ultrapassar as ideias objetivistas e positivistas que têm por função primordial "reconduzir a atenção às coisas mesmas", ou seja, se atentar diretamente ao fenômeno que surge à consciência intencional.

O método fenomenológico, elaborado por Husserl (1990, 2006), impõe uma máxima: "voltar às coisas mesmas" (*zu den Sachen selbst*). Este "voltar" tem o sentido de buscar os fundamentos primeiros ou, em outras palavras, para Husserl, essa máxima tem relação com "deixar ver" por si mesmo, o que aparece na experiência. Nas palavras de Goto (2015, p. 74), "'voltar às coisas mesmas', como postulou Husserl, é um princípio que exige trabalhar na aparição imediata das coisas que se dão em sua autêntica origem, sem recorrer às teorias científicas ou filosóficas estabelecidas sobre as coisas".

Deve-se entender que a palavra "coisa" utilizada por Husserl não se refere a "coisa física" (*Ding*), mas à "coisa-argumento" (*Sache*). Dessa forma, o método fenomenológico se distancia da perspectiva tradicional de ciência, que se estabelece a partir das coisas objetivas e das teorias já postuladas sobre determinado objeto. Husserl, em seu posicionamento crítico à ciência, possibilitou uma nova forma de construir e apreender a realidade, proporcionando então um resgate autêntico da subjetividade (Holanda, 2014). O retorno às "coisas mesmas" inclui um momento "negativo" (Goto, 2015; San Martín, 2008, 2018). Em outras palavras, seria um momento de *suspensão* e supressão de tudo o que nos impede de ver as coisas como são, ou seja, a "coisa mesma". Husserl (2006) denominou esse "momento negativo" como *epoché (εποχή)*, que significa "ter sobre", tendo um sentido de abster-se ou reter-se. A *epoché* é uma espécie de "colocação em parênteses", uma espécie de suspensão da nossa *atitude natural*. A posição natural se caracteriza por hábitos acríticos, em outras palavras, é a posição que ocupamos diariamente em nossas crenças e ideias. Na *epoché* universal, diz Husserl,

> colocamos fora de ação a tese geral inerente à essência da orientação natural, colocamos entre parênteses tudo o que é por ela abrangido no aspecto ôntico; [...]. Se assim procedo, como é de minha plena liberdade, então não nego este "mundo", como se fosse sofista, não duvido de sua existência, como se fosse cético, mas efetuo a εποχή "fenomenológica", que me impede totalmente de fazer qualquer juízo sobre a existência espaço-temporal (Husserl, 2006, p. 81).

Dessa maneira, é necessário suspender a atitude natural na Fenomenologia, já que essa atitude ofusca, desde o início, nosso contato com as coisas. Quando se está ocupado na atitude natural, fica-se preso a uma atitude dogmática sobre a verdadeira condição do conhecimento, assim não somos capazes de duvidar das coisas estabelecidas nelas mesmas, pelo contrário, "mantemos a crença (*doxa*) de que elas estão originalmente aí diante de nós, como verdadeiras, reais e óbvias" (Goto, 2015, p. 77). Edith Stein explica que a *epoché*

> [...] não consiste em questionar as teorias sobre as coisas, ao contrário, é deixar de lado, o quanto for possível, o que ouvimos e lemos ou que nós mesmos produzimos, a fim de se achar a melhor solução para uma situação. Para, por assim dizer, acercar-nos das coisas com um olhar livre de preconceitos e absorver-nos da intuição imediata. Se queremos saber o que é o ser humano, teremos que pô-lo de modo mais vivo possível na situação em que experimentamos a existência humana, ou seja, o que dela experimentamos em nós mesmos e em nosso encontro com outros humanos (Stein, 2002, p. 33).

Por isso, todo tipo de conhecimento produzido no mundo real, sem que haja algum tipo de dúvida radical, fundamenta-se na atitude natural (como, p. ex., os conhecimentos produzidos nas ciências). Husserl insiste então que, ao invés de permanecer nessa orientação, deve-se "modificá-la radicalmente" (Husserl, 2006, p. 78), pois assim pode-se promover o trânsito da atitude natural para a atitude fenomenológica – que seria a posição de um "observador desinteressado". No caso, na *atitude fenomenológica* ou *transcendental* é possível a neutralização das intencionalidades. Caso permaneça na atitude natural, o indivíduo cometerá o erro de considerar apenas um dos polos: o objetivo, representado pela ciência, ou o subjetivo representado pela filosofia e a psicologia. Já na *atitude fenomenológica* ou *transcendental*, é possível descrever a intencionalidade e os polos constituintes correlatos, ou seja, "o ser a mostrar não é senão aquele que, por fundamentos essenciais, designamos como 'vividos puros, como 'consciência pura', que tem de um lado, seus puros 'correlatos de consciência' e, de outro, seu 'eu puro' [...]" (Husserl, 2006, p. 84).

Na atitude fenomenológica é possível ser "re-conduzido" aos fundamentos primeiros, aos fundamentos essenciais. A recondução ou mais propriamente a redução (*reduktion*) tem o sentido de "conduzir de volta" (*zuruckfuhrung*), uma espécie de recondução ao resíduo originário (San Martín, 2008). A concepção de "redução" apareceu oficialmente na obra *Die Idee der Phanomenologie* ("A Ideia da Fenomenologia") em 1904; contudo, o método fenomenológico não se restringiu à redução, mas incluiu outros elementos constitutivos, como a "redução eidética" e "redução fenomenológica ou transcendental" (San Martín, 2008).

A "redução eidética" é a recondução ao essencial ou, como afirma Stein (2002), p. 33), "é dirigir o olhar ao essencial". A essência, ou *eidos*, para Husserl (2006) é tudo aquilo que está presente em cada fenômeno, tudo aquilo que é peculiar e universal e que constitui o que é, mesmo com a alteração da facticidade. Assim, a coisa que é dada empiricamente (singular e individual), aqui e agora, é um mero exemplar; porém, como explicita Stein (2002, p. 33), a coisa também "é por essência e, isto pode ter um duplo significado: o que a coisa é pelo seu ser próprio e o que é por sua essência universal". Nas palavras de Husserl, "a redução aqui em questão, que leva do fenômeno psicológico à 'essência' pura, ou no pensamento judicante, da universalidade fática ('empírica') à universalidade de 'essência', é a redução eidética" (HUSSERL, 2006, p. 28). A chegada às essências promove assim o distanciamento dos fatos dos quais se ocupa a ciência positivista e faz da Fenomenologia uma "ciência de essências", ultrapassando os aspectos naturais (naturalismo, objetivismo), com o intuito de chegar aos significados constituídos na subjetividade. No entanto, a redução eidética ainda não completa a intenção da Fenomenologia de "purificar" os fenômenos do sentido psicológico e das características que recebem da realidade.

Portanto, a Fenomenologia, para Husserl (2006, p. 28), "não deve ser uma doutrina das essências de fenômenos reais", dos fenômenos psíquicos, por exemplo, "mas de fenômenos transcendentalmente reduzidos". Dessa maneira, deve-se também introduzir a "redução transcendental ou fenomenológica", pois só assim é possível ser "re-conduzido" à subjetividade transcendental, ou às vivências dos fenômenos puros.

A Psicologia Científica e a Psicologia Fenomenológica: Da crítica ao psicologismo à psicologia pura/fenomenológica

A origem da Fenomenologia está relacionada a um ponto importante, que é a preocupação de Husserl acerca dos fundamentos da matemática (SAN MARTÍN, 2018). Essa preocupação o levou à Psicologia, mais especificamente aos estudos sobre o ato psicológico na experiência da contagem (ato de contar). Como nos diz San Martin, esse foi um dos pontos de partida que possibilitou o surgimento da Fenomenologia,

> [...] justamente nesse ato de contar que encontramos imediatamente uma diferença: a diferença entre o ato de contar coisas e o resultado do contar. Porque, por um lado, temos o fato de contar: conto duas vezes 4 e obtenho o 8 como resultado. Agora, aqui vai a pergunta chave: a verdade do resultado 8 está implícita no fato de contar de maneira que, por exemplo, a outro que conte de um modo diferente tenha um produto distinto? Captar as implicações dessa pergunta é imprescindível para entender a Fenomenologia (SAN MARTÍN, 2018, p. 2-3).

É possível dizer que o ato psicológico, ao ser analisado, norteará os questionamentos de Husserl a respeito dos fundamentos do conhecimento matemático em relação à questão psicológica. A relação e o diálogo fecundo que Husserl teve com Frege[2] foi fundamental para o desenvolvimento da sua teoria e método, porque

[2] Gottlieb Frege (1848-1925), matemático, lógico e filósofo alemão, estabeleceu intensa relação com Husserl, em correspondências entre 1891 e 1894.

este, diferentemente de Husserl, defendia que o ato de contar não tinha nenhuma relação com os resultados (San Martín, 2018).

Inicialmente, Husserl pensava que a verdade dos resultados poderia ser deduzida da contagem, ou seja, da experiência psicológica, porém o contato que teve com Frege e as divergências decorrentes desse debate fez com que Husserl revisitasse novamente a lógica matemática daquele século, levando-o a descobrir a impossibilidade de sua tese psicologista. Se, para Husserl, a verdade dos resultados dependia da experiência psicológica, seria o mesmo que defender o "psicologismo"; em outras palavras, cair nas armadilhas da incoerência sobre o empírico e o apriorístico, colocando as verdades sobre a lógica e a matemática em xeque. A Fenomenologia de Husserl começa então com a crítica ao "psicologismo", evidenciando que a verdade da ciência, da lógica e da matemática, não se reduz às verdades empíricas, factuais, tal como postula a ciência psicológica. A Psicologia é uma ciência que lida com os fatos empíricos, enquanto a lógica e a matemática estariam no contexto daquilo que chamou de "ciências de direito", ou seja, ciências que propõem verdades que não podem ser reduzidas a fatos.

O que nos importa nesse momento é que a Fenomenologia aparece em estreita relação com a Psicologia, inicialmente identificada com esta, por promover análises psicológicas, ou seja, com descrições dos vividos psíquicos, porém por questões de garantia da verdade, logo se distinguiu. A Fenomenologia, "a mesma que fez a sua aparição nas *Investigações Lógicas* e cujo sentido me foi sendo dado cada vez mais profunda [...], não é psicologia", como afirma o filósofo, pois "o que impede a inclusão dela na psicologia não são demarcações contingentes dos domínios, nem terminologia, mas fundamentos de princípio" (Husserl, 2006).

Essa discussão da relação entre Fenomenologia e Psicologia percorre todo o trabalho filosófico do fundador da Fenomenologia. É válido lembrar que, mesmo ao fundar a Fenomenologia, Husserl foi acusado de cair novamente num "psicologismo" por descrever os atos da consciência, mesmo que para o filósofo, todo trabalho filosófico tivesse que começar pela descrição psicológica do vivido, discernindo aquilo que eram "verdades de fatos" de "verdades de direito" (San Martín, 2018).

Apesar da Fenomenologia ter, em seu bojo, um projeto de Psicologia, desde o início da filosofia cartesiana, a emancipação da Psicologia em relação à Filosofia foi consolidada pela incorporação do modelo científico natural às suas investigações, elaborando uma epistemologia baseada nas ciências naturais. Por meio da conquista científica da Psicologia, houve uma mudança significativa no seu estatuto teórico que a fez deixar de ser um "saber e cuidado da alma", passando a ser ciência da consciência ou dos fenômenos psíquicos. E, assim, com os modelos experimentais nos estudos do psiquismo, no final do século XIX, a Psicologia se separou definitivamente da filosofia e da fisiologia, se transformando numa ciência da consciência e, posteriormente, em ciência do comportamento (Goto, 2015; Holanda, 2019). Nos adverte Husserl:

> Se aprenderá a ver que a psicologia psicofísica, experimental e a estética externa, embora muito pretendam repousar sobre a experiência interna, nunca poderão chegar a uma psicologia própria e adequada, uma psicologia que ofereça ideias e, por esse entendimento, a vida psíquica e a vida mental em si mesma (Husserl, 2001, p. 45).

A Psicologia tornando-se uma ciência autônoma, positivista, deixou a tarefa de construir uma epistemologia própria para o seu objeto específico; diferentemente disso, apropriou-se do método científico, tal como outras ciências recentes na época. Isso resultou em uma série de confusões conceituais, devido ao fato de seu objeto – o psíquico –, ser demasiado complexo e sua metodologia científica não alcançar a totalidade da vida psicológica (Goto, 2015). Mais tarde, Husserl denunciará a "crise da Psicologia" no bojo da "crise das ciências" (Husserl, 2012a).

A redução objetivista dos conceitos de verdade e saber afetou drasticamente a Psicologia, fazendo-a esquecer que é uma "ciência" que se ocupa da subjetividade. "Meras ciências de fatos fazem meros homens de fatos", afirmará Husserl (2012a, p. 03). Por isso, Husserl sempre insistirá nas duras críticas ao modelo físico-naturalista adotado pela Psicologia científica, já que, ao adotar esse modelo, acabou por assumir o objetivismo natural tanto do mundo físico, quanto do mundo psíquico, o que significou na naturalização do psiquismo e da subjetividade (Husserl, 2012b).

Ao tecer sua crítica à Psicologia científica, ao psicologismo filosófico e à importante distinção da Fenomenologia com a Psicologia, Husserl identificou uma outra área do saber ou disciplina que denominou de "Psicologia pura ou fenomenológica", e chega a afirmar:

> Ao mesmo tempo em que a fenomenologia filosófica, mas sem se distinguir a princípio dela, surgiu uma nova disciplina psicológica paralela a ela, quanto ao método e ao conteúdo: a psicologia apriorística pura ou "psicologia/fenomenológica", na qual, com um afã reformador, pretende ser o fundamento metódico sobre a qual pode, por princípio, erguer-se uma psicologia empírica cientificamente rigorosa. A demarcação desta fenomenologia psicológica rodeada do pensamento natural seja talvez conveniente como introdução propedêutica para elevarmos a compreensão da fenomenologia filosófica (Husserl, 1990, p. 59).

A identificação da Psicologia fenomenológica como uma psicologia pura, surgiu com a investigação das vivências psíquicas; porém, diferentemente da Psicologia científica que se estabelecia nos fatos empíricos e naturais, essa nova disciplina passou a ter como recurso de análise o método fenomenológico, que proporcionou alcançar a essência das vivências psíquicas, transcendendo a relação psicofísica. Como nos diz Stein (2002, p. 20), "Cada fenômeno, é base exemplar de uma consideração de essência". Ou ainda, nas palavras de Husserl:

> O conhecimento a ser sistematicamente investigado, na infinidade de leis essenciais, que precede aqui tudo o que é contingencialmente factual; é o conhecimento mais importante para moldar a Psicologia como uma ciência rigorosa. Claro, por uma Psicologia que quer, como sempre tem que, conhecer o psíquico como parece experiencialmente no mundo dado, deixando ali aquelas cognições que definem e regulam o factual como tal, além do *a priori*. Em todos as partes, tanto na Psicologia como nas ciências naturais, o *a priori* é meramente um limite formal inviolável, com o qual o empiricamente factual deve permanecer, se é para ser concebível, possível *a priori* (Husserl, 2001, p. 49).

Diante disso, a Psicologia Fenomenológica não se constitui como uma ciência empírica, natural, porque, com o método fenomenológico, poder-se-á chegar à vivência psíquica, e não se restringir à mera experiência[3]. O que Husserl (1990) propôs foi uma Psicologia cujo método proporciona uma análise das vivências psíquicas e suas peculiaridades. "Para a psicologia, se inaugura aqui a tarefa universal: explorar sistematicamente as configurações das vivências intencionais [...]" (Husserl, 1990, p. 62.)

Sistematizando resumidamente a definição de *Psicologia Fenomenológica* em Husserl, observa-se que a "*Psicologia Fenomenológica* está pautada nas análises da natureza da vida psíquica, ou seja, das estruturas vividas concretamente e da totalidade dos modos de consciência psíquica (intencionalidades psíquicas)" (Goto; Holanda; Costa, 2018, p. 129). Em outras palavras, é uma psicologia pura, que investiga as vivências psíquicas por elas mesmas, suspendendo e suprimindo a relação psicofísica, chegando a se constituir como a ciência universal das formas e leis dos eventos psíquicos. A tarefa da Psicologia fenomenológica é, pois, reformar os modelos epistemológicos utilizados pela Psicologia – o científico e o filosófico – e, assim, assumir um caráter reformador, de fundamentação e de universalidade para uma "Psicologia". Para isso, é necessário o método fenomenológico, alcançando a "essência" da vida psíquica, ou seja, as intencionalidades e as formas intencionais. É importante salientar que, para Husserl, não se trata de criar mais uma escola ou abordagem psicológica; bem diferente disso, a intenção do fenomenólogo é fundamentar uma autêntica ciência da vida psíquica (Husserl, 1990).

[3] Importante destacar que uma confusão comum de linguagem associa continuadamente "vivência" com experiência, ou com percepção ou mesmo com sensação ou sentimento. Essa confusão é comumente encontrada nos mais diversos discursos psicológicos, notadamente naqueles vinculados à clínica. Conceitualmente, são coisas distintas (facilmente observáveis em vocabulários de psicopatologia, p.ex.), mas ganham perspectivas ainda mais diferenciadas como estruturas fenomenológicas.

A constituição das Psicoterapias ditas fenomenológicas e existenciais

Como apontamos no início desse estudo, a Psicoterapia e a Psicologia clínica são herdeiras diretas da Medicina e da Psiquiatria modernas, porém com modificações conceituais e metodológicas significativas que surgiram principalmente com o advento da Psicanálise de Freud, e as contribuições iniciais de C. G. Jung. A Psicoterapia moderna foi elaborada fundamentalmente pelas investigações na Psiquiatria e na Psicopatologia, principalmente por pesquisadores e profissionais que estavam colocando em suspeita a ideia orgânica e naturalizada de psíquico e psiquismo, provenientes da medicina tradicional moderna (Ellenberger, 1971).

Embora a Psicanálise tenha surgido por influências da Medicina, Psicologia e Psiquiatria, o trabalho clínico de Freud e seus colaboradores contribuiu de maneira decisiva para o advento e consolidação da Psicoterapia e Psicologia clínica moderna, que se instituiu definitivamente após a Primeira Guerra Mundial. Carl Jung, que foi um importante colaborador de Freud nos primórdios e no estabelecimento da Psicanálise, descreveu rapidamente a história da psicoterapia moderna em uma conferência realizada na Associação de Medicina de Zurique, em 1935, elencando as escolas diversas com diferentes métodos: o método da sugestão ("terapia pela sugestão", de Lièbeault-Bernheim; "reeducação da vontade" e "persuasão", de Babinski; "ortopedia psíquica racional", de Dubois); o método educativo, de Adler; o "treinamento autógeno", de Schultz; e, por fim, a "Psicanálise", de Freud. O psiquiatra suíço destacou que com a concepção psicanalítica de Freud, a psicoterapia moderna passou a ser uma "ciência e um método científico" que substituiu a compreensão e índole do tratamento, que na época consistia predominantemente na teoria da sugestão, para o conhecimento profundo da natureza e complicações psíquicas (Jung, 1987).

A teoria psicanalítica foi elaborada a partir da compreensão da estrutura e desenvolvimento do psiquismo e de suas relações intrínsecas com as perturbações psicopatológicas, com a relação médica e o processo terapêutico (tratamento). Assim, Freud foi inovador nesse trabalho clínico-psicoterapêutico, trazendo uma nova perspectiva para Medicina e Psiquiatria, a partir da ideia central que as pessoas com constituições saudáveis podem ficar doentes psicologicamente, devido ao conflito e aflição experimentados nas relações cotidianas da vida (Ellenberger, 1971). Como destacam Laplanche e Pontalis (2001, p. 384), a psicanálise pode ser entendida como um "método de investigação que consiste essencialmente em evidenciar o significado inconsciente das palavras, das ações, das produções imaginárias (sonhos, fantasias, delírios) de um sujeito"; bem como um "método psicoterápico baseado nesta investigação e especificado pela interpretação controlada da resistência, da transferência e do desejo" (Laplanche; Pontalis, p. 384-385).

A psicoterapia psicanalítica surge concomitante à elaboração da teoria psicanalítica, estabelecendo-se como um método de tratamento (método clínico) dos distúrbios e conflitos psíquicos e corporais por meio de intervenções psicológicas que, mais precisamente, dão-se na relação entre o médico e o doente. Pode-se dizer que o "fazer" desta psicoterapia acontece em "função primordial da interpretação do conflito inconsciente e a análise da transferência que tende à solução desse conflito", apoiando-se nos "princípios teóricos e técnicos da psicanálise [teoria], sem, todavia, realizar as condições de um tratamento psicanalítico rigoroso [análise]" (Laplanche; Pontalis, 2001, p. 393).

Diante disso, a Psicanálise se tornou um método peculiar de psicoterapia que, segundo Freud (2017), tem sua origem no chamado método catártico e que se colocou em oposição a todos os outros procedimentos da psicoterapia sugestiva existentes. Todavia, o médico vienense preferiu chamar o método de "analítico" após a correção de certos equívocos conceituais, porque a "terapia analítica, por sua vez, não quer aplicar nada, não quer introduzir algo novo, mas quer tirar, extrair, e, para esse fim, ocupa-se da gênese dos sintomas da doença e do contexto psíquico da ideia patogênica, cuja eliminação é o seu objetivo" (Freud, 2017, p. 47).

Do mesmo modo, Jung, ao definir o que é Psicoterapia, explicita que "a concepção psicanalítica de Freud" substituiu as antigas teorias da sugestão, pois Freud "sabia que a causa da doença não era afastada pela repressão do sintoma [...]. Revolucionou a psicoterapia, na medida em que exigia a conscientização das causas" (Jung, 1987, p. 19). Em suas "Memórias", Jung relatou o que considerou um elemento importante e que ampliou o método psicoterapêutico em relação aos demais: a questão da relação humana entre o médico e o paciente. Diz o psiquiatra suíço que a psicoterapia consiste em um encontro, e que a análise se baseia no diálogo, pois o "médico tem alguma coisa a dizer, mas o doente também (Jung, 1995, p. 121).

Disso temos, então, que a "psicoterapia moderna" deve sua origem à teoria psicanalítica, no estabelecimento de um método clínico plenamente psicológico e na instituição de uma atuação profissional específica: o psicoterapeuta. Freud e seus colaboradores foram assim os pioneiros a oferecer um método psicoterapêutico na Psiquiatria, de caráter exclusivamente psicológico, como modo de compreensão e intervenção para as condições psíquicas (Caparrós, 1980).

O primeiro contato da Psicoterapia moderna com a Fenomenologia filosófica aconteceu decisivamente também no campo da Psiquiatria e da Psicopatologia. Karl Jaspers é frequentemente citado com um dos pioneiros nesse empreendimento, principalmente com a publicação da "Psicopatologia Geral", em 1913, que ofereceu a primeira aproximação sistemática para o campo (Jaspers, 2005; Spiegelberg, 1972; May; Angel; Ellenberger, 1977; Holanda, 2011; Teixeira, 2014). Diz Jaspers,

> Houve, na psicopatologia, numerosas tentativas de se criar uma fenomenologia sem, no entanto, se haver constituído, até agora, um campo de pesquisa de reconhecimento geral com ambição de preparar sistematicamente as fundações para as tarefas da psicopatologia. Dado que a fenomenologia de fato oferece um campo produtivo de trabalho, do qual todos podem tomar parte, uma exposição programática de seus objetivos e métodos parece indicada (Jaspers, 2005, p. 772).

A partir desse comentário de Jaspers, parece-nos coerente indicar que a primeira proposta psicoterapêutica entendida como fenomenológica surge a partir dos estudos, trabalhos e práticas clínicas de Ludwig Binswanger, mais especificamente no período que passou a se dedicar a sua clínica particular (May; Angel; Ellenberger 1977; Spiegelberg, 1972; Holanda, 2011; Deurzen, 2007; Giovanetti, 2018). Embora Binswanger (1973, 1992, 2019) tenha absorvido a teoria e clínica psicanalíticas, de maneira muito próxima ao modo de Jung, bem como outras disciplinas autônomas como a Fenomenologia e a Analítica Existencial, a sua proposta de Psiquiatria e Psicopatologia fenomenológica, diferentemente da Psicanálise, não surgiu do tratamento direto dos pacientes, mas de uma consideração teórico-científica dos fundamentos epistemológicos e antropológicos de sua própria clínica (Rovaletti, 2011).

Muitos psicanalistas suíços, principalmente aqueles que vieram a se tornar "existenciais", tiveram influência junguiana; e a interlocução da Psiquiatria, Psicopatologia e Psicologia com a Fenomenologia e o Existencialismo ocorreu "espontaneamente em vários lugares da Europa e entre escolas diversas [...]. Entre eles figuraram Eugène Minkowski, em Paris, Erwin Straus, primeiro na Alemanha e mais tarde nos Estados Unidos, e V. E. von Gebsattel, também na Alemanha [...]" (May, 1993, p. 41). E ainda, "se fez representar mais especificamente por Ludwig Binswanger, A. Storch, Medard Boss, G. Bally e Roland Kuhn, na Suíça; H. Van Den Berg e F. J. Buytendijk, na Holanda, e assim sucessivamente" (May, 1993, p. 41)

É importante destacar que o desenvolvimento dessa nova cultura psicoterapêutica, mesmo que de fundo psicanalítico, ou seja, estabelecida a partir da ideia de "homem psicológico" (Rieff, 1990), se deu de maneira autônoma e paralela, em relação à Psicologia científica, à psicométrica clínica e à psiquiatria tradicional. O próprio Freud manteve essa separação, pois nunca se esforçou para dialogar com a comunidade de psicólogos estadunidenses que, naquele momento, trabalhavam com a experimentação e a mensuração. Assim, a Psicanálise passou a ter um papel importante na Psicologia somente após a Primeira Guerra Mundial, dada a insatisfação com a abordagem psicométrica e seus instrumentos (Caparrós,1980).

Por seu turno, as Psicologias Humanistas e Existenciais surgiram em meados dos anos 50 e foram consolidadas como um movimento em torno do crescimento humano; no início dos anos 60, nasceu como um movimento cultural e social, reunindo uma série de pensadores de diversas áreas, cujas propostas constituíram um "Movimento Humanístico" (Maslow, 1970). A partir desse momento, começam então a emergir diversas "escolas" psicológicas e psicoterápicas, com pressupostos ligados à Psicanálise, à Fenomenologia e ao Existencialismo, ou como comenta Besora (1986), às "pretendidas raízes fenomenológico-existenciais".

A formação dessas psicologias, mesmo não tendo o objetivo de se tornarem um novo paradigma, aconteceu a partir de uma "*Weltanschauung* global, de uma nova filosofia de vida e concepção de homem", como assinala Maslow (1970), como psicologias genuinamente estadunidenses, estabelecidas como um movimento contracultural dos anos 1960. Diferentemente disto, a Psicologia da Gestalt, que conheceu grande desenvolvimento nos EUA, foi a primeira psicologia que teve contato direto com a Fenomenologia, mesmo mantendo-se como psicologia experimental e descritiva dos fenômenos psíquicos (Misiak; Sexton, 1973).

Já as psicologias humanistas surgiram como psicologias clínicas, psicoterapêuticas – com suas origens ligadas à Psicanálise e às Psicopatologias Fenomenológicas europeias (Caparrós, 1980; Scheeffer, 1986) – e seus autores mais conhecidos são Abraham Maslow, Gardner Murphy, Gordon Allport, Rollo May, Fritz Perls e Carl Rogers. No campo mais existencial da Psicologia, os principais filósofos que influenciaram o que se denominou de "Psicologia Fenomenológico-Existencial" foram Kierkegaard, Heidegger e Sartre. Esses três filósofos – ao que acrescentaríamos Nietzsche – se posicionaram frente à existência humana, partindo de uma perspectiva que se distanciava da perspectiva científica (May, 1988; Feijoo, 2010). Assim, cada um ao seu modo, legou aos psicólogos contribuições importantes para fundamentar a prática clínica, tendo como objetivo refletir sobre a angústia e o desespero humano, partindo do pressuposto que o ser humano só se constitui na relação que estabelece com o mundo.

A concepção de "psicologia fenomenológica", no interior das psicologias humanistas e existenciais, cresceu no meio acadêmico e na concepção da prática clínica dos profissionais de psicologia e demais áreas; porém, não se constituíram em torno do projeto proposto por Husserl, carregando consigo, historicamente, equívocos e confusões em relação aos postulados fenomenológicos (Holanda, 2014; Goto, 2015). Mais recentemente, essas confusões foram evidenciadas por Orengo (2017), que realizou uma pesquisa cujos resultados corroboram o fato de existir contrastes e confusões no que ficou conhecido como "psicologia fenomenológica", na psicologia brasileira.

Na sua pesquisa, Orengo (2017) procurou investigar o que o psicólogo brasileiro compreendia como "psicologia fenomenológica" e, após a aplicação e análise de questionário *online*, conclui que é comum os psicólogos brasileiros confundirem vários aspectos históricos e epistemológicos com a tradição fenomenológica, bem como associarem práticas clínicas diversas com a fenomenologia filosófica. Um exemplo disso está na atribuição que é feita à "Abordagem Centrada na Pessoa" de Carl Rogers como uma "disciplina fenomenológica", mesmo quando o próprio autor destaca seu parco conhecimento de vertentes filosóficas (Rogers, 1961).

Outro aspecto importante na pesquisa de Orengo (2017), e que chamou atenção da pesquisadora, foi que nenhum dos 79 psicólogos pesquisados, ditos "fenomenólogos", soube responder às perguntas em consonância com a Fenomenologia de Husserl. Este dado aponta para um desconhecimento por parte dos psicólogos, no que se refere à ideia e aos princípios básicos da Fenomenologia iniciada por Husserl, e uma associação indireta (e inadvertida) entre uma "psicologia fenomenológica" e uma identificação com a fenomenologia. A pesquisa de Orengo, observa que

> [...] se apreendeu que o psicólogo brasileiro associa a psicologia fenomenológica à psicologia humanista e à psicologia existencial. Da mesma forma, constata que existe uma apropriação inadvertida, por parte desses psicólogos, de termos da fenomenologia filosófica com fazeres de práticas psicoterapêuticas (Orengo, 2017, p. 68).

Assim, a indicação – por exemplo – de uma "Abordagem Centrada na Pessoa" como uma "psicologia fenomenológica", guarda pouca ou quase nenhuma conexão direta como o projeto originário (husserliano) da Fenomenologia, mesmo que tenhamos uma ideia de uma "implícita" fenomenologia[4] em seus escritos e propostas (Spielgelberg, 1972; Pagès, 1986; Castelo Branco; Cirino, 2007). Esse distanciamento das ideias originais da própria fenomenologia não evitou que os psicólogos brasileiros recorressem a uma apropriação direta de filósofos como Edmund Husserl e Martin Heidegger, por exemplo, tornando-os quase como "parceiros" ou mesmo "teóricos" adjacentes dessas clínicas.

Dessa maneira, vimos que a relação entre a clínica psicológica e a Fenomenologia foi acontecendo de forma ampla e diversa, formada e "re-formada" a partir de debates nos mais diferentes contextos que vão desde a concepção clássica de psicoterapia, passando por modalidades como aconselhamento psicológico ou terapêutico, plantão psicológico, até a inclusão da dimensão social no contexto clínico

[4] Rogers aparece aqui apenas como uma ilustração dessas relações indiretas com a Fenomenologia. Observe-se que Pagès afirma que "Rogers tenta satisfazer e integrar duas exigências aparentemente contraditórias: uma exigência fenomenológica e uma exigência experimental (...). Rogers é implicitamente fenomenólogo a nosso ver na medida em que para ele a fonte de todo conhecimento autêntico reside numa experiência que partindo da experiência cotidiana, destaca-se daquela que contém pré-concepções e quadros intelectuais deformantes" (PAGÈS, 1986, p.5-6). Este caráter do "implícito", aqui, igualmente corroborado por Spiegelberg (1972), por exemplo, serve-nos de indicação para esta associação, quando o foco dessas teorias e práticas – sejam denominadas de humanistas ou existenciais – tomam por objeto, aspectos considerados como característicos da "Fenomenologia", tais como "experiência", "vivência", "sensação", "percepção", ou simplesmente "existência", "totalidade", etc.

(Barros; Holanda, 2007; Forghieri, 2007; Moreira, 2009a, 2009b; Gomes; Castro, 2010). O que se observa, pois, é que o entendimento – da parte dessas psicologias humanistas e existenciais ditas fenomenológicas – estão, em verdade, mais associadas a formas de compreensão do sujeito humano ("visões de homem") e a "visões-de-mundo" sem, contudo, recorrerem ao método fenomenológico propriamente dito, para seu desenvolvimento (Goto; Holanda; Costa, 2018).

Por fim, diante desse breve histórico da constituição da denominada "Psicoterapia fenomenológica" ou "Clínica Fenomenológica", vimos como esta foi concebida por certas influências teóricas da Fenomenologia filosófica, ainda que de forma difusa e complexa.

Ludwig Binswanger: um caminho a ser retomado e aprofundado

Nesse sentido, pensamos que, para darmos maior propriedade ou coerência a essas questões, um dos caminhos está em esclarecer a origem da relação da Psicoterapia com a Fenomenologia. Para tanto, uma figura central, e certamente necessária para esta compreensão e apreensão, é Ludwig Binswanger, que construiu sua proposta numa dupla via: clínica (psicológica e psiquiátrica) e filosófica (tomando as propostas de Husserl e de Heidegger como solo de fundamentação e como possibilidade epistemológica, metodológica e antropológica para se pensar a Psiquiatria, Psicopatologia e Psicoterapia fenomenológica).

A posição de Binswanger é de destaque simplesmente pelo fato de ser dos poucos que consegue aliar à perspectiva analítico-clínica, o rigor metodológico da fenomenologia, com acesso direto e reflexões objetivas em torno dos pensamentos de Husserl e Heidegger. Em outras palavras, Binswanger constrói sua *práxis* e sua reflexão no aprofundamento filosófico, para além das superficialidades teórico-técnicas, comuns a um conjunto relativamente amplo de modelos de "cuidado" com o sofrimento e o existir humanos (tão antigos quanto contemporâneos).

Decorre de suas reflexões um conjunto de temas fundamentais para se compreender as possibilidades de uma clínica – psicológica e psiquiátrica – orientada fenomenologicamente[5], tais como: "acontecimento psicoterapêutico", que enfatiza a premência da relação eu-outro e a condição bilateral do ser humano – como "ser-humano-com" –; de "arte psicoterapêutica", a partir da qual difere da técnica médica, na direção de um *insight* "no sentido de um tema musical ou poético" (Binswanger, 2019, p. 24), constituindo-se na base de sua "antropologia

[5] A expressão "orientada fenomenologicamente" (*phenomenologically-informed*) tem sido utilizada sistematicamente em estudos contemporâneos que aliam fenomenologia, psiquiatria, clínica e neurociência (CAREL, 2011; FUCHS, 2010; MESSAS; TAMELLINI; STANGHELLINI, 2018; PORTUGAL; HOLANDA, 2019).

fenomenológica" – a base necessária para uma autêntica psicoterapia humana, ou seja, fundada sobre as condições originárias do ser humano e, consequentemente, tornando-se assim a base teórica e metodológica de investigação da Psiquiatria e Psicopatologia e do "fazer" da Psicoterapia (BINSWANGER, 1973; 1992).

Referências

ALES BELLO, A. *Introdução à Fenomenologia*. Belo Horizonte: SPES Editora, 2017.

BARROS, F., & HOLANDA, A. O aconselhamento psicológico e as possibilidades de uma (nova) clínica psicológica. *Revista da Abordagem Gestáltica: Phenomenological Studies*, v. 13, n. 1, p. 75-95, 2007.

BESORA, M.V. La psicología humanista: historia, concepto y método. *Anuario de psicología/The UB Journal of psychology*, n. 34, p. 7-46, 1986.

BINSWANGER, L. Sobre a psicoterapia. In: BINSWANGER, L. *Sonho e Existência*. Rio de Janeiro: Via Veritá, 2019.

BINSWANGER, L. *Artículos y Conferencias escogidas*. Madrid: Editorial Gredos, 1973.

BINSWANGER, L. *Mis recuerdos de Sigmund Freud*. Buenos Aires: Almagesto, 1992.

CAPARRÓS, A. *Historia de la Psicología*. Barcelona: Editorial CEAC, 1980.

CAREL, H. Phenomenology and its application in medicine. *Theoretical medicine and bioethics*, v. 32, n. 1, p. 33-46, 2011.

CASTELO BRANCO, P. C.; CIRINO, S. D. BRANCO, Paulo Coelho Castelo; CIRINO, Sérgio Dias. Fenomenologia nas obras de Carl Rogers: apontamentos para o cenário brasileiro. *Revista de Psicologia*, v. 8, n. 2, p. 44-52, 2017.

DEURZEN, E. VAN. What is existencial psychotherapy? In: Dryden, W. (Ed.), *Dryden's handbook of individual therapy*.London: Sage, 2007.

ELLENBERGER, H. *The Discovery of the Unconscious*. New York: Basic Books, 1971.

FEIJOO, A. M. L. C. de. Fundamentos Fenomenológicos-Existenciais para a Clínica Psicológica. *Biblioteca Virtual Fantástica Veredas – FGR*. Belo Horizonte, 2010.

FÍLON DE ALEXANDRIA. De Vita contemplativa. In: Leloup, J. Y. *Cuidar do Ser. Fílon e os Terapeutas de Alexandria*, Petrópolis: Vozes, 1996.

FORGHIERI, Y. C. Aconselhamento terapêutico: origens, fundamentos e prática. São Paulo: Thomson Learning, 2007.

FREUD, S. A Questão da Análise Leiga. In: FREUD, S. *Edição Standard Brasileira das Obras Psicológicas Completas de Sigmund Freud*. Vol. 20. Rio de Janeiro: Imago, 1987.

FREUD, S. Fundamentos da Clínica Psicanalítica. In: FREUD, S. *Edição Standard Brasileira das Obras Psicológicas Completas de Sigmund Freud*. Vol. 7. Rio de Janeiro: Imago, 2017.

FREUD, S. Sobre Psicoterapia. In: FREUD, S. *Edição Standard Brasileira das Obras Psicológicas Completas de Sigmund Freud*. Vol. 7. Rio de Janeiro: Imago, 1987.

FUCHS, T. Phenomenology and Psychopathology. In: SCHMICKING, D.; GALLAGHER, S. (Eds.). *Handbook of Phenomenology and Cognitive Science*. Springer, 2010.

GIOVANETTI, J. P. *Psicoterapia Antropológica. As contribuições de Binswanger e Gendlin*. Belo Horizonte: SPES, 2018.

GOMES, W. B.; CASTRO, T. G. Clínica fenomenológica: do método de pesquisa para a prática psicoterapêutica. *Psicologia: teoria e pesquisa*. Brasília. Vol. 26, p. 81-94., 2010.

GOTO, T. A. *Introdução à Psicologia Fenomenológica*. São Paulo: Paulus, 2015.

GOTO, T. A.; HOLANDA, A. F.; COSTA, I. I. Edmund Husserl: A Fenomenologia e as possibilidades de uma Psicologia Fenomenológica. In: ANTUNEZ, A. E. A.; SAFRA, G. (Orgs.). *Psicologia Clínica da Graduação à Pós-Graduação* São Paulo: Atheneu, 2018.

HOLANDA, A. F. Gênese e histórico da psicopatologia fenomenológica. In: Angerami V. A. (Org.). *Psicoterapia e brasilidade*. São Paulo: Cortez Editora, 2011.

HOLANDA, A. F. *Fenomenologia e Humanismo – Reflexões necessárias*. Curitiba: Juruá, 2014.

HOLANDA, A. F. "O Que é Psicologia?": Dilemas Epistemológicos e Repercussões Contemporâneas. *Revista de Psicologia*, v. 10, n. 1, p. 8-20, 2019. .

HOLANDA, A. F. (Org.). *O Campo das Psicoterapias. Reflexões Atuais*. Curitiba: Editora Juruá, 2012.

HOLANDA, A. F. Fenomenologia, Husserl, Existência: Questões para uma Psicologia. In: FREITAS, M. H.; SANTOS, L. da S. (Orgs.). *Fenomenologia e Psicologia*. Curitiba: Juruá, 2016.

HUSSERL, E. *Ideias para uma Fenomenologia Pura e para uma Filosofia Fenomenológica*. Aparecida: Ideias e Letras. 2006.

HUSSERL, E. *Psychologie phénoménologique*. Paris: Librarie Philosophique J. Vrin. 2001.

HUSSERL, E. *El artículo de la Encyclopaedia Britanica*. México: UNAM, 1990.

HUSSERL, E. *A Crise das Ciências Europeias e a Fenomenologia Transcendental. Uma introdução à Filosofia Fenomenológica*. Rio de Janeiro: Editora Forense Universitária, 2012a.

HUSSERL, E. *Investigações Lógicas*. Lisboa: Phainomenon, 2012b.

JASPERS, K. A abordagem fenomenológica em psicopatologia. *Revista Latinoamericana de Psicopatologia Fundamental,* v. 8, n. 4, p. 769-787, 2005.

JUNG, C. G. O que é Psicoterapia? In: JUNG, C. G. *A Prática da Psicoterapia.* Petrópolis/RJ: Vozes, 1987.

JUNG, C. G. *Memórias, Sonhos, Reflexões.* Rio de Janeiro: Nova Fronteira, 1995.

LAPLANCHE, J.; PONTALIS, J. B. *Vocabulário de Psicanálise.* São Paulo: Martins Fontes, 2001.

MASLOW, A. H. *Introdução à Psicologia do Ser.* Rio de Janeiro: Eldorado, 1970.

MAY, R. *A Descoberta do Ser. Estudos sobre a Psicologia Existencial.* Rio de Janeiro: Rocco, 1993.

MAY, R.; ANGEL, E.; ELLENBERGER, H. (Orgs.). *Existencia: nueva dimension em psiquiatría y psicología.* Madrid, Editorial Gredos, 1977,

MESSAS, G.; TAMELINI, M.; MANCINI, M.; STANGHELLINI, G. New perspectives in phenomenological psychopathology: Its use in psychiatric treatment. *Frontiers in psychiatry,* v. 9, 2018. https://doi.org/10.3389/fpsyt.2018.00466

MEZAN, R. Psicanálise e psicoterapias. *Estudos Avançados,* v. 10, n. 27, p. 95-108, 1996. Disponível em: https://dx.doi.org/10.1590/S0103-40141996000200005

MISIAK, H.; SEXTON, V. S. *Phenomenological, existential, and humanistic psychologies: A historical survey.* Oxford, England: Grune & Stratton, 1973.

MOREIRA, V. A. Gestalt-Terapia e a Abordagem Centrada na Pessoa São Enfoques Fenomenológicos? *Revista da Abordagem Gestáltica: Phenomenological Studies,* v. 15, n. 1, p. 3-12, 2009.

MOREIRA, V. *Clínica humanista-fenomenológica: estudos em psicoterapia e psicopatologia crítica.* São Paulo: Annablume, 2009b.

NEUBERN, M. S. Hipnose e psicologia clínica: retomando a história não contada. *Psicologia: Reflexão e Crítica,* v. 19, n. 3, p. 346-354, 2006. Disponível em: https://dx.doi.org/10.1590/S0102-79722006000300002

NEUBERN, M. S. Reflexões sobre o magnetismo animal: contribuições para revisão da história da psicologia. *Estud. psicol.,* v. 25, n. 3, p. 439-448, 2008. Disponível em: https://dx.doi.org/10.1590/S0103-166X2008000300012

NICARETTA, M. M. A formação do mercado das psicoterapias nos Estados Unidos da América e no Brasil: Psicanálise, Psicologia clínica e Psicoterapias. *Boletim Academia Paulista de Psicologia,* v. 29, n. 1, p. 20-36, 2009.

NICARETTA, M. M. Desnaturalizando o Fim Social da Psicologia da Psicologia Clínica. In: HOLANDA, A. F. (Org.). *O Campo das Psicoterapias. Reflexões Atuais.* Curitiba: Editora Juruá, 2012.

ORENGO, F. V. *O que um Psicólogo compreende por Psicologia Fenomenológica*. Dissertação de Mestrado em Psicologia, Universidade Federal do Paraná, Curitiba, 2017.

PAGÈS, M. *L'Orientation Non-Directive en Psychothérapie et en Psychologie Sociale*. Paris: Dunod, 1986.

PICCININI, W. Crônicas da História : O Nascimento da Psicoterapia Médica. *Psychiatry Online Brazil*, 2012. Disponível em: http://www.polbr.med.br/ano12/wal1212.php

PORTUGAL, V.; HOLANDA, A.F. With and beyond Jaspers: intersections between contemporary approaches in phenomenologically informed psychopathology. *Revista Psicopatologia Fenomenológica Contemporânea*, v. 8, Nr.2, p. 1-22, 2019.

RICOEUR, P. *Na escola da Fenomenologia*. Petrópolis: Vozes, 2009.

RIEFF, P. *O Triunfo da Terapêutica*. São Paulo: Editora Brasiliense, 1990.

ROGERS, C.R. *On Becoming a Person*, Boston: Houghton Mifflin Co, 1961.

ROVALETTI, M. L. La Relación Freud-Binswanger: Un camino a recorrer. *III Congreso Internacional de Investigación y Práctica Profesional en Psicología*, Facultad de Psicología – Universidad de Buenos Aires, Buenos Aires, 2011.

SAN MARTÍN, J.. *La fenomenologia de Husserl como utopá de la razón. Introduction a la fenomenologia*. Madrid: Biblioteca Nueva, 2008.

SAN MARTÍN, J. Psicologia e fenomenologia. *Revista do NUFEN*, v. 10, n. 3, p. 1-21, 2018.

SCHEEFFER, R. N. *Teorias do aconselhamento*. São Paulo: Atlas, 1986.

SOKOLOWSKI, R. *Introdução à fenomenologia*. 3 ed. São Paulo: Loyola, 2007.

SPIEGELBERG, H. *Phenomenology in psychology and psychiatry: a historical introduction*. Evanston: Northwestern University Press, 1972.

STEIN, E. *La Estructura de la persona humana*. Madrid: BAC, 2002.

TEIXEIRA, J. A. C. *Actas do Colóquio 100 Anos Da 'Psicopatologia Geral' de Karl Jaspers*. Lisboa: Instituto Superior De Psicologia Aplicada, 2014.

THÉVENAZ, P. O que é a fenomenologia? Parte I, a fenomenologia de Husserl. *Revista da Abordagem Gestáltica: Phenomenological Studies,* v. 23, n. 2, p. 246-256, 2017.

TOURINHO, C. D. C. Fenomenologia e ciências humanas: a crítica de Husserl ao positivismo. *Revista de Filosofia Aurora,* v. 22, n. 31, p. 379-389, 2010.

CAPÍTULO 2

Psicopatologia e fenomenologia

Francisco B. Assumpção Jr.

A Psicopatologia corresponde a um ramo da ciência que estuda o psiquismo doente e, exatamente por seu objeto de estudo ser vago e pouco específico, submete-se a diferentes métodos de investigação. Como refere Monedero (1973), corresponde a ciência da psique doente que busca delimitar sintomas mediante a observação e a descrição introspectiva. Ela possui interfaces e origens médicas e psicológicas o que vai lhe possibilitar métodos diferentes sendo que uma atitude equilibrada entre ambas as posturas é difícil e significa, antes de mais nada, uma compreensão, ainda que parcial, de uma unidade psíquico-somática (Monedero, 1973).

Entretanto, ao pensarmos a Psicopatologia como o estudo do homem "doente mental", temos que, previamente, determo-nos na questão do estudo do homem enquanto ser. Isso porque diferentes manifestações psicopatológicas não são exatamente as mesmas quando ocorrem em diferentes pessoas mesmo guardando uma certa uniformidade que as coloca dentro de categorias similares. É partir dessa ideia que se delimitaram séries de sintomas que, uma vez agrupados, foram nomeados, definindo assim quadros nosológicos definidos.

Para conhecê-la e compreendê-la, temos que considerar várias áreas de conhecimento extremamente importantes que se intercambiam e que, juntas, constituem seu campo de conhecimento (Assumpção, 2017).

1. Semiologia Psiquiátrica ou Propedêutica Psiquiátrica: corresponde à arte e à ciência do diagnóstico, englobando uma semiotécnica, ou seja, os métodos e técnicas de exame clínico, bem como a arte de examinar o doente mental com a finalidade de obtenção dos sintomas e sinais. Embora essa semiologia dependa da experiência profissional, base do conhecimento heurístico, e da intuição e empatia, bases da Psicologia

Compreensiva, ela tem sido vista nos últimos anos, de maneira predominantemente descritiva (DSM III-R), citada como se fosse um retorno ao método fenomenológico, o que ocasiona confusões conceituais, assim como uma maior pobreza diagnóstica, uma vez que se caracteriza como sendo, eminentemente, de base fenomênica..

2. Clínica Propedêutica Psiquiátrica: corresponde a um ensino clínico preparatório que se destina a reunir, de forma intelectual, cada sintoma, visando poder chegar a um diagnóstico. Ela depende da observação e de um processo de síntese e da crítica dos dados colhidos a partir da semiologia. Permite que se verifique a sintomatologia e a patogenia com o intuito de se estabelecer uma síntese dos quadros mórbidos. Dessa forma, parte do agrupamento de sintomas isolados, com suas características coincidentes, julgando-os em sua relatividade para que se possam estabelecer quadros clínicos gerais, nos quais se verificaram as diferenças quanto a estado (se agudos ou crônicos), quanto a essência e quanto à forma clínica (enquanto entidade mórbida ou síndrome), permitindo que se determine um quadro clínico, a partir do qual se estabelece um diagnóstico enquanto conclusão clínica, com o esclarecimento da provável natureza do quadro, não a partir de uma visão causal linear e direta, mas de sua compreensão dentro de um contexto geral daquele indivíduo. Isso permite que se possa pensar um prognóstico, enquanto avaliação sobre o desenvolvimento da doença, sua duração e suas consequências em um indivíduo particular.

Considerando-se essas características, a Psicopatologia engloba uma Nosocronia Psiquiátrica (enquanto estudo da instalação, curso e término da doença), uma Etiopatogenia (enquanto estudo das causas e teorias psicopatológicas envolvidas, e aqui cabe-nos pensar os quadros clínicos considerando-se analisadores biológicos, psicológicos e sociais), uma Nosologia (enquanto reunião dos quadros mórbidos a nível de classificação sistemática e de nomenclatura), uma Nosografia (enquanto descrição pura e simples das doenças mentais, constituídas a partir de sinais e sintomas de inclusão e exclusão), uma Antixenia (enquanto meios de defesa que o organismo considerado de forma individual, estabelece sob o ponto de vista físico e psíquico, contra os fatores nociceptivos) e, finalmente, uma terapêutica psiquiátrica.

Esse estudo do Homem doente mental, sob o ponto de vista psicológico e psiquiátrico, depara-se com abordagens metodológicas diversas, que não necessariamente apresentam linhas de intersecção. Isso porque seu estudo envolve duas ordens de experiências diferentes, representadas por:

- fenômenos psicofisiológicos elementares, passíveis de observação objetiva direta, de comprovação experimental e de análise quantitativa, sendo passíveis de explicações causais e, assim, caracterizam uma vertente da Psicologia e da Psiquiatria dentro de uma abordagem empírico-positivista, englobando-a dentro das Ciências Naturais;

- fenômenos psicológicos propriamente ditos, que constituem casos típicos e individuais, inacessíveis aos processos explicativos-causais, mas abordáveis através de métodos compreensivos e empáticos, caracterizando aquilo que Husserl chama de Ciências Eidéticas e incluindo a Psicologia e a Psiquiatria no rol das Ciências Humanas.

Quando pensamos os processos patológicos, temos que considerar o método que utilizamos. Dentro dessa visão é que podemos pensar diferentes conceitos, muitas vezes controversos.

A Teoria dos Três Mundos, de Popper e Eccles (1991) propõe uma possibilidade interessante de compreensão do problema. Ela refere um Mundo 1, como um mundo dos campos físicos de forças, campo da biologia e da química; um Mundo 2, das experiências psicológicas conscientes e inconscientes, e um Mundo 3, do saber humano, da linguagem e das teorias e argumentações.

Pensando-se o conceito de doença mental, temos que o Mundo 1 é representado pela abordagem biológica dos quadros orgânicos, bem como pelas alterações físico-químicas neles encontradas, independentemente do aspecto conceitual. Trata-se, portanto, de pensarmos o Homem enquanto um ser vivo, de um gênero e espécie determinados, constituído por um corpo biológico que obedece às leis que caracterizam a espécie. Quando pensamos o Mundo 2, pensamos as informações captadas pela Psicopatologia, embasadas nas vivências do paciente e nas descrições dos sintomas. Finalmente, nosso problema conceitual se situa a nível de Mundo 3, pois se refere à uma teoria de conhecimento que ainda não tem condições de pensar relações causais dentro de toda a gama de problemas psiquiátricos e que se refere também a problemas humanos dentro de sua individualidade e irreprodutibilidade.

Dessa maneira, pensarmos a questão dentro da visão schneideriana é pensar considerando primordialmente o Mundo 1 popperiano, em detrimento do mundo 2. Por outro lado, pensarmos a questão das doenças mentais dentro de uma visão predominantemente psicodinâmica, e, portanto, também dentro de uma ótica explicativo-causal; é pensarmos somente um mundo 2 em detrimento do mundo 1. A questão de maior dificuldade é a passagem entre os mundos, com a sua consequente interação, isso porque se as entidades físicas são reais (em nosso caso as alterações bioquímicas, eletrofisiológicas e genéticas), para Popper e Eccles (1991) estados mentais também são reais, uma vez que interagem em nosso corpo.

Essa questão é conhecida como a questão mente-corpo, ou físico-psíquico cuja tentativa de resolução, neste momento, é representada pelo interacionismo cérebro-mente. Entretanto, a questão do problema conceitual das doenças mentais pode ser vista dentro da questão, também levantada por Popper e Eccles (1991), de que um problema não pode estar contido dentro de um corpo teórico, embora ele possa ser descoberto estudando-se as contradições existentes nesse corpo teórico.

Esse foi exatamente o escopo observado no decorrer deste trabalho, uma vez que as contradições são evidentes, e as posturas pessoais dos diversos autores, mais ainda. Assim, essa questão conceitual não está na existência de essências absolutas, mas sim na criação de objetos em nível de Mundo 3, sobretudo no campo linguístico, capazes de serem utilizados. Isso, entretanto, não corresponde ao fenômeno propriamente dito.

Assim sendo, cremos que diferenças fundamentais são observadas e gostaríamos de esclarecê-las. Quando se constrói o conceito de doença mental, baseado na questão etiológica e, portanto, quando se pensa a "organicidade" desses processos, tenta-se utilizar um padrão metodológico derivado das Ciências Naturais e caracterizado pelas relações de causa-efeito, pela possibilidade explicativa do fenômeno e, em consequência, pelo ideal de replicação, constância do método, possibilidade de análises quantitativas com prioridade à teoria e à ciência, buscando-se conhecimento do fenômeno observado.

Quando se constrói o conceito de doença mental, baseado na visão jasperiana, tenta-se abordar o fenômeno através de seu significado, em toda a amplitude de sua variabilidade, com a inclusão do experimentador no processo de compreensão do fenômeno, dando-se prioridade ao mundo vivido e buscando-se um padrão de conhecimento intersubjetivo.

A primeira abordagem visa uma "explicação causal", associando objetivamente muitos fatos sobre uma base de experiências repetidas. A outra abordagem procura alcançar através da intuição fenomenológica; como o psíquico resulta do próprio psíquico (Berner, 1990). Finalmente, uma terceira possibilidade, a interpretativa, originária dos modelos freudianos, constitui-se em um modelo que, embora derivado do mesmo pensamento positivista das explicações causais, aporta diferentes possibilidades. Essa diversidade, longe de empobrecer, a meu ver, consiste na grande riqueza psicopatológica. Entretanto, há que se perceber qual padrão metodológico é utilizado quando utilizamos determinados conceitos teóricos.

As atuais visões descritivas, em voga na Psiquiatria contemporânea, derivadas da visão anglo-americana, partem daquilo que é a descrição empírica do fenômeno e, embora chamem a si mesmas de abordagens fenomenológicas, constituem-se mais em uma visão neo-kraepelliniana (Othmer; Othmer 1991) dos fenômenos (aspectos fenomênicos) que em uma visão fenomenológica na concepção husserliana do termo, derivada de um mecanismo de compreensão do fenômeno, na qual a descrição e a suspensão das qualidades do fenômeno constituem um primeiro passo destinado a, posteriormente, permitir a compreensão da essência do mesmo. A grande dificuldade do conceito de doença mental propriamente dito é que ao nos referirmos a ele, estamos utilizando conceitos estribados em concepções e métodos de cunho eminentemente filosóficos, independentemente de querermos pensá-lo de forma teórica e independente da figura do observador.

Um comportamento, passível de observação objetiva, pode ser considerado sob determinada ótica (o mundo 3 popperiano) que levará em consideração, primordialmente, um dos outros dois mundos envolvidos, ou seja, o da observação dos dados mensuráveis, dentro de uma metodologia causal e explicativa; ou a observação das vivências psíquicas, envolvidas no processo. Assim, o problema encontra-se muito mais ligado ao conceito utilizado que parte, habitualmente, de uma dicotomia clássica de visão mente-corpo, com algumas tentativas conceituais de vários autores de privilegiar uma ou outra hipótese, dentro das metodologias que até aqui citamos.

A discrepância na utilização desses conceitos é que ele nos leva, muitas vezes, a terapêuticas diferentes, ocasionadas por diagnósticos questionáveis. Assim, o estabelecimento de critérios rígidos de diagnóstico, de extrema dificuldade em psiquiatria, leva a significativas mudanças diagnósticas no campo clínico (Smith *et al.*, 1992). Essa é a maior dificuldade na utilização de conceitos consagrados pelo uso mas que envolvem o nó górdio da psicopatologia humana, ou seja, o da integração de funções que caracterizam a espécie humana, construída a partir da confluência entre um "investimento sóciocultural" sobre um "equipamento genético constitucional" (Ajuriaguerra, 1977) mas que, mais que uma somatória de eventos, constitui significados que a levam, de forma individual e característica, no caminho da individualidade e da transcendência. Assim, para que se possa organizar, de modo adequado, o estudo dos fenômenos por ela considerados, deve-se estabelecer um método.

A questão do método

A palavra método, derivada do grego, significa caminho, e em sentido genérico, pressupõe investigação segundo um plano de saber através do qual se atinge um fim a partir de um caminho estabelecido. É, portanto, o conjunto coerente de procedimentos racionais ou prático-racionais que orienta o pensamento para que sejam alcançados conhecimentos válidos (Nerici, 1985). Ele depende da forma como o campo de estudo torna-se acessível. Assim sendo, não utilizamos obrigatoriamente um único método, mas sim diferentes métodos que nos permitem recortes diferentes do fenômeno estudado.

Para que se estabeleça esse processo de estudo, valemo-nos da observação, enquanto consideração atenta dos fatos, com o objetivo da descoberta das causas e das formas de comportamento; da reflexão, que pode ser estabelecida a partir de deduções, induções e inferências; da experimentação, enquanto processo de verificação de uma hipótese, em que se força a repetição de um fenômeno para que se possa melhor estudá-lo.

Em Psiquiatria, vários podem ser os métodos utilizados para o estudo dos fenômenos. Assim, podemos nos valer de métodos lógico-concretos de apreensão e pesquisa dos fenômenos, que podem ser: a) métodos de investigação das relações ou do estabelecimento das relações; b) métodos de apreensão de fatos particulares (método fenomenológico ou descritivo); c) metodos de estabelecimento de conexões que estudam as relações de causa-efeito, de muita importância para a Psiquiatria como ramo das Ciências Naturais, uma vez que estudam fenômenos de cunho psicofísico, passíveis de serem avaliados, quantificados e generalizados.

A concepção de homem e a avaliação de normalidade

O conceito de normal, sobre o qual estabelecemos os padrões de avaliação, é bastante polêmico. Norma, derivado do latim, significa esquadro. *"Normalis,* em sua raiz etmológica, tem o significado de *perpendicular"* (Canguilhem;1966).

Assim, conforme Canguilhem (1966), norma, regra, significam, a princípio, endireitar, do mesmo modo que normalizar é impor uma limitação a algo cuja variedade e diversidade se apresentam como hostis em relação às exigências. Dessa forma, normalizar corresponde a unificar o universo, reabsorvendo as diferenças.

Várias são as formas de tentarmos estabelecer os critérios de normalidade para que possamos avaliar o fenômeno que se nos apresenta. Entretanto, antes de qualquer coisa, temos que nos remeter à questão se existe, de fato, uma norma psíquica.

É possível descrevermos um "pensar" normal, bem como os comportamentos dele derivados? Em princípio, podemos pensar essa questão da normalidade de duas maneiras diferentes (Zarifian, 1994). A primeira, em relação ao sujeito em si mesmo, e a segunda, em relação aos outros.

No primeiro caso, é a conduta usual do indivíduo que se constitui numa linha de base e referência, e na outra, é o ambiente (muitas vezes representado pelo meio social) dentro de um contexto adaptativo. A ruptura na linha de base conductual de um mesmo indivíduo pode indicar uma alteração a ser estudada ou, de outra maneira, condutas que se afastam totalmente da maioria daquelas observadas no grupo social estudado, em um dado momento, podem ser indicativas de alterações a serem observadas.

Por outro lado, conforme a maneira de abordagem, podemos pensar essa questão da normalidade em função de dois outros critérios. O critério estatístico, o mais frequentemente utilizado em Medicina, identifica a norma através da frequência observada. Dessa forma, o normal passa a ser aquele que mais se aproxima da média, ficando o critério de anormalidade em função do desvio observado. Algumas vezes utilizamos critérios valorativos através dos quais a norma é definida pela qualidade, sendo, então, menos frequente. Assim, o normal passa a ser o socialmente mais categorizado, sendo essa valoração realizada através de aspectos formais (positivos ou negativos), ou materiais, a partir de seus conteúdos, que podem ser:

a) sensíveis: agradáveis, utilitários ou vitais;
b) espirituais: lógicos, estéticos, éticos, religiosos.

Podem ainda ser utilizados critérios de funcionalidade, que vão considerar como normal a ausência de distúrbios, o que passa a não ser considerado em algumas categorias psiquiátricas definidas classicamente como anormalidades.

Entretanto, conforme refere Binswanger (2013), "o homem com problemas mentais é o homem que sonha tendo, portanto, um mundo próprio, ainda que esse se distancie do mundo comum ao qual se encontram abertos os demais". Isso significa que, dentro de uma visão compreensiva, não basta somente descrever o problema demandando-se sua compreensão para que o cuidado se estabeleça de maneira mais eficaz. Isso porque existe uma unidade de significado entre o vivido pelo homem e seu mundo próprio.

Toda doença mental é, a princípio, uma doença do "pensar", uma vez que os comportamentos anômalos são somente a exteriorização de um erro de julgamento (Zarifian; 1994) e assim, diferentes operações mentais são envolvidas, de maneira diversa, naquilo que acabamos de chamar de maneira simplista de "pensar". A consciência, enquanto função neuropsicológica encontra-se profundamente envolvida, bem como outras atividades psíquicas ligadas ao conhecimento, como, por exemplo, o raciocínio e o julgamento.

Assim sendo, quando falamos em doença mental, nos reportamos a algo que afeta, de maneira fundamental o indivíduo pertencente à espécie humana que, no decorrer dos últimos 800,000 anos, como ***sapiens***, desenvolveu enquanto sua função adaptativa mais poderosa e importante, para não dizer característica, a capacidade de processar informações de forma rápida e eficaz, o que lhe valeu a possibilidade de sobrevivência nesse período de tempo diante de um ambiente hostil e de outras espécies muito bem adaptadas. Nessa caminhada histórica, sem nenhuma essência transcendental, divina, abstrata ou metafísica que o direcione, o Homem confere realidade e significado às coisas e às pessoas.

Pensando-se a doença mental, objeto de estudo da Psicopatologia, temos como seu ponto de partida a questão diagnóstica, e o próprio termo tem origem grega, significando reconhecimento sendo que, em Medicina, diagnosticar é reconhecer uma patologia em um indivíduo enfermo com um propósito clínico, de comunicação, de investigação ou outro (Miranda-Sá, 1992). Não estamos, entretanto, diagnosticando entidades que existem em um mundo material somente, estamos examinando relações com o mundo circunjacente das coisas e das pessoas, relações estas estabelecidas a partir da consciência que constitui esses elementos de maneira própria e pessoal, estruturando categorias de Eu, de Realidade e de Tempo, sempre de maneira intencional.

Em Psicopatologia essa questão é mais complexa, pois a intenção da investigação é sempre como os objetos são percebidos pela consciência, o que nos leva, como refere Zarifian (1986), à questão de que, quando se faz um diagnóstico, deve-se definir também *para quem* ele é feito e *por que* ele é realizado, tornando-se perigoso e pouco produtivo generalizá-lo de maneira indiscriminada, como se vem fazendo neste momento, não se considerando o contexto no qual é estabelecido, seus objetivos e a situação na qual o paciente se encontra. Isso porque as coisas "de fato" são conjuntos de aparências que devem ser vistas como tal para que possam ser compreendidas adequadamente. Isso porque o mundo dos fenômenos que percebemos é uma síntese do externo e da atividade da consciência sobre o que está externo (Cox; 2012), o que nos leva à questão de que não somos meros observadores passivos nem imparciais, mas sim que interpretamos os fatos em todos os momentos.

O indivíduo ao ser observado em uma tentativa de compreensão, deve ser pensado sob seu próprio ponto de vista, a partir do qual uma pessoa interpreta a própria situação em função do que lhe falta, o que, geralmente, é o futuro, uma vez que o tempo, por sua indeterminação, engana-nos quanto ao que somos, o que nos impede de nos sentirmos completos. Compreende-se o homem enquanto uma teia entretecida com fios provenientes do passado que já não existe e é representado por fatos e vivência recordáveis, e fios que procedem do futuro que ainda não existe, sendo produto da imaginação. Nesse contexto, o presente, tessitura dos dois fios, só existe em função do que se faz e vive de maneira autêntica ou inautêntica. Os fenômenos psicopatológicos, a partir de diferentes origens e modelos, vão se constituir no extremo da inautenticidade.

Para que os estudemos podemos nos valer de duas estratégias. A primeira, na qual o profissional procura reunir todos os elementos conseguidos, através da anamnese e exames, chegando a uma solução. Essa formulação, mesmo sendo frequente, ocasiona uma visão unidirecional do paciente, fazendo com que o vejamos de modo limitado e pouco abrangente, uma vez que é muito fácil para o profissional ligar-se a modelos teóricos ou tecnológicos impessoais e rígidos. Aqui nos defrontamos com a onipotência e o narcisismo profissional, que o afastam da captação dos significados relativos ao próprio existir doente.

Outra abordagem, feita coletivamente, através de um diagnóstico compreensivo, no qual se tenta visualizar a situação atual do paciente, bem como as repercussões futuras do problema, apresenta o risco de se passar a funcionar como "linha de montagem", onde diferentes profissionais contribuem com uma "peça" do quebra-cabeças diagnóstico, perdendo-se a dimensão humanística e compreensiva do mesmo. Esse é o ardil das equipes multidisciplinares. Isso porque, conforme refere Leme Lopes (1954), em seu clássico trabalho sobre diagnóstico, "diagnóstico unidimensional é diagnóstico unidirecional", sendo que partir somente do sintoma (do sinal, do dado clínico) para alcançar a doença e o doente é difícil. Continua dizendo que esse tipo de diagnóstico é impossível em Psiquiatria e que “o caminho para a melhoria do diagnóstico psiquiátrico é a sistematização de um diagnóstico pluridimensional”, concluindo, ao dizer que sua proposta engloba as dimensões sindrômica, da personalidade pré-mórbida e da constelação etiológica, utilizadas não como medidas estáticas, mas “como linhas de força em ação, interacionando-se e conformando a totalidade da estruturação da desordem mental”. Seu diagnóstico seria, portanto, a síntese dessas três dimensões.

Embora traga em seu bojo uma abordagem conceitual bastante diferente, a proposta da CID 10ª (1992) e do DSM IV-TR (2002) propõe algo similar sob a forma de eixos diagnósticos. Isso porque um sistema diagnóstico corresponde a um sistema classificatório das doenças psiquiátricas sob um ponto de vista específico, seja ele clínico, epidemiológico, biológico ou terapêutico (Zarifian, 1986). A visão atual da DSM 5 (2013) ou da CID 10 (1992) traz uma ideia similar, em que pese o fato de que o aspecto sindrômico é supervalorizado, desconsiderando-se a ideia de personalidade pré-mórbida, embora se valorizem aspectos de personalidade no que refere a aspectos de desenvolvimento cognitivo, transformando uma eventual questão etiológica em problemas médicos associados, abandonando aspectos referentes a uma relação linear causal e buscando quantificar os aspectos familiares e de desempenho social do paciente em nítida abordagem pragmática, eivada dos vieses decorrentes daquilo que denominamos de uma metodologia positivista, mais adequada às Ciências Naturais, deixando contudo falhas gritantes e grosseiras na abordagem de fenômenos oriundos das Ciências Humanas.

Isso transforma a visão diagnóstica em uma árvore decisória dicotômica, que faz com que se chegue a uma única possibilidade diante de um quadro sintomatológico não unívoco. Possuem uma importância significativa, na medida em que permitem estabelecimento de grupos homogêneos de pacientes, dado de importância não somente nos protocolos de pesquisa mas, principalmente, na informatização dos registros hospitalares mas, mesmo considerando sua importância para essas finalidades, não podemos deixar de criticá-la enquanto utilidade para um diagnóstico clínico que se propõe multidimensional (Zarifian, 1986). Esse diagnóstico decorre de processos de pensamento dependentes da característica do profissional que o elabora, considerando-se sua capacidade e experiência. O problema é que ao formulamos esse diagnóstico, a colheita dos dados é, usualmente, realizada unicamente de forma simplista e mecânica, proposta através de modelos mecanicistas de entrevistas e, assim, fornece exatamente aquilo que, há cerca de quarenta anos, Leme Lopes (1954) já criticava como diagnóstico unidirecional, com pequena utilidade em Psiquiatria. Assim, teoricamente, as possibilidades diagnósticas sob o ponto de vista etiológico são o ponto básico de um exame. Entretanto, por questões próprias da nosografia psiquiátrica, algumas entidades mórbidas de etiologia não conhecida se estabelecem a partir de um “constructo” meramente teórico, porém coerente e indispensável ao pensamento. Isso faz com que o processo diagnóstico em Psiquiatria não se constitua em um processo conciso e automatizado de história e pensamento clínico, que anula as diferenças individuais e de personalidade, bem como as experiências vividas (MacFarlane, 1985). Caso façamos somente isso, passamos a nos restringir a um diagnóstico puramente sindrômico, a nosso ver muito pobre, uma vez que não nos permite estabelecer projetos terapêuticos adequados, a menos que sejamos extremamente simplistas e mecanicistas.

Introdução ao método fenomenológico

Uma direção na investigação psicopatológica é a que nos leva à descrição fenomenológica, centrada no conhecimento do Homem de forma a que ele consiga enfrentar a própria existência, o que faz com recuperemos, dentro do estudo dos fenômenos mórbidos, a própria ideia de Homem (Monedero, 1973). Em relação e como oposição a essa estrutura de pensamento, aparece a fenomenologia, introduzindo uma série de noções que permitem diferenciar realidades diversas, buscando seus sentidos e significados, bem como suas propriedades e origens. Diferenciam-se assim as essências da *"Natureza"* e as essências do *"Homem"*, com suas diferentes características – psíquicas, sociais, históricas e culturais (Chauí, 1995).

Husserl (*apud* Nobre de Melo; 1979) tenta rediscutir a questão do conhecimento, acreditando na possibilidade de se encontrar um método que tentaria juntar as duas proposições (da ciência e da filosofia), chegando com isso mais próximo à verdade. Com isso, cria a fenomenologia, para ter acesso à "verdade", sistematizando "como se chega a ela". Parte do fenômeno na concepção hegeliana, como tudo aquilo que se manifesta, estando implícito um modo de pensar no qual se pensa "como pode se conhecer algo que não se sabe", uma vez que quando se pensa, "pensa-se em algo". Ela vai apresentar dois métodos principais, um primeiro denominado descritivo, que embora próximo da psicologia empírica descritiva dos fenômenos, apresenta passos bastante diferentes e mais complexos, uma vez que tenta se aproximar da "essência" dos mesmos, sendo representado principalmente por Jaspers, visando desvelar os significados ao estudar os estados psíquicos dos doentes (*apud* Nobre de Melo; 1979).

O segundo método, representado por Binswanger, tenta "compreender o homem em situação... em todas as suas formas e em todos os seus mundos" (Ionescu, 1997). De maneira geral, a fenomenologia se organiza, enquanto sistema de pensamento, sobre de dois conceitos básicos:

Intencionalidade: esse conceito, proveniente de Brentano (*apud* Bochenski, 1962), corresponde a um caráter próprio de todo fato psíquico, que consiste no seu referir-se a um objetivo. Essa ideia se transformará na de que *"a consciência é sempre consciência de algo"*. Não existe uma separação básica entre o eu e o objeto, pois se pensa em algo, pensa *"para si"*, não importando a esses os objetivos, e constituindo-se enquanto objeto intencional. O ser humano atribui significados a esses objetos da consciência. A busca do pesquisador e a procura desses significados são determinantes, conhecendo-se a essência do fenômeno, conforme refere Dartigues (1992) da maneira seguinte: *Essência:* Dentro da abordagem fenomenológica, vai ser "característica do fenômeno", ou seja, uma determinada organização lógica que existe no objeto e permite pensá-lo como tal. Dessa forma, a investigação fenomenológica é sempre uma análise intencional de vivências, mediante uma reflexão retroativa. Estando a essência- existência, essa a caracteriza, sendo comum aos seres humanos dentro do conceito de intersubjetividade. Essa *intersubjetividade* vai corresponder ao como meu eu transcendental, que constitui a mim enquanto ser, pode constituir outros "eu"

A experiência do mundo é comunitária, exigindo que as objetividades das essências sejam válidas, não só para um, como também para outros sujeitos. Portanto para captação do fenômeno, temos que retirar suas características factuais para atingirmos essa essência intersubjetiva, correspondendo essa sequência ao método da suspensão fenomenológica – *"EPOCHÉ"* –. Colocamos entre parênteses a "tese natural" do mundo, ou seja, a tomada de consciência que faz com que o homem se sinta inserido no mundo real. A partir dessas características, podemos conceituar a fenomenologia como: *"a ciência descritiva da consciência e de seus atos"*.

A captação da essência é feita intuitivamente, desvelando-se o fenômeno. Este passa do mundo da experiência cotidiana e despersonalizante ao verdadeiro mundo primordial, constituído profundamente através de um processo de desenvolvimento. Para a compreensão do fenômeno que se manifesta, deve-se suspender as variáveis de tempo, espaço e cultura, evidentemente sem que com isso as neguemos.

Considera-se a existência naquilo que ela possui de individual e temporal, considerando-a como uma vida possível entre outras, apreendendo-se aquilo que poderia ser e considerando-se apenas como possibilidade de uma categoria universal mais ampla. Se conseguirmos destacar de nossa experiência tudo aquilo que ela implica, tematizando nossa vivência de momento, alcançamos algo que não é nem singular nem contingente. Para isso, colocamos *"entre parênteses"* a existência factual das coisas, separando-se a intelectualização e a construção do objeto por parte do sujeito.

O mundo desenvolve-se e surge como tal. Os passos desses processos podem ser desdobrados da seguinte forma:

Redução Histórica

Faz-se a validade de todas as opiniões e teorias de cunho filosófico, cultural ou religioso, para que as coisas se manifestem e sejam captadas pela consciência. Ela corresponde ao *"não fazer uso"* dessas condições.

Redução Fenomenológica

Corresponde a uma teoria de conhecimento que está livre de pressupostos. Além da colocação entre parênteses das posições existenciais de conhecimentos, faz-se necessária a extensão também ao domínio do subjetivo, rompendo-se a atitude natural com a qual vivemos o cotidiano. Cabe frisar que tal atitude não corresponde à simples atitude de dúvida, mas sim da de duvidar, colocando-se nossas convicções *"fora de jogo"*, bloqueando todos os juízos de existência no tempo-espaço. Essa redução vai caracterizar a diferenciação fundamental entre o *"ser como vivência"* e o *"ser como coisa"*, estabelecendo-se uma lei fundamental pela qual *"a existência de algo não é nunca uma existência requerida como necessária, mas sim contingente. Ao contrário, a percepção imanente garante dar significado as coisas."* (Dartigues; 1992)

Redução Eidética

A partir da percepção do ser como correlato da consciência, abandona-se o caráter individual, fixando-se nas relações essenciais para a ocorrência do fenômeno, constituindo-se nos suportes intuitivos para sua apreensão. O fenômeno é então variado, imaginário arbitrariamente, sem que se saia dos limites da sua essência.

A imaginação corresponde ao ato de fazer surgir o objeto no qual se pensa, de modo que se aproprie dele em seu surgir. Os objetos não são sensíveis, mas se apresentam nos modos sensíveis, num aspecto total. Sentimentos, conhecimentos ou vontades que um homem pode ter dependem da imaginação que ele tem das coisas, sobre as quais pode pensar, falar ou entender.

A imaginação dá à capacidade de transcrever a situação imediata, compreendendo-a e assumindo-a de modo responsável. Na fenomenologia da imaginação está a possibilidade de se compreender como chegar as outras pessoas de modo vicariante, abrindo-se a possibilidade e a realidade de se ter uma percepção da outra pessoa, ainda que seja do "ver" da outra, do seu olhar as coisas e o mundo. Assim, é transpor-se para o outro, adotando seu sistema referencial, participando do seu mundo, vivendo e repetindo experiências com ele.

Dois são os caminhos. O *caminho imaginativo,* onde me imagino como e no outro vendo a partir daí o mundo, e o *encontro cooperativo,* no qual o material encontrado é explorado através da abertura dada pelo outro em função de sua cooperação, cabendo a ampliação do âmbito dos fenômenos no viver as trocas com os outros. Dessa forma, o outro me reconhece como Eu, participando ambos de um mesmo campo intersubjetivo, destacando-se o que há de comum.

Gradativamente, constitui-se algo invariável em todas as posições imaginárias e que se constitui na essência do fenômeno. Saindo de uma postura sem opiniões pré-estabelecidas, chega-se a uma posição prévia a todas as posições teóricas possíveis, estabelecida pela própria intuição. Excluem-se os procedimentos dialéticos e as teorias dedutivas. As inferências e outros procedimentos não intuitivos tem por finalidade colocar-nos frente ao fenômeno para possibilitar-nos uma apreensão direta.

Podemos dizer que a tarefa da fenomenologia será questionar-se sobre o que é percebido e descrevê-lo enquanto tal, ou seja, descrever a percepção no sentido da pura atividade doadora de sentido (noemática). Concluindo-se, podemos dizer que a avaliação das conclusões é sempre dada por um critério intersubjetivo, onde o trabalho é compartilhado em todos os níveis a partir dos objetivos. Isso se refletirá no método de pesquisa, que diferirá fundamentalmente daquele utilizado pelas Ciências Naturais.

Ionescu (1997) descreve de maneira detalhada esse método de pesquisa referindo os seguintes aspectos:

I. Coleta de dados

Utilizam-se quatro procedimentos: testemunho pessoal, entrevista, procedimentos de observação participante e métodos mistos.

II. Análise dos dados

Permite a elucidação eidética dos fenômenos estudados identificando, a partir dos dados brutos, as características estruturais gerais do fenômeno estudado, comportando cinco etapas:

Percepção do sentido global;

Delimitação das unidades de significação natural;

Delimitação do tema central; definição da estrutura fundamental do fenômeno estudado.

III. Avaliação da qualidade dos dados coletados

É assegurada em função de sua representatividade, a qual pode ser melhorada a partir do aumento da amostra ou do estudo de casos conflitantes. O viés pode ser eliminado, por exemplo, a partir da própria avaliação dos sujeitos em relação a influência do observador, ou do exame dos dados por um pesquisador exterior.

IV. Verificação dos resultados

Pode ser realizada a partir do método das diferenças, que verifica a conclusão comparando dois conjuntos conhecidos como diferentes no que concerne a um aspecto importante ou na análise da significação das exceções, investigando casos desviantes para verificar se determinadas características estão ausentes.

Paralelamente a essa visão fenomenológica, conforme citamos anteriormente, outros modelos metodológicos, com as consequentes decorrências, podem ser pensados.

O método explicativo, o mais importante dos três dentro do contexto psiquiátrico atual, observa uma relação causal direta também na qual uma causa física ocasiona um fenômeno psíquico, sendo psicologicamente incompreensível com a conclusão ocorrendo por dedução. Baseado no processo hipotético-dedutivo, caracteriza a Psiquiatria clássica, da qual as atuais tendências classificatórias e pragmáticas derivam, e que permitem o estabelecimento de modelos de referência que servem para analisar, de maneira semelhante, dados parecidos. Os conceitos estabelecidos produzem-se diretamente a partir de deduções e induções, que utilizam e controlam as analogias, evoluindo em uma progressão hipotético-dedutiva (Marchais, 1973).

Na Medicina, o modelo mecanicista reina até meados do século XVII, permitindo em nossos dias a construção de modelos teóricos como a reflexologia e o behaviorismo onde pode-se equiparar a natureza à máquina, ficando o homem, enquanto Ser, reativo e passivo (werner, 1997). Na Psiquiatria, enquadra-se aqui a visão kraepelliniana, com a sua sistemática e nosografia. Considera-se o homem enquanto sistema vivo e organizado sendo a natureza harmonia e equilíbrio e a doença caracterizando qualquer alteração desse equilibro (Canguilhem, 1990). Isso se faz embasado em um modelo positivista de ciência que considera o psiquismo como uma soma de elementos físico-químicos, anatômicos e fisiológicos, constituindo-o assim, não como uma categoria própria, mas como uma consequência de causas não psíquicas. Assim, sua metodologia se embasa na das Ciências Naturais, tendo como paradigma a observação do comportamento expresso.

Claro está que na avaliação do paciente em Psiquiatria far-se-á necessário o raciocínio médico, derivado da metodologia explicativa das Ciências Naturais, porém a captação fenomenológica, mais abrangente, é imprescindível na compreensão dos quadros, manifestos em uma pessoa específica, em toda sua complexidade. Isso porque, enquanto Ciência Humana também, ela procura dar significados próprios aos fatos internos e externos ligados a consciência. (Chauí, 1995).

Dessa forma, o cerne da questão reside na divisão do homem entre um corpo *(res extensa)* e uma alma ou mente (*res cogitans*) com a sedução atual implícita na *res extensa,* quantitativa e mensurável, que aporta o risco de traduzir o existir em um mero epifenômeno fisiológico a psicopatologia em somente uma psicofisiologia. Este modelo explicativo abandona a ideia de psique para transportar o centro de interesse ao organismo enquanto corpo físico.

Finalmente, a interpretação psicológica profunda, diferente do modelo de Psicologia compreensiva, embora observando também uma relação motivacional, considera esse motivo não em plano consciente, porém inconsciente. Assim, o fenômeno é psicologicamente interpretável, com conclusão através de mecanismos de inferência embasados numa teoria pré-estabelecida. Para ela, o fato psicopatológico não termina em sua delimitação vivencial, mas se remete a motivações inconscientes. Ela tenta, dessa forma, aumentar o campo do psíquico para aumentar sua possibilidade de compreensão (Monedero,1973). Caminha assim, no sentido oposto ao da real compreensão. Esse modelo, similar ao utilizado pelas Ciências Naturais, reduz a multiplicidade fenomênica a esquemas básicos que se estruturam enquanto chaves que permitem a leitura do fenômeno em estudo. Parte ainda de duas hipóteses das quais a primeira sugere a vida psíquica enquanto função de um aparato ao qual atribuímos a propriedade de existir num espaço definido, sendo composto por diferentes partes, e uma segunda que infere que a falha na série de atos conscientes dá-se a partir do fato de que parte do psíquico é inconsciente, fato esse que, mais que uma realidade científica, é produto do próprio método uma vez que, se aceitarmos um método causal (dito científico) no qual se baseia o próprio modelo interpretativo, torna-se impossível constatar as lacunas conscientes e a inferência de um outro psiquismo (Galimberti; 2017).

Caímos então nas dificuldades em explicarmos a vida psíquica, seja sob uma ótica das ciências naturais seja sob uma abordagem interpretativa, o que nos leva ao modelo compreensivo, que passa a ver o psiquismo e a consciência enquanto um sistema fechado em si mesmo e enquanto modalidades de relação. Vista dessa maneira, a *res cogitans* não seria uma abertura original para o mundo mas sim um aparato fechado em si mesmo, construído sobre um mundo físico (*res extensa*), ou seja, falamos do homem enquanto um corpo em relação com um mundo, relação essa manifesta através da linguagem, dos símbolos, do corpo e do próprio sofrimento (Galimberti; 2017).

Dessa forma ele expressa através de seu corpo o próprio mundo biológico que o rodeia (Umwelt) bem como as relações com esse mundo (Mitwelt), ou seja, estabelece relações diretas entre corpo e mundo. porém mais do que isso, ele cria um mundo próprio de significados (Eugenwelt) que caracteriza o próprio existir humano com a construção de seu projeto e sua essência.

Referências

AJURIAGERRA, J. *Psiquiatria Infantil.* Barcelona: Toray-Masson, 1977.

APA -*Manual de Diagnóstico e Estatística de Distúrbios Mentais.* 4 ed., Porto Alegre: Artes Médicas, 1992.

APA – *Manual de Diagnóstico e Estatística de Distúrbios Mentais* 4 ed. revisada), Porto Alegre: Artes Médicas, 2002.

APA – *Manual de Diagnóstico e Estatística de Distúrbios Mentais.* 4 ed. Porto Alegre, Artes Médicas, 2013.

ASSUMPÇÃO Jr., F. B. *Semiologia em Psiquiatria da Infância e da Adolescência.* Rio de Janeiro: Atheneu, 2017.

BERNER, P. La position actualle de la psychopathologie dans la psychiatrie germanophone, *L'Evolution Psychiatrique*, vol. 55, n. 2, p. 303-310, 1990.

BINSWANGER, L. *La Psichiatria come scienza dell'uomo*. Milano: MIMESIS, 2013.

BOCHENSKI, I. M. *A Filosofia Contemporânea Ocidental*. São Paulo: Herder, 1962.

CANGUILHEM, G. *O normal e o patológico*. Rio de Janeiro: Forense-Universitária, 1966.

CHAUÍ, M. Convite à Filosofia. São Paulo: Ática, 199.5

COX, G. *Como ser existencialista*. São Paulo: Alaúde, 2012.

DARTIGUES, A. *O que é a Fenomenologia*. São Paulo: Moraes, 1992.

GALIMBERTI, U. *Psichiatria e fenomenología*. Milano: Universale Economico Feltrinelli, 2017.

GAMEIRO, J. *Voando sobre a Psiquiatria*. Lisboa: Afrontamento, 1992.

IONESCU, S. *Quatorze abordagens de Psicopatologia*. Porto Alegre: Artes Médicas, 1997.

LEME LOPES, J. *As dimensões do diagnóstico psiquiátrico*. Rio de Janeiro: Agir, 1954.

MAC FARLANE, A. *A história do casamento e do amor*. São Paulo: Cia. Das Letras, 1985.

MJarchais, P. *Psychiatrie de Synthesie*. Paris: Masson, 1973

MIRANDA SÁ Jr., L.S. O diagnóstico psiquiátrico e a CID 10. Rio de Janeiro, Universidade Gama Filho. Tese de livre docência apresentada a Universidade Gama Filho, Rio de Janeiro 1992.

MONEDERO, C. *Psicopatologia General*. Madrid: Biblioteca Nueva, 1973.

NERICI, I. G. *Introdução à lógica*. São Paulo: Nobel, 1985.

NOBRE DE MELO, A. L. Psiquiatria. Rio de Janeiro; Civilização Brasileira; 1979.

OMS – Classificação internacional das doenças, 10 rev. Porto Alegre: Artes Médicas, 1992.

OTHMER, E.; OTHMER, S.C. *A entrevista clínica usando o DSM-III-R*. São Paulo: Manole, 1992.

POPPER, K.R.; ECCLES, J.C. *O Eu e seu Cérebro*. Brasília: Ed. UnB e Papirus, 1991.

SMITH,G.N.; MACEWAN, W.; ANCILL, R.J.; HONNER,W.G.; EHMAN, T.S. Diagnostic Confusion in Treatment-Refractory Psychotic Patients; J Clin Psychiatry, vol. 53, n. 6, p. 197-200, 1992.

WERNER, J. Transtornos hipercinéticos: contribuições ao trabalho de Vigotsky. Campinas: Universidade Estadual de Campinas, 1997. Tese de Doutorado do programa de Saúde Mental da Unicamp, Campinas; 1997

ZARIFIAN,E. Les Jardiniers de la Folie. Paris; Odile Jacob; 1994.

ZARIFIAN, E. Un diagnostic em psychiatrie. In: GORI, R.; MILLER, J. A.; WARTEL, R. *La querelle des diagnostics*. Paris: Navarin, 1986.

POESIA

Dezoitinha

Valdemar Augusto Angerami

Para Maria Augusta
Em memória...

Hoje não quero falar que o contraste
da tua pele negra sobre a minha refletida
no espelho na penumbra do quarto significa
mais do que uma simples harmonia tonal,
é afinidade da alma em nossos caminhos espirituais...

Também não quero falar que, naquele dia
de chuva em que abracei teu corpo molhado
e envolto em um vestido branco colado ao corpo,
senti que estávamos ligados de maneira
mágica e irreversível...

Não vou contar ainda que naquela noite
em que você levantou cantarolando uma
música de acalanto africana contei sobre
o criado-mudo dezoito apetrechos entre
miçangas, colares, pulseiras e anéis.
E que isso mais do que me divertir
deu a dimensão do teu misticismo,
principalmente ao narrar que uma
daquelas pedras significava a nossa união...
E que depois disso passei a te chamar de
Dezoitinha... E isso apesar da irritação
que tal apelido provoca...

Hoje não quero narrar como gosto de te ver
contando tuas crenças, lendas e histórias
sob a luz da lareira e nem do jeito que
você se preocupa com o meu prazer
pelo vinho noturno. Mais do que denguice
sinto a vida partilhada em cuidados e carinho...

Não preciso falar também que o teu corpo
escultural é magia e encanto divino. E que o prazer

sentido ao tocar teu corpo deslizando minha
mão branca sobre tua pele negra é magia e
mistério de encantamento da alma…

Da mesma forma hoje não quero narrar
a tua descrição de como você considera
erótico e prazeroso me ver cozinhando e
preparando os pratos das nossas refeições…

Principalmente o macarrão ao molho de pinga...
A tua comida preferida…
Isso é apenas detalhamento que faz mágico
alguns de nossos momentos…

Também não quero descrever aquela noite
em que toquei inúmeras vezes a música Valsa Creola…
E tantas vezes toquei tantas vezes você chorou.
E chorou por saber que essa peça, embora erudita,
representa a nossa resistência cultural diante do
aviltamento dos valores estadunidenses em nossa
América afro-índia.

Hoje eu quero simplesmente lembrar
daquele dia em que estava deitado em seu colo
e você singelamente me disse: "o grande guerreiro
adorado e idolatrado não passa de uma criança
frágil e indefesa. Quero ficar ao teu lado para
sempre enxugar tuas lágrimas…". Nesse dia
compreendi que tudo antes de você era sem cor…

Serra da Cantareira, numa manhã do outono de 2007...

PARTE II

Diálogos da fenomenologia existencial na contemporaneidade

CAPÍTULO 03

A Jornada do Herói: um retrato da existência humana

Dafne A. V. Suit

Sem dúvida, o ofício de acompanhar trajetórias de vida é um caminho repleto de crescimento e questionamentos a respeito de como o ser humano é tão único e, também, tão semelhante aos demais. Os caminhos para desenvolver a existência são tão numerosos quanto o número de pessoas; ao mesmo tempo, observamos semelhanças que também dizem respeito ao humano que unem essa teia de pessoas e que permitem a empatia e a possibilidade de compartilhar e crescer em comunidade. A diversidade e a semelhança são polaridades complementares e, como tais, uma não existe sem a outra. Ser psicólogo significa estar presente diante de um outro que busca um lugar de segurança e liberdade para poder entrar em contato com as suas mais escondidas vivências, histórias, sentimentos e emoções. Esse outro busca um lugar diferente, em que possa expressar-se sem ser julgado e, a partir daí, possa retomar o seu potencial criativo diante das adversidades que vivencia.

A Teoria Paradoxal da Mudança (Beisser, 1970), uma das bases da Gestalt-terapia, defende que o objetivo de um processo terapêutico consiste em facilitar que o cliente se torne aquilo que ele é e que, no decorrer de sua história, ficou embotado, descolorido, encardido. Nessa perspectiva, as pessoas são verdadeiras sementes, ricas em diversidade, que anseiam por expressão. Essa ânsia, por sua vez, depara-se com a necessidade de ser cuidado e, para tal, rapidamente aprende-se a deixar em segundo plano o que se é, passando àquilo que aqueles que lhe cuidam apreciam e valorizam. A construção do existir passa a acontecer de acordo com um "não incomodar" com as próprias diferenças, inaugurando-se um "faz de conta" que embota o desenvolvimento do que se é. Origina-se uma carência de contato consigo, com o outro e com todo o campo em que se constrói a vida;

não é à toa que a Gestalt-terapia e as demais abordagens humanistas prezam tanto pelo reestabelecimento do contato.

A busca por um psicoterapeuta embasa-se em algum tipo de dor, dor que decorre das mais diversas vivências, dos mais diversos momentos de crise. O que se constitui como uma crise para um pode não o ser para outro e a dor vivenciada deverá ser acolhida sem julgamentos pelo terapeuta, numa criativa facilitação da busca de sentido para ela.

Define-se crise como o momento em que a pessoa se depara com um obstáculo na sua trajetória e diante do qual se vê repentinamente paralisada. Perante esse obstáculo, as ferramentas até então utilizadas se mostram insuficientes e é necessário que se inicie um processo de ajustamento criativo rapidamente, com o objetivo de recuperar a homeostase.

Aquele que chega à terapia quer acabar com o que lhe incomoda, descartando, feito lixo, sintomas, emoções, mal-estar, dor. No entanto, nesse material que só consegue ver destruição e dor, encontra-se a matéria prima e preciosa para empreender uma ampla mudança, um amplo contato com a semente que se é e que tanto anseia por germinar, crescer e dar continuidade à existência.

Observar e acompanhar pessoas que vivenciam situações críticas origina questionamentos importantes, que se referem ao como se constrói a resistência delas diante das dificuldades que precisam vivenciar ao longo da vida, ao como algumas se recuperam de grandes perdas que vêm ao seu encontro de forma inesperada e frustrante, ou seja: como acontece o processo de digestão de tantas situações difíceis, de forma que aquele que é atingido possa dar continuidade à sua vida de maneira saudável?

Neste capítulo, pretendo abordar o processo de reconfiguração das pessoas diante das mortes e renascimentos simbólicos que vivenciam ao longo de suas trajetórias. Este trabalho decorre da minha experiência pessoal e profissional, tanto no exercício da clínica gestáltica, como no exercício das pesquisas de mestrado e doutorado (Suit, 2005, 2012), em que busquei respostas para esses questionamentos nos depoimentos de homens e mulheres que se depararam com o diagnóstico de HIV e deram prosseguimento às suas existências de forma rica e criativa. Convido você a compartilhar dessas reflexões, que me acompanham desde muito cedo...

Uma jornada comum ao humano

As histórias de vida e as infinitas maneiras de construir a existência podem ser comparadas a verdadeiros contos, em que seus personagens principais, as donas e donos das histórias, movem-se no sentido de saciar diversas necessidades e motivações, configurando jornadas inéditas.

Desde muito cedo, o bebê humano fica encantado ao ouvir histórias e é bastante comum os adultos comentarem como precisam relatar inúmeras vezes um mesmo conto. A escolha para o conto a ser repetido é da criança, não do adulto, ou seja, nesse momento, a possibilidade de escolha está sendo experimentada. Algo existe nesse conto que a criança escuta e que lhe atrai, precisando entrar em contato com ele repetidamente e, muitas vezes, chegando até a memorizá-lo para fazer a digestão daquele conteúdo. Algo nesse conto se relaciona com ela, há uma identificação que diz respeito à sua individualidade e à semelhança que a vincula ao restante da humanidade.

O costume de contar histórias é tão remoto quanto o surgimento dos primeiros seres humanos. Em pinturas primitivas, já se encontram desenhos que contam histórias e que são verdadeiros relatos de como transcorriam aqueles dias em que nascia a trajetória humana no nosso planeta.

O encantamento ao ouvir uma história não é característica apenas das crianças, mas também dos adultos, como é retratado no conto "As Mil e uma Noites", em que a personagem Sherazade se livra da morte contando histórias e prendendo a atenção do seu algoz. Surge assim a curiosidade de diversos autores diante desse fascínio que os mitos, lendas, fábulas e contos exercem sobre as pessoas de um modo geral (Bonaventure, 1992; Campbell, 1997; Del Picchia; Balieiro, 2010; Von Franz, 1993).

Neste momento, passo a deter-me sobre o trabalho realizado por Joseph Campbell a respeito do assunto, buscando relacioná-lo ao que pude conhecer a respeito de vivências de mulheres que se deparam com a necessidade de dar prosseguimento à existência após o diagnóstico de HIV. Apesar de existirem muitos outros autores com trabalhos tão significativos quanto o de Campbell, esses ficarão para publicações futuras.

Pois bem, Campbell (1997) observou a estrutura comum que essas produções possuem e que tanto encantam os ouvintes e espectadores das mais diferentes culturas. A figura do herói foi identificada em todas elas e, além disso, o fato desse herói receber um "convite" para sair da sua acomodação e lançar-se à aventura. Ao aceitar o convite, ele inicia uma trajetória na qual se deparará com forças que facilitam e dificultam os seus passos e, ao retornar para a sua origem, contemplará em si uma série de aprendizagens e de mudanças: ele volta reconfigurado. Nessa nova configuração, deixou a posição de vítima passiva das circunstâncias para tornar-se agente de mudanças.

A figura do herói é o personagem principal de cada história, que não necessariamente é alguém diferente de qualquer um de nós, simples mortais, sem poderes mágicos ou especiais. Esse herói também pode ser um animal, algo fictício, assim como pode ser um indivíduo ou uma coletividade, que atravessa determinada jornada, em busca de algo que propiciará seu desenvolvimento (Campbell, 1997). O caminho percorrido pelo herói, batizado como monomito ou jornada do herói, é descrito no formato de etapas consecutivas, abordadas de modo sucinto a seguir.

Num primeiro momento, o herói se encontra absorvido pelo seu cotidiano, no contexto em que desenvolve a sua vida, a sua rotina. Esse é o ponto de partida para onde ele retornará, após a concretização do caminho que lhe espera. Ocorre então uma fase denominada "Ruptura", composta pelas etapas: chamado à aventura, recusa do chamado e passagem pelo primeiro limiar (Campbell, 1997; Del Picchia; Balieiro, 2010).

Conheci muitas heroínas e heróis que viveram e continuam vivendo com o HIV. Para as heroínas, a jornada parecia deter características diferentes das encontradas na jornada dos heróis e isso me motivou a conhecer mais intensamente o seu processo de construção, que mostrarei nesta reflexão compartilhada.

Escutei diversas vezes a queixa daquelas que iniciavam a sua jornada: "Sou mulher, preta, pobre e agora ainda por cima tenho HIV; o que posso esperar?". Muitas delas tinham o histórico de uma relação estável e duradoura, o que as fazia acreditar que estavam protegidas do vírus.

Constata-se, há muito, que a epidemia de HIV/AIDS tem-se tornado mais um dos dificultadores para os grupos que constituem as minorias em território brasileiro. Para as mulheres, negras e sem instrução, o HIV somou-se à sua condição de vida. Considerando-se que a carência de recursos econômicos se encontra relacionada diretamente a um menor grau de instrução, logo, a uma menor independência e poder nas relações afetivas, não se estranham os resultados de pesquisas que retratam o HIV feminino vinculado às histórias de mulheres que vivenciam a violência em suas múltiplas facetas, incluindo-se aqui a violência doméstica.

Diante desses dados, pode-se vislumbrar que o *mundo cotidiano* dessas mulheres está sujeito à dificuldade em exercer papéis de maior poder e controle em suas vidas. Aquelas que vivenciavam a agressividade em forma de violência contra elas, desde a infância, tendiam a visualizar a infecção por HIV como uma violência a mais o quê, para algumas, resultava na gota d'água para tornar as suas vidas diferentes, e melhores, das que tinham vivenciado até então. Esse perfil de mulheres, que visualizava crescimento a partir do diagnóstico era a fonte para a minha curiosidade. O que as tornava tão diferentes daquelas que sucumbiam à situação, absorvidas por processos de depressão que, em alguns casos, resultavam até em suicídio?

Parece que receber o diagnóstico, pode ser considerado então como o momento de ruptura com essa situação, há tanto vivenciada como natural ao "ser mulher, preta e pobre". O chamado para a aventura surgia de maneira dolorosa para todas; como cada uma prosseguia, após esse chamado, era o que podia resultar num grande crescimento, ou não.

Campbell (1997) descreve a fase *do chamado para a aventura* como algo que acontece com o herói e rompe com o que está estabelecido, rompe com a sua acomodação. Esse pode ser um momento vivenciado com curiosidade e motivação para aceitar o novo caminho que surge como um grande desafio, e até com muita dor, assim como acontece no momento em que se recebe o diagnóstico de ser portador de um vírus como o HIV, para o qual ainda não se tem a cura definitiva. Nesse novo caminho, é possível encontrar de tudo: facilidades e dificuldades encarnadas nas figuras de pessoas e acontecimentos até então desconhecidos. A partir desse chamado, não há mais como retornar ao que se era, acontece uma verdadeira quebra do estabelecido, será necessário encontrar novas formas de perceber a vida, novos valores, crenças etc., ou seja, a percepção amplia-se para além do mundo já conhecido, para além do que se foi até então.

O *chamado*, para essas mulheres, parecia desconstruir uma série de ilusões. Amaro (2005) sinaliza que, para a mulher, a infecção é vivenciada como uma morte simbólica referente à morte do mito do amor ideal, protegido numa união estável, ou simbolizado numa aliança.

A partir do *chamado* nada mais é percebido da maneira como era percebido; ele não é uma etapa de ação. Há uma urgência de iniciar um caminho nunca trilhado e que pode mesmo nem ser desejado, mas que se sente como inevitável; ir para o desconhecido constitui uma necessidade implacável para não "explodir". Pode ser uma etapa vivenciada com o prazer pelo novo que está para surgir, assim como pode ser uma passagem bastante sofrida, em que há medo, insegurança, isolamento, confusão (Del Picchia; Balieiro, 2010). O diagnóstico de HIV se encaixa nesse segundo tipo de situação; o estímulo à mudança, o *chamado*, apresenta-se como fonte para sensações, sentimentos e emoções que as pessoas preferem não ter.

É possível, nesse ponto, aceitar ou não o convite que a vida está apresentando. Ao aceitar, a pessoa prosseguirá para as demais etapas; não aceitando, recusando, o *chamado* tende a repetir-se de diferentes formas, até que ele seja aceito, já que se trata de algo que a pessoa precisa vivenciar para poder crescer e se desenvolver como ser humano (Del Picchia; Balieiro, 2010).

Parece cruel considerar que o diagnóstico de soropositividade seja algo que a pessoa precisa vivenciar para poder se desenvolver. No entanto, as mulheres com as quais me deparei nas pesquisas e que tinham aceitado a jornada estimulada pela nova situação, relataram que as suas vidas tinham mesmo se modificado positivamente a partir do crescimento que tinham experimentado. Esse ganho refere-se a outra etapa da jornada, que será abordada mais tarde; no entanto, fazendo uma relação com a Gestalt-terapia, é possível considerar um *chamado* que se repete como a *Figura* que se encontra em aberto, que busca por seu fechamento e que, como bem sabemos, se repete até conseguir ser fechada. A *Figura* em aberto é uma necessidade que busca satisfação. E, como não seria uma grande necessidade dessas mulheres a integração de aspectos de suas personalidades, que diziam respeito a assumir uma maior agressividade diante da vida, empoderando-se, tornando-se mais autônomas? É preciso, neste ponto, ressaltar as ideias de Perls (2002) a esse respeito, que identificava a maneira como se vive a vida com a maneira como nos alimentamos. Ou seja, dizia ele, do que se tem fome? O que preciso como alimento, como o "caço", "mordo", "mastigo" e o integro no meu organismo? Perls (2002) se referia aos alimentos necessários à vida de uma maneira ampla, incluindo nisto as nossas fomes psíquicas, que encontram a sua razão de ser sempre no crescimento e desenvolvimento das pessoas, para que elas possam se tornar cada vez mais autônomas, a partir da construção do autossuporte.

A não aceitação do *chamado* poderia ser identificada naquelas pessoas que negam o diagnóstico e a necessidade de empreender mudanças importantes. Várias foram as pessoas com as quais me deparei que não aderiam ao tratamento antirretroviral ou que o interrompiam, como uma negação da sua condição ou até mesmo como uma maneira de morrer mais rapidamente, pois não se concebiam vivendo com o vírus. No entanto, essa também é uma forma de jornada, aquela que diz respeito a vivenciar o diagnóstico e as suas implicações, negando-os; jornada difícil de aceitar, pois está relacionada às pessoas que cometem suicídios camuflados e que necessitam de toda a dedicação por parte das equipes de saúde, nem sempre atentas a esse tipo de vivência.

Na recusa ao *chamado*, as pessoas se negam a lançar-se à aventura do desconhecido e continuam as suas vidas como se nada tivesse acontecido de diferente, escolhendo permanecer no "ruim conhecido", até que o *chamado* se repita. No caso do diagnóstico de HIV, até que momento é possível aceitar um novo *chamado*? Trata-se de uma situação na qual a morte está em questão, ou seja, para não viver a morte simbólica do que se foi até o diagnóstico, a pessoa, de fato, morre.

Ao aceitar o *chamado*, aceita-se a nova condição e a pessoa se abre para o novo, para a criatividade que necessita aflorar na construção de novos caminhos para continuar a existência. Isso nada mais é do que o ajustamento criativo, que a Gestalt-terapia relaciona à sua base filosófica existencial, considerando o escolher como inerente ao ser humano.

Prosseguindo a jornada, a heroína ou herói defronta-se com o que Campbell (1997) denominou *passagem pelo primeiro limiar*, constituída de situações especiais: encontro com pessoas, novos cursos, grupos, livros, lugares e muitas outras, que mobilizam novos olhares, novas concepções para a vida.

Pois bem, a passagem pelo *primeiro limiar*, considerando a jornada da mulher que se depara com o HIV e aceita o *chamado para a aventura*, constitui-se de uma série de informações e situações que ela recebe e vivencia a respeito de sua nova condição, na maior parte do tempo difíceis de digerir, tais como: a morte do companheiro, o nascimento de filhos infectados ou o diagnóstico de filhos mais velhos, a necessidade de implementar uma rotina de cuidados médicos em seu dia a dia já repleto de afazeres, a constatação do preconceito e discriminação diante de sua condição e a consequente perda ou afastamento de pessoas que até então eram muito próximas, entre tantas outras possíveis mudanças.

É preciso ressaltar que a vivência do estigma é corriqueira para pessoas que vivem com o HIV, sendo a discriminação e o preconceito fonte de amplo sofrimento. Não são incomuns as situações em que a própria família discrimina e rejeita a pessoa que se infectou e o enfrentamento do novo momento de vida acontece de maneira solitária (Castanha; Coutinho; Saldanha; Oliveira, 2006). Nos casos de casais sorodiscordantes, é mais comum que os homens soronegativos se distanciem das parceiras que se descobrem soropositivas do que o contrário. Pude escutar um relato em que a entrevistada tinha cuidado do companheiro em seu adoecimento, hospitalização e morte sem cuidar de si mesma, passando ao autocuidado apenas após o falecimento do mesmo, perpetuando-se a imagem da mulher como principal cuidadora da família, que se distancia de si em função do outro (Suit, 2012)

Nesse momento, a trajetória requer a criação de estratégias para enfrentar situações que mostram, de maneira nada suave, a morte simbólica do que se era, sem ainda ter nascido para o novo.

A perda e o luto pelas pessoas que morrem em decorrência da infecção e pelas que se afastam diante do preconceito inaugura a necessidade de encontrar uma nova rede para a socialização. Mas, para que isso aconteça, a pessoa precisará aceitar a possibilidade de que novas pessoas conheçam a sua condição. Aprender a reconhecer quem pode ser confiável ou não, para revelar-se, torna-se fundamental para evitar agressões. Nas comunidades em que os traficantes ditam normas e "leis", parece haver posicionamentos diversos quanto à aceitação de pessoas com HIV e esses posicionamentos são conhecidos dos moradores. Em algumas comunidades existe a aceitação, mas em outras não e, quando não é aceito, quem se depara com o diagnóstico precisa aumentar o cuidado para não se revelar. Não é incomum a busca de cuidado médico em bairros distantes das moradias, esconder a medicação e até deixar de toma-la, em alguns contextos, para não ser "desmascarado" (Suit, 2005; 2012).

A jornada descrita por Campbell (1997) prossegue com o que o autor denomina como a fase de *Iniciação*. Essa fase caracteriza-se por propiciar ao herói transformações dele mesmo, de seus valores, de perspectivas no seu modo de perceber a vida, o mundo (Del Picchia; Balieiro, 2010). Surgem provas, que possibilitarão a aquisição de maior sabedoria diante da vida, para que haja uma verdadeira conquista dele mesmo. Passa-se a uma nova dimensão, em que nada é igual a como era antes do chamado à aventura.

As provas que surgem para o herói estimulam o questionamento relativo ao "para que" elas estão acontecendo, e a necessidade de dar-lhes um sentido torna-se muito importante. São experiências em que há um verdadeiro treino da musculatura psíquica, em que se lança mão de recursos até então pouco ou nada visualizados.

O conceito de *ajustamento criativo*, em Gestalt-terapia, enfatiza essa necessidade de encontrar um novo ajustamento diante de cada situação, a partir da percepção ampliada do arsenal de possibilidades de ingredientes e ferramentas com as quais o ser humano conta para construir, criativamente, seu existir. Essas ferramentas se encontram presentes no *Fundo* e, apenas diante da necessidade de novos ajustamentos é que elas podem transformar-se em *Figura*, sendo percebidas. Logo, o ajustamento criativo requer, num primeiro momento, que a pessoa entre em contato com a sua situação, que ela esteja *aware*, tendo a percepção dos recursos que estão à sua disposição e daquilo que deverá rejeitar por ser inútil para o seu aqui-agora. Sendo assim, torna-se imprescindível que se desenvolva uma postura ativa e se lance mão dos próprios recursos criativos. O crescimento decorrente desse novo momento será fruto da criatividade e transformação do que estava estabelecido até então (Mendonça, 2007; Perls; Hefferline; Goodman, 1997; Ribeiro, 2006).

Pode-se, assim, relacionar o *monomito*, descrito por Campbell, ao que é o caminho do ajustamento criativo, em Gestalt-terapia. Esse caminho requer que a pessoa chegue a encontrar um sentido para a sua vivência. É possível visualizar a situação de crise como uma situação incompleta, inacabada, uma *Figura* que se encontra aberta e requer seu fechamento. O momento em que a *Figura* é fechada, é o momento do *insight*, quando se encontra o sentido para aquela vivência, resultando no fortalecimento e crescimento do indivíduo.

As pessoas que se deparam com o HIV em si mesmas, passam a enfrentar uma série de provas, para as quais contarão com aliados e inimigos. A situação decorrente do estigma do viver com o HIV e de todo o preconceito e discriminação, como mencionado anteriormente, inclui a necessidade de avaliar as relações familiares e sociais estabelecidas até então.

Deparei-me com mulheres que foram diagnosticadas a partir do falecimento dos parceiros e que passaram a desenvolver as suas vidas de modo mais autônomo, menos dependente dos parceiros futuros. Outras decidiram passar a prestar queixas formais a respeito de situações de violência doméstica, passando ao rompimento das uniões estabelecidas, fortalecendo-se igualmente. O fato de deparar-se com a morte, para muitas, pareceu ser o estopim para construírem vidas mais satisfatórias e felizes. Uma delas, ao ser ameaçada por um novo parceiro e perceber a repetição, revelou isso claramente: *"Do que você vem me ameaçar? Eu já sou uma morta-viva, do que você pode me ameaçar?"*.

Perceber que os amigos e familiares, em muitos casos, passavam a discriminá-las e até a abandoná-las, originava a necessidade de novas formas de socialização, realizando uma verdadeira reciclagem das relações. Para que isso possa acontecer é necessário que a pessoa que vive com o HIV também aceite a sua condição e dilua o preconceito e a discriminação que ela sente em relação a si mesma, o que se constitui numa das provas a serem vencidas.

A diluição do preconceito encontra-se relacionada à informação que a pessoa detêm a respeito da sua condição de pessoa estigmatizada (Suit, 2005). As campanhas com esse objetivo e a existência de ONGs que se dedicam a essa população são muito bem-vindas e têm resultados positivos nesse sentido. A aquisição de conhecimentos amplos a respeito da epidemia e da vivência da infecção parecem ser uma ferramenta bastante útil no desenvolvimento de uma maior autoaceitação e de menor conformismo diante de possíveis tratamentos preconceituosos. Nesse caminho da informação, algumas pessoas se tornam militantes/ativistas que lutam pelos direitos dessa população, participam da divulgação de campanhas diversas relativas à epidemia e acompanham pessoas que se encontram em situação pior do que a delas e que necessitam de estímulos para aderir ao tratamento e para dar continuidade à vida (Suit, 2005; 2012). Percebe-se que receber esse estímulo de uma pessoa que vivencia a mesma situação parece ter um efeito bastante positivo.

Surge assim a possibilidade de construção de novos laços sociais nessa rede de pessoas que podem propiciar apoio e compreensão entre si, assim como observa-se a construção de posturas mais questionadoras em relação à situação vivenciada e tudo o que decorre do HIV em suas vidas. A luta por direitos e por políticas públicas que possibilitem maior qualidade de vida para essa população têm sido fruto, desde o início da epidemia, das próprias pessoas que se depararam e deparam com o diagnóstico. Pessoas que até então viviam suas rotinas de maneira mais distanciada da possibilidade de serem mais ativas diante da construção de suas realidades podem passar a um maior empoderamento, sentindo a responsabilidade de lutar por existências mais dignas e respeitadas.

A rotina de autocuidado, que diz respeito à adesão ao tratamento (exames frequentes, consultas médicas, busca da terapia antirretroviral), parece facilitar, também, uma maior consciência a respeito de si e da necessidade do exercício do amor por si mesmo. Buscar uma maior qualidade de vida, incluindo exercícios físicos, uma dieta e um dia a dia mais saudável, revelando maior gentileza consigo, foram também evidenciados nos depoimentos de pessoas que vivem com o HIV. Esse autocuidado, para muitos até então, tinha sido negligenciado e a constatação da transitoriedade da vida, inerente ao humano, tinha originado a urgência por um maior bem-estar.

Mulheres que, antes da situação de crise, esperavam esse cuidado e proteção da parte de parceiros amorosos, pareciam "acordar" para o fato de que somente elas poderiam se cuidar e se proteger da melhor maneira, propiciando para si mesmas o amor que tanto tinham buscado no olhar do outro. Perdiam assim a ingenuidade diante das relações amorosas e sociais, partindo para elas com menor dependência e sabendo se proteger de confluências tóxicas (Suit, 2012).

O novo contexto que o diagnóstico descortina para essas pessoas convida-as ao enfrentamento de uma série de obstáculos e provas que possibilitam também o crescimento, como acontece no processo descrito por Campbell (1997).

A transformação decorrente dessa fase do *monomito* não é rápida e visa o encontro de um verdadeiro *"tesouro"*, que pode ser do mundo externo ou do mundo interno do herói. É uma fase em que acontece uma morte simbólica daquilo que era antes da jornada e o nascimento para uma outra forma de ser, sentir, existir no mundo. Um "novo eu" se constrói diante dessas provas e testes (Del Picchia; Balieiro, 2010), alcança-se um novo patamar perceptivo.

Campbell (1997) também sinaliza, nessa fase, o momento em que o herói encontra um ou mais mentores ou mestres, que são pessoas de maior experiência, ou até mesmo uma situação metafórica, que atuam como guias para aquele caminho. Esse encontro impacta o herói, facilitando respostas para seus questionamentos e inquietações. Trata-se de alguém que detem sabedoria, alcançada não apenas de modo intelectual, como também mediante as próprias experiências e que, muitas vezes, já realizou a própria jornada (Del Picchia; Balieiro, 2010).

Pois bem, para as heroínas e heróis que conheci e que viviam com o HIV, parece-me que o mentor que encontravam era tanto na forma de pessoas como de situações variadas, atuando como verdadeiros facilitadores da jornada. Os relatos mostravam que, em determinado ponto em que o sofrimento parecia crescer e tomar conta na forma de ampla desesperança, conhecer o ambiente das ONGs que se voltam para essa temática trazia uma nova perspectiva para as suas vidas. Nesses locais, havia a possibilidade de conhecer pessoas que já tinham vivenciado as mesmas experiências, profissionais que as ouviam sem julgamentos, informavam-lhes a respeito de seus direitos e colocavam à sua disposição um arsenal de materiais informativos. Penso que esse conjunto de novas "presenças" se constitui no *"encontro com o mentor"*, descrito por Campbell (1997). A partir desse encontro, vários iniciavam a carreira de militantes nessa causa. Para tal, frequentavam cursos, palestras, eventos e capacitações diversas, em que se configuravam como verdadeiros facilitadores da digestão do que significa viver com o HIV; a fase do aprendizado acontecia de maneira viva e mostrando um sentido para o ocorrido.

A forma de se relacionar com as pessoas passava por mudanças. O heterossuporte dava lugar ao autossuporte, o que facilitava tanto o enfrentamento e o rompimento de relações e situações de discriminação como a abertura para vivências mais nutritivas. Novos ares, novos rostos e uma nova vida surgiam.

Assim, as jornadas de inúmeras dessas pessoas propiciaram sua autodenominação como "Pessoas que Vivem com o HIV", que enfatiza a vida e substitui tantas outras que enfatizam o preconceito e a discriminação, tais como "aidéticos", comuns no início da epidemia.

Nesse momento, os ganhos em termos de desenvolvimento pessoal passavam a ser vislumbrados; a saída da acomodação na vida que se levava cedia lugar, a duras penas, para a abertura diante de novos aprendizados e para um novo patamar existencial, em que o autossuporte era visível; isso trazia esperança e otimismo.

A jornada do herói prossegue com o encontro do *"pote de ouro"*, ou seja, com o encontro de algo que traz à pessoa a percepção de uma vida mais significativa, denominado *"bliss"*. Esse encontro traz a sensação de que tudo se encaixa e se está "no caminho certo" (Del Picchia; Balieiro, 2010). Os *insights* que as pessoas relatavam a respeito de suas vidas a partir da vivência do diagnóstico de HIV e do seu caminho de ajustamento criativo parecem constituir essa fase da jornada.

A última fase do *monomito* é o *retorno*; que é a volta para o mundo cotidiano, munido das transformações propiciadas pelo caminho. Nessa fase, é necessário que o herói leve ao seu cotidiano a aprendizagem adquirida, deixando o seu legado para o Mundo. Esse compartilhar do que se aprendeu possibilita a percepção do sentido para o que vivenciou, o poder responder a si mesmo o tão comum questionamento: "para que isso me aconteceu?". Assim, o herói precisa mesmo retornar e prosseguir a rotina que deixou, mas com essa nova identidade, com essa nova sabedoria, que pede para ser repassada na forma de uma verdadeira *"dádiva para o Mundo"* (Campbell, 1997; Del Picchia; Balieiro, 2010).

Essa fase pode ser identificada na trajetória de algumas das mulheres que se tornaram militantes na causa da epidemia por HIV e que conheci ao longo da minha trajetória como pesquisadora. Elas passavam a se enfronhar em campanhas diversas (prevenção, adesão ao tratamento etc.), passando adiante o conhecimento adquirido, levando conforto e tornando-se mentoras daqueles que iniciavam as suas jornadas. Essas ações pareciam devolver-lhes o sentido das suas existências, partilhando o que tinham aprendido generosamente.

A sensação de fazer parte da teia humana que se constrói ao longo da história decorre da percepção de que, ao escolher para si, a pessoa também escolhe para a humanidade (Sartre, 2014). Neste caso, escolhia-se sucumbir diante do diagnóstico ou aceitar o convite para a jornada, para esse novo caminho de ajustamento criativo?

Dar-se conta da transitoriedade da vida, para depois repassar o que aprendeu com a própria trajetória, parecia facilitar a superação da falsa ideia de que os indivíduos existem separados uns dos outros e a clareza de como as escolhas individuais constroem o que é universal, o que é eterno.

A jornada descrita e exemplificada com a vivência dessa população específica (pessoas que vivem com o HIV) também se refere à vivência de todos os seres humanos. Para Campbell (1997), o fascínio que as histórias, lendas e mitos exercem sobre os leitores, ouvintes e plateias, está diretamente relacionado à identificação com a figura dos heróis e heroínas, às voltas com as suas trajetórias.

Em Gestalt-terapia, o processo referente à concretização do que se denomina "contato" fundamenta a compreensão do ser humano. Parece-me pertinente associar o desenvolvimento do herói descrito por Campbell (1997) a esse processo, como passo a descrever. Sob essa perspectiva, a identificação com o herói encontra respaldo na constante vivência dos ciclos de contato, sem os quais a vida não seria possível. Ou seja, conhecemos muito intimamente os inúmeros ciclos que constituem o nosso dia a dia, o herói descrito nas narrativas também nos representa e empatizamos desde muito cedo com ele: os nossos corações infantis, que pediam pela repetição dos contos e filmes, já nos retratavam isso.

O Ciclo de Contato gestáltico e a Jornada do Herói

Como mencionado ao longo deste capítulo, e agora podemos explorar um pouco mais, Perls (2002) teceu relações entre a forma como alimentamos o corpo físico e como alimentamos o nosso ser total. Essas ideias, que colaboraram para torná-lo um dissidente da Psicanálise, inauguraram a nova abordagem da qual é considerado seu fundador, a Gestalt-terapia. Além disso, elas dariam subsídio para o que, mais tarde, batizou-se como Ciclo de Contato. Na literatura gestáltica encontramos várias outras denominações, tais como: ciclo de satisfação de necessidades, ciclo de autorregulação organísmica, ciclo de experiência, ciclo de contato-retração ou ciclo da gestalt (Ginger; Ginger, 1995). Apesar dos vários nomes que o processo recebeu, os autores se referem à maneira como as pessoas concretizam a satisfação das suas necessidades, desde as mais básicas às mais complexas.

Assim como os seres humanos sentem fome de alimentos que saciem suas necessidades biológicas, eles sentem outras "fomes", relativas a um vasto leque de outros tipos de necessidades, que dizem respeito à sua configuração como indivíduo que constrói a sua existência e a sua transcendência. Sentir fome implica na busca de um alimento para poder recuperar a homeostase. As sensações corporais que as diversas "fomes" acarretam podem ser traduzidas pela pessoa faminta de maneira adequada ou não. É possível que esteja "anestesiada" para a sua real "fome" e não traduzirá suas sensações como tal, sentindo um mal-estar infindável. No entanto, se ela traduz as sensações corporais na fome que as origina, poderá mobilizar-se em busca do alimento que lhe satisfaça. Para tal, empreenderá um caminho em que se deparará com facilidades e dificuldades diversas. Trata-se de um enfrentamento para o qual precisará lançar mão de seus recursos criativos, fazendo os necessários *ajustamentos criativos*.

Relembrando os exemplos citados, observava-se que as "fomes" sentidas pelas mulheres que se deparavam com o diagnóstico de HIV pareciam ser anteriores ao diagnóstico, entretanto, não eram objeto de um contato mais profundo, sendo mais comum uma alienação das próprias necessidades e possibilidades de crescimento e desenvolvimento. Nossas heroínas estavam no mundo rotineiro, acomodadas e, muitas vezes, sem maiores perspectivas de mudanças. Nessa situação rotineira surgia *o chamado à aventura*, de acordo à Jornada do Herói (Del Picchia; Balieiro, 2010).

Pois bem, tomando como referência o Ciclo de Contato, essa era a fase que se nomeia como *pré-contato*, fase em que se toma consciência das sensações corporais, que serão traduzidas na forma de necessidades, Figuras que pedem por seu fechamento. Nessa fase, o *self* funciona no modo *id* (Ginger; Ginger,1995).

Após essa tradução, que o *pré-contato* propicia, ocorre o *contato*, momento em que há um enfrentamento do meio, escolhem-se formas de satisfazer as necessidades anteriormente identificadas e o *self* funciona no modo *eu*, assumindo uma postura mais ativa diante do contexto (Ginger; Ginger, 1995).

Segue-se a essas duas primeiras fases do ciclo de contato, a fase batizada como *contato pleno*, fase em que são abolidas, momentaneamente, as fronteiras de contato e ocorre uma confluência considerada saudável, entre a pessoa e o seu "alimento". O self funciona também no modo *eu*, nessa fase (Ginger; Ginger, 1995).

Se relacionamos isso ao herói de Campbell (1997) e ao exemplo que estamos trabalhando, podemos considerar que o chamado à aventura se dá mediante a notícia do diagnóstico de HIV, entre o *pré-contato* e o *contato* do ciclo gestáltico.

A fase de *Iniciação* da jornada do herói, pode ser identificada nas fases de *contato* e *contato pleno* do mesmo ciclo. Para as nossas heroínas, refere-se a toda a trajetória de contato com a nova realidade que o vírus acarreta, reconhecendo-se e tornando as suas vidas bastante diferentes do que estavam acostumadas.

E, para finalizar o ciclo de contato, segue-se a fase de *pós-contato* ou *retração*. Essa fase é o momento da assimilação do "alimento". Aquilo que tem um sentido para o crescimento e desenvolvimento da pessoa passará a fazer parte dela, e o que não for assim, será descartado. O *self* funciona no modo *personalidade*. É nesse momento que as pessoas passam à reflexão, a dar um sentido para o contato que fizeram e a poder responder ao "para que isso me serve?", tomando consciência de novas ferramentas, valores, conhecimentos que agora a configuram e a tornam mais plena. Uma "fome" foi saciada a contento e o contato com aquele "alimento" modificou-a, ela já não é mais a mesma.

O *Retorno* do herói, munido do seu "tesouro", assemelha-se à fase de *pós-contato*, do ciclo de contato. É o momento em que acontecia, nos nossos exemplos, a percepção de ter-se tornado uma pessoa mais rica, sábia e experiente, com vontade de passar esses novos "saberes" para a humanidade, mediante o exercício da militância.

A descrição de como se dá o ciclo de contato e a possibilidade de relacioná-lo à Jornada do Herói passa a ser uma descrição do funcionamento das pessoas em todas os seus momentos, dos mais simples aos mais complexos.

É possível compreender a vida como um amplo e rico ciclo de contato a ser realizado, uma *Gestalt*, ou *Figura* aberta que se fecha no momento em que nos desligamos da existência, assim como também se trata de uma ampla jornada do herói, da qual retornaremos à totalidade. Torna-se tentador associar a existência individual a ondas que se formam num único mar e que retornam ao fundo quando realizaram seu potencial como ondas, como sinaliza Weil (1987), num ir e vir infinito.

Em Gestalt-terapia, toma-se como objetivo a ampliação da percepção do cliente e que ele possa fazer um amplo contato consigo e todo o contexto em que se encontra. Para tal, lança-se mão, como ferramentas de trabalho, de inúmeros experimentos criados pelo terapeuta diante do aqui-agora que se configura ao longo dos atendimentos. Os experimentos são verdadeiros ciclos de contato que devem ser vivenciados em todas as suas fases, fazendo-se o fechamento adequado dos mesmos, propiciando a tão almejada ampliação da percepção (Zinker, 2007).

Vislumbra-se, assim, a jornada do herói e a vida como um grande experimento, que vivenciamos para dele sair mais plenos, deixando nosso legado para os que virão. Essa percepção parece ser o sentido do humano, a percepção de que se é um alguém que tem seu lugar nessa complexa teia humana e que as escolhas individuais se eternizam, reverberando nos nossos contextos atuais e nas gerações vindouras.

O lugar da psicoterapia nos momentos de crise

As pessoas buscam a psicoterapia em momentos nos quais se defrontam com situações em que os seus ajustamentos criativos não estão sendo suficientes nem adequados. A maneira já conhecida de ajustar-se aos contextos vivenciados não satisfaz da mesma forma e a acomodação se tornou dolorosa e sofrida; o que, muitas vezes, foi negligenciado e colocado "embaixo do tapete" pede para ser visto, digerido de alguma maneira.

É possível relacionar a forma como se lida com aspectos pouco aceitos da individualidade com a maneira como a humanidade tem lidado com o lixo que produz. Como bem sabemos, ao longo de muitos e muitos séculos, fomos produzindo lixo e acumulando-o num amplo leque de "lixões", entre eles o mar. Nosso lixo saía do nosso campo de visão e, ingênua e irresponsavelmente, prosseguíamos nossas vidas como se o lixo tivesse desaparecido num passe de mágica. Há algum tempo, essa cegueira não tem mais como ser tão cômoda e, timidamente, inicia-se um movimento de reaproveitamento do que foi considerado "lixo". Digo "timidamente" porque a quantidade de lixo estocada ao longo do Mundo é infinitas vezes maior do que o número de pessoas e ações empenhadas em dar outro "lugar" para ele. O reaproveitamento e a reciclagem do que se descarta passaram a ter algum destaque em políticas públicas e movimentos ambientalistas. Numa expectativa otimista, espera-se que esse tipo de conscientização cresça, apesar de todas as forças contrárias, e a mãe Terra possa continuar a existir, com todo o seu vigor, abundância e generosidade.

Pois bem, retornando ao psiquismo humano, que nada mais é do que uma parte imersa numa totalidade e, como tal, é reflexo da mesma; as pessoas fazem um movimento semelhante com o que consideram como "lixo" em suas vidas.

Sintomas, dores, modos de ser, sentir e tudo o que não é aceitável, dentro do pretendido modelo de perfeição humano, passa a ser escondido no *Fundo*, de modo a ficar fora do campo perceptivo. No entanto, o desenvolvimento humano pede por maior consciência e esses verdadeiros "lixões" psíquicos pedem voz e lugar, como ferramentas válidas e importantes, verdadeiros tesouros a serem garimpados e incorporados no ser único que cada um é.

O percurso da psicoterapia é o percurso de uma verdadeira Jornada Do Herói, ou ciclo de contato, em busca dessa ampliação da percepção e integração de aspectos excluídos do "quem sou eu".

Como vimos, as pessoas que se deparam com o diagnóstico de HIV, aceitando o convite à aventura, passam a entrar em amplo contato com seus modos de vida e tudo o que diz respeito a eles, redescobrindo em si mesmas possibilidades, ferramentas que não eram utilizadas e, muitas vezes, consideradas "lixos". O vírus, também visualizado como um "lixo" a ser escondido, passa a ser a ferramenta para mudanças importantes, às quais se tem acesso mediante a vivência do diagnóstico.

A psicoterapia, em momentos como esses, de crises, desempenha um papel fundamental. O *setting* terapêutico se constitui num espaço protegido, livre de julgamentos e considerações de "certo" ou "errado", onde o cliente pode então ser livre para desenvolver o olhar para si de maneira verdadeira e honesta. O processo psicoterápico tem como objetivo a ampliação da percepção, estimulada pela empatia, pela confirmação e pelo amor incondicional que o terapeuta apresenta para o seu cliente.

Assim como o herói de Campbell (1997) pode interromper a sua jornada e "empacar" no meio dela, sem saber como continuar ou ter forças e coragem para prosseguir, as pessoas bloqueiam, interrompem os ciclos de contato em pontos que as impedem de satisfazer as suas necessidades de desenvolvimento. Esses pontos do ciclo de contato, em que as pessoas "empacam", e a forma como elas o fazem são denominadas, em Gestalt-terapia, de bloqueios de contato (Ribeiro, 2007). Os elementos para se construir uma compreensão diagnóstica derivam da confecção de um amplo e profundo retrato a respeito de como a pessoa lida e se desenvolve para concretizar seus ciclos de contato e as maneiras mais típicas que elas encontram para não "fechá-los", bloqueá-los (Pinto, 2015). A tarefa do terapeuta consiste em acompanhar o processo de autodescoberta, no qual se constrói o autossuporte suficiente para enfrentar o ciclo que é a vida, liberando-se da intensa necessidade de heterossuporte. Passa-se do "eu tenho que", para o "eu quero, eu necessito", ampliando-se a consciência do quanto se é responsável pelas escolhas que são feitas nas jornadas, nos ciclos de contato.

Nessa aventura, em que o terapeuta atua como um facilitador, talvez ele também possa ser considerado como um dos "mentores" aos quais se refere Campbell (1997), uma das forças que facilitam a jornada do cliente.

Refiro-me à psicoterapia não só como o espaço do consultório e sim aos diversos espaços de escuta em que acolhemos e acompanhamos pessoas nas nossas trajetórias de psicólogas e psicólogos que somos. Como verdadeiros heroínas e heróis que encontram sentido para as suas existências em acompanhar as jornadas de seus clientes, também vamos nos desenvolvendo e dando à luz nossos tesouros, estimulados pelos inúmeros contatos com essas pessoas, que, assim como nós, sofrem numa infinita teia que reverbera e "contamina" com o "vírus" a necessidade de autoconhecimento, o que se traduz na possibilidade de um Mundo melhor, em que a diversidade tenha lugar. No momento em que aceito, acolho, integro e passo a utilizar o meu "lixo" como um lindo e necessário "tesouro", posso também fazer o mesmo ao considerar o outro, com os seus respectivos "lixos". Assim se fundamenta a solidariedade e o respeito pela vida.

Utilizei a presença do HIV na vida das pessoas como um exemplo para um processo que é vivenciado ao longo das trajetórias de todos. Qual é o "HIV" que surge a cada momento, para cada um de nós, incitando-nos à mudança e ao crescimento? Estamos atentos ao que surge como um convite à aventura e ao desenvolvimento ou esperamos esse convite se tornar cada vez mais enérgico e avassalador?

E, a título de conclusão, deixo um pouco da inspiradora poesia do baiano Damário da Cruz, para reflexão, como um retrato e resumo do que quis expressar nessas linhas:

> *"A possibilidade de arriscar*
> *é que nos faz homens.*
> *Vôo perfeito*
> *no espaço que criamos.*
> *Ninguém decide*
> *sobre os passos que evitamos.*
> *Certeza*
> *de que não somos pássaros*
> *e que voamos.*
> *Tristeza*
> *de que não vamos*
> *por medo dos caminhos"* (Cruz,2003).

Referências

AMARO, S. T. A. A Questão da Mulher e a AIDS: Novos Olhares e Novas Tecnologias de Prevenção. *Saúde e Sociedade*, 14(2), 89-99, 2005.

BEISSER, A. R. A Teoria Paradoxal da Mudança. In: Fagan, J.; Shepherd, I. L. (Orgs.). *Gestalt-terapia: teoria, técnicas e aplicações.* (pp.110-121). Rio de Janeiro: Zahar, 1980.

BONAVENTURE, J. *O que conta o conto?* São Paulo: Paulus, 1992.

CAMPBELL, J. *O Herói de Mil Faces*. São Paulo: Cultrix, Pensamento, 1997.

CASTANHA, A. R.; COUTINHO, M. P. L.; SALDANHA, A. A. W.; OLIVEIRA, J. S. C. Consequências Biopsicossociais da AIDS na Qualidade de Vida de Pessoas Soropositivas para o HIV. *DST – Jornal Brasileiro de Doença Sexualmente Transmissíveis*, v. 18, n. 2, p. 100-07, 2006.

CRUZ, D. da. *Segredo das pipas*. EPP Publicações e Publicidade, 2003.

DEL PICCHIA, B.; BALIEIRO, C. *O Feminino e o Sagrado: Mulheres na Jornada do Herói*. São Paulo: Ágora, 2010.

GINGER, S.; GINGER, A. *Gestalt: uma terapia do contato*. São Paulo: Summus, 1995.

MENDONÇA, M. M. Ajustamento Criativo. In: D'Acri, G.; Lima, P.; Orgler, S. (Orgs.). *Dicionário de Gestalt-terapia: "Gestaltês"*. São Paulo: Summus, 2007.

PERLS, F. S.; HEFFERLINE, R.; GOODMAN, P. *Gestalt-terapia*. São Paulo: Summus, 1997.

PERLS, F. S. *Ego, fome e agressão: uma revisão da teoria e do método de Freud*. São Paulo: Summus, 2002.

PINTO, E. B. *Elementos para uma compreensão diagnóstica em psicoterapia: o ciclo de contato e os modos de ser*. São Paulo: Summus, 2015.

RIBEIRO, J. P. *O ciclo do contato*. São Paulo: Summus, 2007.

RIBEIRO, J. P. *Váde-mécum de Gestalt-terapia: conceitos básicos*. São Paulo: Summus, 2006.

SARTRE, J. P. O Existencialismo é um Humanismo. Petrópolis: Vozes, 2014.

SUIT, D. A. V. *Pessoas convivendo com o HIV: construindo relações entre vivência de estigma e enfrentamento*. Salvador: UFBA, 2005. Dissertação de Mestrado em Psicologia, Departamento de Psicologia, Universidade Federal da Bahia, Salvador, 2005.

SUIT, D. A. V. *Trajetórias de mulheres que vivem com o HIV: Um estudo a respeito de ideologia de gênero, autoestima e bem-estar subjetivo*. Salvador: UFBA, 2012. Tese de Doutorado em Psicologia, Instituto de Psicologia, Universidade Federal da Bahia, Salvador, 2012.

VON FRANZ, M. L. Érase una vez...: una interpretación psicológica. Barcelona: Luciérnaga, 1993.

WEIL, P. *Ondas à procura do mar*. Rio de Janeiro: Agir, 1987.

ZINKER, J. *Processo criativo em Gestalt-terapia*. São Paulo: Summus, 2007.

CAPÍTULO 4

Reconhecer o movimento do eu: processos psicoterápicos

Miguel Mahfoud

No contexto cultural contemporâneo, somos solicitados a forjar nosso eu. Artesãos da própria imagem, forjadores de personalidade pré-concebida ou de sua mutação contínua, conquistadores de posição social que nos atribua valor, afirmadores de si próprios e pragmatistas mesmo nas relações interpessoais mais íntimas... Ocupados em autoproduzir-se, extenuados pela insistência nesse processo e pelos êxitos apenas instantâneos: a experiência de si mesmo fica relegada a pano de fundo, desfocada na configuração da própria identidade e do próprio mundo idealizado. Cansados, ainda que empenhados com os próprios projetos de vida. Há quem chegue a tematizar o direito de ser alienado, em busca de alguma paz, e até mesmo o direito de interromper a própria vida. Está ficando evidente que esse processo não nos possibilita realização pessoal.

Os profissionais da psicologia não estão imunes a essa tendência contemporânea. Mas temos grande responsabilidade no que se refere à efetiva elaboração da experiência nos processos com os quais nos comprometemos. O drama pessoal e social que coletivamente vivemos em nossa sociedade requer da psicologia um posicionamento crítico em relação a seu papel: ocasião preciosa para recusar o lugar de apoiadores dessa cultura dominante. É urgente um aprofundamento – em termos de teoria e prática – que nos permita assumir nossa responsabilidade histórica de promoção de autêntica consciência de si como pessoas no mundo-da-vida.

Reconhecer o eu em movimento

Mesmo enquanto nos empenhamos com as escolhas que fizemos, os relacionamentos que elegemos, as metas que estabelecemos, forjando ativamente subjetividade e identidade, frequentemente emergem na nossa experiência questionamentos radicais sobre nós mesmos: "E eu com isso? E daí? Para quê tudo isso?". A pessoa se preparou para certa carreira, está empenhada nela, tem resultados positivos e, no entanto, aquelas interrogações insistem em questionar: "O que estou fazendo aqui?".

Por um lado, essas questões parecem surgir quase que à revelia do sujeito; por outro lado, no entanto, são movimentos do próprio eu que insiste em colocar em foco a pessoalidade e seus horizontes de sentidos amplos, propriamente humanos, mais que projetos (ainda que fossem os projetos de construção de si mesmo). São movimentos do eu a exigir sentidos frequentemente negligenciados nos projetos do próprio sujeito, a reivindicar atenção à própria presença estruturante do eu nas ações e projetos (Giussani, 2004; Mahfoud, 2012, 2016, 2019a).

Como na experiência de beleza, quando a materialidade e planejamentos estéticos possibilitam uma vivência *a partir* dos elementos empíricos *mas além* deles – onde a consciência da materialidade, do sentido advertido, do próprio eu e do mundo são tomados em unidade –, assim também aqueles movimentos do eu permitem uma tematização da experiência efetivamente pessoal, não reduzida a seus elementos empíricos nem a sua tentativa de constituição artificial. Como na experiência da beleza, a experiência de si mesmo (como experiência ontológica) é tomada em sua "radiosidade"[1] apreensível na sensibilidade, mas não redutível a ela; nela, vida e liberdade coincidem com o acontecimento do eu (Mahfoud, 2017a; Moreno-Márquez, 1988; Leite; Mahfoud, 2015).

Justamente por seu caráter de acontecimento, não planejado ou forjado, aquelas interrogações emergentes têm a força de reapresentar o sujeito a si mesmo, têm fecundidade de vida pessoal (para além dos campos pré-estabelecidos que acabam por se manifestar áridos pela frágil presença do eu na ação) (Mahfoud, 2019b).

Por se apresentar como exigência de realização pessoal, com sentidos totalizantes, as interrogações radicais autênticas possibilitam experiência de liberdade, fazendo frente à artificialidade das programações, recuperando a vida do eu.

Notem que o emergir daquelas insistentes interrogações carrega uma espécie de denúncia de que alguma experiência não dá suficientemente conta da presença do próprio eu: é um tipo de juízo crítico a esse respeito que já porta a necessidade de superação daquela condição. Em outra vivência, poderia emergir um juízo de

[1] "Tomás de Aquino indicava três requisitos da beleza: integridade, simetria e – assim Croce traduz – clareza. Joyce, ao invés, mais inteligentemente, traduz a terceira palavra por "radiosidade", indicando a capacidade que a beleza tem de comunicar algo que não se vê, isto é, o poder de emanar algo que o objeto anuncia, mas não se identifica com seus aspectos sensíveis; de tal modo que o objeto é, a um só tempo, verdadeira beleza e sinal de outro: essa é a completude do existente. A sugestão que está dentro do que apreendemos é então parte do realismo. As coisas dizem "alguma outra coisa" do que aquilo que está inscrito em sua imediata presença: o Outro, aquele segredo, aquela realidade que, no final das contas, a torna digna de ser afirmada" (GIUSSANI, 1993, p. 439).

correspondência às exigências inalienáveis do eu, como uma realização pessoal em ato (na experiência de amor, por exemplo).

Aquelas perguntas, que emergem como juízo, carregam certa dor: "E eu com isso?" expressa que o eu ainda não está plenamente presente ou que os fatos não estão nitidamente correlacionados ao eu. Assim, a vivência de não-correspondência se reapresenta dolorosamente.

Outras vezes, o eu se insinua em silêncio, como uma *espera* viva e estruturante. A expectativa de realização pessoal num relacionamento pode ser vivida no silêncio e ainda assim ser fortemente estruturante da relação. Do mesmo modo, a espera por um sentido pleno nas ações e projetos pode ser vivida no silêncio e de modo intenso: trata-se de presença do eu como abertura a si mesmo e ao mundo, contemporaneamente (Giussani, 2009; Mahfoud, 2017c, 2017d).

Assim como só podemos estar diante de outra pessoa com um silêncio que é espera do que está por emergir – sob pena de perdermos a presença do outro –, assim também a viva e silenciosa espera em cada relação, ação e interiorização permite contato com o próprio eu, sendo também expressão do eu. Na viva espera de sentido de cada ação o eu está presente e estrutura a experiência.

No entanto, mesmo ao vivenciar o eu presente e estruturante, por meio de seus juízos críticos e de sua intensidade silenciosa, o passo seguinte continua a requerer nosso gesto de liberdade: adesão à experiência de correspondência pessoal advertida num eu presente. É necessária a tomada de posição do eu para que o eu continue a se reapresentar. Nossa experiência pessoal não vai se estruturar sem a tomada de posição do próprio eu. A cada momento podemos perder o foco da vivência pessoal, voltando a mirar objetos como se desvinculados do eu ou tomando a própria experiência como objeto a ser manipulado ou artificialmente forjado. A liberdade do eu frente ao acontecimento do próprio eu é sempre necessária: tal liberdade se manifesta na afirmação do acontecimento, no desejo de voltar à abertura constitutiva, no desejo-espera de sentido em cada vivência, em assentir que a experiência se constitua além do meu projeto sobre ela, que a experiência-acontecimento me afete a cada momento de modo novo. Nossa experiência de eu não pode permanecer sem nosso próprio eu aceitando e permitindo sua dinâmica própria. Paradoxalmente, o eu precisa reafirmar o eu como acontecimento para continuar a ser a abertura que é. A adesão ao acontecimento do eu é o maior, mais pleno e mais livre gesto do eu. O movimento do eu dentro das circunstâncias, com a busca que o caracteriza, é a mais clara e potente constituição de nossa pessoa (Martins, 2007; Romano, 2008, 2012; Mahfoud, 2017c).

De fato, Edith Stein (2003) (cf. Mahfoud, 2017b) aponta a possibilidade contínua de o eu tomar posição em cada vivência, localizando-se em níveis mais superficiais ou mais profundos da experiência e da estrutura da pessoa mesma. Essa tomada de posição do eu na própria experiência é estruturante da própria pessoa e é também liberdade:

> *Liberdade* significa, primeiramente, a possibilidade de passar, por meio de si mesmo, do modo de ser inferior ao superior (...); significa, além disso, a possibilidade de passar da forma originária da consciência, a que pertence momentaneamente o ser da pessoa, a uma outra, a um ato particular de reflexão, no qual a pessoa aparece diante de si mesma e no seu ato; e, finalmente, significa a possibilidade de entrar com um mais ou um menos de substância própria na atualidade mutável e de determinar esta atualidade através de uma escolha entre as possíveis espécies acidentais. (Stein, 2003, p. 336)

Acompanhar a pessoa pelo movimento do eu

Considerando que as questões radicais emergem na experiência das pessoas e que esse emergir torna o eu vivificado diante dos desafios e das realizações que sua vida no mundo comporta, potencializando a capacidade de elaboração da experiência, então, é fundamental tematizar como o profissional da psicologia pode acompanhar esse autêntico movimento do eu, como não desqualificar essa sutil e potente dinâmica.

Fica clara, então, a necessidade de não enfatizar técnicas que busquem motivar elaborações da experiência: acabariam por desqualificar o movimento do eu de algum modo já presente. Nem mesmo fariam sentido metas de eliminação da dor nos processos psíquicos, pois o que está em questão não são as sensações. A dor contém as exigências de realização que são crivo crítico para juízos sobre toda espécie de vivências, nascendo delas recursos pessoais para lidar com a dor a partir de tomadas de posição do eu.

No movimento autêntico do eu, pode-se elaborar a experiência no horizonte de totalidade, podendo chegar inclusive a elaborar a grande questão: "Vale a pena viver?". (Mahfoud, 2018, 2019c)

Nesse sentido, é importante atentar para o fato de as buscas por sentido não serem abstratas: não se trata de formular algum significado relativamente acomodado aos interesses da pessoa. Trata-se de exigência de sentido como exigência de realização pessoal, de afirmação de meu ser; trata-se de exigência elaborada na abertura a horizontes amplos. Diante da natureza, surgem interesses pela natureza mesma, mas ela remete a horizontes infinitos, onde chega-se a considerar o eu de modo vivo, não reduzido a objeto. Contemplar a natureza e apreender o impacto com sua beleza não se refere meramente à estimulação sensorial nem simplesmente a um impacto estético: ali recebe-se também uma outra espécie de provocação, de modo tal que chegamos a nos interrogar sobre quem somos, tematizamos esperanças sobre a vida no seu conjunto. A partir das vivências empíricas, a elaboração da provocação da natureza chega a despertar o eu para o âmbito propriamente humano de nossa morada no mundo. Nessa abertura a horizontes amplos, advertimos um convite a ir além do imediato, e adentramos esse âmbito de experiência por meio de perguntas onde o eu está vivo, intensamente presente, voltando-se para o mundo e para si mesmo contemporaneamente: "Afinal, para que tudo isso? E eu, quem sou?" (Mahfoud, 2014, 2017c; Von Balthasar, 2017).

Também diante de uma pessoa com quem se tem certo entrosamento, pode acontecer um reconhecimento de outra ordem, indicando que o momento presente participa de uma história mais ampla e significativa, ainda que não se saiba precisamente de que se trata ou o que virá no futuro: assim, o tema do eu é ativado, longe de qualquer artificialidade. Ao advertir uma correspondência pessoal frente a alguém, pode-se ter a percepção de que um desejo daquela experiência já estava presente, já fazia parte da própria busca e agora é vivido de modo plenamente pessoal. A busca característica de sua pessoa se torna clara diante de uma *resposta* ao desejo e à espera, mais do que nas análises das sensações, expectativas e imaginações. Nesse sentido, no acompanhamento em processos clínicos, o psicólogo se sintoniza com a experiência da pessoa quando reconhece com ela suas experiências de correspondências e não-correspondências – em que ela atua vivamente seu crivo crítico ao avaliar toda vivência, movimentando seu eu autenticamente.

Cada um busca sentido não por reações a circunstâncias, não por fuga do vazio existencial, mas por ser a vida do próprio eu. E o faz em condições favoráveis ou desfavoráveis. Assim, podemos vislumbrar a gravidade de perder o foco do eu vivo que toma posição (em qualquer circunstância que seja) ao mirar as situações meramente como favoráveis ou não ao sujeito. Sem o eu desperto pelo sentido advertido, o movimento do eu se dispersa na variação das circunstâncias ou na inevitável variação dos ânimos, anuviando a percepção do eu, limitando os movimentos do eu aos interesses despersonalizantes.

Com o eu desperto, pode haver reconhecimento da correspondência pessoal das experiências, não apenas calcado no limitado âmbito dos interesses imediatos, mas aberto à dimensão ideal "radiosa" na experiência concreta, isto é, com a percepção de uma dimensão ideal e atemporal (de amizade, companhia, amor, justiça, por exemplo). Frequentemente essas experiências ficam como ponto de referência para o próprio sujeito, como marcas vivas: descobertas de significados do viver e de possibilidades de relações interpessoais significativas permanecem vivas, provocando o eu a retomar sua vitalidade original. É na dimensão ideal apreendida na experiência do real que meu eu emerge vivo para mim mesmo e para o mundo, numa consistência anteriormente desconhecida. Tal experiência pode continuar viva, a suscitar vida do eu ao longo de toda a vida do sujeito; ao exercer a liberdade, o sujeito pode voltar a ela, deixando-se provocar sempre de novo pelo acontecimento. Também neste sentido, a *memória é guardiã da experiência* (Giussani, 2004, 2009; Mahfoud, 2012).

Também em uma experiência dessa ordem, o movimento do eu é fundamental. A depender do nível de experiência em que o eu adentra, a constituição do sujeito é diversa e correlata. O sujeito é afetado pelo objeto segundo o nível da experiência em que seu eu se aloja: voltando-se para uma dimensão ideal/infinita advertida na vivência, o próprio eu vem a ser constituído por aquela dimensão. Autenticamente surpreso pela vida mesma na relação com alguém, o sujeito é marcado por essa dimensão aberta e infinita ao viver aquele relacionamento. O eu está ativo no movimento que realiza, e ao depositar o olhar o sujeito é fortemente marcado naquele nível de experiência em que decide se alojar (Mahfoud, 2017a).

Nesse sentido, a subjetividade pode se estruturar efetivamente pelo livre reconhecimento de correspondência e livre afirmação da experiência pessoal ao longo do tempo. É possível, assim, a formulação de uma identidade não alienada, já que está calcada no crivo crítico do próprio sujeito e na liberdade do sujeito de afirmar o acontecimento de sua subjetividade. Também nesse sentido, cabe ao psicólogo favorecer a complexidade da experiência em seus muitos âmbitos e níveis, evitando sobrepor interpretações de causalidades quando a descoberta do sujeito se refere à abertura que pode introduzi-lo em um nível mais amplo e mais radical de elaboração de experiência, levando a uma identidade mais aberta e autêntica. Cabe ao psicólogo reconhecer as diferenças de vivências e de elaborações, confirmando nuances autenticamente advertidas pelo sujeito, de modo tal que a elaboração da experiência possa se dar com os critérios e evidências encontradas na experiência pelo próprio sujeito (Mahfoud, 2012, 2017a, 2017c, 2019a; González Di Pierro, 2017).

É fundamental que o psicólogo possa acompanhar as várias modalidades de elaboração da experiência, segundo as diversas passagens percorridas pelo sujeito, com abertura e maravilhamento pelo acontecimento do eu diante de seus olhos. Diante de suas experiências abertas, o sujeito corre o risco de estruturar respostas insuficientes para sua problematização do viver ou para suas exigências radicais; mas podemos acompanhar o processo com liberdade e paciência, já que o ponto-chave para a constituição de seu eu não está tanto no que ele formula como compreensão de si e do mundo: depende mais da resposta que o sujeito dá à correspondência ou à não-correspondência advertidas na própria experiência. O ponto forte para seu ser é o autêntico movimento de seu eu nessas experiências fundamentais.

As dificuldades de ordem pessoais ou referidas a contextos não definem o nosso ser de *per si*. Mas é frequente, no trabalho psicológico, reconduzir o eu aos âmbitos causais e empíricos (o que se sente, sobretudo) com interpretações explicativas, não iluminadas pelo acontecimento da subjetividade. Assim, o horizonte do mundo se estreita e o âmbito de elaboração da experiência também. Marcados por concepções reducionistas de ser humano e de experiência, o psicólogo corre o risco de dar-se conta de um momento provocador e em seguida voltar a leituras mecanicistas das experiências; advertir momentos de abertura que possibilitam à pessoa releituras do próprio processo e consolidação da experiência ontológica, no acontecer da subjetividade e, em seguida, convidar os sujeitos a depositarem o olhar em si mesmos e no mundo sem aquela nova luz fecunda.

É surpreendente que no movimento do eu (em direção a algo significativo advertido, com abertura, com afirmação dos critérios radicais pessoais pelos quais avalia tudo) a pessoa não fica presa ao seu próprio eu, à sua própria busca; pelo contrário, quanto mais encaminha autenticamente sua busca, mais se reconhece junto a outros significativos, maior a capacidade de reconhecer um solo em comum onde vivem posições variadas. As árvores relacionam-se pelas raízes, como nos adverte o poeta chinês Ai Qing:

> Uma árvore, outra árvore...
> Separadas umas das outras, de pé, solitárias e erectas;
> O vento e o ar
> Indicam-lhes a distância que medeia entre elas.
> Mas debaixo do solo
> As suas raízes penetram pelas entranhas da Terra dentro...
> Na profundidade insondável
> As suas raízes entrelaçam-se e unem-se entre si. (Qing, 1987, p. 169)

Enraizados na própria experiência, ao viver a experiência propriamente humana, dá-se a descoberta de união com o diverso, inicialmente inadvertida, superando a solidão própria da autoafirmação. No aprofundamento da própria experiência, o sujeito se reconhece no solo humano e existencial em comum, estabelecendo proximidade com o outro habitualmente reconhecido como distante; ele pode, então, travar comunicação significativa ao reconhecer serem únicos e irrepetíveis na mesma condição existencial (Mahfoud, 2017a).

De fato, quando sistematicamente convocados aos níveis mais superficiais da experiência e de nossa estrutura de pessoa humana, quando embotados na cultura baseada no sensorial e na imagem, a figura do outro perde sua força solicitadora. Assim, cada um tende a permanecer ocupado com suas vivências imediatas e o outro não ilumina a experiência para novas leituras de si e do mundo. É possível entrever a gravidade da situação em termos culturais; é possível advertir a enorme responsabilidade dos psicólogos diante dela.

Neste momento histórico, cabe-nos auxiliar as pessoas a examinarem suas vivências de modo que possam chegar a colher sua abertura constitutiva. Nas descobertas autênticas e experiências de maravilhamento, ou mesmo na vivência de dor ou falta de sentido, é mister tomar consciência do movimento autêntico do eu. Continuamente, o eu volta a se insinuar, não dependendo, para isso, do psicólogo que acompanha a pessoa. Mas, como psicólogos, podemos contribuir para que o movimento do eu seja reconhecido e se consolide na tomada de posição do sujeito, colaborando para que o eu não se disperse, contribuindo para a constituição do eu livre e capaz de sempre novas elaborações da experiência ao retomar suas próprias experiências fecundas. Podemos colaborar para que se tenha gosto pela aventura humana de buscar sentido autenticamente pessoal. Para que cada eu possa chegar a ser, também, semeador de novidades luminosas no mundo de todos.

Referências

GONZÁLEZ DI PIERRO, E. Que significa ser eu? O problema da identidade pessoal em Edith Stein. In: MAHFOUD, M. (Org.). *Quem sou eu? Um tema para a psicologia*. Belo Horizonte: Artesã, 2017, p. 125-156.

GIUSSANI, L. *Un avvenimento di vita, cioè una storia: itinerario di quindici anni concepiti e vissuti*. Roma: Il Sabato, 1993.

GIUSSANI, L. *Educar é um risco: como criação de personalidade e de história*. Tradução de Neófita Oliveira. Bauru (SP): Edusc, 2004.

GIUSSANI, L. *O senso religioso*. Tradução de Paulo Afonso E. Oliveira. Brasília: Universa, 2009.

LEITE, R. V. & MAHFOUD, M. Elaboração da experiência ontológica em Albert Schweitzer: análise fenomenológica de uma autobiografia. *Memorandum* (Belo Horizonte), n. 28, p. 184-205, 2015. Recuperado em 06 agosto 2019 de https://seer.ufmg.br/index.php/memorandum/article/view/6320/4798

MAHFOUD, M. *Experiência elementar em psicologia: aprendendo a reconhecer*. Brasília: Universa; Belo Horizonte: Artesã, 2012.

MAHFOUD, M. Coração como núcleo pessoal: contribuições de Luigi Giussani. In: HOFFMANN, A.; OLIVEIRA, L. M.; MASSIMI, M. (Org.s). *Polifonias do coração*. Ribeirão Preto (SP): Funpec, 2014, p. 117-138.

MAHFOUD, M. A estruturação da experiência segundo Luigi Giussani. *Estudos de Psicologia* (Campinas), v. 33, n. 3, p. 395-401, 2016. Recuperado em 06 de agosto, 2019, de http://www.scielo.br/pdf/estpsi/v33n3/0103-166X-estpsi-33-03-00395.pdf

MAHFOUD, M. Autoconsciência no relacionamento com uma presença: "teu nome nascia do que fitavas". In: MAHFOUD, M. (Org.). *Quem sou eu?: Um tema para a psicologia*. Belo Horizonte: Artesã, 2017a, p. 69-109.

MAHFOUD, M. Formação da pessoa em Edith Stein: dos dados sensíveis à plenitude da pessoalidade. In: MAHFOUD, M.; SAVIAN FILHO, J. (Org.s). *Diálogos com Edith Stein: filosofia, psicologia, educação*. São Paulo: Paulus, 2017b, p. 283-295.

MAHFOUD, M. Quem sou eu? Acontecimento pessoal na busca de completude. In: MAHFOUD, M. (Org.). *Quem sou eu?: Um tema para a psicologia*. Belo Horizonte: Artesã, 2017c, p. 37-67.

MAHFOUD, M. Silêncio e interioridade pessoal em Edith Stein. *Revista de Filosofia Aurora* (Curitiba), v. 29, n. 48, setembro - dezembro, p. 840-864, 2017d.

Recuperado em 06 agosto 2019, de https://periodicos.pucpr.br/index.php/aurora/article/download/22004/22510

MAHFOUD, M. Vale a pena viver? A pergunta radical requer resposta pessoal. In: ANGERAMI, V. A. (Org.). *Sobre o suicídio: a psicoterapia diante da autodestruição.* Belo Horizonte: Artesã, 2018, p. 423-433.

MAHFOUD, M. Gesto fenomenológico diante do acontecimento da subjetividade. In: FEIJOO, A. M. L. C.; LESSA, M. B. M. F. (Orgs.). *O gesto fenomenológico: corpo, afeto e discurso na clínica.* Rio de Janeiro: IFEN, 2019a, p. 53-76.

MAHFOUD, M. Núcleo da pessoa como centro pessoal da alma humana: com Edith Stein para uma psicologia com alma. In: MAHFOUD, M. (Org.). *Psicologia com alma: a fenomenologia de Edith Stein.* Belo Horizonte: Artesã, 2019b, p. 139-162.

MAHFOUD, M. Suicídio versus encontro interpessoal: luzes e sombras no processo psicoterápico. In: ANGERAMI, V. A. (Org.). *Suicídio e suas interfaces: o ardiloso emaranhado da autodestruição.* Belo Horizonte: Artesã, 2019c, p. 391-403.

MARTINS, J. G. Experiência e subjectividade em Claude Romano. In: CANTISTA, M. J. (Org.). *Desenvolvimentos da fenomenologia na contemporaneidade.* Porto (Portugal): Campo das Letras, 2007, p. 167-213.

MORENO-MÁRQUEZ, C. Experiencia ontológica e intersubjetividad en la fenomenología de E. Husserl. Tese de doutorado, Faculdade de Filosofia, Universidad de Sevilla, Sevilha (Espanha), 1988. Orientação de J. Villalobos. Recuperado em 6 agosto 2017 de http://fondosdigitales.us.es/tesis/tesis/122/experiencia-ontologica-e-intersubjetividad-en-la-fenomenologica-de-husserl/

QING, A. Árvores. In: QING, A. *Poesia escolhida de Ai Qing.* Edição bilíngue chinês e português. Tradução de Jin Guo Ping e Revisão literária de António Manuel Couto Viana. Macau (China): Instituto Cultural de Macau, 1987, p. 169.

ROMANO, C. *Lo posible y el acontecimiento.* Tradução de A. Fornari, P. Mena e E. Muñoz. Santiago de Chile: Ed. Universidad Alberto Hurtado, 2008.

ROMANO, C. *El acontecimiento y el mundo.* Tradução de Fernando Rampérez. Salamanca (Espanha): Sígueme, 2012.

STEIN, E. *Potenza e atto: studi per una filosofia dell'essere.* Tradução de A. Caputo. Roma: Città Nuova, 2003.

VON BALTHASAR, H. U. Quem sou eu? In: MAHFOUD, M. (Org.). *Quem sou eu?: Um tema para a psicologia.* Belo Horizonte: Artesã, 2017, p. 13-35.

CAPÍTULO 5

A construção da individualidade e a tarefa de tornar-se humano

Bruno Gonçalves

Este texto busca determinar quais as condições necessárias para a construção da individualidade e como se dá o processo de individuação humana. Aborda o processo de aprendizagem como sendo fundamental na determinação do Eu, e apresenta a individuação como sendo emancipatória, um exercício de liberdade e reflexão.

Problematiza que a falta desta individuação não permite a construção clara de uma identidade e consequentemente de um indivíduo capaz de tomar decisões melhores, assumir desafios, solucionar problemas e ser protagonista da própria vida; ressalta que um indivíduo sem autoconhecimento é direcionado a repetir ideais sociais externos.

Entende-se que a individuação é o processo pelo qual uma parte se distingue das demais e consequentemente do todo; no caso do ser humano, a individuação torna o sujeito único, independente e diferenciado dos outros seres. No entanto, para compreender como se dá o processo que torna alguém único e singular, antes, é imprescindível discorrer sobre o que é o homem.

Parte-se do pressuposto que cada ser humano constroi sua identidade que o diferencia dos demais, essa característica única do homem é o que melhor define a espécie humana; o homem é o ser que constrói diferentes modos de ser, num processo que pode ser chamado de individuação. O problema da individuação admite que cada sujeito diferencia-se dos demais ao longo de sua vida e essa diferenciação paradoxalmente o torna pertencente ao gênero humano. Contudo, o paradoxo de diferenciar e assim tornar-se pertencente a um grupo pode ser explicado pela aprendizagem. A aprendizagem existencial pode ser entendida como um método orientado para o desenvolvimento da individulidade e, ajudar na compreensão de como se dá o processo de formação desse "eu" que nos diferencia dos outro, pois a tarefa da individuação consiste em aprender a ser.

Aprender a ser um indivíduo, um ser singular, não consiste na aprendizagem formal cognitiva, mas da aprendizagem existencial, onde cada sujeito constrói o próprio caminho de aprendizagem relacionando com suas próprias vivências, desse modo, a aprendizagem não leva à padronização, mas à singularidade.

A questão da formação da individualidade consiste em investigar como concretizamos as múltiplas possibilidades e constituimos nosso ser, para isso é necessário compreender a dinâmica da liberdade, do poder ser, ou seja, da possibilidade e da impossibilidade, da angústia e do desespero no processo de individuação. Contudo, não basta reconhecer a incompletude do ser, nem mesmo admitir as diversas possibilidades de *vir a ser*, é necessário aprender a lidar com as escolhas de que virão a constituir e a diferenciar o ser dos demais. A educação assume uma importância fundamental nesse processo formativo, pois conhecer cada passo do processo de individuação é imprescindível para a concretização desse projeto.

Pretende-se colocar a questão da autoformação numa perspectiva existencial, afastando-se de critérios idealistas e a dando ênfase à experiência individual, para isso elege como fundamentação principal, o filósofo dinamarquês Soren Aabye Kierkegaard, precursor da corrente existencialista e um dos principais pensadores da introspecção individual, desse modo, o texto busca descrever como um ser humano é criado em virtude da experiência de si mesmo e explicar como a maneira com que cada sujeito se relaciona consigo mesmo faz com que se torne um ser singular.

O homem não nasce humano, torna-se

> Onde estou? Que quer isto dizer: o mundo? Que significa esta palavra? Quem me enganou, metendo-me em tudo isto, e me deixa ficar aqui? Quem sou? Como entrei neste mundo; porque não me foi perguntado, porque não fui informado das regras e costumes, mas metido nas fileiras como se tivesse sido comprado por um vendedor de almas? Como foi que me tomei parte interessada nesta grande empresa a que se chama realidade? Por que razão hei-de ser parte interessada? Não será isso matéria de livre decisão? E, no caso de me ser obrigatório sê-lo, onde está o gerente, já que tenho uma observação a fazer? Não há gerente? A quem devo dirigir-me para apresentar a minha queixa? Afinal a existência é um debate; poderei pedir que a minha observação seja posta à consideração? Se se há-de tomar a existência como ela é, não seria então melhor que nos fosse dado saber como ela é? (Kierkegaard, 2009, p. 108).

Quando se trata de analisar a natureza do ser do homem, é sempre essencial saber por onde começar. Isto é especialmente verdadeiro no caso de não se perder em definições abstratas em demasia ou mesmo generalizações, soma-se a isso a natureza intangível e subjetiva do tema, portanto, antes de investigarmos como alguém se torna o que é, é necessário retomar a questão primordial segundo Heidegger (1987): Por que existem seres em vez do nada? Para o filósofo alemão, a questão do ser é a questão mais importante para a humanidade, é a questão mais ampla e profunda e finalmente a questão originária. A questão abrange tudo o que é, e isso significa não só o que está agora presente, mas também o que foi anteriormente e o que será no futuro. No entanto, deve-se acrescentar que a questão não é originalmente de Heidegger, mas de Leibniz, Heidegger (1987) tentou responde-la junto a outros tantos filósofos, porém os mesmos nem sequer chegaram perto de obter um consenso sobre como exatamente entender a questão, muito menos respondê-la. Portanto, não temos a pretensão de esclarecer a questão do ser, mas antes de tudo propor outras questões e trazer elucidações de alguns pensadores.

Nas palavras de Aristóteles (2002, p. 287): "O ser tem muitos significados (...) De fato, o ser significa, de um lado, essência e algo determinado, de outro, qualidade ou quantidade, porém mesmo com tantas definições, a primeira acepção do ser, segundo o filósofo grego, é a essência. A essência é um importante termo da Filosófia que se refere ao *ser* da coisa, de maneira que a essência de um ser é o que ele realmente é, ou que faz da coisa o que ela é. A essência também pode ser definida como aquilo que no ser é tido como imutável e eterno, em oposição à sua existência transitória e perecível, é o que é mais íntimo e quase secreto na natureza da coisa, em suma, o que é essencial.

O discurso sobre a essência do homem deve determinar a partir de algumas definições e opiniões básicas, o que é um ser humano, de modo que, a essência do ser humano deveria explicar como uma pessoa deve ser e como ela deve se comportar. Por muito tempo houve a percepção de que a essência precedesse a existência, isso equivale a dizer que cada pessoa possui uma natureza pronta e acabada, de modo que a personalidade e a vida mental do sujeito são determinadas desde seu nascimento. Os essencialistas concordam que "o homem possui uma natureza humana; essa natureza, que é o conceito humano, pode ser encontrada em todos os homens, o que significa que cada homem é um exemplo particular de um conceito universal: o homem" (Sartre, 2019, p. 4). No entanto, por mais que a ciência e a filosofía possam fazer suposições generalistas sobre o que é um ser humano, não podem concluir sobre o que significa a experiência humana, sempre individual, singular e irredutivel à generalidade do conceito.

Sartre (1987) por sua vez, descreve o homem como uma existência e não como uma essência, seu ponto é que não se pode resumir uma pessoa a um número de componentes essenciais, sem reduzir essa pessoa. Se a essência é fixa como supõe a corrente de pensamento essencialista, o ser humano deveria ser sempre o mesmo, de modo que ser é permanecer o mesmo que a si mesmo, mas o que observamos é o contrário, o homem adapta sua essência através da interação com o meio ambiente, portanto, é extremamente flexível. O homem não é algo fixo; ele aprende a ser o que é, ele se torna, ele existe. "Heidegger escreve: o ser que existe é o homem. Só o homem existe. As pedras, a árvore, o cavalo, os anjos, Deus, todos esses são, mas só o homem existe" (Angerami, 2018, p.33).

Em contraponto à Essência há a Existência. A filosofia da existência ou existencialismo, de acordo com o dicionário de Japiassú e Marcondes (2001) é a corrente filosófica segundo a qual, no homem, a existência que se identifica com sua liberdade, precede a essência: por isso, desde nosso nascimento, somos lançados e abandonados no mundo, sem apoio e sem referência a valores. Segundo a definição Japiassú e Marcondes (2001) o homem deve criar os próprios valores através da própria liberdade e responsabilidade. Essa visão sobre o homem decorre da perspectiva de Sartre que além de definir essa corrente filosófica, contribuiu enormemente para o seu desenvolvimento, Sartre destaca que a existência precede a essência e reforça que a liberdade é a essência do homem. Dessa forma, a filosofia existencialista se opõe ao pensamento essencialista e põe o homem como figura central do debate filosófico.

> A existência precede a essência: significa que, em primeira instância, o homem primeiro existe, encontra a si mesmo, surge no mundo, e só posteriormente se define. O homem tal como o existencialista o concebe, só não é passível de uma definição porque, de início, não é nada: só posteriormente será alguma coisa e será aquilo que ele fizer de si mesmo. Assim, não há natureza humana (...). (Sartre, 2019, p. 4).

Para Sartre (2019), o homem nada mais é do que aquilo que ele faz da sua vida. Portanto, não existe um modo de ser ou agir, nem mesmo um propósito do qual nossa existência seria um simples desenvolvimento. Vale ressaltar que o homem também não está sujeito a restrições naturais que o levam a agir de uma forma ou de outra, isso distingue a humanidade de outras espécies; o animal, por exemplo, não tem uma existência, ele é completamente limitado em si, age e reage por instinto, ele é porque não pode deixar de *ser*, sua essência foi determinada pela espécie, o comportamento de um exemplar de tigre indiano é muito semelhante ao de outro tigre encontrado na China. Já o homem, do ponto de vista da espécie, pode até expressar sua geração, pois é apenas um "exemplar" semelhante aos demais; entretanto do ponto de vista do indivíduo, ele é único. Para Nietzsche, o homem é "o animal que jamais se define". Os animais se repetem e não avançam. O homem ao contrário e por natureza, não pode ser o que já é (Jaspers, 1973, p. 46). O homem não se contenta em viver, isto é, em nascer e morrer, segundo Gaarder (1999, p. 12) "o homem não vive apenas do pão. É evidente que todos os homens precisam comer, mas há algo mais de que todos os homens precisam".

Por certo, existem limitações e determinações físicas, psicológicas e sociais que pesam sobre o homem, mas não importa o quanto um ser humano possa parecer determinado pelas circunstâncias, ele mantém sempre uma considerável habilidade para determinar como ele irá responder a elas. A possibilidade de se autodeterminar é oferecida somente ao ser humano, mais do que isso, cada homem é impelido a assumir a tarefa de construir sua identidade. Para Gaarder (1999, p. 12) "precisamos descobrir quem somos e porque é que vivemos".

No homem a existência precede a essência; isso equivale a dizer que a essência de cada homem, o que o torna único e distinto dos demais, surge somente após seu nascimento. Portanto, o indivíduo deve ser compreendido como um ser que passa por uma construção processual e dinâmica.

A importância da aprendizagem no processo de individuação

O caminho da individuação passa pelo aprendizado existencial, nele o conhecimento adquirido está associado à vida, de modo que o aprendizado e a existência se entrelaçam, o sujeito aprende a ser um ser humano singular. Se a existência precede a essência, para tornar-se um ser singular é necessária a escolha da própria essência, mas isso não se trata de uma escolha pontual, pelo contrário, a escolha de si mesmo é processual, dinâmica e com um agravante: não se pode escolher com base em critérios exteriores, antes de escolher é necessário conhecer a si mesmo, é preciso aprender a ser. Entretanto, é indispensável destacar que a aprendizagem existencial distingue essencialmente da aprendizagem cognitiva. Na aprendizagem cognitiva cada passo do processo educativo é conhecido, enquadrado e preparado. A pessoa avança em um terreno desconhecido, no entanto, sempre haverá alguém, um professor, que conhece cada passo do caminho, em muitas outras vezes haverá um método estabelecido. Nesse tipo de aprendizagem o caminho é compartilhado por milhões de viajantes, apenas o tempo necessário para cada um irá variar. Quaisquer que sejam as rotas escolhidas, se percorridas passo a passo, elas levam ao conhecimento. Já no aprendizado existencial, cada indivíduo avança em um território que certamente foi atravessado por outros exploradores, mas a experiência do outro não pode ajudar. Não há caminho comum. O indivíduo permanece inevitavelmente em um caminho pessoal. O progresso existencial é adquirido principalmente por meio do autoconhecimento; o conhecimento compartilhado através da experiência do outro pode ajudar, mas o mais importante consiste no conhecimento adquirido sobre si mesmo.

Deve-se destacar também que o acúmulo de conhecimento cognitivo, como proposto na aprendizagem formal, desenvolve insidiosamente comparações entre indivíduos, competição e hierarquização. Tudo isso contribui para que o individuo seja muitas coisas, menos o que ele realmente é. Neste tipo de aprendizagem, o individuo se constrói em termos de sua posição em relação aos outros. Então, em vez de se alegrar com o progresso do outro, o indivíduo se vê diante da decepção de não ser o primeiro, de não ser tão bom quanto os outros. Como resultado, o aprendizado se torna, muitas vezes, um acúmulo de decepções ou pressões constantemente renovadas para manter o nível alcançado em relação aos outros.

Contudo, a aprendizagem cognitiva está enraizada na cultura há milhares de anos, isso equivale a dizer que a capacidade de explicar, ou melhor, de produzir o conhecimento, já é um conhecimento que fora adquirido; aprende-se a pensar de uma certa maneira. Desde Sócrates e Platão, a ideia de que a realidade só pode ser intuída através da razão é amplamente difundida e valorizada em toda a filosofia e culmina no desenvolvimento da Ciência tal como é conhecida. Assim, o ato de conhecer, consiste em juntar evidências empíricas baseadas na observação, geralmente resultantes de experiências ou exploração do ambiente e analisá-las com o uso da lógica.

No entanto, essa forma de adquirir o conhecimento mostra-se um tanto deficitária, principalmente quando colocada diante da complexidade da existência humana. Apesar de privilegiar a intelectualidade e a interioridade, a aprendizagem cognitiva nega e deprecia muitos aspectos da vida, como os sentimentos, os desejos, a percepção e a intuição. Contudo, hoje questiona-se a investigação cientifica como fonte única para o conhecimento. A percepção subjetiva, antes vista como uma forma precária de Saber, da qual era necessário corrigi-la através da reflexão, ganha força a partir da fenomenologia. Merleau Ponty (1999) defende uma nova forma de chegar à fonte de conhecimento que leva em consideração que o homem está inserido no mundo fazendo parte dele, assim, na tentativa de conhecer o mundo é impossível que se olhe de fora; não se pode, como pretendem os cientistas, separar o objeto do observador, só se pode conhecer o objeto através das vias de acesso a ele (o corpo), mas, assim. não se conhece apenas o objeto, mas se conhece também a si próprio.

Esta rejeição do pensamento generalista, que argumenta em favor da razão como meio decisivo de se realizar a realidade, também encontra um contraponto no pensamento existencialista, que por outro lado, acredita que a verdade não pode ser encontrada sem a experiência subjetiva. Essa corrente de pensamento encontrada também em Merleau Ponty (1999) resgata o protagonismo do homem no debate sobre o conhecer, Ponty nos mostra que o mundo está ali e o sujeito se dirige para compreendê-lo, mas a compreensão não se restringe à coisa, ao objeto; mas também à forma como o sujeito se dirige, assim a existência humana nunca pode ser ignorada em busca de uma verdade absoluta, como pretende o pensamento cientifico, mas pelo contrário, é necessário resgatar a importância do papel do homem na concepção que temos do mundo.

> A ideia sistemática é o sujeito-objeto, é unidade de pensar e ser; existência, ao contrário, é precisamente separação. Disso não se segue, de

> modo algum, que a existência seja irrefletida, mas a existência abriu e abre espaço entre o sujeito e o objeto, entre o pensar e o ser. Objetivamente compreendido, o pensar é o puro pensar, que, também de modo abstrato-objetivo, corresponde a seu objeto, o qual, por sua vez, é de novo ele mesmo, e a verdade é a concordância do pensamento consigo mesmo. (Kierkegaard, 2010, p. 101).

Para Kierkegaard (2010), qualquer conhecimento não pode ser encontrado sem a experiência subjetiva. Para chegar à verdade, antes é preciso conhecer sua própria individualidade, pois o indivíduo é aquele que mergulha em seu interior para buscar a verdade sobre si mesmo e assim testemunhá-la. Dessa forma, para Kierkegaard (2010), "a verdade subjetiva, a interioridade; a verdade é a subjetividade". Portanto, a compreensão acerca do processo de individuação implica em se colocar constantemente como sujeito do conhecimento diante do objeto a ser conhecido que no caso é ele mesmo. Para Kierkegaard (2013) a desgraça de sua época está em ter chegado a saber demais e ter esquecido o que significa existir e o que é a interioridade, assim, ele se opõe apaixonadamente a pensadores sistemáticos, pois entende que nenhuma ciência pode resolver o enigma pelo qual um indivíduo pode sempre ser o construtor de sua própria realidade.

Conhecer a si mesmo e aprender a ser

A aprendizagem não deve se restringir a adquirir valores, tradições e conhecimento, é necessário dar relevância especial ao desenvolvimento da capacidade de descobrir o que há implícito em uma situação particular. Essa capacidade valorizadíssima que nos distingue de outras espécies é chamada de consciência. Ao dar-se conta desta capacidade o homem começa a aprender sobre si mesmo e, consequentemente, a se constituir. Esse "aprender a ser", também chamado de aprendizagem existencial, é constitutivo de uma produção contínua ao longo da vida do sujeito. Na aprendizagem existencial, cada indivíduo avança por um caminho que certamente foi atravessado por outros exploradores, mas nem por isso pode ser conhecido de antemão. Como não há caminho comum, as rotas tomadas pelos antecessores não podem ajudar; desse ponto de vista, é a experiência individual que é determinante.

As pessoas têm uma tendência a assumir verdades externas sobre sua identidade e torná-las sua própria verdade interior sobre como elas são, quem devem se tornar, em uma frase, as pessoas assumem papéis. Nietzsche (1999), pelo contrário, propõe a superação do "*você deve*" por um "*eu quero*", o homem que faz isso supera os ditames da sociedade, da cultura e vai além de si mesmo, vai além do próprio homem. Cada indivíduo é capaz de individualmente trilhar seu próprio caminho.

Em favor disso, Nietzsche ainda ressalta a importância de se construir: "Ninguém pode construir em teu lugar as pontes que precisarás passar, para atravessar o rio da vida - ninguém, exceto tu, só tu" (2009, Ext. III, §1).

> Existem, por certo, atalhos sem números, e pontes, e semideuses que se oferecerão para levar-te além do rio; mas isso te custaria a tua própria pessoa; tu te hipotecarias e te perderias. Existe no mundo um único caminho por onde só tu podes passar. Onde leva? Não perguntes, segue-o! (Nietzsche, 2009, Ext. III, §1).

Em outras palavras, para tornar-se alguém autêntico, é necessário se conhecer. O indivíduo vai se tornando ele mesmo à medida que fica mais consciente de si. De acordo com Merleau Ponty (1999), "a Consciência é o ponto de partida de todo o conhecimento". Sendo assim, a aprendizagem deve ser capaz de encorajar cada um a ouvir sua própria consciência. Somente ao adquirir esta capacidade, o indivíduo estará apto a enfrentar a tarefa de tornar-se humano.

O homem se constitui na ação ou, como diria Kierkegaard (1998), na "repetição". O homem torna-se aquilo que é repetindo constantemente seu desejo. Toda vocação nasce dessa verificação, não se pode dizer que o jogador de futebol nasceu para tal. Ele primeiro desejou ser e foi se constituindo um jogador dia a dia. Assim, o desejo é o guia que empurra para frente e impele a "repetição". Kierkegaard (1988, p. 189) recomenda que devemos "ousarmos ser nós próprios, ousar-se ser um indivíduo, não um qualquer, mas este que somos".

Segundo Angerami (2018), o homem é um ser que, livre, decide a própria vida, mas, ao mesmo tempo, é obrigado a arcar com a responsabilidade de sua escolha. A tarefa de tornar-se um indivíduo não é nada fácil, como disse Karl Jaspers (1973, p. 95): "se somos homens, é inerente a nós não somente esse conflito, mas também a exigência de que nos tornemos seres humanos autênticos, através da luta contra o adversário interno que age contra nós". Portanto, a ideia não consiste em atingir um ideal, que está em algum lugar no futuro distante e que tenhamos que alcançar, em vez disso, a ideia é que, a cada momento, sejamos desafiados a ter consciência do eu que está se movendo numa determinada direção, como se estivesse reagindo a um chamado do desejo. O paradoxo do desejo, já brilhantemente percebido por Santo Agostinho (1995), consiste no fato de que o desejo nunca pode ser satisfeito, assim o homem nunca é de modo algum o que ele deseja ser e, sem nunca se satisfazer, o homem está fadado a se angustiar. Kierkegaard parte dessa ideia ao desenvolver um conceito fundamental completamente novo na filosofia: a angústia.

Kierkegaard (2010) introduz a angústia na filosofia para descrever o que o homem sente quando toma consciência de sua situação no mundo, pois se nada o obriga ou o encoraja a escolher isso em vez de aquilo, como ter certeza de não estar fazendo a escolha errada? Entende-se que, ao assumir a liberdade como um dos valores fundamentais da existencia, o homem assume a responsabilidade por suas ações e por consequinte a angústia é inevitável. Para os existencialistas "a questão da liberdade assume extrema importância. Qualquer relação de causalidade que possa determinar a essência de um individuo ou mesmo seu comportamento, não tira sua liberdade ou sua escolha" (Angerami, 2018, p. 37).

Por trás de cada escolha, há sempre o potencial de felicidade e miséria. É assim que a experiência da liberdade se torna, muitas vezes, paralisante, em vez de emancipatória. Decorre disso as dificuldades da tarefa de tornar-se a si mesmo, o homem se angustia porque a tarefa não oferece desde o início um ponto fixo onde se colocar com toda firmeza, mas uma profusão de possibilidades, de significados dentro dos quais a singularidade da ação buscada sob a égide de um único sentido escapa para o ilimitado, para o indeterminado; a angústia proveniente disso leva quase inevitavelmente a querer ser o que não somos.

"A liberdade é a condição excelsa do homem e que o conduz em busca de verdadeira condição humana" (Angerami, 2018, p. 39). Condenado a fazer escolhas, o homem nunca terá acesso à verdade absoluta, à pura transcendência. Ele nunca pode ter certeza de nada. Ele está condenado a escolher sem nunca ter certeza de que sua escolha é a correta. Porém, condenado a fazer escolhas, o homem se destaca, quase a despeito de si mesmo, e se torna um indivíduo. Portanto, a angústia mostra-se um conceito-chave no pensamento existencialista e fundamental para a construção da individualidade. Kierkegaard não a vê como algo ruim, pois o que o homem perde com a angústia de nunca ter certeza de nada, ganha em autoconsciência.

A liberdade oferece ao ser humano infinitas possibilidades sob as quais ele pode e deve escolher. Sim, a angústia é a própria condição da possibilidade da liberdade. Desse modo, o filósofo dinamarques afirma com autoconfiança que a angústia não é, de modo algum, um problema privado, mas um pilar essencial da condição humana. Kierkegaard (2010), nos propõe um aprendizado extremamente importante e essencial para tornarmo-nos o que somos, trata-se de aprender a lidar com a angústia. Esta é uma aventura que todo homem tem que suportar: aprender a viver com angústia, caso contrário, o homem perecerá e afundará; mas aquele que aprende a se angustiar é aquele que aprende a mais valiosa das lições.

Apesar da angústia se mostrar um traço básico do homem, dela muitas vezes decorre a tentação de recorrer a sistemas de pensamento que fornecem respostas seguras, normas consolidadas, estereótipos. Muitos se agarram a uma doutrina por que esperam que outro indivíduo os guie pela vida, um mestre que lhe tire o trabalho de pensar e de decidir sobre o caminho a seguir. Também a tentação de estar em multidões, o desejo de rebanho, como diria Nietzsche, é explicado pelo medo da solidão na ardua tarefa de sermos quem somos.

Supõe-se que angústia é um privelegio dos seres humanos, os animais, até onde se sabe, não podem senti-la, pois não possuem uma mente ou consciência. A relação estreita entre angústia e consciência também é abordada por Kierkegaard (2013), segundo ele, crianças de certa idade possuem consciência, portanto, estão suscetiveis à angústia, mas deve-se diferenciar a mente infantil da mente adulta; a idade adulta, a idade da maturidade é o tempo em que se deve decidir se uma pessoa quer ou não tornar-se tal, enquanto que nas crianças a angústia se mistura com a inocência, sua angústia está em procurar coisas interessantes, exploram o ambiente e a si mesmos a ponto de até gostarem disso, assim quanto menos angústia a criança têm, menos consciência e, portanto, menos desenvolvida é sua existência, uma vez que, para Kierkegaard, o termo "angústia" sugere interioridade existencial.

A individuação e o surgimento do eu

Os existencialistas recentes como Sartre, Camus, Marcel, Jaspers, têm posto o ser no centro de seu pensamento filosófico; contudo, observa-se uma dedicação especial ao ser do homem e, para tanto, usam diferentes denominações que também são usadas ao longo desse texto. O eu, a identidade subjetiva, a autoconsciência, a condição humana são alguns exemplos dos termos usados para se referir a algo semelhante ao ser do homem. O termo "eu", por exemplo, pode ser encontrado em diversas disciplinas dada a sua importância, podendo ser encontrado na psicologia, sociologia e, claro, na filosofia. Na Psicologia do Desenvolvimento, o eu é encontrado referindo-se a temas como autoconceitos culturais e sociais ou esquemas próprios que são concebidos como modelos interiores de si mesmos. Esses modelos incluem componentes cognitivos como autoconhecimento, autoconsciência e afetivos como autoestima e autoconfiança. No entanto, é necessário fazer algumas observações sobre o emprego dos termos para que não haja confusões. O eu, a identidade, a autoconsciência podem ser vistas como sinônimos e, de certa forma, são, pois, de fato, todas essas palavras descrevem o ser, falam de sua essência, entretanto, por outro lado, as mesmas palavras referem-se a um processo de busca, desenvolvimento e autodescoberta. É interessante salientar que algumas abordagens psicológicas procuram rastrear o desenvolvimento do eu ou da identidade por meio de fases de desenvolvimento, isso já sugere que encaram a questão do ser do homem como algo dinâmico que se desenvolve ao longo do tempo.

Tal ideia já vem sendo desenvolvida ao longo do texto, porém é necessário acrescentar um novo elemento: o eu não só se desenvolve ao longo do tempo como também esse processo se dá por meio das experiências vividas. As experiências estão no centro de qualquer processo de aprendizagem, incluindo a aprendizagem para ser um Eu autêntico. A liberdade para agir é a principal característica do homem, nele se observa uma inversão da lógica da causa e efeito, mas o que isso quer dizer? Quer dizer que o homem não foi criado para agir de uma forma ou de outra, ele não possui uma finalidade ou propósito, pode-se até mesmo questionar se o homem foi criado. De fato, o homem existe, é livre para experimentar-se e, das experiências que faz consigo mesmo, vai se criando. Portanto, assim como é necessário aprender a lidar com a angústia, uma experiência só pode ser formativa se o "aprendiz" souber apreendê-la de maneira crítica, ou seja, conscientizando-se e refletindo sobre a experiência.

O conhecimento sobre o ser humano não pode ser plenamente alcançado por meio das ciências tradicionais, a ciência é insuficiente perante a complexidade da condição humana. Assim como concebe França, (2001) conhecer supõe a presença de sujeitos, um objeto que suscita a análise, o uso de instrumentos de apreensão, um trabalho de se debruçar sobre ele. Conhecer também significa voltar-se para a realidade e apreender o mundo através de esquemas já conhecidos, identificar no novo a permanência de algo já existente ou reconhecível, em resumo, conhecer consiste em definir essências e os métodos científicos conseguem abarcar todos os seres, exceto um, pois há, pelo menos, um ser do qual não podemos definir sua essência, este é o homem. Para conhecê-lo é necessário antes construí-lo.

"A existência precede e comanda a essência e todo empenho em demarcar a liberdade torna-se contraditório, pois a liberdade se explica como fundamento de todas as essências" (Angerami, 2018, p. 36). O homem primeiro existe, para somente depois dar forma e conteúdo ao seu ser. No entanto, também é necessário distinguir certo aspecto no processo de formação do eu, quando falamos de autoformação ou mesmo de autoconstituição, isso não significa necessariamente criar a si próprio, mas, antes de tudo, escolher a si mesmo. Tal possibilidade é um privilégio humano, mas não pense se tratar de uma dádiva, a pessoa não pode se eximir da liberdade, não pode fugir da existência ou, de qualquer forma, decidir não existir. Como diria Sartre (1987), o homem é obrigado a escolher porque está condenado a ser livre, portanto, cabe a ele somente a tarefa de tornar-se o que é.

> Portanto, o tornar-se subjetivo deveria ser a mais alta tarefa posta a um ser humano, assim como a mais alta recompensa, uma eterna felicidade, só existe para a pessoa subjetiva ou, melhor, surge para quem se torna subjetivo. (Kierkegaard, 2013, p. 135).

Para Kierkegaard (2013), tornar-se naquilo que já se é pode parecer a mais fácil de todas as tarefas da vida. Mas já por essa razão ela é, desde logo, extremamente difícil, de fato, a mais difícil de todas, porque todo ser humano tem um forte prazer e uma pulsão por se tornar algo de diferente e de maior do que ele é. Kierkegaard (2013, p. 105) explica que o mesmo se passa com todas as tarefas aparentemente insignificantes: exatamente essa aparente insignificância as torna infinitamente difíceis, pois a tarefa não acena diretamente, dando, assim, suporte ao que aspira realizá-la, mas a tarefa trabalha contra ele, de modo que este terá que fazer um esforço infinito já apenas para descobrir a tarefa.

O homem é o único capaz de se tornar algo extremamente distinto de outro exemplar de sua espécie e, segundo Kierkegaard (1988, p. 189), *é indispensável ousarmos ser nós próprios, ousar-se ser um indivíduo, não um qualquer, mas este que somos*, isso é mais do que um objetivo, é uma tarefa que implica no interesse infinito consigo mesmo. Para Gaarder (1999) interessar-se pela razão da própria existência não é um interesse ocasional, como o interesse em colecionar selos, quem se interessa por tais problemas preocupa-se com tudo aquilo que os homens discutem desde que apareceram neste planeta.

Para Kierkegaard (1988) a individuação consiste na tarefa de tornar-se um "eu" autêntico, de modo que para entendermos esse processo, recorreremos às explicações expostas no livro *Desespero Humano: A Doença Mortal*. Entende-se que neste livro é condensada a mais detalhada análise filosófica do que significa ser um eu humano.

> O homem é espírito. Mas o que é espírito? É o eu. Mas, nesse caso, o eu? O eu é uma relação, que não se estabelece com qualquer coisa de alheio a si, mas consigo própria. Mais e melhor do que na relação propriamente dita, ele consiste no orientar-se dessa relação para a própria interioridade. O eu não é a relação em si, mas sim o seu voltar-se sobre si própria, o conhecimento que ela tem de si própria depois de estabelecida. (Kierkegaard, 1988, p. 195).

No trecho "*O homem é espírito*", deve-se primeiramente distinguir o significado da palavra "espírito". Ela não possui, por exemplo, a conotação empregada pela religião como em *espírito santo*. A palavra Espírito empregada por Kierkegaard denota algo que se refere à interioridade. Hegel e outros filósofos alemães usavam a palavra "geist" frequentemente traduzida como espírito para se referir à mente ou ao pensamento de uma pessoa ou grupo, como na expressão; "*zeist-geist*" comumente traduzida para "espírito da época". Sendo assim, Kierkegaard (1988) argumenta que o espírito, ou melhor, a mente ou consciência humana se constitui a partir da relação da pessoa consigo mesma; nessa perspectiva, o Eu do homem não existe a priori, mas vai se constituindo a partir do voltar-se para si próprio. Dessa forma, antes de tornar-se quem é, o sujeito apenas existe e, nesse momento, ainda não se pode dizer que há um "eu", o que há é um "aparato" capaz de voltar-se para si. Somente após esse movimento em direção à interioridade surge a consciência de um "eu".

A consciência não é uma coisa nem uma entidade nem um "ser", e sim uma propriedade do ser; a saber, a propriedade do ser de revelar-se (Barnes, 1992, p. 13). Desse jeito, a consciência é sempre consciência de alguma coisa, como afirma Sartre; ela não se dá simplesmente como algo já existente ou já constituído, mas, sempre, como um movimento em direção a algo. Por exemplo, quando um sujeito está consciente do copo sobre a mesa, não se pode dizer se tratar da consciência de um sujeito sobre um objeto, no caso o copo, só pode ser dito consciência do copo numa relação indissociável entre a consciência e o copo, pois, sem o copo, não há consciência. No caso do eu, se a consciência é sempre consciência de alguma coisa, o eu surge justamente quando algo toma consciência de si, ou seja, a consciência tomando consciência da própria consciência. Nesse caso, o eu é o terceiro elemento, o resultado dessa relação.

Se, para Kierkegaard (1988), ao voltar-se para si encontra-se o eu, mesmo ele não estando lá antes desse voltar-se, pode-se supor que esse eu seja uma espécie de interesse ou vontade de encontrar. A consciência é o fator decisivo sempre que se trata do eu. Ela dá a sua medida. Quanto mais consciente um sujeito é, maior sua individuação e mais "eu" ele possui, pois que, quanto mais a consciência cresce, mais cresce o interesse e a vontade; o "eu" é diretamente proporcional ao interesse e a vontade de encontrar um Eu. Num homem sem vontade, o Eu é inexistente, mas se esse homem se interessa por si mesmo, a consciência de si próprio se expande a ponto de ser chamada de "eu". Para Kierkegaard (*apud* CAES, 2011) quando o indivíduo se assume existencialmente e segue em direção à individuação, *há a anulação da multidão, que é a mentira*. Desse modo, a consciência do indivíduo torna-se seu próprio guia, ele *não se permite conduzir apenas pelo impulso*, o que o conduz é sua livre decisão.

Se o sujeito se interessa por si mesmo, olha para dentro e se encontra, mas a pergunta que se faz é: o que é que estando fora, olha para dentro a fim de encontrar algo? Kierkegaard tentar resolver tal impasse explicando que o termo "eu" é a síntese consciente de opostos que se relacionam.

> O homem é uma síntese de infinito e de finito, de temporal e de eterno, de liberdade e de necessidade, é, em suma, uma síntese. Uma síntese é a relação de dois termos. Sob este ponto de vista, o eu não existe ainda. Numa relação de dois termos, a própria relação entra como um terceiro, como unidade negativa, e cada um daqueles termos se relaciona com a relação, tendo cada um, existência separada no seu relacionar-se com a relação; assim acontece com respeito à alma, sendo a ligação da alma e do corpo uma simples relação. Se, pelo contrário, a relação se conhece a si própria, esta última relação que se estabelece é um terceiro termo positivo, e temos então o eu. (KIERKEGAARD, 1988, p. 19).

Diferente do simples fato de ser, tornar-se quem se é caracteriza-se por um relacionamento consciente consigo mesmo e um devir constante. Dizendo de outro modo, a consciência surge quando o homem olha para dentro de si, entretanto, a individualidade vai se construindo na síntese de três opostos. Nas palavras de Kierkegaard (1988), o homem é uma síntese de infinito e de finito, de temporal e de eterno, de liberdade e de necessidade, é, em suma, uma síntese dessas partes. Ele quer dizer que o homem possui três dimensões de partes opostas e ao relacionar-se com elas, vai aprendendo a construir sua individualidade.

Quando Kierkegaard (1988) menciona que os homens são constituídos de uma parte infinita e outra finita, ele se refere ao corpo perecível e a alma imperecível. No processo de se tornar um eu, o homem toma consciência de que tem uma parte física e material que tende a se degradar e ruir, assim como tudo o que é físico é finito. Mas o homem se dá conta também que possui outra parte que não é física, mas imaterial, metafísica e, portanto, imperecível. No entanto, essa parte infinita que Kierkegaard chama de alma, é quase imperceptível, o motivo é que o homem possui um aparato corporal para perceber as coisas e como algo físico pode perceber algo que não é físico? Não se pode ver, ouvir ou sentir a alma. Assim, mesmo suspeitando que possui uma parte infinita, o homem se angustia por ter que decidir sobre qual das duas partes ele deve concentrar seus esforços; o homem se pergunta se deve se dedicar ao desenvolvimento do corpo ou ao aperfeiçoamento da alma? De modo que o homem vai construindo sua identidade a partir desse embate de partes opostas, mas, deve-se lembrar que para privilegiar a parte infinita, a alma, é necessário antes acreditar que ela esteja lá.

O próximo passo em direção à individuação passa pelos opostos: liberdade e necessidade. Essas podem ser traduzidas como vontade e dever. Se, por um lado, ao homem é dada a liberdade de fazer o que tem vontade, por outro lado, surge o dever para com o outro e para consigo mesmo. "Tudo é permitido, mas nem tudo convém" (Coríntios 6:12). Desse embate entre opostos, surge a reflexão sobre os próprios atos e, consequentemente a ética individual; trata-se também de um exercício angustiante, pois nada garante ao sujeito o bom resultado de suas ações. Portanto, não é a verdade absoluta, mas a verdade subjetiva que constitui a individualidade.

Por último, o temporal e o eterno mencionado por Kierkegaard (1988) se referem, respectivamente, ao tempo nesta vida e à ideia de vida após esta vida. Em dado momento, o homem toma consciência de que vive uma vida limitada no tempo, uma vida temporal. A angústia da morte passa a atormentá-lo, mas, assim como surge a consciência de que possa ter uma alma infinita, o homem pode suspeitar de que existe uma outra vida após a morte e que tal vida pode ser eterna. Entretanto, a vida eterna só se mostra como uma possibilidade que só pode se concretizar na fé, ao passo que a vida temporal é vivenciada no exato momento e, por mais que algo eterno possa parecer mais atrativo em comparação com algo temporal, o temporal é tangível no aqui e agora. Portanto, mais uma vez, o homem se angustia sobre qual parte favorecer: a temporal ou a eterna.

Nestas proposições de Kierkegaard (1988), o eu não existe antes da interiorização, antes da relação de cada um consigo mesmo, somente após aprender a relacionar as partes opostas, que o homem se constitui e constrói um eu autônomo e singular. Na visão de Kierkegaard, a constituição do eu é sempre marcada por uma espécie de conflito entre partes, em suas palavras, um constante embate dialético e, somente dessa maneira, o indivíduo é capaz de vivenciar sua identidade de maneira autêntica.

Contudo, não somente a condição do homem é marcada pela angústia, mas o próprio desenvolvimento da individualidade é angústia. A existência não se apresenta como um fato definitivo, mas como um questionamento perpétuo, como uma tarefa que só cessa com a morte. E, por falar em morte, na concepção kierkegaardiana o fato de não se tornar um eu, é em suas palavras, a acepção maior do desespero, algo pior até mesmo que a morte.

> Assim como talvez não haja, dizem os médicos, ninguém completamente são, também se poderia dizer, conhecendo bem o homem, que nem um só existe que esteja isento de desespero, que não tenha lá no fundo uma inquietação, uma perturbação, uma desarmonia, um receio de não se sabe o quê de desconhecido ou que ele nem ousa conhecer, receio duma eventualidade exterior ou receio de si próprio; tal como os médicos dizem duma doença, o homem traz em estado latente uma enfermidade, da qual, num relâmpago, raramente um medo inexplicável lhe revela a presença interna. (Kierkegaard, 1988, p. 203).

Ao tratar do surgimento do eu, Kierkegaard trata também da questão do desespero, que pode assumir três formas distintas. A primeira forma consiste na ignorância de seu eu. Nesse estado, a pessoa não busca sua individuação, ela sequer se dá conta de que pode ser um ser autêntico, seria como uma vida animalesca na qual a pessoa não entra em contato com seus recursos internos e tampouco se afeta com o mundo ao redor, na linguagem popular, a pessoa "deixa a vida a levar". Na segunda forma, a pessoa já se dá conta que possui um eu, porém não assume a responsabilidade de constituí-lo, o desesperado não quer ser ele mesmo, talvez porque a tarefa é pesada demais, implica em angústia e sofrimento, ao passo que é reconhecidamente mais fácil seguir o rebanho, abdicar da tarefa ou deixar o outro assumir a direção. Entretanto, não é somente na incompletude do eu que surge o desespero, aquele que quer ser ele mesmo também é um desesperado para Kierkegaard, pois o desespero consiste em buscar algo sem saber ao certo o que vai encontrar, de modo que o homem busca ser ele mesmo e, justamente por isso, não pode saber de antemão o que ele é.

Para Karl Jaspers (1973), a liberdade de se autoconstruir pode ser contraditória, pode-se escolher a liberdade e construir a si mesmo, como pode-se falhar nessa tarefa. Portanto, a concretização da liberdade em uma individualidade, apesar de parecer um ímpeto, pode conduzir à ruína.

O desespero é intrínseco à possibilidade de ser a si mesmo, primeiro surge da ignorância da possibilidade de ser um eu, depois da negação da possibilidade de ser o que é e, finalmente, o desespero surge da angústia e incerteza diante da possibilidade de ser a si mesmo. No entanto, nessa terceira forma de desespero, a relação do possível com o real apresenta-se de outro modo, porque já é uma vantagem, por exemplo, poder-se ser o que se deseja, ou seja, reconhecer que existe a possibilidade de ser você mesmo e assumir tal responsabilidade, isso por si só já é muito melhor que as duas condições anteriores, mesmo que ainda acarrete em desespero, todavia é uma vantagem muito, mas muito maior, a passagem do possível ao real, é um progresso, uma ascensão na direção de tornar-se quem se realmente é.

Portanto, tanto o desespero como a busca pela individuação são fenômenos universais, o desespero que antes poderia parecer algo muito raro, na realidade é um fenômeno inerente à condição humana. Entretanto, deve-se ressaltar que a busca pela individuação é diferente da individuação propriamente dita, essa é uma possibilidade que passa pelo enfrentamento do desespero. O desespero consiste em algo inerente àquele que busca o caminho em direção à uma identidade autêntica, mas também para aquele que não a quer. A diferença é que aquele que se desespera para se tornar um indivíduo se encontra numa posição superior em relação aos outros seres humanos. Sartre (2005) diz que: a vida humana começa do outro lado do desespero. Com isso, ele quer dizer que, se a pessoa não tem um projeto de si ou se esse projeto mostrou-se fracassado, essa pessoa esqueceu seu ser, ela exerce sua liberdade de forma contraditória, ou seja, abdica de escolher, delega suas decisões aos outros ou age conforme o rebanho, dessa forma, o desespero surge como algo necessário para mostrar ao homem sua liberdade de direcionar os caminhos de sua própria existência. Por fim, Sartre (2005) diz que todo homem deve inventar seu próprio caminho. A individuação requer avançar na vida, mesmo permitindo-se experimentar plenamente as profundezas do desespero e retomar a capacidade de avançar apesar do dele.

Considerações Finais

Ao longo dos anos surgem diversas definições para o que significa ser humano, também são estabelecidas diversas características que distinguem a natureza do homem e o que faz ser o que ele é. Enquanto Descartes enfatizou a capacidade de pensar, Aristóteles afirmou que o homem é um animal social. Contudo, admitem-se diversas tentativas de explicação sobre a humanidade, assim como incontáveis definições sobre o homem. Entretanto, a Filosofia dos últimos dois séculos é de fundamental importância na tentativa de contribuir com as explicações tanto acerca do geral, como nas explicações sobre o singular. A relevância desse pensamento se deve ao fato de que suas explicações se preocupam com o que significa viver como humano e como se dá o processo de formação dessa humanidade.

Dentre o pensamento recente que coloca o indivíduo em evidência em relação ao saber, destaca-se a filosofia existencialista, esta sugere que a natureza do ser humano não é dada *a priori*, ou seja, não é algo constante, permanente ou constituído desde o início. Para os existencialistas, a existência humana é diferente da existência de outras coisas e dos outros seres. A diferença consiste em que os seres humanos existem no sentido de que eles se formam através de um processo no qual suas próprias escolhas desempenham um papel importante. Em outras palavras, os humanos vão além de todas as outras coisas, pois se engajam em uma existência que inclui "possibilidades". As possibilidades podem tanto ajudar a esclarecer como se dá o processo de constituição da individualidade quanto ajudar a compreender como o indivíduo vem a se tornar o que é.

Essa perspectiva compreende que o homem é um ser que se forma na relação consigo mesmo, de modo que o desenvolvimento de sua individualidade está intrinsecamente ligado ao aprendizado obtido na relação consigo e com os outros. Tal pensamento parte de uma posição metodológica que compreende, simultaneamente, a singularidade dos seres humanos e seu processo totalizador histórico inacabado.

O ser humano não é pré-concebido, sua humanidade é resultante de um processo gradual onde cada ação significa construir a si próprio na relação com o mundo e com os outros, tal processo deve contemplar não apenas na busca do *si mesmo* rumo à própria individuação, mas também diversas possibilidades, a ponto de parecer um processo pedagógico em que cada pessoa constrói sua humanidade. Sem uma natureza humana dada, o homem não possui uma essência, entretanto, é impelido a criá-la, dando conteúdo à sua vida, desse modo, o homem não é nada além do que se cria para ser. O Existir é a primeira condição, na visão heideggeriana, o homem pode ser descrito como *presença*, ele é basicamente caracterizado por estar presente na existência e no mundo. Entra-se no mundo antes de ter "algum conteúdo" e antes de se tornar "algo" ou "alguém", em suma o homem se forma e se diferencia ao longo da vida.

Soren Kierkegaard dedica o trabalho de sua vida não a responder o que é o homem, mas a questão acerca de como é formada a singularidade de cada um, assim ele ajuda as pessoas a lidar com o problema da existência e a decidir viver como um verdadeiro eu. Em sua concepção, a existência humana não é meramente uma questão de ser o que é, mas principalmente de se tornar o que alguém deveria ser. Portanto, o mais importante não se trata do que o homem é, mas o significado de se tornar um verdadeiro eu, algo singular e diferente dos demais. Em outras palavras, o conceito de homem é muito menos importante que o processo para se tornar autêntico. O eu é algo que se é por natureza, mas também algo que se torna por escolha.

Cada ser humano se forma através de um processo no qual suas próprias escolhas desempenham um papel importante, talvez essa seja a principal diferença entre a existência humana e a existência de outras coisas e dos outros seres. Em outras palavras, os humanos, como todas as coisas físicas, carregam a natureza da existência, mas vão além de todas as outras coisas, pois também se engajam em uma segunda existência que inclui "possibilidades. Assim, a existência surge das escolhas que fazemos diante dessas inúmeras possibilidades.

Nas palavras de Sartre (1987), a existência precede a essência, existir é a característica fundamental do indivíduo, que, antes de tudo, existe para somente depois dar conteúdo a sua vida. Sendo assim, ninguém nasce pronto; a formação do homem é constante e implica num melhoramento de si mesmo. Para que isso aconteça é necessário aprender a lidar com a liberdade e com a angústia decorrente dela, mas esse aprendizado leva tomada de consciência e dela nasce, então, o eu. Isso mesmo, o eu nasce da fusão de três fatores: da tomada de consciência, liberdade e angústia, porém, não de maneira definitiva, pois o eu nunca é finalizado, está em constante formação, portanto, a palavra "processo" ganha evidência, pois supõe que o homem não é pré-determinado, mas constituído a cada ideia e escolhido em cada ação. Por fim, cabe-nos reconhecer que o homem possui uma importante tarefa, que é a busca de si mesmo.

Referências

ANGERAMI, V. A. *Psicoterapia e Subjetivação: uma análise de fenomenologia, emoção e percepção.* São Paulo. Pioneira Thompson Learning, 2003.

ANGERAMI, V. A. *Psicoterapia Existencial Noções Básicas.* 15 ed. revista e ampliada. Belo Horizonte. Editora Artesã, 2018.

ARISTÓTELES, *Metafísica.* 2ª ed. tradução, introdução e comentários de Giovanni Reale. São Paulo: Edições Loyola, 2002.

BARNES, H. Sartre's Ontology: The Revealing and Making of Being. *The Cambridge Companion to Sartre.* Cambridge: Ed. Cambridge University Press, 1992.

CAES, V. A concepção de indivíduo segundo Kierkegaard. *Anais do VII Seminário de Pós-Graduação em Filosofia da UFSCar,* São Carlos: UFSCar, p. 437-446, 2011. Disponível em: <http://www.ufscar.br/~semppgfil/wp-content/uploads/2012/05/valdineicaes.pdf>

FRANÇA, V. R. V. O objeto da comunicação/a comunicação como objeto. In: HOHLFELDT, A.; MARTINO, L.; FRANÇA, V. (Orgs.). *Teorias da comunicação: escolas, conceitos, tendências.* Petrópolis: Vozes, 2001.

GAARDER, J. O mundo de Sofia. Uma aventura na filosofia. Companhia das Letras, 1999.

HEIDEGGER, M. *Introdução à metafísica.* 3 ed. Rio de Janeiro: Tempo Brasileiro, 1987.

JAPIASSÚ, H.; MARCONDES, D. *Dicionário básico de Filosofia.* 3 ed. revista e ampliada. Rio de Janeiro: Jorge Zahar Editor, 2001.

JASPERS, K. *Introdução ao Pensamento Filosófico.* Tradução de Leônidas Hegenberg e Octanny Silveira da Mota. São Paulo: Editora Cultrix 1973.

KIERKEGAARD, S. A. *O Conceito de Angústia*. Tradução de Álvaro L. M. Valls. Petrópolis: Vozes; São Paulo: Editora Universidade São Francisco, 2010.

KIERKEGAARD, S. A. *Pós-escrito conclusivo não científico às migalhas filosóficas: coletânea mímico-patético-dialética, contribuição existencial, por Johannes Climacus*. Tradução de Álvaro Luiz Montenegro e Marília Murta de Almeida. Petrópolis: Vozes, 2013.

KIERKEGAARD, S. A. *Diário de um sedutor; Temor e tremor; O desespero humano/ Soren Aabye Kierkegaard*. Tradução de Carlos Grifo, Maria José Marinho e Adolfo Casais Monteiro. 3 ed. São Paulo: Nova Cultura, 1988.

KIERKEGAARD, S. A. *A repetição*. Tradução de José Miranda Justo. Lisboa: Relógio D´Água Editores, 2009.

KIERKEGAARD, S. A. *O conceito de angústia: uma simples reflexão psicológico demonstrativa direcionada ao problema dogmático do pecado hereditário de Vigilius Haufniensis*. Tradução e notas de Álvaro Luiz Montenegro Valls. 2 ed. Petrópolis: Vozes, 2010.

MERLEAU-PONTY, M. *A Fenomenologia da Percepção*. São Paulo: Martins Fontes, 1999.

NIETZSCHE, F. W. *Assim Falava Zaratustra*. São Paulo: Martin Claret, 1999.

NIETZSCHE, F. W. Consideração extemporânea III – Schopenhauer como educador. In: NIETZSCHE, F. W. *Escritos sobre educação*. Tradução Noéli Correia de Melo Sobrinho. Rio de Janeiro: PUC-Rio; São Paulo: Loyola, 2009.

NIETZSCHE, Friedrich. *Schopenhauer como educador*. Tradução de Adriana M. Saura Vaz. Campinas: Faculdade de Educação/ UNICAMP, 1999.

SANTO AGOSTINHO. *O Livre Arbítrio (De Libero Arbitrium)*. São Paulo: Paulus, 1995.

SARTRE, J. P. 1905 – 1980. O existencialismo é um humanismo; A imaginação; Questão do método/Jean Paul Sartre. Tradução de Rita Correia Guedes, Luís Roberto Salinas Forte, Bento Prado Júnior. 3 ed. São Paulo: Nova Cultura, 1987.

SARTRE, Jean Paul. *As Moscas*. Rio de Janeiro: Nova Fronteira, 2005.

SARTRE, Jean Paul. *O Existencialismo é um Humanismo*. Tradução de Rita Correia Guedes. 2019. Disponível em: http://stoa.usp.br/alexccarneiro/files/-1/4529/sartre_exitencialismo_humanismo.pdf. Acesso em 31/07/2019.

POESIA

Corcel Negro

Valdemar Augusto Angerami

Para Maria Augusta
Em memória

Ela sai do mar correndo...
E a água cintilando em seu corpo
sob a luz do Sol estabelece um quê
ainda maior de magia e formosura em sua
negritude... não sei se é uma mulher
maravilhosamente esplendorosa
correndo pela praia ou se é
um fulgurante exemplar equíneo
troteando sua graça pela praia...
Uma mulher que se configura como
a perfeição da condição feminina
ou um corcel negro em sua mais
harmoniosa configuração...

O torneamento longitudinal
de suas pernas em configuração
com sua condição calipígia
fazem dela não apenas uma
mulher maravilhosa, mas a
mais esplendorosa das deusas
femininas colocadas entre nós
para tornar nossos dias mais
felizes... E repletos de amor...
Um corcel negro com suas pernas
alongadas e esbeltas que troteiam
sua graciosidade em perfeita
sintonia com o esplendor do
mar que nos circunda... seus cabelos
molhados pelo mar se tornam
crina em uma bela moldura de
encantamento...

Ela continua a correr em minha
direção e aperta seu corpo molhado

contra o meu, e em instantes também
fico molhado com seu ardor e eloquência...
O meu corcel negro é magia de vida...
E vê-la troteando pela praia é dádiva
que torna o próprio olhar dadivoso
pelo que consegue ver e perceber...
Beija-me com um beijo salgado e
com gosto de mar e diz da felicidade
daqueles dias vividos em
Jaboatão dos Guararapes, Recife
e arredores... das rodas de ciranda, da música armorial,
dos encontros de maracatus,
dos compromissos acadêmicos,
de tantos amores idos e vindos,
de tantos desencontros e encontros
torna-se agora a cidade do corcel negro...
Da deusa negra tornada mulher para
mostrar-nos a magia e a formosura
da condição feminina...
A sua imagem troteando
na praia contrasta com
os momentos em que se coloca
de joelhos ao lado da cama para
orar para Santa Sara Kali
e pedir proteção para todos
que sofrem combalidos
pelo desamor... Ora, e
torna-se cada vez mais deificada
pela própria deificação de sua
condição de mulher divina...
Uma deusa negra tornada mulher...

Serra da Cantareira, numa manhã azul do outono de 2007...

CAPÍTULO 6

A psicologia da precariedade e a precariedade da psicologia

Rafael Renato dos Santos

Escrever nada tem a ver com significar, mas com agrimensar, cartografar, mesmo que sejam regiões ainda por vir.
(DELEUZE; GUATTARI, 1995)

"Ele tem ficado bastante nervoso em casa. Bate portas, grita e exige o que não temos condições de dar. Ele não entende."

Ao ouvir este relato de uma mãe durante um atendimento familiar a ela e ao filho, pego-me a pensar quais seriam as exigências daquele adolescente de treze anos. Acostumado com os constantes relatos da falta de condições materiais para adquirir bens de consumo, sou imediatamente impelido a acreditar que dentre as solicitações havia desejos por celular, roupas, bonés, tênis de grife ou algo do gênero. Mobilizado pela necessidade de uma suspensão da minha atitude natural, amplio a questão e pergunto sobre quais seriam as exigências de Júnior (nome fictício) e sou surpreendido pela resposta, quase que como um soco no estômago.

"Ele gosta de pão e leite... às vezes, não tenho condições de comprar, daí ele fica bravo, bate a porta da geladeira e grita que o pai é um incompetente que deixa faltar comida em casa. Eu tento comprar e sempre que eu consigo fazer uma faxina eu não deixo faltar o pão e o leite que ele gosta..., mas tem vezes que não tenho dinheiro e falta. É isso que ele não entende."

A partir destas palavras fiz um mergulho profundo na lógica e no raciocínio que muitas vezes irrompem e chegam à superfície de meus pensamentos. Pasmo, me dou conta do quanto a realidade me toma de sobressalto e me surpreende por transbordar os limites da racionalidade e por desconstruir as expectativas que sou capaz de formular dentro de alguns nortes paradigmáticos.

A realidade, sempre a se sobrepor aos nossos supostos saberes, confirma que no fenômeno da fome há uma integralidade entre dimensões da condição humana (biológica, psicológica, social, econômica, cultural etc.). Ela expõe nossa inextrincável multideterminação (Bock; Furtado; Teixeira, 2002).

Quando nos deparamos com a questão da fome, somos impelidos a fazer uma meditação sobre como se fundem o natural, o social e o psicológico nos seres humanos (Sawaia, 2001, p. 12).

Ao suscitar esta reflexão, considero que seria impossível discorrer sobre a fome sem mencionar a figura de Josué de Castro, médico, escritor, geógrafo, político e intelectual pernambucano, que percorreu o Brasil para compreender esta temática e posteriormente ganhou o mundo como presidente do conselho executivo da Organização das Nações Unidas para a Agricultura e Alimentação (FAO). Indicado ao prêmio Nobel da Paz em quatro ocasiões, sua grandeza ao denunciar o silenciamento e o quietismo mundiais sobre o fenômeno da fome, contribuiu para que pudéssemos atentar para o fato de que este é um sintoma de que estamos sucumbindo aos interesses econômicos de uma minoria.

É na obra *Geografia da Fome* publicada em 1946 que Josué de Castro apresenta sua mais contundente constatação de que este era um tema proibido (Castro, 1984, p. 29), que havia uma conspiração de silêncio em torno desta questão (Castro, 1984, p. 29), que as classes dominantes executavam um trabalho incessante na tentativa de escamotear o fenômeno da fome (Castro, 1984, p. 30) e que este era um grande flagelo social que carecia de enfrentamento (Castro, 1984, p. 40).

Lá, como agora, somos novamente incitados a retomar esta discussão e reconhecer que há, como sempre houve na história de nosso país, um silenciamento tacanho sobre a fome. Atualmente, ganha novas roupagens que partem não apenas da tentativa de silenciar, mas de negar sua ocorrência com grande violência e desfaçatez. O que outrora era reconhecido por Josué de Castro como um silêncio premeditado, hoje é resultado de má-fé e pura crueldade.

Retomando um pouco a motivação que me levou a escrever este capítulo, gostaria de pontuar uma linha mestra que guia minha reflexão, a saber: a necessidade de abandonarmos uma prática psicológica individualizante (que vê o indivíduo como causa e efeito da realidade e do sofrimento que o envolvem) e flagrantemente instrumental (compatível com o mercantilização da vida, disfarçada de neutralidade científica, tendo como agravante a omissão e negação de direitos fundamentais) para a conquista de uma perspectiva mais complexa, crítica e preocupada com o fundamento psicossocial das demandas psicológicas.

O que tento trazer à baila é uma provocação iniciada por Sawaia (2001, p. 97) para que superemos o "uso moralizador e normatizador de conceitos científicos que culpabilizam o indivíduo por sua situação social e legitimam relações de poder, apoiados no princípio da neutralidade científica."

Tenho identificado a prática da psicologia com um certo paralelismo do *modus operandi* da clínica psicoterápica transportada indiscriminadamente para as outras dimensões da profissão (institucional, escolar, hospitalar e até mesmo social).

Claro que em cada uma destas dimensões existem nuances e adaptações que ensejam a mudança nas modalidades de intervenção. Não obstante a estas questões, é de igual modo recorrente a compreensão fragmentada acerca das condições das pessoas e coletividades com as quais trabalhamos enquanto psicólogos.

Recentemente fui surpreendido com uma postagem em rede social de uma colega que intentava descrever sua felicidade por ter escolhido a psicologia como profissão. Confesso que não me reconheci em nenhuma daquelas palavras. A falta de identificação, logo percebi, se deu pelo fato de que a descrição não continha correlação alguma com o que encontro no cotidiano de trabalho como psicólogo no âmbito da política de assistência social. Imediatamente, vi-me impelido a escrever um contraponto – o qual jamais publiquei – não para expressar posições particulares, mas para ilustrar duas perspectivas que atualmente gravitam sobre a identidade dos(as) profissionais de psicologia e que merecem ser trazidas para discussão: a perspectiva individualizante, de olhar e manejo pontuais e a perspectiva psicossocial, de olhar e manejo contextuais.

Para melhor ilustrar, transcrevo aqui a postagem sem menção da fonte por questões éticas e porque não tenho como objetivo destacar a pessoa que escreveu, mas o conteúdo e a perspectiva a que ele remete. Em seguida, transcrevo um contraponto que escrevi como forma de abrir espaço para outras e diferentes formas de se reconhecer dentro da profissão.

Postagem:

"[...] Sou Psicóloga.

Muitas vezes troquei um cochilo por um rosto lavado de lágrimas. Horas de descanso por atendimentos. Perfumes importados por instrumentais e livros. Festas por palestras, provas e congressos. Finais de semana por estudos, supervisão, terapia e formação. Sou PSICÓLOGA e vale a satisfação de ver pessoas mais felizes, saudáveis, protagonistas das próprias vidas e com a autoestima fortalecida. Tenho orgulho de ser psicóloga! Feliz por minha escolha.

Vamos ver quantos(as) psicólogos(as) orgulhosos copiam e colam essa mensagem no seu mural. #amominhaprofissão #valoravida!"

Contraponto (não publicado):

"Sou psicólogo.

Muitas vezes troquei um cochilo por uma realidade que me tirou o sono. Horas de descanso por contato com pessoas e situações de extrema violação de direitos. Perfumes importados por cheiros e lugares que nunca imaginei encontrar. Festas por busca de parcerias na rede de serviços públicos, ações imediatas e urgentes de suporte, desespero por não encontrar referências nem respostas em nenhum curso/palestra/livro de psicologia. Finais de semana por intenso trabalho emergencial às pessoas e famílias vulneráveis, para o qual não recebi qualquer formação. Sou PSICÓLOGO e, às vezes, me falta satisfação por saber que as dificuldades que encontro em meu trabalho, não podem ser enfrentadas solitariamente e sem compromisso ético-político de forjar coletivamente um mundo mais justo, digno e humano para se viver. Apesar de tudo, tenho orgulho de ser psicólogo! Feliz por saber que não estou sozinho e que as coisas não dependem apenas de minha escolha profissional. #psicologiaeluta #resistenciaecoragem"

Como podemos abarcar o fenômeno da fome, sem compreender seus impactos sobre o corpo concreto-material, afetos-desejos e relações sociais político-econômicas? Como tratar da fome de quem nos procura, sem considerar sua dimensão imediatamente orgânica?

Não são raras as vezes que temos que interromper o atendimento para efetivamente dar conta de atender a(s) necessidade(s) mais imediata(s) de nossos usuários na assistência social. É isto que nos impele a entender que não é possível atuar apenas sobre dimensões subjetivas da realidade concreta, mas que inextrincavelmente temos a dimensão material e objetiva atuando sobre as situações que emergem em nosso cotidiano de trabalho.

"Estou desde sexta-feira dormindo na rua ou na casa de conhecidos."

Sem conseguir escutar com definição as palavras daquele adolescente de 17 anos, ditas de forma tímida numa manhã de segunda-feira, peço para que ele repita o que disse. Não sei se o que ouvi foi mesmo o que fora dito por ele ou se o tom extremamente baixo atrapalhara a escuta. Ademais, percebo em mim uma tendência a suspeitar daquilo que está sendo dito, como forma de não ter que recorrer ao meio mais drástico para resolver aquele dilema, que vinha se cronificando: as constantes violências sofridas por Betinho (nome fictício) no âmbito familiar ao longo de quase seis meses de atendimento.

O histórico. Mãe alcoolista, vivência em situação de rua, uso de crack e prostituição na companhia do filho, quando ele ainda era criança; ocorrência frequente de violência psicológica e física, incluindo uma surra ao adolescente quando este se recuperava de uma cirurgia de apêndice, além de um constante menosprezo pelas mudanças positivas que ele implementara em sua vida desde o início da Medida Socioeducativa de Liberdade Assistida. Constantemente a genitora juntava as roupas de Betinho em sacolas e o expulsava de casa.

Até ali, tentativas diversificadas de atenção às demandas da família e de Betinho tinham sido aplicadas como parte do trabalho da Medida Socioeducativa: encaminhamento e acompanhamento do caso junto com o Conselho Tutelar; parceria com o Centro de Atenção Psicossocial Álcool e outras Drogas (CAPS AD) para atendimento da genitora; visitas domiciliares e atendimentos familiares frequentes; contato com uma rede de suporte exterior à família (patroa da genitora), a qual se disponibilizou a contribuir e em várias ocasiões acolheu o adolescente em sua casa para evitar que ficasse nas ruas; reinserção escolar e inserção de Betinho em curso profissionalizante com direito a bolsa de estudo mensal no valor de R$500,00; busca de outras referências familiares (família extensa) para um possível acolhimento do adolescente – o que não logrou êxito – entre outras tantas iniciativas.

"Estou dormindo na rua ou na casa de conhecidos do bairro desde sexta-feira. Ontem ia dormir na rua, mas próximo às 22h30, uma conhecida falou com o pai dela, que me deixou ficar em sua casa até eu encontrar outro lugar. Em casa não tem mais condições de ficar."

Embora não tivessem sido ditas de forma mais nítida e audível, aquelas palavras quase imperceptíveis começaram a me convencer de que a situação tinha extrapolado todos os limites e tocava a linha do desespero. Além disso, algo começava a me incomodar no tom extremamente baixo da voz de Betinho. Não era apenas o peso do sofrimento impingido pela situação narrada. Perguntei se ele estava com fome. Ele respondeu que mal se alimentara nos últimos três dias e estava com dores de estômago devido a isto. Interrompi o atendimento e corri em busca de alguns pães e café. Após a rápida refeição, imediatamente sua voz aumentou de volume e se tornou nítida, compreensível e energizada.

Informei que, diante das circunstâncias e da falta de soluções, o último e mais drástico recurso seria seu acolhimento institucional em um abrigo.

"Eu até prefiro, Rafael, porque do jeito que tá, não dá!".

Após contatos com o Conselho Tutelar, foi realizado o acolhimento de Betinho. Uma semana depois do ocorrido, sua fisionomia, sua voz e suas palavras descreviam uma situação de alívio ambivalente, mas de muita maturidade ao entender que havia tentado permanecer ao lado da genitora em todas as piores circunstâncias, mas que poderia sucumbir à destrutividade daquele momento em que nem mesmo a mãe era capaz de dar-se conta. Temia por um lado, mas por outro, conseguia admitir que não se tratava de um abandono seu, mas de uma tentativa de autopreservação necessária para que pudesse posteriormente oferecer outro tipo de auxílio à genitora.

Articulando nos dois casos relatados aqui (Júnior e Betinho), a compreensão da fome, das violações, da necessidade de assegurar direitos fundamentais e da garantia de aparato estatal para isto, sou levado a novamente reforçar a ideia de que "é o indivíduo que sofre, porém, esse sofrimento não tem gênese nele, e sim em intersubjetividades delineadas socialmente." (Sawaia, 2001, p.99)

Não é honesto de nossa parte, enquanto profissionais da psicologia, negligenciarmos os agenciamentos e processos sócio-históricos que condicionaram as circunstâncias a se organizarem tal como se apresentam a nós. É preciso que nosso fazer imediato se cerque de uma compreensão mais ampla, a ponto de tornar quase que orgânica a crítica às estruturas, às relações de poder e dominação (político e econômico) nos âmbitos micro e macrossociais.

O sofrimento que chega até nós – seja ele qual for e estejamos nós onde estivermos para exercer o nosso ofício – é expressão de um complexo de manifestações simultaneamente biológicas, psicológicas, econômicas e sociais (condições objetivas e subjetivas interdependentes). É por esta razão que compreendo que o sofrimento nunca poderá corresponder a uma vivência exclusivamente intrapsíquica – categoria, a meu ver, bastante questionável. Ele é, sobretudo, um fenômeno psicossocial.

Sobre a precariedade

Enquanto boa parte dos(as) profissionais de psicologia se ocupam do sofrimento que emerge em seus consultórios, é preciso mencionar, existe uma miríade de outras modalidades de sofrimento que não possuem espaço, escuta, lugar e condições para o seu aparecimento. Longe de criticar a prática clínica, gostaria apenas de levantar a questão de que uma parcela considerável da nossa população sofre as agruras da vida numa sociedade de disparidades e injustiças, felicita com eventos do cotidiano. Enquanto isso, estas vivências permanecem no campo opaco da vida, aguardando a possibilidade de ganhar o estatuto de fenômeno, de ser apreendida por alguma consciência.

Não se trata de que a vivência humana necessite do aval da psicologia para ganhar sentido, antes, trata-se de entender as condições que permitem que determinadas existências passem pelo filtro seletivo de uma determinada disciplina e sejam reconhecidas, enquanto outras escapam de sua apreensão. Em outras palavras, quero chamar atenção para as modalidades de sofrimento que ganham a atenção da psicologia e aquelas que não ganham destaque.

Além disso, quero reforçar a ideia de que existe um aparato teórico-metodológico que segue o modelo clínico hegemônico e que não oferece recursos para aqueles(as) profissionais que estão lidando com as situações contemporâneas (Alvim; Castro, 2015) e com os diversos dilemas que escapam à clínica tradicional. Estou falando de desigualdades sociais, do crescimento do número de refugiados de diversas nações, dos ataques aos direitos humanos, da crise no sistema político-econômico, do genocídio da juventude brasileira (negra e pobre), do aumento de mortes de mulheres negras e do feminicídio, do crime organizado que alicia a juventude e oferece como recompensa o acesso ao mundo do consumo via inserção no universo do tráfico de drogas, do sucateamento da educação e o rompimento com os princípios de laicidade do Estado etc.

Também estou falando dos impactos destas questões objetivas sobre a subjetividade, na produção "de um individualismo exacerbado, da desarticulação do coletivo e da sobrecarga de trabalho" (Alvim; Castro, 2015, p. 7), que produzem aquilo que estes autores chamam de:

> [...] novas formas de subjetivação consumistas, competitivas, efêmeras, centradas no presente, o que se reflete em isolamento, e ansiedade diante da possibilidade de encontro com o outro. Produzem-se novas e reeditam-se velhas formas de sofrimento: solidão, vazio, sentimento de impotência, medo, compulsão, violência. (Alvim; Castro, 2015, p.7)

Por sorte, nem tudo está perdido e temos visto diversas produções que atentam para a necessidade de ampliarmos o horizonte da prática profissional reconhecendo os efeitos dos regimes autoritários e de democracias neoliberais sobre a produção do sofrimento (Angerami, 2017a); a importância de uma escuta que alcance a vida dos "desvalidos" e "combalidos" que encontram-se em situação de rua (Angerami, 2017b); a necessidade de estabelecer uma análise da desigualdade social e seus vértices (Sawaia, 2001); as potências da interseccionalidade e de uma psicologia feminista (Nogueira, 2017); a produção de saberes e práticas da psicologia na política de assistência social (Cordeiro, Svartman; Souza, 2018); além da já citada clínica das situações contemporâneas, alargando as fronteiras da clínica tradicional (Alvim; Castro, 2015).

É no esteio destas iniciativas que caminho na direção da proposta de reconhecermos outras formas de sofrimento que não encontram espaço na situação psicoterápica própria de uma psicologia prioritariamente clínica.

Compartilho do apelo por uma clínica enquanto ação (política) de transformação (Alvim; Castro, 2015, p. 15).

15, p. 15). Segundo estes autores: "Uma clínica que vá além do modelo clínico hegemônico: a clássica prática liberal, individual, focada no psíquico, psicologizante, identificada com o modelo médico [...]" (Alvim; Castro, 2015, p. 15).

Para tanto, estes autores propõem uma "clínica de situações contemporâneas", onde retomam o conceito de *Situação* elaborado por Sartre em sua célebre obra *O Ser e o Nada* e estabelecem sua interface com uma psicologia que tenha como referência alguns princípios, a saber:

> 1) que considere a concretude da existência humana no mundo;
>
> 2) que considere a capacidade instituinte do sujeito em situação no mundo sócio-histórico; 3) que seja práxis, trabalho, ação transformadora, engajamento. (Alvim; Castro, 2015, p.16)

Para Sartre, a *Situação* abrigaria duas dimensões contingentes da realidade: a liberdade e a facticidade.

Nas palavras do filósofo:

> Denominaremos situação a contingência da liberdade no *plenum* de ser do mundo [...] a situação, produto comum da contingência do Em-si e da liberdade, é um fenômeno ambíguo, no qual é impossível ao Para-si discernir a contribuição da liberdade e a do existente em bruto. (Sartre, 2008, p. 600)

Desta forma, compreendo que o conceito de *Situação* aproxima-se muito da compreensão de que a realidade é uma coexistência recíproca entre o mundo objetivo e o mundo subjetivo, não sendo possível apreendê-la apenas no plano do sofrimento circunscrito ao sujeito extraído de seu contexto, tampouco do contexto isolado das vivências singulares dos sujeitos que nele se inserem. É por esta razão que não faz sentido considerarmos apenas a dimensão subjetiva das pessoas que nos procuram, em nossos mais diversos campos de intervenção como psicólogos(as).

De forma franca, é preciso que incluamos o corpo, os afetos, as condições sociais, econômicas e culturais em perspectiva ao nos debruçarmos sobre a condição humana, de tal forma que não será mais possível pensarmos sujeitos abstratos, sofrimentos alienados de contextos, epistemologias universalizantes e monolíticas e práxis quietistas.

O que proponho com esta discussão é a construção de uma psicologia radical, no sentido que vai às raízes, que desmascara os processos históricos e sociais de opressão, que desmistifica a condição de exclusão como o resultado de ações individuais malfadadas; que não se pretende neutra, nem que se dispõe a simplesmente amortizar os impactos e os efeitos de uma sociedade capitalista de consumo e de descarte, não sustentável e irresponsável quanto à violência. Uma psicologia que não se apequena diante dos desafios ético-políticos que se levantam na sociedade brasileira e que não se omite diante das desigualdades de classe, gênero, raça e sexualidade. Uma psicologia fenomenológica que não deseja menos do que romper com a atitude natural, com o olhar encantado e romantizado e, portanto, naturalizado por nossos pressupostos epistemológicos, científicos e até mesmo por nossa postura omissa enquanto profissionais. Fenomenológica e existencial, por se comprometer a desvelar o vivido e por não deixar de se debruçar sobre a condição humana, em sua mais fatal acepção, a saber: a condição de ser precária (Butler, 2015, p. 46).

Para esclarecer o que compreendo como vida precária, é necessário informar que este conceito emerge da obra da filósofa, teórica feminista e intelectual norte-americana Judith Butler, mais precisamente de seu livro intitulado *Quadros de guerra: quando a vida é passível de luto?*

Para a autora:

> Afirmar que a vida é precária é afirmar que a possibilidade de sua manutenção depende, fundamentalmente, das condições sociais e políticas, e não somente de um impulso interno para viver. Com efeito, todo impulso tem de ser sustentado, apoiado pelo que está fora de si mesmo, e é por essa razão que não pode haver nenhuma persistência na vida sem pelo menos algumas condições que tornam uma vida vivível. (Butler, 2015, p. 40)

Utilizo o conceito de vida precária em contrapartida ao conceito de vulnerabilidade por entender que a noção de precariedade inclui todas as formas de existência, incluindo aquelas existências que não alçaram à categoria de vidas, que não foram consideradas por governos, políticas públicas, discursos e epistemologias. Vale dizer que Butler considera que toda vida é precária de algum modo, uma vez que sua existência sempre dependerá de determinadas condições que lhe favoreçam a vida (políticas, econômicas, ecológicas, biológicas, sociais etc.).

No entanto aqui, quando falamos de vidas precárias, estamos nos referindo àquelas existências marginais, que não contam com o necessário reconhecimento enquanto vidas, que esperam de nós o movimento necessário para que possam ser percebidas enquanto vidas humanas e que possam emergir em nossos celeiros teórico-metodológicos. Este movimento bate à porta da psicologia para que possa considerar que há vida para além da ambiência de uma determinada classe que chega aos nossos consultórios e que existem condições sócio-históricas que precisam ser desveladas para além da ingênua neutralidade científica. De outra forma, nossa disciplina é que seria precária.

Como bem asseverou Butler (2011, p. 32): "Se as humanidades têm algum futuro [...] é, sem dúvida, no sentido de nos fazer retornar ao humano aonde não esperamos encontrá-lo, em sua fragilidade e nos limites de sua capacidade de fazer sentido."

Dito de outra forma:

> Talvez, pelo fato de sua busca desvairada em ser reconhecida como ciência, a psicologia tenta se aproximar dos critérios ditos científicos, pra enfeixar suas análises, e se distancia daquilo que deveria ser sua maior peculiaridade, a compreensão humana em detalhamentos de sua subjetivação. (Angerami, 2017b, p. 32)

Precisamos de uma psicologia que se comprometa a falar, questionar e não apenas amortizar velhos e dramáticos problemas de uma sociedade de desigualdade social, de injustiça e de exploração (Sawaia, 2001, p. 106). Estou falando de uma psicologia que atue diretamente com pessoas em situação de rua; com crianças e adolescentes em situação de trabalho infantil; com idosos e pessoas com deficiência vítimas de abusos, negligências e maus tratos; com adolescentes em conflito com a lei; com mulheres vítimas de violência doméstica etc. Estou falando de uma psicologia que consiga ver nestas ocorrências da vida cotidiana os mais diversos matizes das condições sócio-históricas que as produzem: racismo, sexismo, machismo, classismo etc.

Ao psicólogo caberia muito mais do que o papel de discípulo mudo diante dos fatos, mas o papel de cientista que faz perguntas e pergunta porque a sua razão só se satisfaz ao compreender o complô, a trama, a teia de relações que torna os fatos inteligíveis (Alves, 1984, p. 132).

Considerações finais

Numa noite de inverno, um grupo de pessoas em situação de rua, acolhidas de forma emergencial nas dependências de um ginásio de esportes devido ao rigoroso inverno de Itapetininga, aceitam sentar-se em círculo para realizar uma conversa. Ao todo, estão reunidas cerca de vinte pessoas que participam pela primeira vez de um processo circular[1] e quatro facilitadores dessa metodologia, entre eles, este que vos escreve. Em comum, a condição de serem vidas precárias, dependentes de condições que lhes favoreçam a existência, lhes garantam a sobrevivência de mais um dia.

Na primeira rodada de apresentação, histórias de luta, de fracasso, de tentativas frustradas de luta contra o vício, de dores mal assimiladas e um caderno contendo os mais brilhantes relatos de uma vida inteira. Nesse caderno, as variadas nuances da existência estão registradas em prosa e em verso. Seu portador escolhe os relatos redigidos naqueles dias. Nesses relatos estão as dores da perda de um pai suicida, da derrocada de um agente bancário que sucumbiu frente à crueza da vida, experimentou todas as alegrias e tristezas das drogas, de um casamento malfadado, dos sentimentos de incompetência como pai, como exemplo, enfim... sentimentos de uma vida inteira que aguardavam por um espaço em que pudessem contar com a vez e a voz para serem comunicados.

Na segunda rodada, ainda mais histórias de vida, entre elas, o relato triste de um homicídio, de uma vida atormentada por este evento e por um profundo arrependimento malsucedido, por uma culpa escravizante e por uma existência errante como resultado.

Aproximadamente duas horas de conversa havia se passado, com outras rodadas que se sucederam, até que partimos para a rodada de encerramento. Num dado momento, a surpresa. No relato de um dos participantes, um homem de aproximadamente 60 anos toma o objeto de fala e verbaliza: "Esta foi a primeira vez em toda a minha vida que eu pude me sentar diante das pessoas, falar sobre a minha vida e ouvir. Estou saindo daqui muito agradecido e com a sensação de gratidão."

Fiquei pensando numa experiência de quase 60 anos de espera para acontecer, num alívio de poder ouvir e ser ouvido, talvez pela primeira vez ao longo de tantos anos. Pensei na potência que há no encontro com aqueles que estão jogados "nas sarjetas, em uma total falta do mínimo." (Angerami, 2017b, p. 13)

Enfim, retomo agora a figura da fome assombrosa com a qual iniciei estes escritos. Figura tão rechaçada e *mal-dita*. Objeto de esquiva por muitos governos mundo afora e hoje, objeto de completa negação sob o atual governo brasileiro. Retomo a figura da fome porque a conheço de perto, porque a experimentei na carne e porque infelizmente me esbarra com certa frequência no cotidiano de trabalho como psicólogo. Fenômeno curioso, a fome nos faz face e desafia nossos

[1] Trata-se de uma metodologia dentro da Justiça Restaurativa, um conjunto de práticas, princípios e paradigmas centrados na cultura de paz e na resolução pacífica de conflitos, como forma de responder aos desafios da convivência. Sobre esta metodologia (PRANIS, 2010).

pressupostos científicos alienantes que, incapazes de articular o corpo concreto, material e objetivo com as teorias subjetivistas sobre a alma abstrata e imaterial, jazem imóveis diante da realidade dura que nos demanda.

O que a realidade quer de nós, psicólogos(as)? Ao meu ver, o que a realidade quer é luta, para que as coisas não tenham que permanecer sempre as mesmas, para que não tenhamos que simplesmente aceitar tudo como se nada fosse passível de mudança, para que efetivamente possamos entender que o sofrimento, tal como a fome, tal como toda profunda vivência humana, é um fenômeno psicossocial. Não está circunscrito à pessoa que o experimenta, mas denuncia um conjunto de articulações que o produz, condiciona e o determina. Nosso papel seria o de questionar, antes de tudo, por quais razões nossa sociedade permite que estes fenômenos aconteçam e se repitam no tempo e no espaço, a ponto de nos fazer quase acreditar que são naturais.

Toda esta compreensão e, sobretudo, a ação necessária para a intervenção não são matéria exclusiva da psicologia e nisto reside um grande paradigma: o de que a realidade é complexa, envolve dimensões das mais variadas e que, portanto, nenhum saber ou disciplina é suficiente para reunir todas as estratégias de intervenção. Desta forma, longe de recorrer a psicologia com certo messianismo, reconheço que existe grande potencial em reconhecermos a importância de diálogos e ações interdisciplinares. Sugiro a interface com o serviço social, o direito, a filosofia, a sociologia, as artes, além de uma constante parceria entre as políticas públicas, com a sociedade civil, em cada território em que estivermos. Sem um trabalho conjunto, remaremos solitariamente contra o tsunami da realidade que possui seu imbricamento psicossocial e sócio-histórico.

Que possamos ir ao encontro destes fenômenos que se nos apresentam, suspendendo os vícios da atitude natural, do raciocínio impregnado de convulsões teóricas vazias de vida, de sentido, de cotidianidade e de dinâmica... de mundo.

Referências

ALVIM, M. B.; CASTRO F. G. (Org.) *Clínica de situações contemporâneas: fenomenologia e interdisciplinaridade.* Curitiba: Juruá, 2015.

ALVES, R. *Filosofia da Ciência: introdução ao jogo e suas regras.* 5 ed. São Paulo: Brasiliense, 1984.

ANGERAMI, V. A. *Desespero e flagelo humano: parêmias da Cracolândia.* Belo Horizonte: Artesã, 2017b.

ANGERAMI, V. A. *Solidão: a ausência do outro.* Belo Horizonte: Artesã, 2017a.

BOCK, A. M. B.; FURTADO, O.; TEIXEIRA, M. de L. T. *Psicologias: uma introdução ao estudo de psicologia.* 13 ed. São Paulo: Saraiva, 2002.

BUTLER, J. *Quadros de guerra: quando a vida é passível de luto?* Trad. Sergio Tadeu de N. Lamarão e Arnaldo Marques da Cunha. Rio de Janeiro: Civilização Brasileira, 2015.

BUTLER, J. Vida precária. *Revista Semestral do Departamento e do Programa de Pós-Graduação em Sociologia da UFSCar*, v. 1, n. 1, p. 13, 2011.

CASTRO, J. *Geografia da fome (O dilema brasileiro: pão ou aço).* 10 ed. Rio de Janeiro: Antares, 1984.

CORDEIRO, M. P.; SVARTMAN, B.; SOUZA, L.V. (Org.). *Psicologia na Assistência Social: um campo de saberes e práticas*. São Paulo: Instituto de Psicologia USP, 2018.

DELEUZE, G.; GUATTARI, F. *Mil platôs: capitalismo e esquizofrenia*. Trad. Aurélio Guerra Neto e Celia Pinto Costa. Rio de Janeiro: Editora 34, 1995.

NOGUEIRA, C. *Interseccionalidade e psicologia feminista*. Salvador: Editora Devires, 2017.

PRANIS, K. *Processos circulares*. São Paulo: Palas Athena, 2010.

SARTRE, J. P. O ser e o nada: ensaio de ontologia fenomenológica. Trad. Paulo Perdigão. 16 ed. Petrópolis: Vozes, 2008.

SAWAIA, B. B. (Org.) *As artimanhas da exclusão: análise psicossocial e ética da desigualdade social.* 2 ed. Petrópolis: Vozes, 2001.

CAPÍTULO 7

Vivências de ser e de não ser usuário do *Facebook* e subsídios para a psicoterapia existencialista

Rodolfo Rigon Spack
Sylvia Mara Pires de Freitas

O uso do *Facebook* é muito intenso entre os brasileiros: segundo a Folha de S. Paulo (2019) o Brasil possui 127 milhões de usuários ativos mensais no *Facebook*[1], enquanto no mundo todo, segundo o próprio *Facebook* (2019) são 2,38 bilhões de usuários. A influência das mídias sociais nas condutas da população, como meio de formação de opinião, vem se mostrado muito forte nos últimos anos, destacamos as eleições de 2016, nos EUA[2] e as eleições do ano passado, no Brasil[3]. Apesar de ser um uso que abrange todas as idades, a população universitária é a que se encontra dentro da faixa etária que mais utiliza as redes sociais: segundo pesquisa

1 Em que pese a queda de 5% de usuários em relação à 2017, segundo a reportagem.

2 A *Cambridge Analytica* é uma empresa que analisa dados políticos e que, segundo a Folha de S. Paulo (2018a, on-line): "[...] trabalhou para a organização de campanha do presidente Trump em 2016, e obteve acesso a dados pessoais sobre mais de 50 milhões de usuários do Facebook. A empresa oferecia ferramentas que permitiam identificar traços de personalidade dos eleitores norte-americanos e influenciar seu comportamento". Ainda segundo esta reportagem, a empresa foi financiada por Stephen Bannon, o qual assessorou a campanha de Donald Trump; os dados obtidos "[...] incluíam detalhes sobre as identidades e redes de amigos dos usuários, e sobre os seus '*likes*' no Facebook. A ideia era mapear traços de personalidade, tomando por base aquilo que as pessoas haviam curtido na rede social e usar essa informação para direcionar propaganda digital aos usuários". As informações foram extraídas a partir de testes de personalidade, comuns como "brincadeiras" entre os usuários. Foram mais de 50 milhões de perfis de usuários obtidos pela *Cambridge Analytica*, apesar de apenas 270 mil terem permitido a coleta de dados (no referido teste de personalidade).

3 Segundo a Folha de S. Paulo (2018b), algo semelhante ocorreu no Brasil nas eleições presidenciais do ano passado em benefício do então candidato, e atual Presidente da República, Jair Messias Bolsonaro, por meio de disparos em massa de mensagens via *WhatsApp* e financiadas por empresários, utilizando-se de venda ilegal de base de dados.

da *Pew Research Center* (2017), 86% dos jovens adultos entre 18 e 29 anos utilizam pelo menos uma rede social, ou seja, relacionam-se virtualmente.

Segundo Fialho (2015), o conceito de "rede" nas ciências experimentais, sociais e humanas é polissêmico e centenário, utilizado para descrever diversas formas de relações humanas. Na década de 90, o conceito foi resgatado para compreensão da globalização e suas rápidas formas de comunicações; o termo *rede social,* por sua vez, já fora utilizado pela antropologia desde a década de 1950 para descrever a estrutura de relações dentro de pequenas comunidades; o termo *rede social virtual,* portanto, constitui-se por uma mescla dessas conceituações, e a palavra *virtual* torna-se necessária para delimitar o *locus* em que se dão as relações, qual seja, o campo virtual[4].

Em relação ao campo virtual, cabe diferenciar os conceitos de *mídia social* e *rede social.* Kaplan e Haenlein (2010) definem as *mídias sociais* como grupo de ferramentas da internet que se baseiam nos fundamentos ideológicos da *Web 2.0,* permitindo a troca e criação de conteúdo gerados pelos usuários. Por outro lado, os autores definem os sites de *redes sociais* como ferramentas que permitem aos usuários criarem e preencherem perfis com informações pessoais, podendo se conectar e chamar amigos para acessarem esses perfis, sendo que nelas podem compartilhar qualquer tipo de informação como fotos, áudios, vídeos e mensagens. Seguindo essa linha de raciocínio, pode-se entender mídias sociais como *gênero* e as redes sociais como *espécie.* O que nos interessa, portanto, são as *redes sociais virtuais,* e, especificamente, o *Facebook.*

O número de pessoas que já pensaram em largar as redes sociais virtuais também é alto. Consoante a pesquisa da empresa russa *Kaspersky Lab* (2016), realizada em 12 países, incluindo o Brasil, a grande maioria dos entrevistados (78%) já considerou abandonar suas redes sociais, mas optou por ficar. O principal motivo apontado para quererem sair foi o de "estar desperdiçando muito tempo nessas plataformas" (39%), enquanto a principal razão de não sair foi "o desejo de manter contato com parentes e amigos" (62%).

Diante do exposto, este capítulo apresenta os resultados de Pesquisa de Iniciação Científica (PIC) intitulada *Ser ou não ser usuário do Facebook: compreendendo as vivências de universitários,* do Departamento de Psicologia da Universidade Estadual de Maringá, (DPI/UEM), realizada pelo autor e orientada pela segunda autora

[4] Como menciona Lévy (1999, p. 47): "É virtual toda entidade 'desterritorializada', capaz de gerar diversas manifestações concretas em diferentes momentos e locais determinados, sem, contudo, estar ela mesma presa a um lugar ou tempo em particular". A virtualidade, portanto, em termos filosóficos, segundo este autor, não se opõe à realidade, mas à atualidade; assim, virtual e atual são duas formas distintas de ser da realidade. O exíguo espaço deste capítulo não nos permite aprofundarmos no conceito de virtualidade; para tanto, recomendamos a leitura das obras *O que é virtual?* (1995) e *Cibercultura* (1999) do filósofo tunisiano radicado na França, Pierre Lévy.

deste capítulo, durante o período de agosto de 2018 a julho de 2019. Esse PIC focou como população acadêmicos de cursos universitários da cidade de Maringá, Paraná; tendo como *objetivo geral* a compreensão da vivência de universitários que deixaram de ser usuários do *Facebook*, bem como daqueles que voltaram a ser usuários, identificando as mediações e contradições experienciadas nas suas relações com essa rede social virtual. Os resultados obtidos, por conseguinte, podem oferecer subsídios à prática psicoterápica com pessoas que demandam conflitos em suas relações virtuais.

Antes de adentrarmos na exposição da análise dos resultados dessa pesquisa, situaremos o leitor sobre os caminhos anteriormente percorridos, isto é, a metodologia, os procedimentos e levantamento realizados.

Metodologia e procedimentos

População e amostra

A escolha da *população* universitária, conforme exposto anteriormente, deu-se por ela pertencer à faixa etária que mais utiliza redes sociais. A *amostra* foi de dez acadêmicos e acadêmicas que se dispuserem a colaborar livremente com a pesquisa, sendo cinco, que deixaram de ser usuários do *Facebook* e não retornaram ao seu uso até o momento da entrevista. e mais cinco, que retornaram ao *Facebook*. Com o devido consentimento dos entrevistados, as entrevistas foram gravadas e depois transcritas.

A escolha apenas de sujeitos que *deixaram de ser usuários do Facebook* e daqueles que *voltaram a ter este meio como mediador de suas relações* como amostragem da pesquisa, justificou-se na medida em que esses são indivíduos que se colocaram em movimento em relação ao seus hábitos de uso do *Facebook*, cruzando a "fronteira" do grupo de *usuários* para o de *não usuários* (e vice versa). Por esse motivo, bem como pelos limites da extensão da presente pesquisa, optamos por não contemplar os grupos de sujeitos que estão "pacíficos" diante do uso desta rede social virtual, ou seja, aqueles que nunca utilizaram ou nunca se desligaram dela desde que começaram a utilizá-la.

A abordagem da população de universitários para compor a amostra, foi a de amostragem em bola de neve. Este tipo de amostragem, como explica Vinuto (2014), é utilizado quando não há a possibilidade de determinar a seleção prévia de cada entrevistado; para tanto, são utilizadas cadeias de referência, isto é, a cada participante entrevistado foi solicitada a indicação de outros que se encaixavam nos critérios de seleção da pesquisa. Além de requisitar indicações dos entrevistados, igualmente foram solicitadas indicações de outros universitários. Antes de iniciar a entrevista, e para certificarmos que o sujeito indicado se enquadrava na amostragem buscada, pedíamos para que ele informasse sobre sua condição atual em relação ao uso do *Facebook*, e caso se enquadrassem no perfil da amostra, era iniciada a entrevista.

Em relação ao perfil dos *entrevistados*, realizamos dez entrevistas individuais e semidirigidas, das quais três foram com pessoas do gênero feminino e sete com indivíduos do gênero masculino, na faixa etária entre 19 e 27 anos; todos universitários de Instituições de Ensino Superior (IES) localizadas na cidade de Maringá/PR. Apenas um dos entrevistados era da pós-graduação, sendo os demais pertencentes a cursos de graduação. A amostragem foi dividida em cinco pessoas que haviam apenas saído da rede social virtual *Facebook* e outras cinco que deixaram de ser usuários e depois voltaram a ser usuários desta rede social, como mencionado.

Para garantir o anonimato dos entrevistados, e para identificá-los de acordo com os conteúdos obtidos pelas entrevistas, foram atribuídos números: Entrevistado 1; Entrevistado 2, e assim por diante. Os entrevistados 1, 2, 3, 4 e 5 incluem-se na categoria dos que deixaram de ser usuários do *Facebook* e não haviam retornado até o momento da entrevista; enquanto os de números 6, 7, 8, 9 e 10 correspondem aos entrevistados que deixaram de ser usuários e depois voltaram a ser usuários do *Facebook*.

Método

A pesquisa é de cunho qualitativo, e o método utilizado para a realização das entrevistas e para o levantamento dos dados obtidos foi o *fenomenológico*, inspirado em Giorgi (1978) e Martins e Bicudo (1989) À vista disto, seguimos os seis passos explicitados por Freitas (2016), de acordo com estes autores:

> *1º passo:* Transcrição da entrevista e/ou dados empíricos [...]. *2º passo:* Leitura da descrição ingênua com o objetivo de se obter uma compreensão geral do enunciado [...]. *3º passo:* Leitura da descrição escrita completa com a finalidade de discriminar unidades de significado na perspectiva psicológica, tendo como foco o fenômeno pesquisado e mantendo integralmente a linguagem com a qual o sujeito se expressou [...]. *4º passo:* Transformação das expressões cotidianas do sujeito na linguagem psicológica, com ênfase no fenômeno que está sendo investigado [...]. *5º passo:* Síntese das unidades de significado transformadas em um enunciado condizente com o fenômeno pesquisado [...]. *6º passo:* Busca por temas centrais que emergem da descrição geral das estruturas de significado do fenômeno (FREITAS, 2016, p. 259-265, grifos da autora).

De posse da síntese das unidades de significados singulares, definimos e inserimos em uma mesma categoria aquelas que unificaram as vivências dos entrevistados. A partir disto, pudemos refletir e realizar uma análise *crítica* sobre os pontos de interseção entre o subjetivo e o objetivo, o singular e o universal – as mediações e contradições existentes na relação dos universitários com o *Facebook*.

As *análises* das entrevistas foram elaboradas com o auxílio da filosofia existencialista de Sartre, em suas reflexões sobre a ontologia do ser e do nada e sobre sua antropologia estrutural e histórica, isto é, o entendimento deste filósofo sobre o Ser construído na relação homem-mundo, sobre a sociabilidade e as estruturas sociais constituídas historicamente.

Procedimentos

Todas as entrevistas foram realizadas mediante a assinatura do Termo de Consentimento Livre e Esclarecido (TCLE) e gravadas em áudio com a devida autorização dos entrevistados e essas entrevistas foram posteriormente transcritas; utilizou-se um roteiro com questões semiestruturadas, o qual foi testado anteriormente em entrevista piloto. As entrevistas foram realizadas em salas de aulas e outros-ambientes da universidade, conduzidas de forma flexível, visando deixar os entrevistados protegidos em seu anonimato e confortáveis para falar sobre o tema proposto, utilizando-se da escuta livre da fala do entrevistado.

O projeto da pesquisa foi enviado preliminarmente ao Comitê Permanente de Ética em Pesquisa com seres humanos (COPEP) da Universidade Estadual de Maringá, para a aprovação e liberação da pesquisa dentro dos prazos e procedimentos estabelecidos, mediante a submissão do texto e demais documentos à Plataforma Brasil. Após a autorização de ambos os órgãos, a partir do parecer CEP nº 2.698.666, de 07 de junho de 2018, o acadêmico-pesquisador iniciou a coleta de dados.

Durante cada entrevista, após lido e assinado o TCLE, fizemos perguntas que nos auxiliaram a definir a amostra: nome, gênero, idade, estado civil, instituição de ensino, curso e série, e o tempo que o entrevistado é usuário e/ou não é usuário do *Facebook*. Seguiram-se a estas as seguintes perguntas disparadoras dos diálogos pelas quais buscamos compreender a vivência dos entrevistados na relação com as redes sociais virtuais: (1) *Para os que foram usuários(as) das redes sociais virtuais, deixaram de ser e* não retornaram: *– Fale como você entende a rede social virtual "Facebook"; – Conte como foi sua experiência como usuário(a) do Facebook antes de decidir abandoná-lo; – Fale sobre sua decisão de deixar de ser usuário(a) desta rede social virtual; – Conte como está sendo sua experiência como não usuário(a) do Facebook; – Como você experienciou as ações dos outros para com você quando decidiu abandonar esta rede?* (2) *Para os que são usuários(as), deixaram de ser e* retornaram: *– Fale como você entende a rede social virtual "Facebook"; – Conte como foi sua primeira experiência como usuário(a) do "Facebook"; – Fale sobre sua(s) decisão(*ões*) de abandoná-lo; – Gostaria de conhecer como foi sua experiência de saída e de tornar-se não usuário(a) do "Facebook"; Como você experienciou as ações dos outros para com você quando decidiu abandonar essa rede social? – Fale sobre sua(s) decisão(*ões*) de retornar a ele; – E como foi sua experiência de retorno à* *esta rede social virtual e como ela tem sido desde então? – Como você experienciou as ações dos outros para com você quando decidiu retornar ao Facebook?*

Como se tratava de entrevista com perguntas semiabertas, contemplando, principalmente, aquelas que permitiam disparar o diálogo entre acadêmico-pesquisador e universitários-entrevistados, outras perguntas foram também realizadas durante a entrevista para ampliar a compreensão da vivência dos universitários como usuários e não usuários do *Facebook*.

Levantamento dos dados

Os conteúdos abordados ao longo desse item relacionam-se com *os objetivos específicos* de nossa pesquisa, os quais se referem à compreensão de (1) como os entrevistados significam o *Facebook* como rede social virtual; (2) como os entrevistados apreendem suas relações com esta rede; (3) qual(quais) a(s) sua(s) necessidade(s) diante delas; (4) qual(quais) as contradições experienciadas nessa relação; (5) como significam as ações de outras pessoas (amigos, colegas, familiares etc.) para com eles, por terem saído ou retornado à esta rede social.

Os objetivos específicos foram então transformados nos seguintes tópicos, para o levantamento dos dados: 1 Significado do *Facebook* para os entrevistados; 2 O significado das relações dos entrevistados com o *Facebook;* 3 Necessidades oriundas da relação com o *Facebook;* 4 Contradições experienciadas na relação com o *Facebook;* e 5 Como se percebem vistos por outras pessoas. Cada um desses focos será apresentado a seguir, e neles agrupamos as respectivas categorias que, por sua vez, abarcam suas respectivas unidades de significado sintetizadas a partir das respostas dos entrevistados.

Significado do *Facebook* para os entrevistados

Neste foco do fenômeno sintetizamos as seguintes categorias e suas respectivas unidades de significado: *1.1 Trocas de conteúdos:* estabelecimento de relações interpessoais, compra e venda e troca de mídia digital; *1.2 Consumo de conteúdos:* fonte de notícias e fonte de entretenimento; *1.3 Promoção de conteúdos:* divulgação de trabalho e expressão pessoal.

Entendemos que, objetivamente, todo o uso das redes sociais e do restante da internet gira em torno da *permuta* de dados, e que apenas apontar esse fato poderia ser redundante. Entretanto, a divisão que aqui fizemos tem por objetivo a organização didática da forma que os entrevistados significaram a rede social, observando a definição imediata do *Facebook* dada pelo entrevistado.

As respostas orbitaram, quase que invariavelmente, em torno da *funcionalidade* da rede, ou seja, apontavam o *Facebook* como um instrumento a ser usado objetivamente para se cumprir determinadas funções, como nos diz o Entrevistado

6, ao ser questionado sobre o significado da rede social virtual: *Eu vejo como uma ferramenta: ela pode ser uma ferramenta política, ela pode ser uma ferramenta econômica, você pode comercializar por lá, você pode marcar eventos, então ela pode ser muito útil, [...] descontração também, com certeza.*

A única resposta que destoou nesse quesito foi a do Entrevistado 5, que significou o *Facebook* a partir de um *julgamento,* como algo que *[...] dentro das mazelas que causa e os benefícios que ainda traz, acredito que no todo seriam mais mazelas do que benefícios.*. Desse modo, podemos observar que o principal significado do *Facebook* para os entrevistados é *instrumental,* um veículo de informação pelo qual se pode publicar suas próprias opiniões e notícias, uma ferramenta a ser utilizada como outra qualquer.

O significado das relações dos entrevistados com o *Facebook*

Este foco do fenômeno corresponde a como os entrevistados apreendem suas relações com a rede social virtual *Facebook*, ou seja, com que tipo de consciência posicionam essas relações, se pela consciência irrefletida (a qual abarca também a consciência emocionada), consciência reflexiva cúmplice ou consciência reflexiva crítica.

Para Sartre (2007), a consciência é sempre posicional, ou seja, ela sempre é consciência de algo em determinado momento. A consciência de um objeto ***é*** o próprio objeto na medida em que ele é apreendido como percepção ou imagem, ou seja, a consciência perceptiva e imaginante são formas de consciência, como ocorre também para as emoções vivenciadas pelo sujeito, conforme propõe o autor:

> Toda consciência é posicional na medida em que se transcende para alcançar um objeto, e ela esgota-se nesta posição mesma: tudo quanto há de intenção na minha consciência atual está dirigido para o exterior, para a mesa; todas as minhas atividades judicativas ou práticas, toda a minha afetividade do momento, transcendem e visam a mesa e nela se absorvem. Nem toda consciência é conhecimento (há consciências afetivas, por exemplo), mas toda consciência cognoscente só pode ser conhecimento de seu objeto (Sartre, 2007, p. 22).

A *consciência irrefletida* é a consciência em atividade, consciência daquilo que realizamos cotidianamente e sem reflexão, do ser humano em ação. Como Sartre (2007, p. 80) afirma: "É consciência de alguma coisa, e o transcendente que a ela se revela é de natureza particular: é uma estrutura de exigência do mundo que, correlativamente, revela em si complexas relações de utensilidade".

Em um típico dia de aula, por exemplo, nossos entrevistados universitários acordam, enfrentam o trânsito nas ruas, chegam à faculdade, assistem às aulas, relacionam-se pessoalmente e virtualmente pelas redes sociais, estudam na biblioteca e retornam para casa. Em meio a um conjunto de ações e realizações, eles, e nós todos, estamos lançados irrefletidamente no mundo, reagindo a uma série de exigências e expectativas oriundas das relações humanas:

> Portanto, naquilo que denominaremos mundo do imediato, que se dá à nossa consciência irrefletida, não aparecemos primeiro para sermos lançados depois a tal ou qual atividade. Nosso ser está imediatamente "em situação", ou seja, surge no meio dessas atividades e se conhece primeiramente na medida em que nelas se reflete (Sartre, 2007, p. 83).

Foi dessa forma que a totalidade dos entrevistados, mesmo que por um breve momento, e cada um à sua maneira, experienciaram o primeiro contato com o *Facebook,* como veremos adiante. Essa imediatidade irrefletida pode se dar de forma apática, mas a *emoção* não deixa de ser também uma forma de consciência irrefletida, chamada por Sartre de *consciência emocionada,* e que tem seu significado explicado pelo autor no seguinte trecho:

> Esse significado, sabemos desde a origem o que ele é: a emoção significa à sua maneira o todo da consciência ou, se nos colocarmos no plano existencial, da realidade-humana. Ela não é um acidente porque a realidade-humana não é uma soma de fatos; ela exprime sob um aspecto definido a totalidade sintética humana em sua integridade. E por isto não se deve entender que ela é o efeito da realidade humana. Ela é essa realidade-humana ela própria realizando-se sob a forma "emoção". Sendo assim, é impossível considerar a emoção como uma desordem psicofisiológica. Ela tem sua essência, suas estruturas particulares, suas leis de aparecimento, sua significação. Ela não poderia vir de fora à realidade humana. Ao contrário, é o homem que assume sua emoção e, por conseguinte, a emoção é uma forma organizada da existência humana (Sartre, 2008, p. 26-27).

Da mesma forma, observamos nas narrativas dos entrevistados a vivência emocionada diante das redes sociais. Seja na decisão de saída do *Facebook* ou em algum momento que a precede, quase todos os entrevistados sinalizaram terem vivido alguma emoção, como veremos adiante. A consciência emocionada está relacionada em alguma medida à *consciência reflexiva cúmplice.* Na mesma obra (2008), Sartre afirma que uma consciência reflexiva poderá se dirigir à emoção, o que fará da emoção, nesse caso, uma estrutura da consciência, reflexão essa que será impura (ou cúmplice), na medida em que tratará a consciência como psiquê, um "eu" estático e determinado, e não como nadificação que é o Para-si:

> Junto à emoção, uma consciência reflexiva pode sempre se dirigir. Nesse caso a emoção aparece como estrutura da consciência. Ela não é qualidade pura e indizível, como é o vermelho cor-de-tijolo ou a impressão pura

> de dor – e como ela deveria ser segundo a teoria de (William) James. Ela tem um sentido, ela significa alguma coisa para minha vida psíquica. A reflexão purificadora da redução fenomenológica pode compreender a emoção na medida em que ela constitui o mundo sob forma mágica. "Acho-o detestável porque estou furioso". Mas essa reflexão é rara e necessita motivações especiais. Geralmente, dirigimos junto à consciência emotiva uma reflexão cúmplice que percebe, certamente, a consciência como consciência, mas enquanto motivada pelo objeto: "Estou furioso porque ele é detestável". É a partir dessa reflexão que a paixão vai se constituir (Sartre, 2008, p. 90-91).

A *cumplicidade* também foi observada nas respostas dos entrevistados, na medida em que justificavam uma motivação para usarem o *Facebook,* mas nele permaneciam por outras razões. Diferenciamos, então, a consciência reflexiva cúmplice da *consciência reflexiva crítica.* A reflexão crítica, também chamada por Sartre de pura, diz respeito ao momento em que se posiciona a consciência perante ela mesma. A reflexão impura também se dirige ao objeto da consciência, mas tenta transformar sua fluidez em algo estático, como coloca Sartre (2015):

> A reflexão pura [...] atém-se sem erigir pretensões para o futuro. É o que se pode ver quando alguém, depois de dizer em sua cólera: "eu te detesto", recompõe-se e diz: "Não é verdade, eu não te detesto, eu disse isso em minha cólera". Vemos aqui duas reflexões: uma, impura e cúmplice, que opera uma passagem ao infinito nesse caso e que constitui bruscamente o ódio através da "Erlebnis" como seu transcendente; a outra, pura, simplesmente descritiva, que desarma a consciência irrefletida devolvendo-lhe sua instantaneidade. Essas duas reflexões apreenderam os mesmos dados verdadeiros, mas uma afirmou mais do que sabia e dirigiu-se através da consciência refletida sobre um objeto situado fora da consciência (Sartre, 2015, p. 41-41).

A reflexão crítica foi vivenciada também por alguns dos entrevistados que, ao retirarem-se do *Facebook,* puderam questionar suas necessidades manifestas diante dessa rede social e reconsiderar o sentido de sua relação com ela. Para melhor compreendermos essas apreensões, optamos por dividir temporalmente as relações dos entrevistados com o *Facebook* em: *2.1 Antes de deixar de ser usuário*; *2.2 No momento em que deixam o Facebook; 2.3 Depois de deixar de ser usuário* e *2.4 Depois de voltar a ser usuário.* A partir disso, categorizamos as respostas nos diferentes tipos de consciência que os sujeitos apreenderam sua relação com essa rede.

No tocante ao subitem *2.1 Antes de deixarem de ser usuários*, observamos que ao significarem suas experiências com o *Facebook* pela *funcionalidade* dessa rede social, os entrevistados, revelaram que suas relações com ela ocorrem de maneira *irrefletida*, ou seja, da mesma forma que conduzimos nossos afazeres cotidianos.

Como falou o Entrevistado 5 sobre o significado do *Facebook:* "[...] *contato com amigos, um uso corriqueiro, cotidiano, vendo aquelas besteiras de postagem, matando tempo*".

Com relação ao subitem *2.2 No momento em que deixam o Facebook,* percebemos que para os entrevistados 1, 2, 4 e 7 essa ação foi realizada mediante *emoção* (raiva, frustração ou padecer), o que também os levou a não refletir sobre essa conduta no instante em que ela ocorreu (mesmo que houvesse reflexão posterior e/ou gradativa).

No que concerne ao subtópico *2.3 Depois de deixar de ser usuário,* os entrevistados 1, 2, 3, 4, 5 e 8 passaram a apresentar *criticidade* no olhar sobre suas próprias relações com a rede social, ponderando os prós e os contras de ser ou não ser usuários do *Facebook*. Temos, como exemplo, o seguinte trecho da resposta de um entrevistado:

> *[...] as vezes eu até penso em voltar pela facilidade que seria de ver essas informações relacionadas à faculdade, à grupos de venda, à informação de músicos. Mas também eu não tenho vontade, porque [...] não é uma informação que eu acho útil na minha vida, e eu também não gosto muito de ficar me expondo, [...]* (ENTREVISTADO 4).

Vários dos entrevistados, ao saírem do *Facebook,* migraram para o *Instagram* e para outras mídias sociais, buscando assim atender, por essas plataformas, algumas de suas necessidades._

No que diz respeito ao subtópico *2.4 Depois de voltar a ser usuário*, correspondente a segunda metade dos participantes, os entrevistados 6, 8, 9 e 10 experienciaram esse retorno conscientes e críticos às suas percepções relacionadas ao uso da rede social, passando a restringir as funções de uso do *Facebook* e refletindo mais sobre o que iriam fazer no uso dessa rede (postar fotos, aceitar amigos etc.), ou seja, quando retornam à rede social sugerem ser mais criteriosos em suas escolhas quanto a como e quando utilizar o *Facebook*, evitando determinadas manifestações que antes publicavam na rede social.

Necessidades oriundas da relação com o *Facebook*

Como explica Freitas (2018), a necessidade, para o existencialismo sartriano, está intrinsicamente relacionada ao movimento dialético do ser humano com o mundo, sendo justamente aquilo que impulsiona o homem à sua ação em busca da satisfação. Neste tópico, cabe a nós compreendermos a necessidade dos usuários na relação com o *Facebook* na ótica de se lançar em um movimento de buscar satisfação na rede social.

Seguindo a lógica de organização do item anterior, optamos por dividir temporalmente essas relações em: *3.1 Antes de deixarem de ser usuários; 3.2 No momento em que deixam o Facebook; 3.3 Após deixarem de ser usuários* e *3.4 Quando voltam a ser usuários.*

Em relação ao subtópico *3.1 Antes de deixarem de ser usuários*, a necessidade de sociabilizar e intercambiar informações/objetos por meio do *Facebook* foi compartilhada por todos os usuários, os quais relataram utilizar a rede social para interagir socialmente, informar-se, comprar e vender, divulgar e entreter-se, o que nos sugere uma relação direta entre as necessidades manifestas na relação com a funcionalidade do *Facebook*.

Sobre o subtópico *3.2 No momento em que deixam o Facebook, a* necessidade de renunciar ao *Facebook* manifestou-se pelos Entrevistados 1, 2, 4 e 7 como necessidade de afastar-se de conteúdos aversivos e ter mais tempo para realizar obrigações, enquanto em outros (3, 5, 9 e 10) apresentou-se justamente pela ausência de necessidades a serem supridas na relação com o *Facebook*. Os entrevistados 1 e 4 saíram do *Facebook* para evitarem se deparar com conteúdos postados pelas respectivas pessoas com as quais namoravam, mas tinham terminado a relação, portanto, o que lhes trazia sofrimento. É o que observamos na fala da Entrevistada 1: *Eu parei de usar o Facebook porque eu tinha terminado um relacionamento e todas as pessoas que eu conhecia tinham aquela pessoa (no Facebook). Então sempre que eu entrava lá eu via as fotos dele, postagens.* Todos os entrevistados relataram que as necessidades antes supridas pelo *Facebook* passaram a ser atendidas por outros meios.

No que concerne ao subtópico *3.3 Após deixarem de ser usuários*, a necessidade de reingressar ao *Facebook*, manifestou-se nos entrevistados a partir de suas necessidades de: interagir socialmente, informar-se, comprar e vender e acessar outras funções da internet. Com exceção do entrevistado 5, todos os demais indicaram a necessidade de se informarem por meio do *Facebook*.

A respeito do subtópico *3.4 Quando voltam a ser usuários*, a necessidade de continuar utilizando o *Facebook*, após o reingresso foi sinalizada pela necessidade de: estabelecer relações interpessoais; informar-se; divulgar, entreter-se e acessar outras funções da internet via *Facebook*. As necessidades que levam os entrevistados a permanecer no uso do *Facebook*, portanto, foram muito semelhantes às necessi dades que motivaram seus retornos à esta rede social.

Contradições experienciadas na relação com o *Facebook*

Constatamos diferentes necessidades manifestas na relação dos usuários com o *Facebook*, sendo que algumas delas eram conflitantes. Desse modo, este foco do fenômeno constitui-se nas contradições experienciadas pelos entrevistados na relação com o a rede social. Quase todos os entrevistados (1, 2, 3, 4, 6, 7 e 8) experienciaram contradições na relação com o *Facebook*, e apenas os entrevistados 5, 9 e 10 não experienciaram contradições em suas necessidades, os três que tomaram a decisão de sair da rede social por meio de reflexão crítica.

Para melhor ilustrar essas contradições, nós as dividimos em duas categorias que representam aspectos que contassem "pró" ou "contra" o *Facebook* na hora da decisão de evadir-se ou voltar para essa rede social, que são: *4.1 Pontos positivos para dentro do Facebook versus pontos positivos para fora do Facebook* e *4.2 Pontos positivos para dentro do Facebook versus pontos negativos para dentro do Facebook.*

O subtópico *4.1 Pontos positivos para dentro do Facebook versus pontos positivos para fora do Facebook, é relativo aos* entrevistados 2, 3, 4, 7 e 8, que vivenciaram pontos positivos no mundo *vis-à-vis* que eram contrastantes a pontos positivos experienciados nas relações virtuais do *Facebook.* As contradições se centraram em relatos de bem-estar por poder se relacionar fora do *Facebook,* nas relações *vis-à-vis* e, ao mesmo tempo, em querer saber de eventos e novidades divulgados na rede social.

Por outro lado, o subtópico *4.2 Pontos positivos para dentro do Facebook versus pontos negativos para dentro do Facebook,* diz respeito aos entrevistados 1 e 6, os quais tiveram experiências contraditórias dentro da rede social, sendo beneficiados ao interagirem com outras pessoas e adquirirem informação no *Facebook* ao mesmo tempo que se sentiam prejudicados ao presenciarem situações de violência e exposição da intimidade nesse ambiente virtual.

A partir das respostas dos entrevistados, observamos benefícios nas relações virtuais e nas relações *vis-à-vis* que se excluem mutuamente; benefícios da relação virtual que coexistem com malefícios dessa relação; e, por fim, nocividades das relações virtuais que ao serem rejeitadas geram outros malefícios por exclusão do *Facebook.*

Como se percebem vistos por outras pessoas

As redes sociais são, por excelência, locais de auto exposição e de observação da vida alheia, como pudemos observar em falas do tópico *1 Significado do Facebook para os entrevistados.* Algo que está relacionado ao uso cotidiano da rede social, também produz efeitos no processo de saída e reingresso nela, pois essas condições geram efeitos no meio que circunda os usuários. Este foco do fenômeno diz respeito a como os entrevistados significam as ações de outras pessoas (amigos, colegas, familiares etc.) para com eles, por terem saído ou retornado à esta rede social.

Quando falamos em "olhar do outro", não estamos nos referindo apenas a visão de uma pessoa diretamente sobre outra, mas de tudo aquilo que representa a possibilidade de percepção de um sujeito por outro, o que incluiria também as mais diversas formas de expressões existentes nas redes sociais como a escrita, fotos, vídeos e compartilhamentos de conteúdos.

Na obra *O ser e o nada,* Sartre (2007) exemplifica o olhar do outro descrevendo-se em um jardim público, narrando sobre os objetos que sua consciência capta nesse local, quando observa um homem passar próximo aos assentos no gramado verde; e prossegue o autor: "Capto a *relação* entre o verde e o outro como uma relação objetiva, mas não posso captar o verde *como* aparece ao outro." (Sartre, 2007, p. 330, grifos do autor).

Nesse sentido, não podemos apreender o que é apreendido pelo outro como apreendemos os demais objetos; algo me escapa, que é a própria possibilidade do outro. Entretanto, esse outro também pode me ver, e, segundo Sartre (2007), "[...] o outro é, por princípio, *aquele que me olha* [...]" (Sartre, 2007, p. 332, grifo do autor). Nesse sentido, escreve o autor:

> [...] minha conexão fundamental com o outro-sujeito deve poder ser reconduzida à minha possibilidade permanente de *ser visto* pelo outro. É na revelação e pela revelação de meu ser-objeto para o outro que devo poder captar a presença de seu ser-sujeito. Porque, assim como o outro é para meu ser-sujeito um objeto provável, também só posso descobrir-me no processo de me tornar objeto provável para um sujeito certo (Sartre, 2007, p. 331, grifo do autor).

Observamos, nessa passagem, que o olhar do outro limita nosso ser de possibilidades, mas também é importante para conhecermos a nós mesmos. O olhar do outro se dá na relação cotidiana do uso do *Facebook*, e a evasão ou reingresso desses sujeitos na rede social afetará tanto esse outro observador quanto os próprios sujeitos que passam por esse processo.

Os significados relativos a como os entrevistados apreenderam o olhar do outro foram divididos entre as seguintes categorias e suas respectivas unidades de significado, sintetizadas a partir das respostas dos entrevistados: *5.1 Por terem saído do Facebook*: julgamentos moralizantes; invisibilização da existência do entrevistado; incômodo; admiração e/ou apoio; e não consideram ter havido ação do outro para significarem; e *5.2 Por terem retornado ao Facebook:* contentamento; visibilização da existência do entrevistado; e não consideram ter havido ação do outro para significarem.

No que diz respeito ao item *5.1 Por terem saído do Facebook,* os entrevistados 1, 3, 4, 8 e 9 significaram a ação dos outros perante suas saídas como julgamentos moralizantes, na forma de cobrança, questionamento, incompreensão, estranhamento e surpresa. Quando indagado sobre como experienciou a ação dos outros para com ele quando decidiu sair do *Facebook*, o Entrevistado 4 respondeu que costumava ouvir as seguintes frases: *'ah, porquê, você vai ficar longe, não sei o quê', minha família mesmo ficou meio espantada até, minha avó, meus tios, meus parentes, ficaram meio de cara assim, 'ah, tá se excluindo, tá saindo do círculo da família, não quer ser marcado, não quer aparecer', sabe?*. Ao que pudemos observar, há tanto um estranhamento e cobrança quanto certa admiração pela ação de deixar de ser usuário do *Facebook*. O Entrevistado 5 demonstrou, em sua resposta, perceber momentos de receio de decepcionar as pessoas à sua volta quando falava em deixar de ser usuário do *Facebook;* mas, quando finalmente saiu, significou a ação dos outros para consigo, como admiração e/ou apoio.

Por outro lado, no subtópico *5.2 Por terem retornado ao Facebook,* os entrevistados apreendem o olhar do outro como contentamento e visibilidade da própria existência, como observamos do seguinte trecho da entrevista da Entrevistada 7: *(Disseram)'agora você existe'... Mas eu acho que já não estava me importando tanto. Tanto é que quando eu voltei pro Face eu não queria aceitar qualquer pessoa mais, a princípio era um perfil privado.* Por fim, os entrevistados 8, 9 e 10 compreendem que ninguém notou o seu retorno ao *Facebook.*

*Análise das condições sociomateriais que medeiam as relações usuários-*Facebook.

Sabemos dos desafios de se utilizar para a análise de uma rede social virtual um autor que não viveu a era da informatização. Sartre, como um homem de seu tempo, não poderia prescrever com exatidão análises sobre dilemas de um período futuro, mas nos deixou um instrumental teórico e metodológico mais do que suficiente para analisar alguns dos fenômenos atuais.

Observamos anteriormente, como os entrevistados significaram o *Facebook,* como apreenderam suas relações com essa rede social, suas necessidades, contradições na relação com a rede e, por fim, como entendiam a forma que os outros enxergavam essas ações. Agora, cabe entendermos, a partir obra *Crítica da razão dialética,* em que Sartre (2002) traça elementos históricos da sociabilidade, e que podemos compreender como condições que permeiam as vivências de todos os entrevistados.

A identidade de "usuário do Facebook*" como unificadora da experiência de "nós" na serialidade.*

Iniciamos a análise desse conteúdo com o seguinte questionamento: o que unifica as vivências dos diversos entrevistados, e, possivelmente, dos usuários da rede social virtual *Facebook* como um todo? A tese que desenvolvemos a seguir é a de que esses sujeitos são unificados em uma relação de serialidade, mediada por terceiros que desenvolvem e controlam a rede social, os quais têm suas *práxis* impressas no ambiente virtual do *Facebook*, o que o torna um campo produtor de coletivos seriais.

Ao lançarmos um olhar sócio-histórico sobre a rede social em questão, que transcenda o projeto individual de cada entrevistado no uso do *Facebook,* temos que ela é um *locus* de sociabilidade, o que é corroborado pelas próprias respostas dos entrevistados. Sartre (2002) trata da questão dos grupos e de como os indivíduos se organizam em sociedade. Segundo o autor, quando o indivíduo não se relaciona intersubjetivamente, ele se encontra em uma relação mediada por terceiro(s), sejam esses pessoas ou a materialidade; e a principal forma de relação social, em nossa sociedade, se dá na serialidade, ou seja, relações que se dão da mesma forma que os números de uma série entre si.

Para explicar a serialidade, Sartre (2002) utiliza a figura de um agrupamento de pessoas a esperar o ônibus em uma praça. Esse ajuntamento é constituído por sujeitos de diversas faixas etárias, sem distinção de sexo ou classes sociais e a coletividade formada entre eles é unificada pelo exterior (o próprio ônibus que esperam, neste caso). Segundo o autor, essa aglutinação é constituída por uma pluralidade de solidões, nas quais os sujeitos simplesmente existem lado a lado ao redor de um ponto de ônibus. Na sequência, o autor conjectura sobre um hipotético indivíduo presente nessa "massa", e como seria possível sua solidão nesse meio:

> E essa atitude de semi-ignorância tem como condições práticas a pertinência real a outros grupos (é de manhã, ele acaba de se levantar, de deixar sua moradia, ainda está ligado aos filhos que estão doentes etc. Além disso, dirige-se ao escritório, tem que apresentar um relatório verbal ao diretor, está tentando fixar seus termos, sente-se engasgado etc.) e seu ser-no-inerte (ou seja, seu interesse). Portanto, essa pluralidade de separações pode expressar-se, de certa forma, como o negativo da integração dos indivíduos em grupos separados (ou que estão separados *neste tempo* e *neste nível*) e, através disso, como o negativo dos projetos de cada um na medida em que determinam o campo social a partir de determinadas condições (SARTRE, 2002, p. 362, grifos do autor).

Ou seja, ainda do mesmo modo que posto no exemplo por Sartre, as condições práticas para nos mantermos em estado de semi-ignorância no uso do *Facebook* são a *pertinência real* a outros grupos (fora e dentro da rede social) e a manutenção de nosso *ser-no-inerte,* nossos interesses particulares. É como se essas fossem as condições para nos mantermos sujeitos dentro da série e não nos fundirmos permanentemente como uma massa, o que já não nos faria um número na série, mas outra coisa, algo não-humano. Isso não impede que esses indivíduos, separados como números de uma série, não possam vir a formar espontânea e temporariamente um grupo com um objetivo comum, unificando assim suas ações. Por exemplo, da mesma forma que membros de uma coletividade serial podem linchar um indivíduo que furtou a carteira de uma das pessoas que espera o ônibus, na rede social virtual algumas pessoas podem se insurgir, agregando-se em suas ações violentas, contra um sujeito que, por meio de uma postagem, escreveu uma mensagem preconceituosa, ofensiva à moralidade compartilhada nesse ambiente virtual.

Na sequência do trecho da obra *Crítica da razão dialética,* citado anteriormente, Sartre escreve como é possível a criação de uma *identidade* entre pessoas que se aglutinam em um mesmo espaço meramente por sua condição de *usuários,* como observamos no trecho seguinte:

> Nesse momento da experiência, o grupo tem seu ser-único fora dele em um objeto por vir a cada indivíduo, enquanto determinado pelo

> interesse comum, já não se diferencia de cada um dos outros a não ser pela simples materialidade do organismo. [...] Existe *identidade* quando o *interesse comum* (como determinação da generalidade pela unidade de um objeto no âmbito de práticas definidas) é manifesto e quando a pluralidade define-se, justamente, *em relação a esse interesse.* [...] A identidade é a unidade prático-inerte por vir na medida em que se determina no momento atual como *separação desprovida de sentido* (Sartre, 2002, p. 364-365, grifos do autor).

Do mesmo modo, a ação de tornar-se "usuário do *Facebook*" se dá meramente por aglutinação: mesmo que não se conheçam, identificam-se rigorosamente na medida em que se constituem por seu interesse indivisível, comum e externo de utilizar o *Facebook*. Criamos uma conta, aderimos à rede social e somos unificados pela estrutura prescrita na plataforma virtual enquanto usuários do *Facebook*[5].

No *Facebook,* podemos também participar de relações intersubjetivas num *chat*; nos grupos que fazemos parte podemos até realizar a mediação do interior da relação, inclusive sendo possível a consciência intraperceptiva de um projeto comum desse grupo. Todavia, quanto aos meios e formas que nos são prescritos para nos expressarmos, alienamos nossas ações aos projetos dos idealizadores do *Facebook,* ou seja, é exercido sobre nós a contrafinalidade da matéria, como veremos no próximo tópico.

Nessa empreitada, nossa identidade comum se faz enquanto usuários da rede social; aparecemos rigorosamente idênticos aos outros sujeitos usuários e por isso, unidos na medida em que as nossas possibilidades de ação em relação a usar o *Facebook* são unívocas, ("dar *like",* compartilhar, comentar etc.). Enquanto "usuários do *Facebook*", somos uma generalização abstrata unificada por prática determinada e comum, em que pese nossas particulares concepções da rede social e os diferentes conteúdos que possamos nela veicular, como observamos pelo significado de instrumentalidade atribuída ao *Facebook* pela maioria dos entrevistados, bem como a falta de reflexão dos mesmos sobre a relação que estabelecem com esta rede virtual.

A materialidade do virtual: efeitos concretos do uso do Facebook *na vida dos usuários*

Nas redes sociais – espaços virtuais de sociabilidade –, as relações são mediadas por diversos recursos contidos neste ambiente, independentemente do local

[5] Lembremos que a primeira adesão à rede social virtual ocorreu mediante consciência irrefletida para *todos* os entrevistados, conforme exposto no tópico *O significado das relações dos entrevistados com o Facebook.*

pelo qual seja acessada (computador, aplicativo do celular etc.). Esses recursos, por sua vez, são constituídos por uma série de programações e códigos, os quais, em que pese as peculiaridades do virtual, são matérias trabalhadas pela *práxis* desses programadores, e possuem inclusive um respaldo físico na forma de *hardware*, ou seja, tudo que acessamos virtualmente, mesmo um texto escrito no computador, tem uma correspondência concreta/física, ainda que em nível atômico.

Ademais, não é por ser virtual ou à distância, que a relação deixará de alterar as condições materiais dos sujeitos nela envolvidos. A matéria trabalhada pela *práxis* possui também vínculos de interioridade com os indivíduos de uma mesma comunidade, sujeitando todos ao projeto impresso nessa matéria. É o que Sartre (2002) explica, na *Crítica da razão dialética,* ao discorrer sobre como um metal trabalhado pela *práxis* (a moeda cunhada) irá produzir efeitos sobre a sociedade, agregando todos os homens serialmente, ao entorno desse objeto externo por suas interioridades, como disposto no seguinte trecho:

> Além disso, significa que esses objetos pesados e inertes estão situados no âmago de uma comunidade cujos vínculos são, *em parte*, vínculos de interioridade. É por essa interioridade que um elemento material pode modificar à distância outro elemento material [...]. Mas, por essa mesma modificação, ele contribui para quebrar o vínculo de interioridade que une os homens entre si (SARTRE, 2002, p. 288-289, grifo do autor).

Da mesma forma o *Facebook,* inserido no cerne de nossa comunidade, é elemento material (que se utiliza de outros elementos materiais para se atualizar, como nossos computadores e *smartphones*) capaz de modificar à distância outros elementos materiais, incluindo a própria materialidade do ser humano; isso só é possível, pois, parte desse vínculo que nos une externamente pela rede social é também de interioridade entre nós usuários.

Em outras palavras, as ações nas redes sociais virtuais podem causar consequências práticas no mundo material. Por exemplo, os *likes* ou as faltas deles em uma foto postada por um adolescente poderão ter implicações diretas em seu comportamento, da mesma forma que irão afetar a estratégia de *marketing* de uma determinada empresa; recebermos um xingamento público em um *post* no *Facebook* possivelmente afetará nosso humor. Entretanto, o que ocorre nesse ambiente virtual não apresenta algo substancialmente novo na medida em que esse é fenômeno similar ao que já ocorre na linguagem de maneira geral. Segundo Sartre (2002), a própria linguagem tem seu respaldo na materialidade e ainda assim consegue transformar os indivíduos em suas interioridades:

> A palavra é matéria. Na aparência (uma aparência que como tal tem a sua verdade), ela me impressiona materialmente, como uma vibração do ar que produz certas reações no meu organismo, em particular, certos

> reflexos condicionados que a reproduzem em mim em sua materialidade (eu a entendo falando-a no vibrar das minhas cordas vocais). Eis uma forma de dizer, mais brevemente – isso é tão falso e tão justo – que ela entra em cada um dos interlocutores como veículo de seu sentido. Transporta em mim os projetos do Outro e no Outro os meus próprios projetos. Não há dúvida de que poderíamos estudar a linguagem da mesma maneira que a moeda: como materialidade circulante, inerte, que unifica dispersões; [...] o sentido de cada frase que eu formo me escapa, ele me é roubado; todos os dias, cada falante altera para todos as significações, os outros vem trocá-las inclusive nas na minha boca. Não há dúvida de que a linguagem é, em certo sentido, uma inerte totalidade. Mas essa materialidade é, ao mesmo tempo, uma totalização orgânica e perpetuamente em andamento (Sartre, 2002, p. 211; 212, grifos do autor).

Além das ações dos outros usuários, a própria materialidade da rede social irá causar efeitos sobre nós, por meio da contrafinalidade. As formas de relações prescritas no *Facebook* foram criadas por um projeto de lucro via comercialização de dados, com base nos quais se produz conteúdos que se voltam aos próprios usuários na tentativa de prever e determinar suas condutas, seja, por exemplo, para que consumam determinadas mercadorias ou votem a favor de determinado candidato.

Isso é possível na medida em que se dispõe a estrutura material/virtual do *Facebook* de um modo que possibilite a coleta de dados dos usuários, pois, nas palavras de Sartre (2002), "Para que exista contrafinalidade, é necessário, antes de tudo, que ela seja pré-esboçada por uma espécie de *disposição* da matéria [...]." (p. 273, grifo do autor). E continua:

> É por transubstanciação que o projeto inscrito por nosso corpo na coisa assume as características substanciais dessa coisa sem perder completamente suas qualidades originais. Assim, possui um futuro inerte no âmago do qual deveremos determinar nosso próprio futuro. O porvir vem ao homem pelas coisas na medida em que veio às coisas pelo homem. As significações como impenetrabilidade passiva tornam-se no universo humanos os substitutos do homem: ele delega-lhes seus poderes (Sartre, 2002, p. 288).

Ou seja, quando os usuários utilizam a rede social, mesmo que a utilizem visando apenas sua funcionalidade ou mesmo para criticá-la, assumirão o futuro inerte impresso nessa matéria, cumprindo assim o projeto de um terceiro que desconhece. Em que pese os entrevistados significarem o *Facebook* em sua utensilidade, ou seja, na forma que utilizam essa mídia digital, *é na subjetividade objetivada na forma de dados que se encontra o valor produzido pelos usuários e que é expropriado pelo Facebook.*

A mais-valia virtual: a produção e expropriação de valor a partir da busca de satisfação das necessidades dos usuários no Facebook

Como um efeito colateral das diversas ações praticadas no *Facebook,* são gerados dados sobre os usuários referentes à suas preferências políticas, gostos musicais, culinários, esportivos etc., os quais são armazenados pela rede social e vendidos para a produção de propaganda personalizada a cada usuário, o que irá aparecer para nós mesmos enquanto navegamos na rede social. O que é revelado, portanto, são as necessidades dos usuários[6], sejam elas autênticas ou provocadas a partir da exterioridade, como explica Sartre (2002), sobre a exigência que o prático-inerte exerce sobre o sujeito:

> Este homem permaneceu o homem da necessidade, da *práxis* e da escassez. Mas, enquanto é dominado pela matéria, sua atividade já não deriva diretamente da necessidade, embora esta seja sua base fundamental: *mas é suscitada nela, de fora, pela matéria trabalhada como exigência prática do objeto inanimado.* Ou, se preferirmos, *é o objeto que designa seu homem como aquele de quem se espera uma certa conduta* (SARTRE, 2002, p. 295, grifos nossos.).

Em outras palavras, na contrafinalidade, a matéria trabalhada (que contém impressa em si o projeto de quem a trabalhou) interfere na necessidade do sujeito; no caso do *Facebook* isso se dá pelas indicações realizadas pelos algoritmos, que sugerirão ao usuário quais seriam suas próximas necessidades, determinação que poderá ser acatada pelo usuário da rede social, sem questionamentos.

Uma vez que a necessidade é deslocada, a *práxis* desse sujeito também o será, na medida em que a necessidade do ser, ter ou fazer é a propulsão de sua ação. É como, por exemplo, quando precisamos comprar o "celular do ano", tendo em conta que agora ele terá a função de "ler impressões digitais"; até o dia anterior ao lançamento desse novo *smartphone,* o aparelho antigo, comprado um ano antes, supria todas as nossas necessidades dirigidas a um telefone portátil, mas a partir delas foi suscitada uma nova que só poderá ser suprida na aquisição do novo aparelho.

É justamente por meio de um futuro-fatalidade (dever ser, ter e fazer) indicado pelo campo material/virtual do Facebook, isto é, pelo que este campo indica aos indivíduos sobre como eles devem agir nele – e que é apreendido pelos indivíduos como sua necessidade particular, sem terem consciência dessa contrafinalidade, ou seja, irrefletidamente –, que o *Facebook* constitui o seu maior lucro ao realizar o *marketing* personalizado.

Segundo o próprio *Facebook* (2019), a receita da empresa no primeiro trimestre deste ano foi de US$15,077 bi (R$ 57,37 bi), dos quais US$14,912 bi (alta

[6] As principais necessidades observadas nas relações dos usuários com o *Facebook*, antes de deixarem a rede social virtual, foram: interagir socialmente, informar-se, comprar e vender, divulgar e se entreter.

de 26% em relação ao ano anterior) são oriundos de anúncios pagos; segundo o mesmo relatório, constaram no referido trimestre 1,56 bi de usuários diários na rede social e 2,38 bi de usuários mensais (um aumento de 8% em relação ao ano passado, em ambas as contagens de usuários). Dividindo-se os valores, chegamos a uma receita média de US$ 6,26 por usuário por trimestre, o que dá uma projeção de cerca de US$25,06 (R$93,69) de receita média por usuário em um ano, apenas com relação aos anúncios[7]. Enquanto houver pessoas consumindo os produtos dos anunciantes para os quais o *Facebook* vende seu espaço publicitário, os *likes* e demais informações dos usuários estarão valendo dinheiro. Nesse sentido, o consumo dos usuários se torna o lastro do valor do *like*.[8]

Essa prática da empresa, que era muito escusa até bem pouco tempo atrás, tornou-se ligeiramente mais clara após os escândalos da *Cambridge Analytica*, conforme exposto anteriormente, nas últimas eleições dos EUA em 2016, episódio em que essas informações foram utilizadas para a criação de notícias políticas distorcidas e inventadas para se encaixarem com os perfis dos usuários do *Facebook*[9], as chamadas "*fake news*"[10].

Observamos então uma contradição experienciada pelos usuários em suas relações com o *Facebook*: se por um lado a rede social virtual se manifesta como um espaço de liberdade, que poupa tempo e aproxima as pessoas ao desconsiderar a territorialidade, ela também, por meio da contrafinalidade, domina a *práxis* de seus usuários.

Ao alienarem a forma de satisfação de suas necessidades a um terceiro (às indicações dos algoritmos do *Facebook*) isso indica uma escolha dos usuários por

[7] Segundo a BBC News Brasil (2016), o valor econômico dos usuários pode variar geograficamente, de acordo com o faturamento publicitário de cada região – no terceiro trimestre de 2016 variou entre US$ 15,65 nos EUA e Canadá e US$ 4,72 na Europa, por exemplo. Segundo a reportagem, o sucesso dos anúncios veiculados no *Facebook* se devem a sua possibilidade de atingir públicos extremamente específicos, a partir dos dados coletados dos usuários.

[8] Se Marx indica a expropriação da mais-valia do trabalho dos operários realizada pelos detentores dos meios de produção, o arcabouço teórico produzido por Sartre na releitura das obras do primeiro, nos dá pistas para compreendermos que os donos do *Facebook* e outras mídias sociais realizam uma expropriação de valor produzido pelos usuários na expressão de suas subjetividades objetivadas no mecanismo de "curtir". Valor da mão-de-obra e valor do *like*. Condições diferentes criam e agregam valores diferentes nas *práxis* alienadas.

[9] Segundo a Carta Capital (2016), o mesmo ocorre com as bolhas de afinidades dentro do *Facebook:* cada vez mais as postagens que nos aparece à *timeline* estão de acordo com o que pensamos e cada vez menos nos deparamos com posicionamentos divergentes; a partir dos dados por nós fornecidos na rede social, os algoritimos definem o que supostamente nos seria mais relevante a partir de nossas afinidades, procedimento que se pormenoriza na medida que fornecemos mais informações e que ocorre também em diversas outras mídias digitais.

[10] Próximo ao encerramento da presente pesquisa, a *Netflix* lançou, em 24 de julho de 2019, o documentário intitulado *Privacidade Hackeada* que conta com mais detalhes o desenrolar dos fatos no episódio envolvendo a *Cambridge Analytica*, as eleições estadunidenses, *Brexit* entre outros.

isentarem-se de ser responsáveis pelas próprias escolhas, já que haverá um algoritmo para lhes indicar quais são suas necessidades e como deverão ser supridas[11]. Na medida em que isso não é feito pelos usuários mediante reflexão, mais fácil fica para o *Facebook* se apropriar de um excedente de valor criado pelos usuários.

As contradições experienciadas pelos usuários em suas relações na rede social e relações vis-à-vis.

Diversos entrevistados manifestaram em suas experiências de saída e retorno ao *Facebook*, contradições entre suas vivências pelos seus perfis da rede social e suas experiências no mundo *vis-à-vis,* o que também indica contradições entre as necessidades supridas no *Facebook.* Algumas dessas contradições podem ser melhor compreendidas a partir da noção de reificação proposta por Sartre (2002); ao versar sobre a contrafinalidade da matéria, o autor aponta que essas materialidades "comportam-se" como se fossem seres vivos, com sua própria movimentação. E continua:

> Para conservar a qualidade de *moradia,* uma casa deve ser *habitada,* isto é, arrumada, aquecida, limpa, caiada etc.; caso contrário, ela degrada-se; esse objeto-vampiro absorve, incessantemente, a ação humana, alimenta-se com sangue extraído do homem e, por fim, vive em simbiose com ele (Sartre, 2002, p. 279, grifos do autor).

Para o autor, o ser humano se "coisifica" para animar a matéria. Olhando a rede social nesta ótica, para mantermos nossos perfis de usuários ativos e funcionando, deveremos "alimentá-lo" diariamente com fotos, *likes, stories* etc. Da mesma forma que a casa usada de exemplo por Sartre, esse perfil virtual demandará ação humana incessantemente. Sendo o tempo e energia desse sujeito limitados às 24 horas do dia, a *práxis* de manutenção e atualização do perfil da rede social impossibilitará a realização de outras atividades *vis-à-vis.* Portanto, as redes sociais, enquanto materialidade trabalhada como práxis, também nos impõe seus limites.

Ademais, por meio da contrafinalidade, a matéria passa também a significar o ser humano, na medida em que ele significa a matéria (Sartre, 2002). Essa tentativa de determinar o ser do usuário, ontologicamente livre, pode ser sentida como um incômodo diante da rede social virtual, e levar também à experienciar contradição e recusa em relação a ela.

[11] O mesmo ocorre em outras mídias digitais, ou seja, os algoritmos, a partir da coleta de dados dos usuários, lhes indicam conteúdo para consumir: assim, delegamos a nossa escolha de filme ao *Netflix,* o vídeo que queremos ver à sugestão do *YouTube,* as notícias que vamos ler à uma plataforma de notícias etc.

Nesse sentido, escreve Freitas (2018):

> Então, pensar o homem somente pelo viés do prático-inerte é uma forma perversa de fazê-lo, haja vista alterarmos nossa natureza vazia de essência buscando nosso ser no que não somos – no mundo material. E tal forma também é tirana, posto que para nos defender da escassez do mundo também a produzimos para outros. Produzimos também sua desumanidade ao continuar reafirmando a nossa humanidade tendo como foco os bens materiais e não o homem (Freitas, 2018, p. 151).

Segundo Sartre (2002), quanto mais intensamente os indivíduos se relacionam por meio de suas solidões, mais massificados estarão enquanto conjunto social, a ponto de a própria solidão ser um mediador de suas relações. A tecnologia possui um papel fundamental nesse processo como meio de realização dos projetos de solidão dos indivíduos, o que é intensificado no caso dos *smartphones.* Desse modo, solidão também pode ser entendida como fator que levou os entrevistados a experienciarem contradição no uso das redes sociais. Sartre menciona que:

> [...] as solidões recíprocas como negação da reciprocidade significam a integração dos indivíduos na mesma sociedade [...]. Finalmente, no nosso exemplo, a solidão torna-se para cada um e por ele, para ele e para os outros, o produto real e social das grandes cidades. [...] Acrescentamos a isso que o modo de vida suscita em cada indivíduo *condutas de solidão* (comprar o jornal ao sair de casa, lê-lo no ônibus etc.) que são, muitas vezes, *trabalho* para passar de um grupo para outro (da intimidade familiar para a vida pública de escritório). Assim, a solidão é projeto. Como tal, aliás, ela é relativa a determinados indivíduos e a determinado momento: *isolar-se pela leitura do jornal é utilizar a coletividade nacional e, finalmente a totalidade dos homens vivos, na medida em que figuramos entre eles e dependemos de todos para separar-nos das cem pessoas que esperam ou utilizam o mesmo veículo de transporte coletivo* (Sartre, p. 362, grifos nossos).

Se pensássemos hoje, esse sujeito no ônibus, ao invés de ler seu jornal, estaria utilizando um *smartphone* enquanto se desloca de sua casa para o trabalho, o que possivelmente o levaria a interagir menos ainda com os outros ao seu redor. A tecnologia, pois, apresenta papel fundamental para a realização desse projeto de solidão, seja ela um jornal ou um celular. Quando pensamos no *smartphone* com acesso à internet, torna-se mais verdadeiro do que nunca o fato de que ele se utilizada da totalidade dos homens vivos e mesmo da totalidade do conhecimento produzido pela humanidade para fazê-lo.

Seja a partir da reificação do sujeito usuário do *Facebook*, pelo mal-estar causado na tentativa de determinação de seu ser pela contrafinalidade da matéria ou pela solidão como mediadora das relações, os entrevistados experienciaram contradições em seu uso do *Facebook* e sentiram-se impelidos a deixá-lo

A apreensão do olhar do outro diante do ser e do não ser usuário do Facebook

No tópico *Significado do* Facebook *para os entrevistados* mostramos que os entrevistados significam o *Facebook* a partir de sua utensilidade, o que pode ser melhor esclarecido quando entendemos o papel do olhar do outro nas relações mediadas pela rede social.

Na obra *O Ser e o Nada,* para exemplificar o olhar do outro, Sartre (2007) se descreve em uma situação em que, por ciúmes, curiosidade ou vício, está sozinho a espiar pelo buraco de uma fechadura: essa ação é feita de maneira não tética de si, ou seja, de modo irrefletido, pois no momento da ação ele vive apenas a cena que observa através da fechadura:

> A porta, a fechadura, são ao mesmo tempo instrumentos e obstáculos: mostram-se como 'para manusear com cuidado'; a fechadura revela-se como 'para olhar de perto e meio de viés' etc. Assim sendo, 'faço o que tenho que fazer'; nenhum ponto de vista transcendente vem conferir a meus atos um caráter de *algo dado* sobre o qual fosse possível exercer-se um juízo: minha consciência adere aos meus atos, ela *é* meus atos, os quais são comandados somente pelos fins a alcançar e os instrumentos a empregar (p. 334, grifo do autor).

De certo modo, a interface da rede social que aparece nas telas de nossos celulares ou computadores também funciona como um "buraco de fechadura" pelo qual espiamos o outro e aquilo que ele faz. A tela é ao mesmo tempo um obstáculo, pois limita nosso campo de apreensão à forma estabelecida pela rede social e ao conteúdo postado pelo usuário, como é também um instrumento que nos possibilita esse acesso ao outro. No momento em que observamos, realizamos uma ação que relaciona instrumento e fim a alcançar, o qual motiva toda a ação de utilização da rede social. E continua Sartre (2007):

> Por outro lado, o conjunto só existe em relação a um livre projeto de minhas possibilidades: é precisamente o ciúme, como possibilidade que *sou,* que organiza esse complexo de utensilidade, transcendendo-o rumo a si mesmo. Mas eu não conheço esse ciúme, eu o *sou.* Somente o complexo mundano de utensilidade poderia me fazer conhecê-lo, caso eu o contemplasse em vez de sê-lo. Este conjunto no mundo, com sua dupla e inversa determinação – não há cena *a ser vista* atrás da porta se eu não estiver com ciúmes, mas meus ciúmes nada seriam sem o

> simples fato objetivo de que *há uma cena a ser vista* atrás da porta – é o que denominamos *situação* (Sartre, 2007, p. 334-335, grifos do autor).

Ou seja, nossas relações de utensilidade com o *Facebook* só existem a partir de nossas necessidades; a partir destas, elegemos a rede social como meio de satisfazê-las. Se for o ciúme que nos leva a usar o *Facebook*, por exemplo, só haverá o que ser visto na rede social se estivermos com ciúmes, mas nossos ciúmes nada seriam sem o fato objetivo de haver conteúdo a observarmos na rede social, postado por outros usuários. Portanto, o outro possui papel fundamental para a manutenção e extinção do uso da rede social.

O Entrevistado 4 já havia manifestado em suas razões para deixar de ser usuário do *Facebook* o olhar do outro, e como isso se dava por meio das relações na rede social, como podemos observar:

Também tem uma razão assim, tipo, eu tenho bastante dificuldade de me comunicar e me relacionar com outras pessoas, aí eu tinha lá o Face e tinha várias pessoas que eu cruzava no dia a dia e eu tinha essa pessoa no Face e ficava uma relação ali de curtir uma coisa que a pessoa postava e na realidade eu passava e nem cumprimentava essa pessoa, fingia que não conhecia. Isso foi me gerando uma angústia, sabe, tipo, tem a pessoa no Face mas na real nunca conversa, parece que as vezes eu tinha essa impressão de que as pessoas tinham uma noção meio errada de mim, tipo "ah, aquela pessoa chata que não cumprimenta ninguém, que evita todo mundo", sabe? (ENTREVISTADO 4).

Nesse trecho, observamos como o olhar do outro gera consequências tanto na relação mediada pelo *Facebook* quanto nas relações *vis-à-vis*. Na medida em que era surpreendido pelo olhar do outro na relação presencial, sentia-se incomodado, pois sentia que as pessoas, a partir da relação prévia existente no *Facebook,* o definiam nesse olhar; o entrevistado não tinha controle sobre o que as pessoas poderiam pensar sobre ele, esse olhar lhe constituía como um ser que escapava a si mesmo.

Segundo Sartre (2002), enquanto apenas olhamos os outros, em uma perspectiva que permite omitir nosso ser, o fazemos irrefletidamente; mas a partir do momento em que o olhar desse outro recai sobre nós, somos obrigados a nos colocar em perspectiva de nossa própria consciência, a olhar para o nosso próprio eu determinado pelo olhar do outro, o que limita então nossa liberdade enquanto plena possibilidade de ser. Escreve Sartre (2007):

> A vergonha ou o orgulho revelam-me o olhar do outro e, nos confins desse olhar, revelam-me a mim mesmo; são eles que me fazem *viver,* não *conhecer,* a situação do ser-visto. Pois bem: a vergonha, como sublinhamos no início deste capítulo, é vergonha de *si,* é o reconhecimento que efetivamente *sou* este objeto que o outro olha e julga. Só posso ter vergonha da minha liberdade quando esta me escapa para converter-se em objeto *dado* (Sartre, 2007, p. 336, grifos do autor).

É no constrangimento que esse olhar do outro é revelado ao entrevistado; a partir desse olhar, também lhe é revelado ele próprio, o que o faz viver, por meio de sua emoção, a situação de ser visto e de ter um limite posto a sua liberdade de ser, situação sobre a qual ele irá refletir posteriormente, por meio de cumplicidade.

Em que pese alguns dos entrevistados considerarem não ter havido ação dos outros para significarem, tanto na saída quanto na volta ao *Facebook*, a maioria deles manifestou perceber mudanças no olhar do outro em ambos os movimentos e indicaram afetação disso em seus próprios comportamentos.

Ao se retirarem das redes sociais, os entrevistados se veem de maneira mais negativa do que por reconhecimento positivo, o qual, quando ocorre, é principalmente por aqueles que também já experienciaram desconforto com o *Facebook*, como no caso do Entrevistado 5, que relatou manifestações de admiração ao se retirar da rede social. Em contrapartida, quando retornam, recebem mais manifestações de contentamento, como no caso da Entrevistada 7, que disse que as pessoas passaram a considerar que ela "voltou a existir", como um "renascimento" na dimensão social.

Este fato indica que há certa pressão social para o retorno desses sujeitos à rede social, como uma norma de conduta não explícita que rege os usuários; quando esta é quebrada, a coletividade cobra o "sujeito infrator". Quando optam por afirmar o seu não retorno, mantendo-se assim coerentes com suas motivações de saída, têm que escolher depender das pessoas em alguns aspectos e, ao mesmo tempo, resistir a essa cobrança. Por outro lado, os que voltam a utilizar a rede social, continuam a indicar o caráter instrumental do *Facebook* como motivador, negligenciando novamente a dimensão emocional da relação com a rede social, mesmo que passem a um uso mais moderado dela.

Nesse sentido, a ação de sair da rede social se apresenta como recusa de ser olhado, recusa a este olhar determinante e violento na medida que viola a liberdade desse ser, constituindo assim uma recusa de ser-no-mundo virtual, negando-se tanto o olhar do outro usuário quanto a própria materialidade dominante da rede social.

Considerações finais: contribuições da pesquisa para a psicoterapia existencialista.

Pela presente pesquisa, pudemos compreender algumas vivências singulares e universais de universitários que são e que foram usuários do *Facebook*. Mesmo que esta pesquisa não tenha como objetivo central tratar sobre a temática da psicoterapia para com esses usuários, seus resultados oferecem subsídios para compreender vivências oriundas de relações que são mediadas pela tecnologia virtual, e que são demandas acolhidas por psicólogos.

A Psicanálise existencial, proposta por Sartre (2007), visa compreender o projeto de ser do sujeito; é na relação com os outros, mediada pela materialidade, que o sujeito apreenderá seu ser. O sujeito, portanto, constitui-se como tal pela unidade que sintetiza suas ações. A partir dessas, constrói um modelo de ser que fundamenta seu projeto. Totalizando-se em curso, numa relação dialética com o mundo, ele o apreende, o significa de acordo com suas necessidades, e age sobre o mundo a fim de supri-las, o que modifica as condições anteriormente postas. Por sua vez, os produtos de suas ações (a materialidade) exigirão que o sujeito lide com eles de acordo com a finalidade com que foram anteriormente criados. Esse indivíduo deverá lidar, não somente com o resultado de suas produções, mas, igualmente, com os produtos das demais pessoas. Isto podemos perceber na pesquisa, haja vista o ambiente do *Facebook*, sendo construído por outros, delimita as ações dos usuários e os afeta de alguma maneira, enquanto suas ações também afetam os outros usuários.

Ao longo da pesquisa observamos que os entrevistados significaram o *Facebook* a partir de sua instrumentalidade, ou seja, na perspectiva de como o utilizavam no dia a dia. Para Sartre (2007), a consciência irrefletida é por excelência a consciência dos afazeres cotidianos, que foi a forma que todos os entrevistados tiveram seu primeiro contato com a rede social. Concomitantemente, observamos o caráter emocional vivenciado pelos entrevistados em suas relações com o *Facebook,* o qual entrou em contradição com o viés instrumental definido por eles.

Diante disto, e ao adentrarmos na análise sociomaterial da constituição do *Facebook* enquanto matéria trabalhada pela práxis de seus idealizadores, tornou-se mais clara a maneira irrefletida como os entrevistados começam a utilizar esta rede social, bem como alienam suas ações à dominação desta rede social sobre suas necessidades. Observamos que esse processo de alienação leva os desenvolvedores do *Facebook* a expropriar valores criados pelos usuários a partir de suas práxis, na forma de dados que indicam suas necessidades, e que são vendidos às empresas e grupos políticos, constituindo assim um processo de usurpação de mais-valia produzido pelos usuários.

Na serialidade, o individualismo e o isolamento dos indivíduos se consolidam. E como apontado por Sartre (2002), a coletividade serial é regra em nossa sociedade, é seu fundamento, sendo a maneira padrão de se relacionar. Nesse sentido, a utilização da rede social virtual é mais uma intensificação desse processo de alienação da *práxis* e isolamento do que uma novidade. Dessa forma, como no processo de produção capitalista, as redes sociais virtuais igualmente captam as subjetividades dos sujeitos justamente por aquilo que lhes falta, ou seja, suas *necessidades*. É isso que pudemos observar ao longo das entrevistas com universitários que deixaram de ser usuários do *Facebook* e com universitários que deixaram e depois voltaram a ser usuários dessa rede social virtual.

A partir da saída dos entrevistados desta rede social, e seus consequentes afastamentos dela, mesmo que inicialmente motivados pela emoção, vários deles passaram a desenvolver criticidade em relação aos seus usos do *Facebook* e, em especial, a quais eram suas necessidades nele buscadas. Ademais, essas ações serviram tanto como recusa de serem olhados pelo outro, o qual violava sua liberdade de ser a partir desse olhar, quanto como forma de negar a contrafinalidade da matéria exercida sobre os entrevistados. Esse processo levou alguns usuários a buscarem suprir suas necessidades em outros locais, virtuais ou não, enquanto outros retornaram posteriormente ao uso da rede social, mais conscientes de quais eram suas necessidades buscadas nesse ambiente virtual; podendo assim, assumir com responsabilidade as escolhas sobre como atendê-las.

Como verificamos, nem sempre o indivíduo reflete criticamente a maneira como se relaciona com e nas redes sociais virtuais, o que pode surgir no contexto clínico permeando a queixa de um cliente, ou mesmo sendo o seu cerne. Do mesmo modo que os entrevistados, muitos clientes utilizam as redes sociais virtuais em sua cotidianidade, e por um viés instrumental, o que os leva a usarem-nas irrefletidamente; ou, como também observamos na pesquisa, a própria queixa por eles apresentadas no consultório pode estar relacionada a um forte caráter emocional experienciado nessas redes sociais (bem como a queixa por contradições experienciadas entre as relações virtuais e *vis-à-vis*, ou, ainda, o incômodo perante o olhar do outro no ambiente virtual). Ademais, há aqueles que, apesar de refletirem sobre seus usos da rede social virtual, os fazem de modo cúmplice, e por isso podem chegar a se reivindicarem como "viciados" nessas redes sociais, eximindo-se, assim, da responsabilidade de suas ações.

O campo sociomaterial, que medeia a relação sujeito-rede social virtual, tem, igualmente e, quiçá, principalmente, o interesse de explorar as necessidades do usuário; e, por conseguinte, seus dispositivos estimulam condutas compulsivas do usuário. A produção do isolamento e do individualismo, inerentes a formação da coletividade serial, de igual forma é característica constitutiva dessas redes sociais virtuais. Contudo, os clientes tendem a se relacionar com e no *Facebook* sem terem consciência de que o fazem espontaneamente, e de que alienam suas ações aos fins para os quais esta rede social foi criada, como mencionamos. Tal como alguns entrevistados atingiram a criticidade sobre sua relação com esta rede social virtual somente quando se afastaram dela, e puderam então posicionar para si suas vivências, o psicólogo, tendo consciência dessas condições, pode mediar o cliente com ele mesmo, desvelando para este sua própria vivência na relação com o mundo virtual. Ou seja, o psicólogo facilitará que o cliente tenha consciência de "si", de suas necessidades e de como busca supri-las – condição necessária para se alcançar a consciência reflexiva-critica.

Ademais, não é pelo motivo de o psicólogo estar acolhendo vivências singulares de seus clientes que estas ocorrem imunes, apartadas do mundo; ou seja, a psicoterapia individual não deve se limitar a tratar o sujeito por um viés individualista, como célula apartada do organismo, ou, como posto por Sartre, como mais um número dentro de uma série. As vivências do cliente são produtos de sua relação com o universal; devendo o profissional, portanto, abarcar a totalidade das condições socio-históricas que envolvem o sujeito em terapia.

Necessidade, meio e fim tornam-se um no uso irrefletido da rede social, que nos faz buscar, ao "espiar a fechadura da rede social", esse desejo a ser suprido, o que também fazemos nas relações *vis-à-vis*. Entretanto, no ambiente virtual, as possibilidades a serem observadas se atualizam quase que infindavelmente; nos parece que o mundo está contido ali, naquela tela do celular, onde podemos olhar e ser olhado pelo outro, com os mais diversos conteúdos, mas que, entretanto, ainda assim constituem-se apenas na perspectiva de quem "espia o buraco da fechadura" e, portanto, são possibilidades que não podem ser inteiramente realizadas. Escreve Sartre (2007):

> Minha atitude, por exemplo, não tem qualquer 'fora'; é puro processo de relacionamento entre o instrumento (buraco da fechadura) e o fim a alcançar (cena a ser vista), pura maneira de perder-me no mundo e ser sorvido pelas coisas tal como a tinta por um mata-borrão, de modo que um complexo-utensílio orientado para um fim venha a destacar-se sinteticamente sobre o fundo de mundo. A ordem é o inverso da ordem causal: é o fim a alcançar que organiza todos os momentos que o precedem; o fim justifica os meios, e os meios não existem por si mesmos e desvinculados do fim. (Sartre, 2007, p. 334).

Como toda consciência só existe sendo de alguma coisa, não temos como fugir da responsabilidade sobre o que escolhemos visar; aliás, não é a responsabilidade que deve ser colocada em questão num processo terapêutico, tendo em conta que esta já está implicada com a liberdade de escolha; mas o como escolhemos apreender o mundo virtual, e como lidamos com a consciência que temos (ou não) dessas escolhas. Posicionar o sujeito diante da consciência que tem de sua relação com o campo virtual, é o ponto central que os resultados desta pesquisa nos indicam, e que auxilia o trabalho terapêutico.

Referências

BBC News Brasil. Quanto o Facebook ganha com você (e como isso acontece). *BBC News Brasil,* 10 de nov. de 2016. Disponível em: <https://www.bbc.com/portuguese/internacional-37898626#orb-banner>.

BORGES, R. A bolha do Facebook e a astúcia do capitalismo. *Carta Capital*, 19 de out. de 2016. Disponível em: https://www.cartacapital.com.br/sociedade/a-bolha-do-facebook-e-a-astucia-do-capitalismo

FACEBOOK. Today reported financial results for the quarter ended March 31, 2019. Facebook, Inc., Menlo Park, Califórnia, EUA, 24 de abr. de 2019. Disponível em: <https://s21.q4cdn.com/399680738/files/doc_financials/2019/Q1/Q1-19-Press-Release.pdf>.

FIALHO, J. Pressupostos para a construção de uma sociologia das redes sociais. *Revista da Faculdade de Letras da Universidade do Porto*, v. 29, p. 59-79, 2015.

FREITAS, S. M. P. A pesquisa fenomenológica em Psicologia. In: BAPTISTA, M. N; CAMPOS, D. C. de. *Metodologias de Pesquisa em Ciências: análises quantitativas e qualitativas*. 2ª ed., Rio de Janeiro: LTC, 2016.

FREITAS, S. M. P. *Psicologia existencialista de grupos e da mediação grupal: contribuições do pensamento de Sartre*. Curitiba: Appris, 2018.

GIORGI, A. *A Psicologia como ciência humana. Uma abordagem de base fenomenológica*. Belo Horizonte: Interlivros, 1978.

GRANVILLE, K. Como a Cambridge Analytica recolheu dados do Facebook. Tradução de P. Migliacci. *Folha de S. Paulo*, São Paulo, 21 de mar. de 2018a. Disponível em: <https://www1.folha.uol.com.br/mercado/2018/03/como-a-cambridge-analytica-recolheu-dados-do-facebook.shtml?loggedpaywall>

KAPLAN, A. M.; HAENLEIN, M. *Users of the world, unite!* The challenges and opportunities of social media. *Business Horizons*, v. 53, n. 1, p. 59-68, 2010.

KASPERSKY LAB. *Trapped in social networks*. 15 de nov. de 2016. Disponível em: <https://www.kaspersky.com/blog/social-attachment-survey/13450/>.

LÉVY, P. *Cibercultura*. São Paulo: Editora 34, 1999.

MARTINS, F.; BICUDO, M. A. V. *A pesquisa qualitativa em Psicologia: fundamentos e recursos básicos*. São Paulo, SP: Cortez, 1989.

MELLO, P. C. Empresários bancam campanha contra o PT pelo WhatsApp. *Folha de S. Paulo,* São Paulo, 18 de out. de 2018b. Disponível em: https://www1.folha.uol.com.br/poder/2018/10/empresarios-bancam-campanha-contra-o-pt--pelo-whatsapp.shtml

NEGRÃO, H. Facebook registra tendência de queda no Brasil, diz Datafolha. *Folha de S. Paulo*, São Paulo, 9 de abr. de 2019. Disponível em: <https://www1.folha.uol.com.br/mercado/2019/04/facebook-registra-tendencia-de-queda-no--brasil-diz-datafolha.shtml>

PEW RESEARCH CENTER. *Social Media Fact Sheet*. 12 de jan. de 2017. Disponível em: <http://www.pewinternet.org/fact-sheet/social-media/>

SARTRE, J-P. *A transcendência do ego: esboço de uma descrição fenomenológica*. Tradução de J. B. Kreuch. 2. ed. Petrópolis, RJ: Vozes, 2015.

SARTRE, J-P. *Crítica da razão dialética: precedido por Questões de método*. Tradução de G. J. de F. Teixeira. Rio de Janeiro: DP&A, 2002.

SARTRE, J. P. *Esboço para uma teoria das emoções*. Tradução de P. Neves. Porto Alegre: L&PM, 2008.

SARTRE, J. P. *O Ser e o Nada. Ensaios de ontologia fenomenológica*. Tradução de P. Perdigão. 15. ed. Petrópolis: Vozes, 2007.

VINUTO, J. A amostragem em bola de neve na pesquisa qualitativa: um debate aberto. *Temáticas*. Campinas, n. 44, p. 203-220, 2014.

CAPÍTULO 8

De perdas e luto. Réquiem para um grande amor

Valdemar Augusto Angerami

Dezoitinha

Em memória...

Existem vários trabalhos sobre lutos, perdas e morte, e na quase totalidade das vezes, citando os grandes autores da temática. E nessas situações, o autor escreve embasado em citações bibliográficas bastante importantes, e quase sempre sem falar de si, como se a questão envolvendo lutos e perdas fosse pertinente apenas aos pacientes, ou a outras pessoas. E estranhamente não se fala de fatos envolvendo a esses autores como pessoas, e a coisa é tratada como se a morte acontecesse apenas na vida dos pacientes e de outras pessoas, jamais em nosso entorno pessoal.

Os meus livros sempre são escritos na primeira pessoa, e apresentam contundência, independentemente da temática exibida, principalmente por ousarmos descrever coisas de nossa cotidianidade. Temos embasamento teórico e filosófico em nossos escritos, mas nossa prioridade é o enfeixamento disso tudo com a nossa prática. E esse é o nosso grande diferencial.

Uma morte abrupta surge em minha vida e me pega totalmente desguarnecido e me leva a uma fragilidade e a um sofrimento não experenciado em outras perdas anteriormente vividas em meu entorno pessoal e familiar. A notícia dessa morte surge a algumas horas de uma conferência sobre suicídio. E, paradoxalmente, a primeira superação que essa morte exigiu foi falar para uma plateia qualificada sobre suicídio, algo inextricavelmente imbricado com morte. Coração sangrando e alma dilacerada em dor, na plateia conseguia apenas ver a imagem da Maria Augusta, seu riso largueado em felicidade, seus gestos triviais; seu passo apressado e seu modo sempre inquieto de falar sobre suas coisas e projetos. Não falava para uma plateia e sim para ela que havia morrido para mim naqueles momentos.

E assim decidi partilhar com meus leitores e seguidores o texto originalmente escrito tão logo soube dessa morte. E quase sem retoque o publico agora para que essa dimensão possa ser dividida em uma nova configuração vivencial, teórica e filosófica sobre perdas e lutos. Nada de citar os grandes nomes da área, afinal vou falar do meu sofrimento, um sofrimento que é só meu e que foi vivido em alguma dimensão por aqueles que me circundam a vida.

Do acolhimento ao luto...

A bibliografia sobre luto é extensa, tergiversa sobre autores das mais diferentes procedências, e todos sem exceção nos instrumentalizam para abordarmos pessoas em estado de luto, pessoas que perderam entes queridos e que estão precisando de acolhimento terapêutico. Então, temos técnicas que mostram como intervir e qual momento é o adequado para essa intervenção. E temos a partir desse referencial teórico até mesmo cursos de formação para a intervenção terapêutica para situações de luto. Temos especificações para intervenções em situações de catástrofes climáticas, acidentes aéreos, crises sociais e mais um cem número de ocorrências que legam a situação de luto a um número incontável de pessoas. Verdadeiramente algo muito importante e que presta acolhimento a tantas vítimas das mais diferentes tragédias de modo bastante qualificado, com intervenções precisas e talhadas, e conhecimento preciso dessa realidade.

Esse trabalho de acolhimento ao luto de pessoas vitimadas por situações de tragédias repentinas e que pegam a todos em situação de total desaviso e surpresa é, sem dúvida alguma, uma das mais maneiras mais nobres de resposta da psicologia às demandas contemporâneas. Afinal, trata-se de pessoas que estarão desoladas por terem uma séria tragédia infringida às suas vidas, e que necessitam de acolhimento imediato e sem as características de algo mais prolongado como, por exemplo, a psicoterapia. Temos, então, todo um conjunto de procedimentos e intervenções precisas, diria mesmo, quase cirúrgicas, para acolher a tantas pessoas desoladas e desesperadas em razão dessas tragédias e do luto iminente.

Optei por algo inverso, algo que não fosse digressão teórica sobre o luto e sim o sofrimento provocado em mim por um luto repentino, e que me deixou totalmente inerte e sem condições de reação.

Parêmia Da dor de um grande amor...

A nossa história ocorreu no Outono de 2007. Forte, arrebatadora e de uma intensidade inefável. Mas ela pôs fim a tudo dizendo que, apesar de estar muito feliz e que vivia o que sempre sonhara, havia perdido totalmente o eixo de sua vida e que não era mais possível continuar naquela loucura. Insisti incontáveis vezes para que revisse esse posicionamento, mas não teve jeito.

Perdi minha referência de amor, e os abraços da Maria Augusta, a minha Dezoitinha. Alguns anos atrás ela me procura para voltar, mas naquele momento estava em um relacionamento estável e, que pretendia, definitivo, e apesar de ela ser tudo que queria nessa vida, disse não.

Algumas semanas atrás sonhei com ela feliz, e dizendo de maneira graciosa algo que sempre me encantava quando a chamava de linda: *linda, negra e tua.* Acordei decidido a procurar por ela e retomar a própria chama da vida, afinal, não havia um só dia que não pensasse nela, e nem tampouco havia braços e beijos que conseguiam fazer com que a esquecesse.

E assim fiz, iniciei pela editora em que trabalhava quando a conheci, e lá me deram contatos e contato após contato, chego finalmente em sua filha. Ela respondeu à minha mensagem imediatamente, e após o estranhamento em ver alguém procurando por sua mãe, começou a me fazer inúmeras perguntas. E quando já me tinha situado, simplesmente me ligou.

E chorando disse que a mãe havia morrido em fevereiro de 2017 vitimada por um câncer fulminante de útero. E, chorando, me perguntou se a mãe me chamava de alguma maneira especial, algum apelido. Disse que sim, e falei qual era, ela, então, chorando ainda mais disse que nos momentos finais de delírio chamava incessantemente por mim.

Isso tudo algumas horas antes de uma conferência sobre suicídio, como foi dito anteriormente, ou seja, superação e mais superação para alguém que havia perdido totalmente a própria condição vital. E se já passava dia após dia pensando nela, agora terei a eternidade para tentar acalmar o espírito desolado e choroso diante desse enredo tão cruel que a vida me apresenta. Ela agora é mais uma estrela a brilhar no firmamento, a iluminar nossos caminhos.

Ela se foi de vez e agora faz parte da Constelação de Orion e nos mostra a doçura da vida... Sem palavras e com o coração ensanguentado em dor e com a fé inquebrantável de que serei novamente superação hercúlea para superar mais essa provação...

De como o Sol me encontrou chorando...

Santos

Soube da morte da Maria Augusta no meio de uma tarde na cidade de Santos, onde teria uma conferência sobre suicídio na noite daquele mesmo dia, como dito anteriormente. E assim foi, superação e a conferência transcorreu sem qualquer percalço. Após o término, na companhia doce e meiga de Andréa Poppe e Luana Danucalov, fomos ao flat em que me encontrava hospedado. Entre queijos, vinhos e música clássica, a noite correu suave e prazerosa até a 1h30 quando elas foram embora para suas casas. E embora sempre tivesse facilidade para dormir, sabia que não seria isso que ocorreria nessa noite. E assim aconteceu; depois do banho me ajeito na cama à espera do sono que pudesse me tirar daquele pesadelo que estava vivendo acordado. Doce ilusão, tento ler, tento me dedicar a tocar mais um pouco de música clássica ao violão, mas tudo, absolutamente tudo, era inútil, pois o sono não teria espaço diante do turbilhão de pensamentos e dor que atormentam minha alma.

E o relógio continua seu ritmo insuportavelmente lento em direção ao dia. Cada minuto, e o conjunto de minutos preenchendo hora cheia, parece algo eterno diante da dor que me esmigalhava a alma. Dor que não me era crível, pois não era possível conceber tanta dor por alguém que já estava distante de mim há tantos anos. Mas a dor e o sangramento desmoronam com qualquer tentativa de racionalização. A única coisa que preenchia minha percepção e meu pensamento era o sorriso de alegria de Maria Augusta, seus dengos e seu sorriso largo e franco a cada vez que me encontrava. Desisti de ler, pois, na realidade, estava apenas olhando para as páginas, sem conseguir qualquer concentração ao que estava escrito. E assim também com o violão, pois não era possível qualquer concentração, por mínima que fosse.

Ouço sua voz me chamando como tantas vezes fazia: chamava-me de um canto da casa e corria para outro lado como uma criança que tenta se esconder depois de fazer alguma estripulia. E ria muito, um riso que tornava os dias e as noites em algo verdadeiramente mágico e iluminado. Essa forma carinhosa de me chamar foi a mesma, segundo relatou sua filha, que ela me clamou nos momentos em que agonizava diante do suspiro final. A poderosa e imbatível Morte, a dama que a levou inapelavelmente ouviu sua voz me chamando pela última vez, essa dádiva coube à Morte, e apenas ela sabia do significado desse chamamento naquele momento. Quando Sartre[1] afirma que a morte não pode fazer parte da vida, ao contrário do que preconizou Heidegger ao afirmar que uma faz parte da outra, ele quer dizer simplesmente que quando ela surge, acaba com a vida de modo inapelável. A morte não é parte da vida, e sim o fim da vida, o fim de tudo que se engloba e se sonha nessa vida.

Fecho os olhos e a única coisa que consigo ver é ela passeando nua pela casa e rindo do prazer que essa cena me causava. Ria e quanto mais percebia do prazer que isso me provocava mais e mais ria... Abro os olhos, para tentar me livrar dessas cenas tão prazerosas no passado e dolorosas nesse momento.

Vem muito forte ao pensamento uma situação vivida em João Pessoa. Chego para participar de um evento científico e me dirijo ao hotel em que tinha reserva para esse período. Ao fazer a ficha de entrada o atendente me informa que a minha esposa já estava a minha espera no apartamento. Digo a ele que se trata de algum equívoco, pois certamente não teria ninguém à minha espera, tampouco uma possível esposa.

[1] SARTRE, J. P. *El ser y La nada*. Buenos Aires: Editorial Losadas, 1979.

Ele insiste e disse que ela havia chegado no período da manhã e perguntou pela minha reserva, se identificou como sendo minha esposa e estava me aguardando no apartamento. Algo totalmente insólito e insano. Peço para ver o registro dessa citada esposa e tão logo ele me mostra a sua ficha de entrada a coisa se esclarece, era ela que de surpresa me esperou em João Pessoa, algo tão incrível como inacreditável. Ao entrar no apartamento estava ela a minha espera, rindo e feliz com a surpresa que havia me propiciado. Feliz estava e felizes vivemos dias que são eternizados tal a fragrância de suavidade e amor de tudo que nos envolvia. Tento desviar o pensamento dessas vivências, dessas situações tão prazerosas, e que no momento só faziam aumentar a dor que estava sentindo. Dor que dilacerava a alma e fazia o coração sangrar impiedosamente, e isso paradoxalmente me trazia momentos felizes vividos ao lado dela.

Sinto a boca completamente seca, e sem qualquer indício de saliva. E isso, depois do tanto de água e vinho que havia bebido, é indício de que a angústia vivida já mostrava sinais orgânicos de sua ocorrência. Deixara de ser apenas sofrimento psíquico para ser também manifestação orgânica do tanto que a dor estava impingindo novas configurações a mim.

Um sentimento de grande inconformismo se apodera de mim por sua decisão de determinar com tudo quando vivíamos o ápice do nosso envolvimento. Simplesmente argumentou que não era possível continuar comigo, pois havia perdido completamente o eixo da vida (sic). Inacreditável que isso possa ter ocorrido, como também foi inacreditável que havia dito não a ela quando, anos depois, tentou retomar o nosso relacionamento. Mas não temos como alterar coisas passadas, e nem tampouco atenuar os sentimentos que as provocaram, e essa racionalização apenas aumentava o meu desespero frente a esse enredo tão cruel que a vida me apresentava. Uma mistura dos mais variados sentimentos me invadia e me fazia refém de algo que sequer conseguia definir.

Dormir nessa noite era algo que já estava dando como impossível, e a questão que agora me ocorria é que no dia seguinte voltaria para São Paulo, dirigindo meu automóvel por cerca de quase 120 quilômetros até chegar à minha casa. Essa era a questão que se juntava aos sentimentos que me carcomiam a alma diante da dor pela perda da minha Dezoitinha. Ela não gostava que a chamasse dessa forma, e quanto mais irritada, mais ria e ria, e mais a chamava desse jeito. E esse codinome, dei quando contei dezoito apetrechos entre brincos, pulseiras, anéis e outros adereços sobre o criado mudo e que faziam parte das coisas que emolduravam seu corpo.

Tudo acabou, mas tudo já havia acabado a mais de doze anos, mas tudo estava sendo revivido como se fosse algo que ainda estivesse acontecendo. Vou para o terraço do flat e me sento a observar a cidade deserta e inerte, suavemente acolchoada por uma fina chuva que cai sobre ela. Prédios e mais prédios perfilados ao longo das ruas alcançadas pelo meu campo perceptivo. A quase totalidade dos prédios apresentam apartamentos com as luzes apagadas, indício de que seus moradores estão dormindo, repousam para o enfrentamento de um novo dia. Aqui e acolá vejo alguma luz acessa e me indago se também serão moradores atormentados com algum sofrimento psíquico, ou simplesmente notívagos trabalhando, ou ainda, assistindo alguma coisa na TV.

Olho para as ruas, mas na verdade, estou olhando para o vazio, estou olhando para a desolação da minha alma estampada naquelas ruas. A chuva fina é quase imperceptível, só é possível saber dela pela ondulação que faz ao sabor do vento, e por estar molhando as vidraças do flat.

Lembro-me de uma palestra que assisti décadas atrás em que um especialista em Neurolinguística dizia que tínhamos domínio do pensamento quando estávamos despertos, então, era só direcioná-lo para algo prazeroso, e assim se livrar de pensamentos nefastos, ou que traziam sofrimento. Simples assim... E inevitavelmente lembrei também de um ensinamento da Mãinha diante de alguma absurdidade que lhe era proferida: "para falar é só não ser mudo, daí cita-se até exemplo ao final...". Então o especialista profere o que bem entende e quando temos condição de vermos a extensão dessas colocações simplesmente constatamos a absurdidade disso tudo.

Não tinha controle do pensamento, como ainda duvido que alguém pudesse tê-lo em situações análogas. Não me era possível direcionar o pensamento para nada, e mesmo a visão das ruas desertas mostravam isso claramente, olhava para a rua, mas na verdade estava olhando apenas o meu vazio.

Também não sei se era vazio da alma, ou simplesmente para a imensidão de dor que me encarquilhava de modo único e estilhaçava o coração de forma impiedosa. Olhava para a imensidão e a única coisa que conseguia ver era a imagem da Dezoitinha sorrindo, andando nua pela casa, simplesmente rindo da vida e pelo prazer da vida.

Por alguns minutos me distancio da Maria Augusta e penso nesses modismos teóricos que de tempos em tempos nos invadem de modo inapelável. Citei a Neurolinguística, mas já havia presenciado o surgimento e esmaecimento da Análise Transacional, do Grito Primal, e hoje vemos a desenvoltura da Neuropsicologia, Constelações Familiares, dentre outras, com seus líderes e seguidores sempre a mostrar que agora, finalmente, teremos uma compreensão absoluta da condição humana. E todas com inúmeras publicações, asserções mostrando que finalmente os mistérios da alma humana serão desvendados. Enfim... Isso ao menos serviu para me desviar um pouco do foco da Maria Augusta, apenas um hiato de tempo. Mas sua imagem voltou novamente a ocupar todo meu ser.

Vejo ansioso que horas são, e constato que ainda são 3h20, ou seja, a madrugada se mostra longa e infindável. Essa madrugada com sua agonia não parece ter fim. A promessa mostrada pelos fatos era de algo que seria eterno, dor e sofrimento que não mostravam interesse em cessar.

Dormir e descansar eram coisas que já estavam fora de qualquer perspectiva, o desejo agora era que o tempo acelerasse minimamente seu ritmo para que a manhã chegasse e a vida pudesse se estabilizar. Mas isso também era uma ilusão, pois partia de um princípio, falso, de que o sofrimento cessaria com o surgimento dos raios do dia. Como se o sofrimento vivido seria pertinente em sua ocorrência apenas ao período da madrugada.

Falso! E sem qualquer estruturação que não o meu desejo de estancar esse sofrimento que estava me esmigalhando impiedosamente.

A visão de terraço é mítica com a cidade adormecida com alguns pequenos pontos de luz em alguns prédios e apartamentos. Tudo dorme ao som do silêncio da madrugada, ou melhor, quase todos dormem, alguns insistem em fazer da madrugada sua condição de vida desperta. Ou por terem a alma atormentada, como o meu caso, ou simplesmente por serem notívagos.

A chuva continua quase transparente e contínua e confere um aspecto onírico à cidade adormecida. A chuva envolve os prédios, doce e suavemente, trazendo deleite à própria vida.

Não avisto o mar desse terraço embora ele esteja próximo ao prédio em que me encontro hospedado. Imagino que o encontro das águas da chuva com as águas do mar seja igualmente harmonioso, sem qualquer conflito na natureza desse encontro.

A turbulência emocional que me domina faz com que tudo que pense, absolutamente tudo, seja direcionado à vivência com a Maria Augusta nesses detalhes. Assim, ao pensar no mar, lembro-me dos momentos de ela correndo pela praia em Recife; lembro-me dela estirada ao Sol em João Pessoa. Não haveria trégua, pois tudo seria direcionado para as vivências em que ela estava presente. Seja mar, sejam eventos, congressos, música, tudo, enfim, tinha resquícios dela em mim.

A chuva cessa de vez, mas as nuvens continuam densas e carregadas, apenas não chove mais. E me vem ao pensamento aquela sabedoria cigana que diz "não duvide da existência das estrelas por elas estarem encobertas pelas nuvens", e isso era o determinante para acreditar que ainda havia estrelas cintilando na noite embora tudo que pudesse ver tanto na realidade como em minha alma eram nuvens turvas e carregadas. Por inércia, tomo mais vinho e água sem prazer e sem mesmo qualquer sentido, assim como também o queijo que acompanha as bebidas. Tudo de modo autômato, tudo sem qualquer sentido ou razão, apenas buscando algo para fazer e tentar desviar o pensamento, como se isso fosse possível, ou mesmo tangível à condição humana.

Essa coisa de que podemos direcionar nosso pensamento para longe das nossas preocupações quando estamos despertos é daquelas coisas simples de se afirmar e são impossíveis de viver. Enfim, essa era a minha realidade, tudo, absolutamente tudo era a graciosidade da Maria Augusta, e nem mesmo me era possível concebê-la morta estendida em seu leito mortuário. Não, apenas e tão somente sua graciosidade me preenchia o pensamento e me atormentava em agonia por saber que tudo havia se esvaecido de vez.

Estabelecia uma dialética de inconformismo com a própria vida pela crueza desse enredo que me havia sido apresentado. Mas não existe essa força motriz que faça com que a vida questione com as pessoas envolvidas se elas estão preparadas para o enfrentamento da morte, catástrofes, perdas e um sem número de ocorrências que acometem a condição humana. Não, as coisas se sucedem de modo abrupto e ininterrupto, e quem não estiver preparado que se prepare, pois o imperativo da vida nunca permite esse questionamento de estarmos ou não preparados para o enfrentamento de seus ditames impositivos. Assim, perdemos pai, mãe, irmãos, cônjuges, bens materiais, relações amorosas, dentre tantas outras coisas, e jamais teremos questionamentos apriorístico de estarmos ou não preparados para esses enfrentamentos.

As coisas se sucedem em seu próprio ritmo e tempo e esse é o mistério da vida, esse é o detalhamento que faz a vida fascinante e surpreendente simultaneamente. Essa minha dialética não tinha interlocução, até porque era feita de mim para mim, e com as ideias embaralhadas pelo próprio sofrimento, e ademais, buscava respostas que não existiam ao alcance da compreensão humana.

Sofria uma dor no peito daquelas que preconizei em trabalho anterior,[2] dores para as quais não existe a possibilidade de se buscar o auxílio através da ingestão de analgésicos. Era dor da alma, dor que o analgésico não alivia, pois não tem como atingir o âmago onde se processa o sofrimento. Era dor que a própria fisiologia médica não consegue definir e tampouco enquadrar em seus anais de definição conceitual. Dor que, por mais que pudesse trazer sofrimento indefinível e imensurável, não teria como buscar alívio em analgésicos. Dor que teria que ser superada na própria transformação de seus significados e significantes. Dor que esmigalhava meu coração impiedosamente, que me trazia sinais orgânicos de angústia e que não permitia o meu repouso. Dor que sequer pode ser definida na classificação clássica da dor, das transmissões de neurônios até centros nevrálgicos do cérebro. Não, essa dor era dor da alma, dor intangível para discussão teórica e acadêmica.

Bebia o vinho e tinha ímpetos de atirar o copo contra a parede ou contra a porta de vidro que dá acesso ao terraço, como se isso pudesse aliviar meu sofrimento, ou minimamente, mudar o rumo dos acontecimentos dessa noite. Nem atirar copo contra obstáculos nem tomar vinho e nem tocar violão, simplesmente nada poderia aliviar a dor que sentia. E essa era a minha realidade intangível.

E uma constatação simples, embora já tivesse tido várias perdas em vida, essa era sem tangenciamento com as demais pelo simples fato de que a maneira como ele me assolou foi não apenas repentina e abrupta como, e principalmente, algum tempo depois de sua ocorrência. Não houve acompanhamento de seu sofrimento e nem tampouco a possibilidade de despedida final. Nada, uma efeméride que

[2] ANGERAMI, V.A., A subjetivação da dor. In: ANGERAMI, V. A. (Org.). *Psicossomática e suas interfaces. O silencioso processo do adoecimento.* São Paulo: Cengage Learning, 2016.

aconteceu e levou sonhos e ilusões e da qual soube apenas um bom tempo depois. Isso talvez fosse racionalização em busca de algum entendimento, de compreensão para algo que não se pode sequer conceber como real e verdadeiro.

Desde algum tempo sei que, se não dormir período satisfatório na noite, me torno completamente atordoado no dia seguinte, ou mesmo imprestável, para usar uma expressão usual para essas situações. Mas não havia outra possibilidade, essa noite não iria conseguir dormir momento algum.

Os raios do dia começam a romper o negrume da noite. Madrugada nublada e que aos poucos vai recebendo os raios de luz que traz consigo o esplendor do dia. Vejo as horas desejando que seja manhã, mas ainda são 5h10. Penso então, que os funcionários da cozinha do flat já devem estar preparando o café dos hospedes para que seja servido a partir das 6:00. Noite eterna, infindável, que agora ao menos mostrava os raios do dia triunfando sobre a noite. E também aqui me vejo diante de um paradigma que é reproduzido sem que reflita sobre sua dimensão, a de que a luz do dia é o triunfo da luz sobre a noite. A noite, não essa com tais circunstâncias, sempre é prazerosa, noites em que a alma vivencia prazeres inusitados, desde a contemplação do luamento até passeios, festas e os mais diversos eventos que sempre são contemplados na noite. Mas nessa minha noite eterna, o que mais desejo era o surgimento do dia, como se isso fosse estancar meu sofrimento e também trazer alento e alívio para a minha alma.

Divagação insana e sem qualquer fundamentação que fosse plausível, pois não seria a passagem da noite para o dia que traria paz ao meu espírito tão transtornado e inquieto. Sensação de que estou morrendo também, morrendo pelo doce tormento do amor. Sempre disse que quero ser cremado e ter minhas cinzas jogadas junto às flores, para também ser flor. A dor que estou sentindo não parece que vai me dar trégua para continuar a viver. É uma dor que está me asfixiando, me deixando sem ar, e com sinais extremos de sofrimento orgânico.

O dia finalmente chega e rompe com seus raios os últimos resquícios da noite. Dia nublado, o Sol está também presente, mas sob as nuvens, e não consegue se mostrar majestoso como em dias claros. E me vem ao pensamento o prazer que tenho em ver o Sol rompendo a neblina em meu canto na Serra da Cantareira. É um dos espetáculos mais fascinantes que a vida me presenteou, neblina densa com os raios do dia já iluminando a vida e o Sol surge esplendoroso para romper a neblina e impor seu reinado de modo triunfal. Mas, hoje, o que tenho é a presença do Sol sob as nuvens; presente, mas sem mostrar sua força e magia.

O dia chegou e como já era esperado não trouxe alívio ao meu sofrimento, e nem mesmo acalmou a angústia que me esmigalhava o corpo como um todo.

Nada aconteceu, apenas o sofrimento passou pela madrugada e continuou sua trajetória de dor pelo dia. Dia nublado de uma madrugada chuvosa, cenário ideal para alguém sofrendo em pranto e dor. É como se fosse preconizado que os dias sombrios se prestam mais ao sofrimento do que os azuis de Sol e muita luz.

Serra da Cantareira

Depois de uma noite inteira em claro, e pelo próprio cansaço físico que sentia, a sensação é que dormiria nessa noite, e agora em meu próprio canto, na Serra da Cantareira, em meio à mata e aos bichos que tanto me encantam a alma. Cheguei de Santos no meio da tarde e ajeitei várias coisas da minha cotidianidade e me preparava por volta das 21 horas para dormir, e sorver a magia da noite em repouso e paz.

E como sempre, antes de adentrar ao quarto, vou aos quintais me despedir dos cachorros, os dois que vivem no platô de cima, e os sete que vivem no platô de baixo. E assim segui meu ritual já imaginando a nossa rotina matinal de dar comida aos macaquinhos e aos cachorros antes de tomar meu café de manhã. Procedi dessa forma e me recolhi ao meu quarto, reencontrando meu canto e meus pertences. Já havia ouvido minha música até poucos minutos atrás, e hoje ouvi Mozart, ouvi inúmeras vezes o Concerto 23 para piano e orquestra, verdadeiramente algo tão divino que é inacreditável que tenha sido concebido pela condição humana. No meu canto, com minhas coisas, minha música e meus bichos, certamente hoje dormiria feliz e teria repouso para o cansaço que me abatia a alma impiedosamente. O meu corpo já exibia sinais claros e visíveis de fadiga, pois além de fortes olheiras aquela sensação de irritabilidade de noite mal dormida já se fazia presente em meu enfeixamento nervoso. O estado de irritabilidade já era sentido de maneira absoluta. Até mesmo os latidos dos cachorros diante de algum bicho que se movimentava nas árvores em sua trajetória noturna e rotineira já me causavam estranheza, e na realidade, eram latidos que faziam parte da minha cotidianidade de modo irreversível desde muitos anos. E se em Santos a chuva era fina e insuficiente para aliviar o calor característico daquele canto, na Serra a chuva era densa e trazia consigo muito frio, verdadeiramente estava no clima da Serra em dias chuvosos de frio.

Cobertores e agasalho para o enfrentamento da madrugada. Proteção para que o frio não perturbasse o descanso do corpo, e não atrapalhasse meu repouso, afinal, precisaria de algo reparador, pois vinha de uma noite inteira em que não dormi um segundo sequer. Acomodo meu corpo na cama sob a proteção dos cobertores, preparo-me para dormir, algo que para mim é quase sempre imediato. Mas não hoje, fecho os olhos e embora super cansado o sono não vem, e o inesperado ocorre, me viro de um lado para o outro e nada de conseguir dormir. E novamente, embora dessa vez deitado na cama, começo a observar a lenta agonia das horas em direção ao dia.

Estou em minha cama, palco e cenário em que vivi doces momentos com a Maria Augusta. É como se novamente a visse dormindo ao meu lado, novamente sentisse seu cheiro em meus lençóis e travesseiros. Olho para o lado e a vejo novamente em minha cama. Ela ri e me diz novamente: “A noite está muito fria e não vou colocar roupa, você precisa me abraçar bem forte pra me esquentar, eu não quero passar frio". E ri, ri feliz como se estivesse pedindo um grande sacrifício, o de abraçar seu corpo nu para atravessarmos a madrugada. Toco seu corpo suavemente; deslizo meus dedos sobre seu corpo como tantas vezes, e ela sorri feliz com o desdobramento desses momentos tão mágicos e especiais.

Isso tudo é um verdadeiro delírio, pois se em Santos não consegui dormir pensando nela durante toda a madrugada, agora a coisa se configurava em algo muito mais sério, pois tinha uma total cisão com a realidade. Vivia um delírio ao vê-la e senti-la ao meu lado. E se anteriormente estava preocupado pela madrugada em claro sem conseguir deixar de pensar nela, agora estava em estado de pleno delírio, pois além de não conseguir dormir, ainda a via ao meu lado. Talvez fosse o cansaço das noites sem o repouso do sono. Ou então, simplesmente, o sofrimento de sua perda era algo totalmente insólito para que conseguisse ter algum controle da razão e dos próprios sentimentos. Tudo era muito nebuloso. E mais uma vez começava a assistir a caminhada lenta e desesperadora das horas em direção ao dia.

Levanto-me e vou pra sala, ao menos poderia ouvir a minha música e distrair o pensamento. Abro uma garrafa de vinho, corto nacos de queijos, acendo a lareira e coloco o Concerto 23 para piano e orquestra de Mozart e tento dar alento ao coração esmigalhado em dor. O fogo sempre me é fascinante, seu mistério, modulação de cores, estalar da madeira, enfim, um deleite para a alma. A suavidade desse concerto aliada à sua complexidade temática e orquestral fazem dele uma das coisas mais estupendas da criação humana. Manuseio o *zap* para distrair as ideias em algo de interessante. Nada que minimamente possa me atrair. E assim também o *Facebook,* e o *Instagram,* mas na realidade o que estava desinteressante era o meu ser, nada teria condições de me entreter e me subtrair desse estado de torpor da alma.

Dessa vez decido algo que ao menos iria me fazer atravessar a madrugada de maneira menos sofrida, apanho o notebook e começo a escrever sobre o meu estado da alma. Começo a descrever o que estou passando nessas duas últimas madrugadas. E de modo abrupto e compulsivo, como se fosse vômito incontido, começo a despejar no texto o que estava sentindo, aquilo que estava me torturando a vida. As pontas dos dedos martelam as teclas de modo fulminante fazendo uma transmissão direta entre a alma e o texto. Emoções muito fortes e tingidas de cores que mostram toda a situação dramática desse momento. Comecei a escrever sem qualquer preocupação que não a de ser uma catarse ao que estava vivendo, o que me lancetava a alma de modo tão contundente.

Já foi dito exaustivas vezes, e nos mais variados contextos, que pela escrita se conhece detalhes da personalidade e os valores constitutivos do autor. E isso, mais do que uma verdade indissolúvel, nesse momento era também a asserção a demonstrar que escrever traria não apenas alívio ao meu coração como também poderia dissipar minhas lágrimas de modo reflexivo e imperativo.

Escrevia e renovava a taça de vinho e o cd que estava a emoldurar minha madrugada. E se o ritmo das horas era igualmente lento e enlouquecedor, ao menos, através da escrita, os meus sentimentos estavam tendo uma vazão plausível em que o próprio sofrimento era dimensionado apenas pela maneira ininterrupta da escrita. Um emaranhado de sentimentos que se embaralhavam e se constituíam na própria confusão emocional em que me encontrava. Uma turbulência digna de um tratado filosófico sobre a dor do luto e de perdas ocorridas durante a vida.

O fogo da lareira dava um tom mítico e misterioso ao ambiente apesar de estar em sua reta final e sem condições da renovação da madeira, pois o estoque disponível estava no quintal sob a chuva, ainda assim, trazia um requinte de paz ao ambiente. A chuva havia diminuído substancialmente e aos poucos foi rareando até cessar de vez. Aqui também estava nublado, assim como em Santos, e hoje não teria aquele espetáculo maravilhoso do Sol rompendo a neblina para trazer a manhã mais linda e azul que se pode sonhar. Hoje teria uma manhã nublada com o Sol apenas presente sob as nuvens.

Escrevia sem cessar e o pensamento envolvendo a Maria Augusta agora era todo direcionado para o que estava sendo colocado no texto de modo desconexo, sem qualquer simetria com nada que não a catarse que estava sendo efetivada. O choro que me inundava a alma e os olhos era infindável, e certamente seria algo que não me livraria tão brevemente. E, assim, vi os raios do dia clareando a noite, trazendo a manhã, uma manhã nublada, mas ao menos sem chuva.

E nesse estado de torpor dei comida aos macaquinhos que vêm ao nosso canto em busca de alimento, aos cachorros e tomei meu farto café matinal. E na sequência consegui dormir, das 07h10 até as 13 horas. Dormi como se estivesse desmaiado, um sono profundo que só foi interrompido pelo despertador que havia sido programado para o cumprimento das atividades do dia.

E assim se iniciou minha saga em relação ao sofrimento de perda da Maria Augusta, duas noites totalmente em claro e não sei quantas noites de pesadelo com ela me chamando no momento final de sua vida. Noites e dias em que sua presença ainda permanecerá sendo a própria centelha de vida.

Parêmia Do curador ferido...

Uma dor lombar me atormenta nos últimos dias, e cede apenas sob o efeito de pomada analgésica e anti-inflamatória. Hoje acordei sem dor alguma, e não tive preocupação com esse cuidado medicamentoso. E fui fazer minhas coisas normalmente, dar comida aos macaquinhos, cachorros, levar os cachorros para um pequeno passeio e tomar meu farto café matinal. No entanto, ao terminar o café, simplesmente não consegui me levantar da cadeira tal a dimensão da dor que essa tentativa de erguimento provocou.

Tive que me sentar novamente e apenas com a ajuda de apoio consegui me levantar para buscar os remédios para alívio da dor. Sentei-me novamente e fiquei à espera do efeito medicamentoso.

E uma breve constatação, o curador está ferido, verdadeiramente semiabatido em meio à batalha diária da vida de cuidador. E nem falo da idealização das tantas pessoas que nos seguem por livros, ou conferências e que acreditam que não temos problemas como a maioria dos mortais. Falo daquele sentimento de onipotência que nos acomete em nossa cotidianidade por achar que estamos imunes a sofrimentos por termos sob nossa responsabilidade tantas pessoas em sofrimentos bastante contundentes.

Sim, cuidamos de muitas pessoas combalidas pelos mais diferentes sofrimentos; acolhemos o choro de muitos desesperançados; levamos alívio para muitos que padecem de sofrimentos inomináveis. Mas isso não nos livra de nossas mazelas, e simplesmente tive algum possível estiramento muscular que atingiu um organismo tensionado pelas mais diferentes preocupações e sofrimentos. O efeito foi danoso, muita dor e momentos de imobilidade diante do desconforto provocado por esse estado de vulnerabilidade. Cuidador ferido, algo a mostrar que não estamos impunes ao sofrimento apenas por cuidarmos da dor de tantas outras diferentes gentes. Toda pessoa traz em si, em sua história, suas dores e marcas de vida. Assim também ocorre com os curadores... De minha janela observo a Sibipiruna em flor, alento para a alma sofrida e que precisa de soerguimento para novos enfrentamentos...

Do curador ferido...

Considerações Complementares

Esse capítulo foi concebido para ser uma compilação da dor provocada pelo luto em alguém que tem como atuação proeminente nessa vida acolher a dor do desesperançado. Alguém talhado por anos de prática clínica no acolhimento ao desesperado, àqueles que perderam o sentido para a vida e para o enfrentamento das vicissitudes apresentadas pela vida. Pessoas que se mostram totalmente abatidas e inertes diante das batalhas da vida. Mas esse capítulo foi diferente. Aqui se tratou do curador ferido, do curador que também sangra diante de suas chagas e dores.

Isso é difícil conceber, pois vivemos uma cultura social de felicidade em que sempre precisamos estar felizes, bem com nossas conquistas e triunfos. Não podemos ter fraquezas e tampouco chorar diante das nossas dores. É como se não tivéssemos mais o direito de fraquejar em nossa caminhada. Triste realidade em que até a ação medicamentosa é direcionada para nos impulsionar para esse esta do constante de alegria, quase mania, em que precisamos o tempo todo esboçar sorrisos, ainda que a alma esteja chorando.

Perdemos o direito de agir como seres humanos, temos que ao tempo todo exibir comportamento de bem-estar e plenitude. Diante de situações de pesar e dor temos a medicação que nos impele novamente ao estado de alegria, e por assim dizer, mania. Esse capítulo tentou quebrar esse paradigma, mostrou o sofrimento de um curador com suas chagas expostas, suas feridas pululando dor e muita angústia.

Urge desmitificar a figura do curador, é necessário que possamos tê-lo como pessoa humana que também sofre seus pesares e angústias. Simples assim...

Referências

ANGERAMI, V. A. A subjetivação da dor. In: *Psicossomática e suas interfaces. O silencioso processo do adoecimento*, ANGERAMI, V.A. (Org.). São Paulo: Cengage Learning, 2016.

SARTRE, J. P. *El ser y La nada*, Buenos Aires: Editorial Losadas, 1979.

CAPÍTULO 9

A crise nas relações humanas: o olhar, a mediação tecnológica, a beligerância e a intolerância nas relações em nosso tempo

Luiz José Veríssimo

Há homens que morrem sem ter – salvo durante breves e terrificantes iluminações – suspeitado do que era o outro.
(SARTRE, 2006)

Muitas pessoas, ao dispensarem, cada vez mais, os encontros presenciais em favor da sua absorção pelo universo da tecnologia, especialmente da internet, dão visibilidade a uma crise nas relações humanas na contemporaneidade.

E, se mencionamos crise nas relações, por que não nos determos por ora na noção de *crise*? Volta e meia, ouvimos falar de crise social, crise de abastecimento (água, alimentos etc.), crise na política, crise na economia, crise de choro, crise psicótica, crise amorosa, sem esquecer a famosa crise existencial... Facilmente percebemos a polissemia do termo *crise*.

É o caso de agora nos perguntarmos: qual o sentido de crise que aqui queremos trabalhar? Seguindo essa orientação, podemos admitir um sentido de crise ligado à ideia de ruptura de uma ordem estabelecida, à ameaça de mudança, à iminência de mudança ou mesmo à própria mudança que advém com essa ruptura.

Como exemplo, vamos ao campo da ciência. Imaginemos uma crise de *paradigma* (KUHN, 2000). Trata-se da crise de um modelo de conhecimento que já não acompanha a cosmovisão de um determinado momento histórico. O velho paradigma, que se encontra em crise, não obtém mais a adesão que gozava antes. Pouco a pouco, vai sendo minada a sua vigência como verdade, mesmo admitido seu caráter provisório pelos espíritos mais rigorosos. Os métodos para sua comprovação já não mais são dignos de crédito, haja vista novos passos do pensamento científico. Todo esse contexto gesta um novo modelo, um novo modo de fazer ciência. O epílogo dessa estória é o nascimento de um novo paradigma.

Dessa forma, podemos fazer uma associação entre crise, disrupção e transformação. Japiassu e Marcondes, em seu conhecido dicionário de filosofia, contemplam crise, em sentido genérico, como "uma mudança decisiva no curso de um processo, provocando um conflito ou um profundo estado de desequilíbrio" (Japiassu; Marcondes, 2008, p. 61). Aqui, já estamos bem próximos, chegando na esquina do nosso problema vetor. Brincando um pouco com a origem das palavras, ficamos curiosos por saber qual o sentido que a palavra *crise* sugere no latim e no grego. Segundo o Houaiss (2009), no latim, *crísis* é um momento de mudança súbita, crise. No grego, encontramos o sentido de *krísis* como ação ou faculdade de separar, discernir; por outro lado, *krísis* significa luta, litígio, processo, resultado, desenlace, crise (Pereira, 1984, p. 333).

Retomemos nossa conversa sobre a crise das relações que testemunhamos em nosso tempo. Percebemos mudanças de comportamento, muitas delas evidentes. Para começar, as relações são cada vez mais mediadas pela tecnologia, pelas redes sociais, pela malha da internet, por onde se trafega sem parar. Há, inclusive, quem fique sem comer, sem dormir, sem falar com ninguém, grudado no computador. Há uma aceleração geométrica das operações capitaneadas pela teia de informação tecnologizada. Nada dura muito mais que alguns minutos, quando muito, alguns dias. São atualizações e atualizações e atualizações intermináveis que nos vemos forçados a fazer.

Isso não se detém nos programas de computador. Na vida profissional, é exigida a aquisição constante de mais e mais informação, que nunca é suficiente, sempre é preciso estar atualizado conforme as demandas do mercado. No âmbito privado, no interior da casa, o computador, o celular, os apetrechos tecnológicos vão tomando espaços cada vez maiores: o tempo, a ocupação, a preocupação, a cabeça, o corpo e a mente das pessoas.

Cenas da vida cotidiana. Cena número um. Lemos no jornal *O Globo* (Matsura, 2019, p. 25), assim como vimos em mais de um telejornal, uma pesquisa feita pela ONG Common Sense Media, nos Estados Unidos, com pais, basicamente entre 30 e 64 anos e seus filhos adolescentes, entre 12 e 18 anos. A pesquisa aponta que mais de um terço (39%) dos adolescentes acham que os pais estão num uso excessivo de aparelhos portáteis como celulares, computadores, *smartphones* etc. Consultamos a pesquisa. Ela informa que foram entrevistados um total de 1.000 pais e seus filhos. A pesquisa conclui a partir da interpretação dos dados obtidos que "mais crianças desejam que os pais poderiam sair (*get off*) do aparelho" (Robb, 2019, p. 7). Sugere-nos a interpretação dos dados pesquisados que a mencionada demanda pode ser traduzida como um apelo dos filhos para que os pais se desconectem da internet, para conectar-se a eles. Parece haver uma disputa pela atenção com a internet, jogos e cia, em suma, com a tecnologia. Apesar de a maioria dos pais e dos filhos (55% dos pais e 75% dos filhos) não achar que a ocupação com os aparelhos móveis esteja afetando negativamente as suas relações, um terço dos pais, no entanto, acredita que há um impacto que prejudica (*hurt*) as relações com os filhos. Mais um dado: 38% dos adolescentes sentem que os pais estão adictos no uso dos aparelhos (Robb, 2019, p. 8).

Cena da vida cotidiana número dois. Já passados vários anos, certa feita, surpreendemo-nos, antes de se iniciar um espetáculo teatral, com um aviso para que desligassem os celulares. Ora, o teatro é um espaço, por excelência, de encontro *presencial*. Atores em carne estão em cena. Podemos não só sentir, como escutar a sua respiração, perceber a sua transpiração. Um lugar tradicionalmente de catarse: o teatro é um ato quase religioso, um espelho da condição humana, desfraldada nos dramas, tragédias e comédias encenadas. O teatro solicita uma disposição para a intimidade, é uma espécie de intimação à intimidade. Nisso, somos convidados a um efeito terapêutico, como já sugeria Aristóteles (1987), no século IV a. C., ao definir a catarse como um modo essencial do teatro. Para que se possa operar todo o rito litúrgico do teatro, é preciso silêncio, concentração, escuta (aprender a escutar), concentração, meditação, introspecção. Não é algo como assistir a um filme em casa, trocando comentários com quem esteja conosco ou até falando de outra coisa e, depois, voltando a atenção para a tela. Ao escutar o aviso para que os celulares fossem desligados, percebia, naquele tempo, claramente, a invasão da tecnologia em todos os quadrantes da vida cotidiana. Hoje é tão natural o uso do celular que adentra sem peias o espetáculo, assim como atesta matéria jornalística de Roberta Pennafort e Karen Acioly.

> Terceiro sinal, atores em suas marcas: a peça infantil vai começar. Na fileira A, uma mãe manda um áudio de WhatsApp e confere *stories* no Instagram; em seguida, finaliza uma compra on-line. Atrás dela, um pai acompanha o jogo de seu time de futebol no tablet, e comenta os gols como se estivesse no sofá de casa (Acioly; Pennafort, 2019, p. 2).

A atriz Viviana Rocha, 20 anos de estrada no teatro, comenta: "tem pais que passam a sessão inteira de olho no celular" (Acioly; Pennafort, 2019, p. 2).

A solidão do (des)encontro

Justificamos o uso do termo *crise* ao contemplarmos um habitar em que as relações e atividades humanas, em sua grande maioria, estão submetidos a um imperativo tecnocêntrico: fora da tecnologia não há salvação. E não apenas parecem cada vez mais escassas as possibilidades propostas pela cultura para qualquer ação e pensar fora da tecnologia, como o encontrar-se *fora*, como o espaço fora de si, um espaço público indiferenciado, é privilegiado em detrimento da presença carnal viva e recíproca das pessoas nas relações.

O que estrutura esse cenário? Qual a visão de mundo descrita por ele? Que mundo é esse em que vivemos atualmente? Um mundo cibernético, uma cultura em rede, que se ufana por ser toda interligada, 24 horas, 365 dias, ininterruptamente. O maior apocalipse para muitos é a ameaça de a rede dar uma pane. Não se percebe que a armadilha do início do século XXI não é cair a rede, e sim, cair *na* rede, fisgado como um peixe, asfixiado em suas possibilidades em nome do monopólio de uma comunicação pré-programada, de um condicionamento digital em âmbito mundial e totalitário, que quer tutelar cada um, sequestrando-o de suas possibilidades próprias em nome de valores como conforto, segurança, progresso, felicidade, prazer, sucesso individual, exposição narcísica, produtividade etc. A possibilidade de ficar sem internet assombra muita gente. A internet já deixou há muito tempo de ser uma opção, tornou-se uma necessidade, uma demanda adicta – não à toa que a pesquisa da Common Sense (ROBB, 2019) usa a expressão "adicto" para o uso excessivo dos aparelhos móveis. Forma-se um círculo vicioso: quanto mais eu uso, mais eu estimo que preciso. Dependemos da tecnologia para trabalhar, pagar as contas, estudar etc.

As relações são monitoradas reciprocamente e controladas digitalmente à distância. O que parece caricato, é empírico: há quem se comunique na mesma casa, no mesmo sofá via redes sociais e aplicativos. Angerami (2017) ratifica o termo *crise* das relações, explorado por nós. "Mas, ao mesmo tempo, e diante dessa fascinante tecnologia, assistimos ao total empobrecimento das relações interpessoais. Isso faz com que não seja desprezível o fato de um número significativo de pessoas se queixar de solidão" (Angerami, 2017, p. 29). É um espanto. Angerami (2017) nos chama a atenção para a emergência da solidão como uma das estampas de nosso tempo. Isso nos instiga à seguinte consideração: numa cultura em que quase todo mundo pode falar com todo o mundo, em que o indivíduo é instado a conectar-se todo o tempo, observa-se uma penumbra de solidão se alastrando progressivamente na mesma proporção da busca frenética por companhia e comunicação.

Nesse contexto, o outro é experimentado como familiar, pasmem, apenas à distância. Em outras palavras, vale a norma: "aproxime-se, mas, a uma distância segura, e que eu possa deletar ao meu bel-prazer". A proximidade de quem quer que seja, não raro, pode até incomodar, como ressalta outra observação de Angerami a propósito da aglomeração nas grandes cidades.

> Inclusive, pessoas que moram em um prédio não saberem sequer quem são os vizinhos de porta; cada um se conserva totalmente insensível às alegrias e sofrimentos do outro. As pessoas vivem praticamente acuadas, com medo. *Olhar o outro* [grifos nossos], muitas vezes, já é quase uma agressão. E, seguramente, esse distanciamento vai extremando o sentimento de solidão (Angerami, 2017, p. 29).

Observamos, já se vão quase dez anos, uma imagem ícone dos temas aqui desfraldados. Uma propaganda que mostrava uma família, em que aparecia uma mãe e seus filhos, a mãe na sala e cada filho no *seu* quarto, consumindo com êxtase um produto (um refrigerante). Notamos que o pai era uma figura ausente. Concluímos que o que mais importava era o produto. As pessoas "estavam em seus cômodos, fazendo as suas coisas. Eis um dos ícones da família contemporânea. Cada um na sua, ninguém junto. Todos têm mais o que fazer, por exemplo, postar-se diante da televisão e consumir" (Veríssimo, 2010, p. 178). Hoje, poderíamos acrescentar: postar mensagens, imagens, selfies, adquirir produtos de consumo, ratificar ideologias pré-fabricadas e de apropriação irrefletida etc. Enfim, muita gente encontra-se ocupada em consumir-se nas artérias da internet.

Desvelamos uma mitologia do nosso tempo: a tecnologia desejada como cornucópia da vida cotidiana. Na verdade, nada mais que um pensamento mágico (Sartre, 2008) para mitigar a angústia inerente à existência.

> Se alguém contasse um dia um mito dos dias atuais, talvez começasse por algo assim: "Era uma vez, um reino onde, em vez de os sujeitos estarem uns com os outros, ficavam com a televisão, com o computador, com o celular, com o seu fone de ouvido. E se achavam sós. Quanto mais procuravam se livrar da solidão, mais ligavam seus aparelhos, mais sós, no final, ficavam, mais procuravam, de novo, novas excitações, e assim, indefinidamente. A televisão trazia o mundo inteiro para dentro de casa. Cabia o mundo todo na palma da mão, no controle remoto, mas não cabia mais o espaço da convivência, do se postar lado a lado, e deixar a conversa correr, para onde ela fosse, sem pressa, sem a premissa da 'falta de tempo'. O computador estava assumindo o lugar da televisão. Eram horas e horas diante de uma tela, enquanto a vida corria lá fora, ficava-se na toca, onde se tinha todo o tempo do mundo, que restava da 'falta de tempo', inclusive, todo o mundo nas interfaces da rede mundial que 'plugava' o sujeito com o universo, deixando o parceiro esperando na cama." (Veríssimo, 2010, p. 178).

A análise das relações por Sartre

O pensamento de Sartre ajuda-nos a montar uma hermenêutica para compreender a sociedade de hoje. O filósofo testemunhou duas guerras mundiais, a emergência da cultura de massa, a guerra do Vietnã, o jazz, a reviravolta na ordem moral e sexual, as drogas, o capitalismo, o comunismo, a guerra fria etc. Sartre nos traz um retrato vivo do século XX em suas obras. Mas, seu pensamento não se confina em um recorte histórico. Acreditamos que não é inoportuno inspirar-se no pensamento de Sartre como uma das referências para entender o tempo atual.

Permitimo-nos beber um pouco de uma das fontes iniciais do pensamento de Sartre, a ontologia e a fenomenologia. Em *O ser e o nada* Sartre (2006) trabalha não apenas uma ontologia da consciência, como também medita sobre a relação entre as consciências. O para-si ou consciência, nós seres humanos, ao nos relacionarmos experimentamo-nos como um *ser-para-outro*.

É conveniente notar que Sartre não trabalha apenas a consciência circunscrita ao campo psicológico. Por isso, sua proposta metodológica central trata de uma ontologia fenomenológica. Donde a consciência não poder ser definida como tópica psíquica ou como algo de cunho biológico. Sartre (1996, 2006, 2011) reafirma Husserl, ao sublinhar que a noção de consciência se apoia em bases fenomenológicas, vale dizer, ao assinalar que a consciência se constitui como um perpétuo ato de significação (intencionalidade).

Para Sartre, nossa subjetividade se compõe no e através do *olhar*. A origem desse olhar constitutivo de nossa identidade tem endereço: é o olhar *do outro*. "Parece-nos que em *O ser e o nada* o olhar para si jamais pode ser realizado senão como olhar para si mediado pelo olhar do outro: essa relação Sartre considera o *ser visto pelo outro*" (Veríssimo; Erthal, 2015, p. 54).

O *ser-visto* pelo outro significa sentir-se flagrado pelo outro. Trata-se de uma vivência em que me sinto nu perante o outro. Por mais que tente, aqui e ali, me esconder dele, travestir-me numa personagem, na verdade, sinto-me visto permanentemente por ele, pois, o seu olhar me alcança até a medula (Sartre, 2006). Significa: o estar diante do outro, do seu olhar, ou, antes, a simples onipresença de seu olhar, esteja ele em cena ou não, alcança o âmago do meu ser. São vivências do ser-visto a percepção de que o alguém pode estar me vendo agora, algum dia, alguém já me *viu*, ele pode vir a me flagrar. E a recíproca não é verdadeira: sentindo-me visto pelo outro eu não alcanço a sua intimidade, há sempre um furtivo escape de conhecê-lo. Para Sartre, na vivência do ser-visto não capturo as estruturas de seu ser como ele pode capturar as minhas. A consciência dessa impossibilidade só reforça a minha angústia. Diante do outro, estou *exposto*.

É hora de nos perguntarmos: o que significa esse olhar desenhado por Sartre? A primeira possibilidade, avaliação. Meu valor fica inscrito no olhar como ser-visto pelo outro. Outra possibilidade: o outro me define, ou melhor, sinto-me "sendo" desse jeito que me reconheço mediante o olhar do outro.

Reversão da situação. Frente à minha exposição ao olhar do outro, tento reverter a situação e ser aquele que passa a olhá-lo. Desse modo, tento me posicionar como aquele que lhe confere o seu valor, quem o julga, o aprova/desaprova, e até mesmo como quem o define, lhe confere uma essência, coisifica-o como se fosse um objeto.

Sartre, pinta, portanto, um quadro dramático. O olhar, afinal de contas, é percebido como um constrangimento. Minha liberdade escapa em direção ao outro. Não há coabitação de liberdades. A essência das relações, para o Sartre de *O ser e o nada*, é o conflito.

A mediação tecnocêntrica nas relações e a ocularidade

A concepção das relações como necessariamente uma disputa pela liberdade seria exagero de Sartre? Uma visão (por falar em olhar e ser visto) niilista? Estaria Sartre, apesar de certas diferenças para com o pensamento de Hegel (Sartre, 2006), fascinado pela lógica do senhor e do escravo proposta pelo filósofo alemão?

Apesar de suscitar uma interminável discussão, a ontologia fenomenológica de Sartre é uma provocação. Problematiza as relações humanas, o amor e a afetividade. A essência do ser humano não é um amor ao próximo como ideal ascético e a-histórico. Nem punição, nem exaltação de um valor supostamente intrínseco ao homem: as relações se dispõem numa estrutura dialética, que passa pela mediação do outro na constituição da pessoa, dialética que gravita em torno de um eixo: a liberdade. A afetividade transita pela escolha do ser-visto e do ver. Não uma escolha, pelo menos, grosso modo, arbitrária, e sim, basicamente passional. Nunca resolvida, nunca acabada, uma genuína gangorra, em que ora somos aquele que se sente julgado, exposto, aceito ou rejeitado, ora somos quem vigia, pune ou acalenta. Como psicólogos acrescentaríamos: não somente reconhecemo-nos a partir de um modo ou do outro, como pontua Sartre, mas, somos a própria ambivalência relacional ambulante. Não raros, somos aquele que olha e o que é visto, a um só tempo.

Feito um breve repassar do *script* das relações a partir de uma hermenêutica sartriana, queremos voltar para o nosso tema principal, uma análise das relações humanas na contemporaneidade numa cultura regulada em grande parte pela tecnologia e pela internet.

A inserção massiva de tecnologia em nossos dias, em uma cultura tecnocêntrica atualiza a dinâmica do ver e do ser-visto. A cibercultura exponencia o esteticismo marcante do século XX, estampado pela indústria cultural. A informação e a comunicação são tratadas como produto. Os produtos são dirigidos a uma massa de pessoas, dando ensejo ao termo *cultura de massa* (Lima, 2000). Forma-se um duo audiência/mercado consumidor, que regula o que é para ser visto ou vendido, tanto faz. A imagem sob roupagem tecnológica com suas características de urgência, imediatismo, entretenimento, culto a celebridades, consumismo aparece com um poder de fascinação cada vez mais irresistível. Isso resulta num alto índice de normatização e padronização da vida cotidiana, gerando um paradoxo.

> Eis que a relação massa/indivíduo revela o seu paradoxo: o indivíduo tão cioso da sua individualidade, quer avidamente se integrar à massa. Ele assiste a grandes espetáculos esportivos, [...] a megaeventos artísticos e litúrgicos, e neles grita como fosse ser ouvido. Sua voz se perde em meio à multidão. Ele nem escuta a si mesmo (Veríssimo, 2008, p. 147).

Hoje, nem precisamos ir à rua, basta a internet.

Nesse quadro, o *ver* vai tomando espaços cada vez maiores, inclusive do *ler*. Lembramos, agora, do filósofo contemporâneo a Sartre, Gaston Bachelard. Bachelard refere-se a uma noção central, a *ocularidade* (Pessanha, 1985). O que foi outrora chamado de cultura ocidental sedimentou-se como uma cultura da *ocularidade*. Bachelard pensou a ocularidade enquanto a marca tradicional do Ocidente. O *ver* da sua noção de ocularidade relaciona-se à tradição do conhecimento calçado na contemplação, na teoria, no conceito. Donde a inclinação do ocidente pela *teoria* como valor de excelência, relegando a arte, a práxis e a relação com a matéria a um segundo plano. Bachelard denuncia a menos valia da arte, do imaginário e da matéria em nossa tradição. A racionalidade moderna, de modo geral, espantou a imagem para o reino da superstição e do mito, que adqüiriu um sentido de falácia, ilusão, engano.

Ao analisar a gênese do fenômeno emotivo, Sartre considera que a emoção não passa de *pensamento mágico* pelo qual tentamos lidar com o que nos parece insuportável. O ato da imaginação é, igualmente, exposto como um ato mágico, um "encantamento' através do qual desejamos tomar posse do que imaginamos, de tal modo que "há sempre algo de imperioso e infantil, uma recusa de dar conta da distância [dos objetos], das dificuldades" (Sartre, 1996, p. 165).

Sartre ressalta o olhar como fundamento da (inter)subjetividade. Ele parece resgatar a relação do ser humano com a matéria inspirando-se em Marx e no próprio Bachelard, mas, por outro lado, mantém um pé na tradição ocular.

A ocularidade em nosso tempo adquiriu o contorno da cultura de massa, extrapolou as fronteiras do ocidente e se viu informatizada de ponta a ponta. O *ver* se alia a uma busca de conhecimento pragmático e imediato. O Google é, em certo sentido, análogo à Bíblia nos dias atuais: todos consultam o Google, em casa, no trabalho, até nas salas de aula. A palavra é pulverizada nos intermináveis links e naufraga em meio a profusão incoercível das imagens.

A ocularidade, que atravessa a história de várias formas em nossa tradição, aparece na hermenêutica sartriana das relações, como procuramos sinalizar, no jogo que envolve o ser visto pelo outro e o ver o outro. Quanto ao ser-visto, a ocularidade se faz notar como *exposição*. Tudo, ou quase tudo, se torna, automaticamente sujeito à exposição. O cotidiano é "compartilhado" em todos os seus vieses, desde o campo público às atividades mais íntimas. Trata-se, geralmente, de uma exposição narcísica, na qual cada um se deseja como centro das atenções: deseja *likes*, curtidas. Formatar uma boa imagem não se confina mais à família, aos colegas de trabalho, a certos ambientes em que se transita, mas, a todo mundo, indiscriminadamente. Uma marca evidente dessa exposição é a selfie. O que importa não é tanto mostrar o museu, mas o *eu* no museu. O museu fica *atrás* de *mim*. Eu e o meu namorado, eu e meu marido, eu e minha amada, eu e meus amigos, eu e meu cachorro, gato. O álbum de família foi aberto a todo mundo, desde que eu esteja no protagonismo das cenas.

Observamos, ao redor de nós, uma busca frenética para sermos vistos através dos amigos virtuais, das curtidas, postagem de fotos etc. Se pegarmos emprestado as lentes de Sartre, compreenderemos isso como um posicionar-se como imagem--objeto. E, acrescentemos, não se trata de qualquer objeto. Objeto de aprovação, talvez mais do que isso, de *admiração*. Num dos modos fundamentais de relação, a linguagem, que se expressa como *sedução*, queremos nos apresentar como um objeto *fascinante* para o outro (Sartre, 2006). Nessa lógica, importa fazer-se admirado, querido, bem desejado, amado pelo outro. Quanto mais amigos virtuais e curtidas, mais amado, mais *bem visto* eu sou. Em vista disso, podemos reproduzir uma citação de Sartre. Quanto à sedução, Sartre conclui que "parece que amar, em sua essência, é o projeto de fazer-se amar" (Sartre, 2006, p. 467).

Estar constantemente fora de si, na exterioridade da internet é uma forma não apenas de má-fé na medida em que distrai da angústia do contato cara a cara com as pessoas, ou seja, com o outro, como, agora inspirando-nos em Kierkegaard (1979), permitimo-nos concluir que o estar fora de si revela que o eu não quer saber de si mesmo, a não ser no modo do simulacro: uma imagem formatada e blindada contra a aproximação invasiva do outro, pois, nutre-se da ilusão de que se possa monitorar e controlar a aproximação e a separação do outro ao seu bel-prazer.

O olhar dirigido ao outro (modo sádico)

A vergonha é originariamente experimentada pelo sentir-se flagrado pelo outro. Diante da possibilidade de me ver petrificado pelo olhar olhador do outro, que pode me conferir qualificações, objetivando-me como coisa, tento reverter a situação e parto para ser aquele que *vê* o outro, que o avalia, quem decide o seu valor, quem decide se vale ou não a pena comunicar-se com ele, relacionar-se. Maciel (1986) descreve com precisão esse processo.

> Há uma modificação estrutural em mim e tendo a me transformar para mim exatamente como apareço para o Outro. Se seu olhar me censura, torno-me então *objeto* de reprovação: se me admira, torno-me *objeto* de admiração. De qualquer forma, seu olhar me petrifica numa coisa-em-si. [...] Essa petrificação operada pelo Outro é, segundo Sartre, o sentido profundo do antigo mito da Medusa, a quem não se podia olhar sem se transformar em pedra.
>
> Em face do Outro, portanto, estou constantemente em perigo. Não tenho poderes para extrair dele, sempre, um olhar admirativo que me justificasse. Ele eterniza minhas falhas. Tornando-me pedra, rouba minha liberdade. Minha única defesa, então, é procurar inverter a situação: usar

> meu olhar para petrificá-lo, preservar minha liberdade de para-si em face dele, torná-lo uma coisa em-si (Maciel, 1986, p. 81).

Não só estou em perigo diante do outro, como gostaria de estar em segurança na sua consciência (Sartre, 2006), abrigado por ele em sua avaliação. Confiro, afinal de contas ao outro, a própria medida do meu ser. A fita métrica do meu valor passa pelo olhar do outro, para não poucos, é dada por ele.

Mas, o outro não atende aos reclames de minha busca de seguridade. Pois, *não sou* o outro. Vale dizer, nunca sei se estou sendo de fato amado por ele, se ele é fiel, se me deseja, como me deseja. Por isso, a relação com o outro, acaba remetendo-me de volta a mim mesmo, a essa solidão que é o desamparo de *ter de ser* (minhas possibilidades), sem desculpas, sem salvação ou castigo. Se não suporto esse estar em mim, parto para tentar me apropriar da liberdade do outro. Tento, assim, justificar meu próprio ser por essa tentativa de apropriação do outro, conferindo-lhe o seu valor, julgando-o, colocando-o como *aquele que é visto.*

Dessa forma, acredito que ele pouco pode conseguir contra mim. Minha liberdade não será mais tomada de assalto por ele. Isso é frequente na paixão. Podemos nos sentir reféns da paixão: "se o outro me olhar, estou definitivamente cativado, estátua de sal, pronto para cair por terra em minha solidão sôfrega, reclamante, porém, abrigada e onipotente" (Veríssimo; Erthal, 2015, p. 75).

Percebendo o risco de estar sob as vistas do olhar de alguém, tento me convencer de que posso mitigar o risco de me decepcionar, de me abalar, de me sentir avaliado, essencializado pelo ser-visto. Procuro inverter o jogo do espelhamento do olhar. Passo a ser *aquele que olha*, ou seja, aquele que avalia, quem detém as chaves do céu ou do inferno do outro, da aceitação ou da rejeição. Não deposito mais minha liberdade no colo de alguém. Nesse ponto, no campo do olhar, saímos do modo passivo, ou ser visto (ou masoquista), para o estamos na esfera do modo sádico (o ver o outro) das relações.

No modo sádico, posição de quem avalia, quem se deseja como o escolhedor do outro e não o escolhido, cabem também formas depreciativas de se dirigir ao outro: o escárnio, a zombaria. Isso nos deixa às portas de pensar tais formas como modalidades da *intolerância.*

A intolerância veste-se sob várias roupagens. Nota-se hoje, a fartar, uma grande belicosidade nas relações e na sua principal avenida, a internet. Uma boa dose de hostilidade reafirma o mal-estar sugerido por Freud (2010) na versão atualizada do mal-estar na cultura. O outro é aquele que incomoda? Ameaça? Onde estava o outro antes da internet? Ele estava longe, ou melhor, mais longe. Mesmo sendo o seu vizinho, podia ser mantido numa certa distância. Agora, com a internet, o outro se tornou bem mais próximo, aparece por todos os lados. Você o desliga dos seus contatos, logo surgem outros e mais outros, numa babel de opiniões, preconceitos e visões de mundo.

O *nós contra eles*

Na crise das relações, observamos uma modalidade de hostilidade e de intolerância cada vez mais ostensiva nesse viés ocular: o *nós contra eles*. É um ver o outro que sistematicamente o desqualifica, hostiliza, demoniza como o baderneiro ou um pecador, que precisa de ajuda assistencial ou até do poder superior, de Deus, já que teria se desviado dos "verdadeiros valores", como se diz. Por sua vez, quando esse modo sádico transita por ambientes acadêmicos ou intelectuais, volta e meia quem adota posições contrárias à orientação ideológica vigente *é visto* como aquele que não pensa, mero reprodutor das elites reinantes, um caso patológico, e costuma receber, de imediato a adjetivação de "classe média". Fica uma conversa de surdos. Aliás, não há conversa. Buber (1982) define isso muito bem ao aludir ao *monólogo disfarçado de diálogo*. A propósito, escrevemos:

> No monólogo disfarçado de diálogo o indivíduo não transpõe o portão de sua própria casa. Queremos dizer que ele se detém em um ensimesmamento que o restringe àquilo que lhe é familiar, aos seus referenciais conhecidos e dominados. O outro, por seu turno, não é mais do que uma referência para si mesmo (Veríssimo, 2012, p. 341-342).

Estando-se a favor ou contra o outro, ele é conduzido ao lugar de um objeto de ratificação do que se acredita. Há alguma coisa como uma verborragia, *a falação* no dizer de Heidegger (2012), um mostrar imagens reificadas, uma simplificação sistemática e cada vez maior de problemas complexos (falaremos sobre o senso comum mais adiante).

Essa modalidade de ver o outro como *alvo* se tornou cada mais aceita, entranhada na cultura. Ora, na verdade, ela já existia, mas se tornou definitivamente *visível*: agora, como se diz, salta aos olhos. A intolerância passou das páginas da farta casuística policial, da tradicional rivalidade futebolística, do fanatismo religioso, do sectarismo político, da conhecida fofoca às crônicas do cotidiano. Enfim, ao que parece, a intolerância está a cada dia mais tolerada, para não dizer, desejada.

Nas redes sociais a interpretação dos acontecimentos e dos comportamentos costuma ser acuradamente seletiva. A crítica que se faz ao outro não se aplica à pessoa ou ao grupo que se arroga como o representante dos valores superiores. Rubricas como justiça, reparação, corrupção, legalidade, cidadania etc. mudam de sentido ao sabor dos ventos ideológicos e crenças acalentadas.

Pensamentos e crenças que habitavam os submundos da intimidade de cada um e que, quando muito, eram compartilhados entre amigos ou em pequenos grupos, tornam-se coisa pública. Parece não haver limites para a publicização da vida cotidiana. Heidegger já chamava a atenção para isso, desde, pelo menos, 1927, em *Ser e tempo*.

A tecnologia da comunicação permitiu que se descortinasse a opinião de *todo mundo* num alcance, projeção, amplitude e velocidade descomunais. A *vergonha*, coisa que produzia uma autêntica vertigem sob o olhar do outro, se esconde, dilui-se sob a cumplicidade dos cliques. Farta é a distribuição dos prejuízos entre a multidão, que segue e reproduz narrativas formadas por arremedos e retalhos de ideias e mais preconceitos. Forma-se um hipertexto, distribuído pela versão contemporânea da Torre de Babel.

O *nós contra eles* tem um registro inicial em nossa memória pela resposta do presidente Busch filho após os ataques às Torres Gêmeas em Nova Iorque em 11 de setembro de 2001. Suas falas e atitudes encaminharam-se no sentido de *quem não está conosco* (EUA), *está contra nós*. Essa atitude não se restringiu à política norte-americana. Ela pode ser encontrada em vários horizontes de conversação. Hoje, testemunhamos a impaciência com a discordância, a transformação da discussão em bate-boca, a desistência da convivência, a esclerose da capilaridade de uma relação em favor de encapsulamento nas trincheiras do grupo de adesão ideológico.

Nas redes sociais, observamos um comportamento corrente. Se a ideia que circula conta com a minha aprovação ou não arranha meus valores, ela recebe carinhas sorridentes e polegares para cima. Caso contrário, eu envio a minha hostilidade (raiva, ressentimento, queixume, culpabilização) ao outro. Cativando o ressentimento, posso assumir o papel de acusador, assim como o de vítima.

Jurandir Freire Costa (2005) tece um retrato fiel de nosso tempo. Ele chama a atenção para o fato de que as pessoas estão pouco dispostas a ceder nas suas relações. O que significa pouca disposição a ceder? Significa que as pessoas levam o seu desejo de autonomia a um grau superlativo, como se somente o eu importasse. Uma relação envolve partilha, troca, envolve *diferença*. O outro não sou eu. O outro não tem que ser igual a mim. Na falaciosa autonomia apropriada pelo senso comum, que nada tem a ver com a autonomia da moral kantiana, a *minha* norma deve ser legitimada por todos os outros, sem apelação.

Resulta daí uma forma de relacionar-se que pode emergir como arrogância antissocial ou seu avesso, a vitimização.

> No primeiro [modo de representação], eu não devo nada ao outro, e [a arrogância antissocial] é palco da execução e da ação do meu desejo; eu mato, eu quebro, eu esfolo, eu roubo, eu faço o que eu bem quiser e entender, não devo nada a ninguém. O segundo, o modo da vítima, é que não devo nada ao outro porque ele está o tempo inteiro em dívida comigo. Ele não me deu, me fez sofrer, me retirou, e agora peço o tempo inteiro o ressarcimento (Costa, 2005, p. 6).

Intermediadas pelo uso abusivo da tecnologia, as relações se tornam palco para a intolerância (eu mato, quebro, esfolo, faço o que bem quiser) e para culpabilização, retaliação, ressentimento, demandas de ressarcimento, inclusive jurídico. Fica-se atolado em lógicas excludentes do tipo terceiro excluído: *ou* posição A *ou* posição B. A posição A, o sentir-se vigiado, acuado, atacado, censurado, vítima. A posição B expressa a reação: atacar, ferir, expor de forma intrometida, a permissividade em relação ao outro.

No cardápio dos modos de tentar anular a alteridade, posso tanto apagar alguém como posso eu mesmo desaparecer (na língua dos *bites*, "sair"). Entretanto, Sartre (2006) não vê como anular a alteridade. Mas, na tentativa de destituir o outro de seu ser sujeito e colocá-lo na condição de objeto, lanço mão da *indiferença*. Desaparecer ou fazer desaparecer são formas de tentar não se sentir afetado, *tocado* pelo outro. Se ele me incomoda com as suas opiniões, com o seu comportamento, apago-o magicamente, degrado-o até a condição de *invisibilidade*, seja tornando-o invisível, seja me tornando invisível. Sartre identifica a indiferença como uma espécie de cegueira. Não se trata de um problema ocular material, não são os olhos empíricos que não podem ver, e sim, trata-se de uma *atitude*.

> Sou minha própria cegueira quanto aos outros [...]. Eu pratico, então, uma espécie de solipsismo de fato; os outros são essas formas que passam na rua, esses objetos mágicos que são suscetíveis de agir à distância e sobre os quais posso agir por condutas determinadas. Eu os tomo como um incômodo a notar, ajo como se estivesse sozinho no mundo (Sartre, 2006, p. 420-421).

Como se estivesse sozinho no mundo... interessante essa percepção se projetada para nossos dias. Torna-se um espanto agir como se estivesse só num mundo cada vez mais cercado de gente. Gente cujo corpo se encontra dentro de uma tela. Eu e meu grupo de adesão de crenças, moral e ideológico nos comunicamos com o mundo inteiro, mas, na verdade, agimos e desejamos nos comunicar como se estivéssemos sós no mundo, como se o mundo fosse a nossa posse, o nosso objeto, como se o mundo devesse seguir a nossa orientação de pensar, ver, crer, escolher.

Encarando o navegar pelas relações dessa forma, resta, como diria Kierkegaard (1979), a fuga de si mesmo, o pânico da seriedade de adensar na interioridade. Assim, "toco de leve 'as pessoas' como roço as paredes; evito-as como evito os obstáculos; sua liberdade-objeto não é para mim nada mais do que o seu 'coeficiente de adversidade'[1] " (Sartre, 2006, p. 421);

A intolerância em relação ao outro, e, portanto, à sua liberdade, pode chegar às raias do ódio. Nesse ponto, estamos próximos a algo como *tolerância zero*. O ódio pode chegar ao ponto de desejar efetivamente a destruição do outro. Para Sartre,

[1] Expressão de Bachelard (1942, p. 213), que significa o embate criativo entre o ser humano e a matéria, constituinte do imaginário e que justifica a noção bachelardiana de *imaginação material*. A imaginação produz imagens a partir do seu embate com o mundo, com a matéria.

o ódio é isso: uma desistência da relação, até mesmo de objetivar o outro como coisa, instrumento. O ódio parte para acabar com ele. Como assim, acabar com ele? Projetando "realizar um mundo onde não exista o outro" (Sartre, 2006, p. 451). Um mundo onde não exista o outro na mente de quem assim o deseja, torna-se um mundo ascético, purificado. Não à toa, volta, com força não desprezível, a se reerguer o nazismo e a se eleger tiranos e torturadores como heróis da história. Eles são acalentados como os limpadores da borra do mundo.

O sadismo mostra-se como a destituição da subjetividade do outro, não raro, procurando infligir-lhe dor. O escárnio público pela internet, a degradação da imagem do outro, o ataque à pessoa, às minorias. Não são apenas as ideias que são atacadas, também as pessoas sofrem violento assédio. Para Sartre, esse comportamento fracassa. O agredido pode até ser calado, desfalecer, sucumbir. No entanto, permanece bem vivo para o torturador o ser-visto pelo torturado. Quando quem exerce o sadismo experimenta o ser-visto, seja quando cruza o seu olhar com o da vítima, seja quando a vítima, mesmo batida, ainda encara o agressor, ele experimenta a alienação de seu ser na liberdade do outro. Mesmo se fechar os olhos para a sua vítima. Pois sente que não pode agir sobre ela, ainda que ela "confesse", ceda. Ele descobre, mais cedo ou mais tarde, que não alcança a liberdade do outro, "mesmo constrangendo o outro a se humilhar e a pedir perdão, porque é precisamente pela liberdade absoluta do outro que um mundo vem a existir, onde há um sádico e os instrumentos de tortura e cem pretextos para se humilhar e se renegar" (Sartre, 2006, p. 446).

O imperativo do senso comum e a pós-verdade

Muitos dos comportamentos ora descritos estão sob a égide de uma modalidade de *senso comum*. Ora, o senso comum é a apreensão imediata do que se toma como "a realidade". Em termos hermenêuticos, o senso comum pode ser entendido como a interpretação de si, do outro, do mundo, segundo critérios de crença. Ocorre, muitas vezes, que as ideias e imagens que circulam no senso comum não se reconhecem como *um* ponto de vista, mas como *o* ponto de vista: cabal, definitivo, a bússola da verdade.

Estamos atualmente sob o crivo de um senso comum imperial, num alcance exponencial propiciado pela forma com que não poucos se apropriam da inserção tecnológica nas suas vidas. A gestão política orienta-se, ao menos em parte, pelo senso comum, pelas redes sociais, como vemos, sem dificuldade no Brasil e em outros lugares, como nos Estados Unidos, na Europa. Decisões fundamentais concernentes não só ao campo político, como administrativo, econômico, e quiçá até jurídico, são pautadas na opinião das redes sociais e nos seus líderes formadores de opinião. Ademais, a formação da opinião pública pode se camuflar como um saber que se diz "popular", mas que, na verdade, traduz um grupo bem articulado em torno das suas crenças.

O conhecimento se torna refém do imediatismo, da profusão de informações, sem que se analise em profundidade coisa alguma. Chega-se até a dispensar a consultoria tecno-científica. Soma-se a isso a escassa problematização e reflexão que possibilitam um distanciamento crítico sistemático.

> A questão que se coloca é, então: o quanto de consciência existiria em pessoas sujeitas a milhares, ou milhões, de informações repetidas constantemente, com inúmeras conotações de prazer, alegria, gozo, satisfação de diferentes desejos, seduções, ou mesmo ameaças, medo etc. despejadas 24 horas por dia, momento a momento? Nessa avalanche de informações e no bombardeio incessante de mensagens, quanto tempo ou que espaço nos sobra para podermos refletir? (Guareschi, 2018, p. 25).

O imperativo do senso comum alimenta a guerra das narrativas. Testemunhamos hoje uma disputa pela verdade no melhor estilo sofístico, em que vence quem convence. As notícias falsas imperam e a verdade se banaliza em pós-verdade. Ignora-se a verdade como problema, passa a ser mais importante a versão que a inquirição das fontes (quem disse, está falando a partir de que ponto de vista e interesses?). Resta uma agonística interminável, abrem-se fossos enormes nas relações, feridas não cicatrizam diante de ausência de tolerância à diferença e ao diálogo; facilmente se desiste da relação como quem descarta algo que não serviu ao fim que deveria, que se esperava (que você fosse igual, pensasse igual a mim). A multiplicidade cede lugar a unicidade de normas e crenças pré-fabricadas de grande, imediata e entusiástica adesão. Nesse ambiente, Guareschi identifica um estado de indiferença e descaso, e mais, confirma o cenário belicoso. "Verifica-se uma guerra de ideias, em que tudo passa a valer conforme os interesses, desejos, crenças e convicções pessoais" (Guareschi, 2018, p. 23).

Um dos afluentes de tal processo desagua no fato de que hoje estamos, definitivamente, numa cultura marcada pelo ressentimento e pela polarização não só no Brasil, como em muitas partes do mundo. Quanto à *terra brasilis*, isso quebra tradicionais tabus antropológicos, tais como a gentileza e o acolhimento do povo brasileiro.

> O certo é que, desde o impeachment da presidente Dilma Roussef, em 2016, destampou-se o caldeirão dos ressentimentos, que desaguou numa política deliberada de ódios e polarizações. Desde então, alcançou a superfície um movimento que vivia no recato e passou a distribuir intransigência sem peias de declarar falta de respeito às diferenças expostas em termos de crenças, opções sexuais e opiniões políticas. O outro lado também se enrijeceu, as esquerdas revelando igualmente seu grau de intolerância e adotando um discurso cada vez mais polarizado. E, se

já ouve um tempo em que acreditamos na ideia de que brasileiros eram um "povo pacífico e tolerante", [...] hoje poucos defenderiam tal bravata (Schwarcz, 2019, p. 69).

O niilismo na cultura atual

Em defesa do senso comum, aprendemos com Pedro Demo (2000) que podemos admitir que o senso comum é um saber espontâneo, originado do viver cotidiano. E isso, por si só, não o desqualifica como orientação para a vida. Ninguém precisa se especializar em pedagogia para educar bem os filhos. Precisamos, portanto, para ser precisos, avançar um pouco aqui e pontuar que o bom senso não está apartado do senso comum.

Problematizamos o senso comum quando ele se vê atolado numa guerra de narrativas, quando é regulado pela intolerância, sadismo e ódio. Forma-se um filtro seletivo que põe de lado os representantes dos valores e comportamentos legitimados e aceitos, "nós", e, do outro lado do ringue, o que não corresponda ao padrão adotado, "eles".

> "Eles" seriam preguiçosos, corruptos, ladrões, ideólogos, pessoas sem escrúpulos, parasitas, enquanto um grande "nós" funciona apenas na base da contraposição, abraçando tudo que estaria do outro lado da polaridade. [...] basta determinar um "eles" para que se evidencie o que seria um "nós" apaziguador, pois correto, justo e exemplar (Schwarcz, 2019, p. 65).

Diferenças, debates, discussões, até mesmo acaloradas, apaixonadas, fazem parte do viver social, interpessoal, numa só palavra, cotidiano. A preocupação reside no alto índice de intolerância à discordância, à tomada de posição distinta da adotada pelo "nós". Encontramos eco em Schwarcz: "a diferença não é problema (ao contrário, faz parte do jogo), mas a intolerância, sim" (Schwarcz. 2019, p. 69). O filtro tem como um de seus pontos de origem a indignação. Para Schwarcz, trata-se de uma aversão.

> Aversão à corrupção que se banaliza nos noticiários, aversão à insegurança presente nas ruas, aversão ao crescimento do crime organizado, aversão à desorganização do Estado, tomado por interesses privados, aversão aos políticos fisiológicos, aversão aos intelectuais e à imprensa, aversão aos novos atores políticos, enfim, aversão a tudo que não "nos" diz respeito ou não "nos" representa (Schwarcz, 2019, p.68).

A aversão acaba se espraiando como aversão a quem apoia o outro lado. Passa-se de aversão aos temas e ideias para aversão *às pessoas*.

> Essa crença em códigos binários tem a capacidade de dividir o mundo a partir de ladainhas que só funcionam à custa do exercício contínuo de narrativas, igualmente, binárias: honestos ou corruptos, o bem *versus* o mal, grupos familiares opostos a indivíduos degenerados, aqueles que se identificam com a religião contra os agnósticos e destituídos de crenças, o novo contradiz o velho. O funcionamento dessas polaridades produz, por seu turno, uma lógica de ódios e afetos que contamina não só a compreensão e a avaliação das instituições públicas, mas também o dia a dia das relações pessoais (Schwarcz, 2019, p. 65).

A pessoa é negada em seu caráter de singularidade, alteridade e diferença, e passa a ser investida exclusivamente de qualidades abjetas. Se você é de orientação política A, e eu sou contra tais e tais atributos dessa vertente, ou revolto-me contra comportamentos de certas pessoas que endossam essa vertente, logo imediatamente concluo: você afina-se com esses mesmos comportamentos e é, na verdade mais "um deles", nem que seja de forma latente. Portanto, não merece a minha confiança, muito menos a minha conversação. Para alguns não fica nisso: a rejeição não basta, é preciso criar uma disposição beligerante, ou seja, transformar a dissidência em *front* inimigo. A vida fica cada vez mais análoga a um aplicativo de jogo.

Eis, aí, uma patente manifestação do niilismo que agora mostra-se sem cerimônia. Esse termo, como é sabido, foi muito explorado por Nietzsche (Deleuze, 2006) e significa negação da vida e do poder ser em prol de valores e práticas consideradas normativas e superiores. Uma das formas mais típicas de niilismo consiste na negação da diferença e da alteridade. O nosso lado é o lado dos bons e o lado oposto, o dos maus: maus exemplos, desencaminhados, erráticos, lunáticos, irresponsáveis, românticos, pervertidos morais etc. Isso pode se refletir, no âmbito social, como perseguição, humilhação e mesmo violência explícita contra grupos e etnias, como denuncia Sartre. "seus representantes naturais serão procurados entre [...] os rejeitados inassimiláveis, indesejáveis. São candidatos os oprimidos e explorados de todas as categorias, os trabalhadores estrangeiros, as minorias nacionais e étnicas" (Sartre, 2002, p. 41).

O niilismo ao recusar a alteridade recusa a relação, nega a vida em sua totalidade. Tem se expressado com uma força descomunal, mas age como uma sombra que obscurece o discernimento. Usamos o termo sombra porque "a princípio [o niilismo] parece não desejar a luz, quer permanecer entrincheirado numa inconsciência de si, num pessimismo e num conservadorismo" (Veríssimo, 2018, p. 102).

A adoção de duas medidas assimétricas, em que me permito todas as vênias e culpabilizo apenas o outro é uma história bem conhecida no terreno da psicologia. Estamos falando da projeção no outro daquilo que não é aceito em si próprio. Veja-se, por exemplo, o conceito junguiano de sombra (Jung, 1992). Sartre tem um termo para o objeto dessa projeção: o Mal. "Se você quiser conhecer um homem honesto, procure que vícios ele mais odeia nos outros: você encontrará as linhas de força das suas vertigens e dos seus terrores, você respirará o odor que empesteia a sua alma" (Sartre, 2002, p. 40). Ratifica-se, assim, a máxima de Sartre, expressa na boca do personagem Garcin na peça *Entre quatro paredes* ao constatar que *o inferno são os outros* (Sartre, 2005, p. 125). É preciso de pronto esclarecer que Sartre não está defendendo a posição de que o inferno são efetivamente os outros e sim, chamando a atenção para o problema de se imputar a culpa pelo que pensa, faz e escolhe ao outro, isentando-se, em má-fé, da responsabilidade pela liberdade (que é estruturada pelas escolhas, ações, projetos, intenções, donde vem a angústia existencial).

Indo mais longe, trata-se da projeção do ressentimento, da frustação, e por que não, do vazio existencial. Alguém tem que pagar a conta. É por tua culpa que eu estou nessa situação (adversa). Tu me deves, deves pagar. Senão a mim, diretamente a uma generalização da instância que supostamente merece ressarcimento: o povo, a sociedade, o Estado, a Justiça, Deus etc.

Voltamos a pensar o ser-para-outro no modo sádico quando essa atitude identifica no outro seletivamente (na posição daquele que olha o outro, ou seja, que o avalia) a causa de todos os problemas, iniquidades, imperfeições, e, sobretudo, frustrações. Como se isso, magicamente, resolvesse as pendências da própria vida. Não custa irmos, mais uma vez, a Sartre. "Consequentemente, o mau é o Outro. Fugaz, hábil, marginal, o Mal só pode ser visto num relance de olhos e em outrem" (Sartre, 2002, p. 41).

A crise nos convida a refundar a nossa sensibilidade

Eis algumas páginas em que dividimos com o leitor nossas inquietações quanto ao rumo das relações hoje. Estamos nos deparando com uma crise nas relações, que envolve intolerância, falta de diálogo, entrincheiramento em convicções, humilhação e descaso com o outro, desvalorização da diferença, indiferença para com a racionalidade crítica, recrudescimento dos afetos.

Esse cenário é facilitado por um uso abusivo e irrefletido da tecnologia, que corrói e confunde severamente as fronteiras entre o público e o privado, entre o próximo e o distante, entre o justo e o legal, entre meios e fins. Impera a norma segundo a qual não se pode pensar, observar, trabalhar, brincar, piscar ignorando a tecnologia. Ela nos atravessa, participa da nossa identidade. Identificamo-nos com os produtos da técnica. O nosso celular e os instrumentos que usamos para nossas atividades cotidianas passam a ser parte de nós, e, mais do que isso, passam a ser uma extensão do nosso corpo, da nossa personalidade. Pedrinho Guareschi aponta uma verdadeira subjetividade *digital*, onde se corre o risco de "construir valores e subjetividades que assemelhem os seres humanos a robôs, diminuindo e ferindo fortemente sua consciência e liberdade" (Guareschi, 2018, p. 27).

O problema não reside na tecnologia em si. Sem dúvida ela nos trouxe, e pode nos trazer, inúmeros benefícios, como vemos no conhecimento, na medicina, nos transportes, nas comunicações, em exemplos a fartar. O problema concerne, como dito, no seu *uso* irrefletido e abusivo, ou seja, de forma tal a reduzir o valor humano, assim como a natureza, a um ponto cada vez mais relegado a coadjuvante numa sociedade impessoal, onde a lógica da chamada "inteligência artificial" seja o novo candidato a ocupar o lugar de Deus.

Outro problema que deve ser encarado com toda seriedade é: de que forma a economia vigente distribui os bens produzidos pela tecnologia? Para, em primeiro lugar, a indústria da destruição, para o aparato bélico e militar, tudo em nome da "segurança nacional"? Para o controle e devassamento dos cidadãos, em nome de seu "bem-estar"? Para reproduzir a *lisergia* de um esteticismo, hedonismo e narcisismo exacerbados? Para a busca de felicidade por meia dúzia de privilegiados em detrimento de milhões (ou, quem sabe, bilhões) de excluídos? Para alimentar um sistema econômico, que deixa de fazer sentido, uma vez que ganha autonomia própria e se nutre por manter-se fechado em função de si mesmo?

O uso abusivo e irrefletido da técnica faz eclipsar *a pessoa*. Nossas possibilidades próprias, nossa singularização não isolada, mas aberta ao mundo, ao outro, à sociedade como um todo orgânico, à natureza e, por que não, ao cosmos.

Falando em cosmos, fomos buscar em Leonardo Boff (2011) o seu parecer sobre *crise*. Ele chama a atenção para o sentido de crise como passagem de uma condição para outra, como identificamos no nascimento e na morte, na adolescência, na história, na cultura, na estória de cada um etc. Estudando o filósofo Ortega y Gasset, Boff nos lembra a mudança paradigmática promovida pela passagem do cristianismo para o racionalismo renascentista, "a passagem de um tipo de fé a outro tipo de fé. Da fé de que Deus é a verdade das coisas à fé de que a ciência e a razão são a verdade das coisas" (Boff, 2011, p. 33). E agora, de que fé se trata? De que passagem se trata? Uma crise dramática acena no horizonte, uma vez que até a verdade põe-se em crise.

Destrinchando o sentido grego de crise, Boff (2011) percebe o sentido de juízo, decisão. A crise nos convida a uma decisão, a uma *escolha*, nos termos de Sartre. A assunção pela consciência dessa crise remete à angústia existencial. Para Boff, "a crise é prenhe de vitalidade criadora; não é sintoma de uma catástrofe iminente, mas é o 'momento crítico' em que a pessoa se questiona radicalmente a si mesma seu destino, o mundo cultura que a cerca [...]" (Boff, 2011, p. 28).

De fato, é fértil o campo das reflexões que a crise das relações nos convida a assumir. Essa crise trata de irrupção insuspeita de comportamentos ou se trata de um mal-estar já latente, que estava só esperando o pretexto histórico adequado para eclodir na sociedade? Estamos conseguindo dar conta do uso da tecnologia ou estamos submergindo frente à obra que desafia o seu próprio criador? Estamos nos desumanizando através do uso abusivo da tecnologia? Desejamos, por um pensamento mágico, que ela cuide de nós nos mínimos detalhes, do acordar ao dormir, do nascimento à morte? Nós operamos a técnica ou ela nos controla? Como fica o pensamento crítico na era do tecnocentrismo? A economia atual está preocupada em acumular riqueza ou na distribuição justa e social da produção de alimentos, serviços, bens, educação, saúde etc.?

A tecnologia faz sentido em consonância com *as pessoas*. O próprio Heidegger (2002) já dizia: não há por que demonizar a técnica. Mas, é preciso pensá-la, e não simplesmente, permanecer no modo automático, no modo do consumo e do consumir-se em disputas eternas pela versão preferida e pela atenção requerida. Ser pessoa implica considerar inclusivamente o outro, sua pele e carne, seu espírito e pensar, sua alma e coração. Urge, concomitante à consideração da pessoa e da alteridade, a estima pela natureza. A pessoa passa pela afinação da cultura com a natureza. Na marcha de um progresso alucinado por novidades e mais consumo, riqueza, narcisismo e poder: vamos todos para um abismo.

> Hoje vivemos uma crise dos fundamentos de nossa convivência pessoal, nacional e mundial. Se olharmos a Terra como um todo, percebemos que quase nada funciona a contento. A terra está doente, e muito doente. E como somos, enquanto humanos, também Terra ("homem" vem de *húmus* = terra fértil), nos sentimos todos, de certa forma, doentes (Boff, 2011, p. 15).

Ser pessoa é um ser que nada mais é do que tornar-se. Mais que mero jogo semântico, implica uma ética: uma permanente responsabilidade pelas ações e conscientização do que fazemos e pensamos. Para isso, urge a educação no mais amplo sentido. Educação para o outro, para a interioridade profunda, para a comunicação, para o mundo, não como palco de disputas, mas como cenário de convivência e diálogo. Talvez, mesmo que muito preciosa, a educação ainda não seja tudo. Precisaremos refundar a nossa sensibilidade e nos retirarmos do maravilhamento ingênuo com o que nos é acercado de imediato para alcançar o sentido de crise como chamada à profunda imersão em nós mesmos, no que toca deixar ser tocado pelo outro, que possibilite um salto qualitativo. Dessa forma,

> todo o acidental, derivado, meramente [...] periférico, empalidece em sua consistência e validade. Busca-se o cerne do problema, que nos possa alimentar e assim superar a crise. Daí as paixões e as tensões que se verificam no tempo de crise. A dramaticidade, o desafio, o perigo. Mas também a chance de vida nova num outro nível e dentro de um horizonte mais aberto (Boff, 2011, p. 19).

Referências

ACIOLY, K.; PENNAFORT, R. Diga-me como te comportas na plateia e te direi quem és. *O Globo*. Rio de Janeiro, 2 de junho 2019. Segundo Caderno, p. 2.

ANGERAMI, V. A. *Solidão: a ausência do outro*. Belo Horizonte: Artesã, 2017.

ARISTÓTELES. *Poética*. Tradução de Eudoro de Souza. Coleção Os Pensadores, vol. 2. São Paulo: Nova Cultural, 1987.

BACHELARD, Gaston. *L'eau et le rêve*. Paris: Librairie José Corti, 1942.

BOFF, L. *Crise. Oportunidade de crescimento*. Petrópolis: Vozes, 2011.

BUBER, M. *Do diálogo e do dialógico*. Tradução de Marta E. S. Queiroz. São Paulo: Perspectiva, 1982.

COSTA, J. F. Sem mistério nem sacrifício. *Folha de São Paulo*, São Paulo, 3 julho de 2005, Caderno Mais!

DELEUZE, G. *Nietzsche par Gilles Deleuze*. Paris: Presses Universitaires de France, 2006.

DEMO, P. *Pesquisa e construção de conhecimento. Metodologia científica no caminho de Habermas*. 4 ed. Rio de Janeiro: Tempo Brasileiro, 2000.

GUARESCHI, P. Psicologia e Pós-Verdade: a Emergência da Subjetividade Digital. *PSI UNISC*, v. 2, n. 2, p. 19-34, 2018. Disponível em <https://online.unisc.br/seer/index.php/psi/article/view/12242>.

FREUD, S. O mal-estar na civilização. In: *O mal-estar na civilização, novas conferência introdutórias à psicanálise e outros textos* [1930-1936]. Tradução de Paulo César de Souza. Obras completas, vol. 18. São Paulo: Companhia das Letras, 2010.

HEIDEGGER, M. A questão da técnica. In: *Ensaios e conferências*. HEIDEGGER, M. Tradução de Emmanuel Carneiro Leão. Petrópolis: Vozes, 2002.

HEIDEGGER, M. *Ser e Tempo*. Tradução e revisão de Márcia Sá Cavalcante Schuback. 6 ed. Petrópolis: Vozes; Bragança Paulista: Editora Universitária São Francisco, 2012.

HOUAISS, A.; INSTITUTO ANTÔNIO HUAISS. *Dicionário eletrônico Houaiss da língua portuguesa*. Ed. Objetiva, 2009.

JAPIASSU, H.; MARCONDES, D. *Dicionário básico de filosofia*. 5 ed. Rio de Janeiro: Jorge Zahar, 2008.

JUNG, C. G. *Memórias, Sonhos, Reflexões*. Tradução de Dora Ferreira da Silva. Rio de Janeiro: Nova Fronteira, 1992.

KIERKEGAARD, S. A. *O desespero humano*. Tradução de Adolfo Casais Monteiro. São Paulo: Abril Cultural, 1979.

KUHN, T. S. *A estrutura das revoluções científicas*. Tradução de Beatriz V. Boeira e Nelson Boeira. 5 ed. São Paulo: Perspectiva, 2000.

LIMA, L. C. *Teoria da Cultura de Massa*. 5 ed. Rio de Janeiro: Paz e Terra, 2000.

MACIEL, L. C. *Sartre: vida e obra*. 5 ed. Rio de Janeiro: Paz e Terra, 1986.

MATSURA, S. Para filhos, pais ficam muito tempo no celular. *O Globo*. Rio de Janeiro, 31 de maio, 2019

PEREIRA, S. J. I. *Dicionário grego-português e português-grego*. 6 ed. Porto: Livraria Apostolado da Imprensa, 1984.

PESSANHA, J. A. M. Bachelard: as asas da imaginação. In: BACHELARD, G. *O direito de sonhar*. Tradução de José A. M. Pessanha. São Paulo: Difel, 1985.

ROBB, M. B. *Screens and Sleep. The New Normal: Parents, Teens, Screens, and Sleep in the United States*. San Francisco: Common Sense Media, 2019.

SARTRE, J. P. *O imaginário. Psicologia fenomenológica da imaginação*. Tradução de Duda Machado. São Paulo, Ática, 1996.

SARTRE, J. P. *Saint Genet. Ator e Mártir*. Tradução de Lucy Magalhães. Petrópolis: Vozes, 2002.

SARTRE, J. P. *Entre quatro paredes*. Tradução de Alcione Araújo e Pedro Hussak. Rio de Janeiro: Civilização Brasileira, 2005.

SARTRE, J. P. *L'être et le néant. Essai d'ontologie phénoménologique*. Paris: Gallimard, 2006 [1943].

SARTRE, J. P. *Esboço para uma teoria das emoções*. Tradução de Paulo Neves. Porto Alegre: L&PM, 2008.

SARTRE, J. P. *A imaginação*. Tradução de Paulo Neves. Porto Alegre: L&PM, 2011.

SCHWARCZ, L. M. Como o cultivo à descrença generalizada fez o Brasil cair na esparrela autoritária. *Época*. Rio de Janeiro, n. 1069, p. 64-71, 20 de maio, 2019.

VERÍSSIMO, L. J. Por uma Psicologia da Pessoa. In: ANGERAMI, V. A. (Org.). *Psicologia e Religião*. São Paulo: Cengage Learning, 2008.

VERÍSSIMO, L. J. *Ética da reciprocidade. Diálogo com Martin Buber*. Rio de Janeiro: Uapê, 2010.

VERÍSSIMO, L. J. Entre pessoas: um modo de pensar a pesquisa e a saúde a partir de uma abordagem dialógica proposta por Martin Buber In: ANGERAMI, V. A. (Org.). *Psicossomática e suas interfaces. O processo silencioso do adoecimento*. São Paulo: Cengage Learning, 2012.

VERÍSSIMO, L. J. Niilismo, superação e criação. Um estudo envolvendo Nietzsche e Jung. In: MONTEIRO, D. M. R. *Assim falaram Nietzsche e Jung*. Curitiba: Juruá, 2018.

VERÍSISMO, L. J.; ERTHAL, T. C. S. *Sobre o amor, a paixão, o olhar e as relações humanas. Diálogo com Sartre e com o Humanismo*. Curitiba: Appris, 2015.

PARTE III

A fenomenologia existencial em ação: da prática psicoterápica à clínica psicológica

CAPÍTULO 10

A Psicoterapia sob Sartre

Valdemar Augusto Angerami

A lua te mostra a borboleta ainda no casulo
(SABEDORIA CIGANA)

Estamos no Outono! A florada das Paineiras, Quaresmeiras, Espatódias e Cássias Aleluia mostram que estamos no Outono, algo simplesmente fascinante. No céu estrelado das noites, a Constelação de Leão se configura soberana, estamos no Outono. Da minha mesa de trabalho, vejo as Paineiras e as Cássias Aleluia floridas e estou determinado a escrever sobre a psicoterapia vincada sob a égide de Sartre. Ouvindo Debussy, um dos vértices da minha Santíssima Trindade Musical – os outros são Mozart e Rachmaninov. Os acordes e nuances e melodias de *La Mer*, certamente um dos mais estupendos poemas sinfônicos concebidos pela condição humana, preenchem o ambiente como se fossem água se acomodando ao recipiente que a recebe. Nessa obra, Debussy descreve as cenas do mar com sua movimentação e alternâncias desde o amanhecer até o crepúsculo. O ambiente se acomoda a *La Mer* e a sensação é que estamos nesse mar desenvolvido pela obra musical. Debussy, com sua ousadia e irreverência no enfrentamento das estruturas acadêmicas e formais da música erudita, talvez seja o compositor ideal para aquietar a própria alma diante do desafio de se escrever a psicoterapia sob Sartre.

Escrever sobre como estruturamos nossa forma de intervenção psicoterápica é sempre algo muito complexo, afinal, até mesmo na maioria das lides existencialistas Sartre não é bem aceito, Sartre sempre muito polêmico e complexo.

E mesmo no núcleo sartriano existe uma tendência para se estudar suas obras mais conhecidas, e que por assim dizer o consagraram principalmente *O Ser e o nada* (SARTRE, 1998), *O imaginário* (SARTRE, 1996) e *O existencialismo é um humanismo* (SARTRE, 1970) Ao contrário, preferimos optar pelos caminhos trilhados inicialmente por Laing e Cooper (1976) ao trazer a obra de Sartre para o campo da psiquiatria e psicoterapia, o estupendo *Crítica da Razão Dialética* (SARTRE,

1996), obra em que ele incorpora críticas feitas a sua principal obra e aproxima o existencialismo ao marxismo moderno em revisionismo, que serve de referência aos estudiosos de todos os matizes do pensamento contemporâneo.

A principal obra de Laing e Cooper (1976), *Razão e Violência* dá início ao surgimento da antipsiquiatria, e também do chamado Movimento de Luta Antimanicomial, que depois se tornaria multiteórico. Essa obra é prefaciada pelo próprio Sartre, que depois de tecer elogios ao modo como eles transpassaram sua obra para o campo da psiquiatria, diz que espera a partir disso o dia em que a psiquiatria se tornará humana. E por assim dizer, ao adotarmos *Crítica da Razão Dialética* (Sartre, 1996), estamos aderindo também a uma de suas principais asserções, a crença na descrença, na desrazão. Isso, na realidade, é algo muito difícil para ser assimilado por outras correntes de psicoterapia que, na maioria das vezes, se propõe a explicar e definir todos os detalhes da conduta humana. E na medida em que atuamos predominantemente com casos de autodestruição, tais questionamentos surgem incessantemente, e na quase totalidade das vezes a compreensão sobre esses procedimentos não se resolvem, ao contrário, quase sempre criam um hiato maior entre nossas propostas de intervenção psicoterápica e outras propostas teóricas.

É fato ainda, que nos últimos tempos fizemos um enfeixamento sobre essa proposta de Sartre e alguns ponteamentos de Merleau-Ponty (1999), principalmente a partir de *Fenomenologia da percepção* e *O olho e o espírito* (Merleau-Ponty, 2003) e *O visível e o invisível* (Merleau-Ponty, 1976). Dessa junção vincou-se nossa proposta de intervenção psicoterápica, e preferimos denominá-la com a predominância sartriana, pois, afinal, nossa concepção de valores, homem e mundo se forjou a partir das reflexões de *Crítica da Razão Dialética* (Sartre, 1996).

Embora tenhamos trabalhos anteriores, principalmente *Psicoterapia e Subjetivação* (Angerami, 2003), em que a visão de percepção de Merleau-Ponty é trazida ao campo da psicoterapia, ainda assim, a concepção de valores a nortear nossas intervenções e ações é aquela forjada a partir de Sartre.

E mesmo em *Psicoterapia e Subjetivação* (Angerami, 2003) em que pese a forte incidência das posições de Merleau-Ponty, o viés sartriano é soberano e, afinal, o próprio Merleau-Ponty se estribava em Sartre, e sua obra derradeira *O visível e o invisível* (Merleau-Ponty, 1976) era um apontamento preciso sobre os principais pontos trazidos ao campo da filosofia por Sartre. Merleau-Ponty morreu fulminado por infarto debruçado sobre os originais de *O visível e o invisível* (Merleau-Ponty, 1976), obra em que mais trouxe a filosofia de Sartre para suas reflexões e que foi terminada por seus seguidores.

Trilhamos caminhos em que as inflexões teóricas, muitas vezes, moldam-se às nossas necessidades de maneira a se distanciarem até mesmo dos nossos próprios escritos sobre a prática da psicoterapia. Isso significa dizer que nem sempre conseguimos atuar segundo o que preconizamos em nossos escritos, mas isso é algo da própria dinâmica da vida, com suas nuances e alternâncias. E parece algo cíclico, a cada novo capítulo a necessidade de nos retratarmos diante das teorias estanques que parecem sempre cobrar, a partir de seus teóricos, muitas vezes sem qualquer confluência com a prática clínica propriamente dita, posturas e ditames que a experiência clínica distende, muitas vezes, totalmente da teoria em si.

Nesse nosso momento de Outono, com as noites emolduradas pela Constelação de Leão, em Paris; é Primavera, uma das mais lindas Primaveras dessa vida com a Constelação de Pégaso a emoldurar suas noites azuladas. Caminhar pela Vaugirard e apreciar as Figueiras Brancas floridas, simplesmente indescritíveis. Caminhar na sequência por Saint Germain-dès-Prés e sorver um vinho no Café De Flores, local mítico onde Sartre escreveu seus principais postulados teóricos e filosóficos. Ele não tinha um lugar fixo, por essa razão sua mesa não é preservada, pois ele se alternava de acordo com o dia e temperatura, mas de qualquer maneira, sentar em uma de suas mesas é se energizar da força e da magia que emana desse local.

Na realidade, é como se estivéssemos dizendo a tantos acadêmicos e profissionais que seguem nossos escritos que, apesar de sermos referência teórica na quase totalidade dos centros acadêmicos do Brasil e também de outros tantos países, muitas vezes saímos do vergalhão de sustentação da rigidez teórica. Falamos em proposta de intervenção clínica a partir de determinados parâmetros teóricos, mas mostramos em muitas ocasiões detalhamentos que se divorciam desses arcabouços trazidos pela teoria em si.

Talvez, e isso na realidade é preponderante para compreensão de nossa proposta de intervenção clínica, seja necessário o desprendimento das amarras teóricas que se tornam estanques diante da própria dinâmica trazida pela atuação do processo psicoterápico em que a dor e o sofrimento do paciente estão a determinar continuamente e sem qualquer interrupção novas normas de compreensão e atuação.

E isso, mais do que uma justificativa diante de possíveis e esperadas críticas dos teóricos, torna-se, em realidade, um contraponto à própria dinâmica de transformação que a vida está a exigir constantemente. Mudamos nossos constitutivos de valores ao longo da vida. Igualmente é verdadeiro que a vestimenta teórica que abraçamos para estribar nossa intervenção psicoterápica vai se distender de sua proposta e envergadura originais na medida em que as coisas se enfeixam na realidade de dor e desespero do paciente.

Da falácia da neutralidade...

Um a das cantilenas mais ouvidas quando se aborda a questão da psicoterapia, seja ainda nas lides acadêmicas, seja nos cursos de formação de psicoterapia já em nível de pós-graduação, é a idiotia de que a psicoterapia deve ser neutra. E também de que a psicoterapia deve ser uma tela branca sobre a qual o paciente irá projetar suas questões de vida.

Nada mais falso.

Inicialmente, devemos assumir que não existe neutralidade em nenhuma esfera da vida humana. Não existe nenhuma atitude humana que não tenha uma intencionalidade em seu bojo. E, ademais, a neutralidade é algo que não existe por mais que se queira arvorar tal ideia. O tão citado distanciamento de posições políticas presentes em muitas narrativas profissionais e sociais, não pode ser chamado de neutralidade e sim de conivência com uma determinada posição estabelecida de poder, seja ela representada por governos e suas confluências, sejam ainda instituições que determinam condutas e padrões administrativos e correcionais dos mais diferentes matizes. O quietismo presente nesse suposto distanciamento nada mais é do que total anuência ao poder estabelecido. Da mesma maneira em outras esferas da vida social que envolvem as nuances da condição humana.

No campo específico da psicoterapia deixamos a neutralidade para trás quando escolhemos uma determinada abordagem teórica. Essa escolha, por si, implica em adotar as posições de valores, sociedade e de homem trazidas por essa abordagem. Assim, como mera citação, ao adotar a psicanálise como orientação teórica para a prática psicoterápica, está igualmente adotando seus valores, construtos e axiomas. O psicoterapeuta que trabalha com essa abordagem terá diante de si um paciente que terá problemas em seu inconsciente e caberá a ela desentranhar esses fatos fazendo um encadeamento causal desde a sua infância, pois esse é o encadeamento de sua proposta teórica.

Um psicoterapeuta existencialista, por outro lado, não acredita no nexo causal que determina sofrimentos psíquicos a partir de enfeixamentos de fatos necessariamente vividos no passado, tal como preconizado pela psicanálise. E também não acredita no conceito de inconsciente, ou seja, terá uma maneira de atuação bastante diferente daquele que se orienta pela psicanálise. O paciente, então, diante desses dois modelos de psicoterapia, e apenas para ficarmos em dois modelos dentre as incontáveis vertentes teóricas existentes, terá um desenvolvimento direcionado a partir da ótica teórica que embasa a psicoterapia a que está sendo submetido.

De modo geral, o paciente quando chega à psicoterapia vem com a sua vida explicada por esse nexo causal que, de modo imperativo, determina as explicações da condição humana. Seja pelo determinismo que a psicologia adotou de outros procedimentos científicos, seja ainda pela proeminência da psicanálise na estruturação das grades curriculares dos cursos de psicologia, temos uma situação de quase totalidade de pessoas que chegam com a vida toda encadeada a partir de conceitos de causalidade com nexos causais ocorridos em seu passado. E a simples mudança desse paradigma nos processos psicoterápicos que não trabalham com esse nexo causal já é, por si, algo difícil de ser assimilado por muitas pessoas.

Certamente é muito mais cômodo trabalhar com esse nexo causal e procurar uma explicação absoluta para o encadeamento dos fatos de nossa vida. O mais difícil, e disso não resta a menor dúvida, é abordar questões que envolvam tanto o passado como a perspectiva de futuro em que, muitas vezes, reside toda a dificuldade de enfrentamento vivida por um determinado paciente.

E, de maneira bastante concisa, podemos afirmar ainda, e sem qualquer titubeio, que ao abraçarmos uma determinada teoria o fazemos por questões de aceitação de seus pressupostos e de plena identificação com eles. Assim, alguém que tem sua vida pautada pela racionalidade extrema, apenas numa mera citação, terá grande chance de identificação com a psicanálise e seus derivados, isso em razão de sua estruturação teórica toda calcada na racionalidade de nexo causal.

E o modo como uma determinada teoria está vincado na figura do psicoterapeuta é notório e quase não permite dúvidas. Se descrevermos, por exemplo, um psicoterapeuta de terno, cavanhaque e a fumar cachimbo e perguntarmos sua vertente teórica, a resposta quase por unanimidade é que se trata de alguém que professa pela psicanálise em sua prática clínica. Também é fato que analogamente, ao contrário, não se pode conceber alguém da vertente existencial ou de Gestalt Terapia, ou reichiana e seus derivativos nesse enquadre de terno e gravata. Seria um engessamento para esses psicoterapeutas, difícil até mesmo de se conceber.

Ao se adotar a vertente sartriana, de outra parte, para se embasar a prática clínica, a determinante principal dessa escolha será a confluência de sua concepção de valores, e principalmente seu comprometimento com as causas sociais de nossa contemporaneidade. Jamais o enunciado sartriano pode ser considerado sem levarmos em conta seu posicionamento político, suas lutas contra a opressão social que pesa sobre os desvalidos e combalidos. Mesmo Laing e Cooper (1976), ao construírem o postulado sobre o qual se fundamentaria toda sua reflexão sobre a condição opressora da psiquiatria, o fazem embasados na reflexão social e de opressão efetivada por Sartre (1996). Ou seja, seus postulados teóricos sobre a configuração da psiquiatria como instrumento de opressão das classes dominantes teve na reflexão sistematizada por Sartre de como os mecanismos de aliciamento social se utilizavam de teorias para oprimir e ceifar de reflexão crítica todo e qualquer posicionamento contrário. Ao refletirem sobre como as próprias teorias que explicavam as psicopatologias, eles sinalizaram, e sempre a partir da obra de Sartre (9996), como a própria construção dessas teorias ia ao encontro dos princípios do capitalismo mais torpe e sórdido que se pode conceber. Como mera citação, eles pontuam que um dos indícios de recuperação desse paciente é sua condição de pragmatismo às atividades funcionais dentro da perspectiva capitalista (Laing; Cooper, 1976). Simples assim, alguém será considerado livro de patologia quando está apto para desenvolver atividades dentro do leque de opções oferecidas pelo capitalismo em sua estruturação de empregos funcionais que visam apenas e tão somente a sobrevivência parca e de total escassez de uma vida envolta em dignidade.

Não se pode pensar em uma perspectiva sartriana e não se considerar a inserção desse paciente em sua realidade social. Também é necessária a compreensão da configuração das condições em que a opressão social vincou sua vida e até mesmo sua subjetivação. Desse modo teremos a maneira como essa compreensão humana se vincou em nós por essa simetria de valores, ou seja, ao adotarmos a ótica sartriana na psicoterapia estamos igualmente professando sua luta por uma sociedade mais justa, digna e fraterna.

Não é possível sequer conceber alguém que se intitule sartriano e professe valores contrários aos defendidos por ele durante toda sua vida. Não se pode perder de vista que pareado aos seus trabalhos filosóficos ele era militantes das causas de justeza social indo até mesmo para as manifestações de rua em defesa dessas bandeiras.

Uma psicoterapia libertária e que traga em seu bojo as marcas do nosso tempo; um processo que envolva as dores do paciente com a maneira como ele tenha sido forjado dentro de sua inserção social; um processo dinâmico que esteja a desobstruir caminhos dos obstáculos que impeçam seu desenvolvimento e crescimento pessoal; uma psicoterapia que seja alicerce para o fortalecimento emocional rumo a paradigmas verdadeiramente humanos de construção de relações interpessoais mais fraternas e por assim, dizer, apesar da redundância, mais humanas.

Estamos circunstancialmente crivados de valores que nos impelem a grandes transformações na condição de psicoterapeutas, seja pelo acolhimento feito aos nossos pacientes, seja ainda pelas próprias reflexões efetivadas a partir desses atendimentos. E a partir da ótica sartriana, estamos também envolvidos de modo inextricável na propagação de valores de justeza e dignidade humana.

Somos reféns da teoria que abraçamos para orientar nossos caminhos profissionais, e isso, de maneira absoluta, nos impele a transformações pessoais contínuas para que essas teorias sejam algo que possa se propagar em nossas vidas de modo absoluto. Ou ainda nas palavras de Bornheim (1984) porque Sartre é mais que Sartre; deve-se até dizer que, de certo modo, somos todos sartrianos. É dizer que todos que desejam e almejam uma sociedade mais justa e fraterna são seguidores de Sartre, mesmo sem saber. O individualismo, por exemplo, não delimita tão somente um problema particular, nem se restringe a caracterizar o comportamento de tal individuo; mais do que isso, define a própria atmosfera social do homem contemporâneo. Certamente o homem consegue superação diante do individualismo, mas ele o faz vencendo essa dimensão da sociedade contemporânea.

É ainda de Bornheim (1984) a melhor explanação da contemporaneidade das ideias de Sartre ao afirmar que podemos apenas vislumbrar, de um modo pobre e primitivo, o que seja uma comunidade religiosa, centrada no sagrado, se nos refugiarmos em pequenos núcleos populacionais do interior. Refugiar é bem a palavra: faz-se necessário sair da órbita do mundo propriamente civilizado. É dizer que ao adentrarmos na reflexão trazida por Sartre estamos indo ao encontro de novas perspectivas de vida, perspectiva de algo decididamente mais humano, e por assim dizer contemporâneo.

E isso tudo ao ser trazido para o campo da psicoterapia igualmente nos lança em novo patamar de reflexão ao problematizar a vivência do homem atual em todo o seu momento de tanta turbulência e efervescência social. Um dinamismo que faz que com deixemos de lado essa falsa conceituação de neutralidade propagada por outras abordagens. Ou ainda, como ensina a sabedoria popular, *neutralidade é água morna, não serve sequer para fazer chá...*

Sobre a fenomenologia. Ou de como estou distante da fenomenologia...

Na estupenda introdução de uma de suas principais obras, *Fenomenologia da Percepção*, Merleau-Ponty (1999) assevera que fenomenologia só é possível antes do surgimento da consciência. É dizer que, uma vez que se adquire consciência dos fatos e por assim dizer do mundo, a redução fenomenológica, tal qual proposta pelos principais teóricos, é algo praticamente impossível. Sempre teremos uma memória afetiva diante de alguns fatos ou fenômenos. Assim, no clássico exemplo da maçã, quando é proposto que se faça uma suspensão para apreensão de sua realidade a partir apenas e tão somente do que é observado e apreendido pela consciência, temos de antemão que a maçã por si pode evocar lembranças e vivências despertadas até mesmo pela sua simples constituição olfativa.

Merleau-Ponty (1999) assevera que enquanto tenho um corpo e através dele ajo no mundo, para mim o espaço e tempo não são uma soma de pontos justapostos, nem tampouco uma infinidade de relações das quais minha consciência operaria a síntese e em que ela implicaria meu corpo. É dizer que as coisas se justapõem em uma lógica que não é concebida teoricamente. Não estou no espaço e no tempo, não penso o espaço e o tempo, em realidade eu sou no espaço e no tempo, sendo que meu corpo se aplica a eles e os abarca. Ao nos referirmos como fenomenólogos, estamos abarcando um compromisso bastante complexo e de difícil magnitude. Talvez a melhor definição seja algo como postura fenomenológica, pontuando que seguimos determinados princípios, mas com consciência plena de sua dificuldade e amplitude de serem inseridas em uma prática psicoterápica. E mesmo essa postura desmorona totalmente diante da minha prática envolvendo pessoas envolvidas com a autodestruição.

De outra parte, ao nos definirmos como sartriano nos distanciamos dos princípios angulares da fenomenologia. Embora a obra que tenha tornado Sartre um dos principais arautos do existencialismo *O Ser e o Nada* (Sartre, 1998) tenha como subtítulo *Ensaio de Ontologia Fenomenológica* é muito difícil Sartre ser considerado um autor primordial aos estudiosos de fenomenologia, isso em que pese seus trabalhos *L' Idiot De La Famille – Gustav Flaubert* (Sartre, 1971) e também *Saint Genet – Ator e Mártir* (Sartre, 1976), em que ele empreita uma análise fenomenológica dessas duas personagens como poucas vezes se viu na seara da filosofia. Mas o fato de ele não ter proximidade com a proposta inicial de Husserl, e também com a de Heidegger faz com que não seja presente nas lides da fenomenologia como autor primordial e fundamental.

Bornheim (1984) afirma que a fenomenologia sartriana, longe de ser simplesmente um método, encobre isto: o abandono do homem à usa condição humana. É dizer que os pressupostos metafísicos de Sartre apresentam um teor muito mais amplo e muito mais profundo para essa reflexão meramente definida como fenomenológica. Esses pressupostos se fundem em dois constitutivos básicos. O primeiro consiste na perda de vigência do fundamento, na destruição da função fundante do fundamento; e o segundo nos lança diante da dicotomia sujeito-objeto ao desamparo de algo que não se resolve por si. E nessa medida se falar em fenomenologia sartriana seria desenvolver um método que não apenas seria contrário aos métodos tradicionais da fenomenologia, como principalmente, estabelecer novos paradigmas de análise e compreensão da condição humana.

E se considerarmos então, que Sartre foi trazido para o campo da psiquiatria e psicoterapia, como citado anteriormente, por Laing e Cooper (1976) a partir da *Crítica da Razão Dialética* (Sartre, 1996), essa excludência da seara da fenomenologia se torna praticamente irreversível.

E assim também estamos adotando uma postura fenomenológica, mas recusando a definição de fenomenólogo. Esse contraponto é sempre necessário para que não se pontue contradições entre o que descrevemos em nossa prática psicoterápica e os enunciados de fenomenologia. Sou psicoterapeuta existencial sem qualquer outro complemento. Assim me apresento e assim me sinto mais confortável para poder transitar pelos caminhos da psicoterapia.

Em trabalho anterior, *Atitudes do psicoterapeuta diante dos casos de suicídio* (Angerami, 2018), refletindo sobre a psicoterapia diante da autodestruição, certamente seríamos execrados de qualquer seara da fenomenologia se tivéssemos a pretensão de descrever esse trabalho como sendo fenomenológico. Ao contrário, a psicoterapia diante da autodestruição possui manejos tão específicos e precisos que contradiz até mesmo muitos enunciados da própria psicoterapia. Propomos diretividade e assertividade que distam dos princípios da fenomenologia e de muitas correntes em psicoterapia. E verdadeiramente mais do que a busca de enquadre em qualquer parâmetro de conceituação teórica das correntes psicoterápicas, a questão da autodestruição sempre está exigir detalhamentos que nos colocam muitas vezes à margem de tais questionamentos. Ou ainda nas palavras de Sartre (1976): "isso é falso, não, isso é verdadeiro. Assim é tudo que se fala sobre o homem e a loucura", ou seja, sempre estaremos em parâmetros de relativismo diante da tentativa de compreensão da condição humana, jamais de qualquer valor absoluto.

Em verdade, após anos de atuação como psicoterapeuta, temos claro que somos forjados pela prática que se entalha diante da dor e do sofrimento exibidos pelo paciente. Aprendemos que nossa intervenção é algo que precisa ser dimensionada no momento preciso da psicoterapia, diante da dor do paciente, e sem qualquer possibilidade de interrupção do atendimento para consulta a livros, supervisão ou qualquer outro recurso que se queira arrolar. A dinâmica é momentânea e não permite titubeio, tampouco questionamento por parte do psicoterapeuta se sua intervenção é ou não teoricamente correta. A atitude reflexiva é sempre posterior e sem a emoção presente no momento em que a intervenção e pontuação psicoterápica foram efetivadas.

O momento da reflexão teórica, sendo posterior, não tem a carga emocional que muitas vezes mostra um paciente totalmente desestabilizado e que exigiu intervenção nem sempre consoante com a proposta teórica que se queira abraçar. Ilustro essas citações com um caso clínico atendido por mim recentemente.

Caso Clínico – O adolescente Vitor

Um adolescente de 16 anos, chamado aleatoriamente de Vitor, me fora encaminhado por apresentar sérios indícios de abandono de sua própria condição vital. Embora os adolescentes na atualidade tenha o comportamento, em sua grande maioria, de retração social, e total imersão no celular com o auxílio de fones de ouvido, em total alheamento a tudo que o cerca, algo, inclusive, contrário a outras gerações em que o isolamento social já era parâmetro de algum tipo de sofrimento, o nosso paciente mostrava isolamento ainda mais contundente. O seu isolamento implicava inclusive se ausentar do convívio social até mesmo para refeições e outras atividades que implicavam deslocamento, como ir à escola, por exemplo.

Vitor mal conversava com os familiares, e passava a maior parte de seu tempo no quarto, ora dormindo, ora manuseando o celular com seu fone de ouvido. Estava com os horários invertidos, dormia quando amanhecia depois da madrugada inteira sem dormir manuseando seu aparelho eletrônico. Não ia a escola em razão dessa inversão de horário e já estava com o ano letivo comprometido por excesso de faltas. Ele foi conduzido à psicoterapia pela mãe após encaminhamento médico. Mal ele entrou na sala de atendimento pude observar suas unhas roídas, praticamente carcomidas junto à carne em ferimentos bem sensíveis e perceptíveis. Fazia muito calor no dia em que ele foi ao meu encontro, era um dia muito quente de Verão, com os termômetros marcando 34° no período da tarde, horário em que foi marcada sua primeira consulta. Ele nota que observo suas unhas e tenta esconder as mãos.

Depois de um início oscilante, ele começa a balbuciar palavras sem conexão com fatos que justificassem sua presença junto a mim. E após alguns minutos nessa sequência sem qualquer conexão com nada, pergunto a ele sem qualquer titubeio e de forma diretiva e assertiva:

ninguém desconfia de você usar camisa preta de mangas compridas nesse calor? (sic)

Ele se mostra indignado e perturbado com a pergunta e responde de modo irritadiço:

O QUE VOCÊ QUER DIZER COM ISSO?(sic)

Repito de modo enfático:

apenas perguntei se ninguém desconfia de você usar camisa preta de mangas compridas nesse calor... Apenas isso... (sic)

Ele então, irritadiço, levanta as mangas da camisa e mostra os braços inteiramente cortados, mostrando indícios severos de automutilação, e exclama exibindo os cortes:

Você quer que ande por aí mostrando os braços desse jeito? O que você acha que as pessoas iriam pensar se vissem o meu braço nesse estado. Você é muito sem noção... Tenho que usar manga comprida para ninguém ver isso que me faço na madrugada... E o que você deseja com isso? Imagine se minha mãe ou meu pai, ou meus amigos vissem o meu braço nesse estado? Você tá de brincadeira com essa pergunta... Você é muito sem noção... (sic)

Esse pequeno fragmento de atendimento mostra de modo bastante claro e conciso que o meu modo de intervenção diante de casos de autodestruição é diretivo e assertivo, inclusive com inferência a partir da minha experiência profissional, e não de algo que o paciente pudesse ter falado e insinuado. Não me detive em qualquer momento ao que estava sendo trazido por ele; não houve qualquer insinuação de sua parte que justificasse a minha intervenção sobre essa questão de automutilação. A sessão mal havia começado e seguia de modo totalmente desconexo e não havia nada a justificar minha colocação de modo tão incisivo.

Frise-se ainda que essa era a primeira sessão desse paciente, ou seja, nada sabia de efetivo de suas coisas, salvo coisas esparsas do encaminhamento. Foi uma intervenção certeira, mas não se ateve em nenhum momento ao que o paciente estava colocando em sua fala entrecortada. Certamente, trata-se de uma intervenção que não pode ser denominada de fenomenológica sob nenhum pretexto.

E não se trata de um distanciamento daquilo que poderia ser definido como fenomenologia pura, ou de algo que minimamente tangenciasse seus princípios. Não, ao contrário, de modo algum esse tipo de intervenção pode ser enquadrado em princípios da fenomenologia.

Merleau-Ponty (1999) assevera que tudo o que existe o é como coisa ou como consciência, e não há meio termo. A coisa está em um lugar, mas a percepção não está em parte alguma porque, se estivesse situada, ela não poderia fazer as outras coisas existirem para ela mesma. Na verdade, o que temos é a percepção como o pensamento de perceber. E nesse atendimento pude inferir que por sua condição de vida as mangas compridas estariam a esconder algo frequente em quem está nos caminhos da autodestruição: a automutilação. E minha intervenção partiu de uma generalização que a fenomenologia se distancia por considerar que cada fenômeno é único e sem repetição.

Minha intervenção foi absoluta e certeira, mas partiu de uma generalização incompatível com o princípio de análise fenomenológica de um determinado fenômeno. A percepção de algo abstrato e cuja concepção é formada por anos de convívio com a autodestruição, totalmente distante da apreensão do paciente como um fenômeno único e que não se repete. Ao contrário, minha intervenção mostrou que partia de um princípio totalmente antagônico a isso, ou seja, a generalização de que os adolescentes que enveredam pelo caminho da autodestruição cumprem, dentre outros rituais, também se automutilando.

Evidentemente que existirão muitos jovens que estejam nesses caminhos e que não adiram à automutilação, mas as mangas compridas em um dia de calor escaldante eram indício de algo além de sua unicidade. Era indício de que ele, embora um ser único e com suas especificidades próprias, também fazia parte de um grupo genérico de adolescentes que ao enveredarem pelos caminhos da autodestruição trazem a automutilação em seu bojo. Esse detalhamento mostra que a concepção de apreensão fenomenológica dista de modo abismoso dos atendimentos com esses adolescentes.

O sentir é essa comunicação vital com o mundo que o torna presente como lugar familiar de nossa vida. Esse contato contínuo com pessoas que enveredaram pelos caminhos da autodestruição faz com que possamos perceber e sentir detalhamentos que nos fazem certeiros em nossas colocações, mas certamente distantes das propostas fenomenológicas. É dizer que nos amalgamamos em formas de atendimentos que são pertinentes a temáticas e sofrimentos específicos.

Nos casos de pacientes em que a autodestruição está presente temos peculiaridades que se tornam presentes em filigranas a nos moverem em direção a determinados tipos de intervenção psicoterápica. A percepção abre-se sobre coisas, sentimentos, sensações, é dizer que ela tenta se orientar sobre determinadas formas de apreensão que muitas vezes não está clara nem mesmo para o sujeito dessa apreensão. E tudo na realidade são mera ampliação e sistematização de coisas percebidas, e isso ocorre até mesmo à ciência com seus construtos teóricos e muitas vezes balizados em pesquisas com fortes constitutivos metodológicos.

O jovem que chegou para o primeiro atendimento com camisa preta de mangas compridas em um dia quente, muito quente de Verão, estava incluído no rol de adolescentes que flerta com a autodestruição, e tem na automutilação uma característica peculiar a unir suas desventuras. Mas nada nesse paciente poderia incluí-lo nesse rol que pudesse ter sido apreendido por suas palavras, por algo que sua narrativa estivesse a denotar. Nada, absolutamente nada, mostrava indícios de algo que envolvesse tamanho teor de destrutividade. Merleau-Ponty (1999) coloca que a experiência comum encontra uma conveniência e uma relação de sentido entre o gesto, o sorriso, o sotaque de um homem que fala, e o nosso adolescente mostrou sua conveniência de destrutividade pela simples presença de camisa preta de mangas compridas.

A convicção de ir às próprias coisas se reduz ao que se pretende dizer ou significa, converte-a em sua verdade, descobrindo, então, a adequação do pensamento ao construto teórico, sendo apenas transparência para mim que apreendo o fenômeno segundo meus valores e constitutivos. E verdadeiramente não temos como nos desrevestir totalmente de nossos valores pessoais. Somos crivados como algo disforme em que a névoa da compreensão se mistura em dogmatismo e ceticismo, fatores em princípio excludentes, mas que se mostram presentes nessa proposta de apreensão das coisas sem conceito apriorístico.

Na realidade estamos diante de construtos teóricos que parecem se desfazer diante da prática clínica, ou que se distanciam lentamente daquilo que muitas vezes ensinamos em nossos escritos e aulas. A prática clínica nos direciona para outros aspectos reflexivos, para novos parâmetros de intervenção e acolhimento diante do olhar de súplica do paciente e de sua desesperança.

Uma criança avista um bando de gaivotas na praia e corre em sua direção. Diante de sua proximidade elas correm e batem voo. A criança observa como elas alçam voo e como deslizam pelo espaço depois de baterem as asas continuamente. Deslizam pelo espaço em movimentos circulares em um balé que ao mesmo tempo em que é ode à vida, também mostra a graciosidade de seus gestos. Essa criança, como Merleau-Ponty (1999) assevera, pode fazer fenomenologia dessa experiência, pois não tem consciência desses conceitos e tampouco dos gestos das gaivotas em direção ao infinito, e sequer de que esses pássaros são denominados gaivotas. Sua experiência de apreensão não tem qualquer contaminação com sua condição apriorística, pois nada sabia das gaivotas antes dessa experiência, e tampouco da magia de seu deslizamento no espaço depois de alguns instantes de voo contínuo. E se essa colocação de que a fenomenologia só é possível antes do surgimento da consciência, e a realidade dos fatos e da vida em si demonstra que sim, temos uma condição contínua de superação a cada vez que evocarmos a possibilidade de tentar empreender uma experiência em fenomenologia.

Talvez os teóricos possam fazer grandes digressões sobre fenomenologia, sua abrangência, novas fórmulas para pesquisas, métodos etc. Mas, certamente, diante da prática clínica em que temos a cada instante a necessidade de uma intervenção dinâmica, sem muita condição de balizamento com subsídio teórico, a coisa necessita reformulação. E uma transformação contínua de objetivos que precisam se renovar a cada momento. E isso é imperativo se quisermos nos manter na vanguarda das propostas contemporâneas em psicoterapia.

Muitas vezes sou indagado como se deve atuar em fenomenologia na clínica, e isso até mesmo pelas inúmeras publicações que encabeço e que apresentam fenomenologia como subtítulo, simplesmente respondo que não atuo dentro dos pressupostos fenomenológicos, e que estou aberto ao aprendizado se alguém souber e se dispor a me ensinar. Simples assim...

E por mais que possa soar estranho alguém que escreve sobre psicoterapia e fenomenologia dizer que não consegue atender dentro dos enunciados da fenomenologia, certamente podemos afirmar e quase sem margem para erro, que muitos dos que se arvoram em se denominar como fenomenólogos, certamente também estão distantes da complexidade apresentada pela fenomenologia em sua transposição para a prática clínica.

Sobre a questão da historicidade e das escolhas

Viemos de uma tradição, tanto na filosofia como também nas principais correntes psicológicas, incluindo-se predominante a psicanálise, em que o ser humano é explicado de modo universal sem qualquer inserção com sua realidade social. Assim, as explicações de Freud para a condição humana, apesar de terem sido escritos na realidade vienense do final do século XIX englobam todas as pessoas indistintamente em todas as épocas do desenvolvimento humano. Assim, também os escritos de Sartre em sua primeira fase, e também os principais teóricos em psicologia, Rogers, Reich. Melaine Klein etc.

A inserção da historicidade como fazendo parte de modo indissolúvel da condição humana empreitada por Sartre em sua segunda fase é algo mais abrangente, pois vai situar o sofrimento psíquico a partir da turbulência social vivida por um determinado sujeito. Dessa maneira não teremos mais essa aceitação pura e simples de um determinado paradigma que engloba todos os sujeitos indistintamente sem qualquer detalhamento diferencial. E mesmo que se queira evocar minha inserção em determinados grupos sociais para justificar possíveis padronizações comportamentais, ainda assim, teremos a peculiaridade de como cada sujeito reage a determinados fatores de sua historicidade. Somos resultantes de nossa historicidade ao mesmo tempo em que criamos as condições para continuidade ou mudança dessa sequência de vida.

Sartre (1996) coloca de modo bastante conciso que a tese de que o conflito é a essência das relações humanas não nos deve desorientar. Mas em realidade se existe uma luta sem trégua de todos contra todos ela se processa em uma espécie de guerra metafísica erigida no imaginário, e os confrontos muitas vezes se dão na condição das liberdades de escolhas de cada pessoa na busca de caminhos a serem trilhados, do que propriamente com liberdade política ou escravidão econômica. Vivemos em uma realidade socioeconômica liberal em que o outro passou a ser competidor, algo que faz com que aos poucos nos distanciemos da nossa própria condição humana. Sartre (1996) coloca ainda que nossa história surgiu e se desenvolveu no contexto permanente de um campo de tensão engendrado pela escassez. É dizer que isso define a relação em que estamos de uns com os outros como consumidores competitivos, e reconhecer a si próprio como possuidor de necessidades materiais revela simultaneamente o outro como simples possibilidade de consumir um objeto de que se necessita.

Nessa teia social em que estamos conflagrados em processo contínuo de competição acirrada pelas dificuldades econômicas impostas pelo neoliberalismo se encontra o paciente que chega à nossa clínica. Uma realidade que tal como Sartre (1996) assevera, faz com que se descubra no outro a possibilidade material de seu próprio aniquilamento, através da destruição de um objeto material de primeira necessidade. Isso não significa dizer que todos os homens sejam opressores natos. Sartre coloca que o homem não tem uma natureza permanente, e, assim pode tanto ser humano como canalha, contudo enquanto a escassez não termina, haverá em cada homem, e em todos eles uma estrutura inerte de desumanidade que, em resumo, não passa de negação material enquanto interiorizada.

E aqui temos o indício de violência presente na condição humana, pois a estrutura interiorizada de desumanidade é externada pela violência, percebida sempre como contraviolência.

A violência como contraviolência é um reflexo num espelho sem luz, do amor como o desejo de ser amado. Mas como qualquer um pode competir comigo, o conflito e o objeto da violência são os demais sujeitos de minha contemporaneidade, e não este ou aquele indivíduo em particular. É a condição humana que será atacada. É o humano e nada mais que odeio no inimigo, isto é, eu como o outro, e o que desejo destruir no outro é a mim próprio, para impedir que ele me destrua efetivamente em meu corpo.

A questão da contraviolência, por outro lado, é uma resposta pragmática à violência sentida e experimentada por quem de fato produz a violência social em seus detalhamentos e preâmbulos. A violência produzida pela brutal exclusão social das sociedades modernas é vincada em todos que de alguma maneira são excluídos do conforto e benesses propiciados pela estrutura neoliberal, e a reação espontânea é a contraviolência daqueles que primeiramente são violentados. Assim, pessoas lançadas ao raio de ação da exclusão social e que sofrem na pele todas as formas de desatinos dessa brutalidade de que são vítimas, reagem e provocam uma contraviolência em resposta à violência a que são lançados.

E na realidade, na quase totalidade das vezes, quando vemos alusão à violência social contemporânea o que sempre se enfatiza é o aumento da marginalidade e o surgimento de um sem número de pessoas que cometem crimes contra uma determinada camada da população. O imbricamento desse paradigma não é citado, e tudo se torna uma questão de que algumas pessoas possuem distúrbios de caráter ou algo assim, e, portanto, lançam sua fúria e violência indiscriminadamente contra outras pessoas distantes de seu pertencimento e condição social. Em termos de realidade brasileira, ainda temos o acinte de vermos comparações com a realidade social de países como Suécia, Dinamarca dentre outros em que os índices de violência social e urbana são bastante diminutos. E a análise feita na maioria das vezes pontua essa diferença como se nesses países nascessem pessoas de uma estirpe de valores, caráter, dignidade e mesmo personalidades diferentes daquelas nascidas no Brasil, isso tudo como se a brutal desigualdade social de nossa realidade não tivesse a menor importância na efetivação dessa comparação.

A contraviolência, na quase totalidade das vezes, é vista como sendo a violência inicial contra pessoas que são vitimadas sem qualquer justificativa ou razão plausível. Analisar essa citada violência como sendo, em realidade, uma contraviolência em razão de uma violência que inicialmente brutalizou as relações sociais e simplesmente esterilizou todo e qualquer anseio de uma vida social mais digna e fraterna, é condição primeira para que possamos abarcar essa questão em diferentes ângulos.

Em termos de prática clínica, por outro lado, temos na quase maioria das vezes, pacientes que se apresentam assustados com os efeitos dessa contraviolência em suas vidas. E disso deriva uma série de sofrimentos que podem em alguns casos culminar com síndromes de pânico contra o receio de se tornar vítima dessa contraviolência. E na medida em que vivemos uma realidade permeada pela escassez, em que o que sobra para alguns, falta drasticamente para outros, temos que a violência e a contraviolência se imbricam de modo indissolúvel com aspectos da escassez e se fundem na realidade contemporânea.

A escassez mais cruel é aquela que determina o acumulo de riquezas em uma concentração simplesmente dantesca nas mãos de um número bastante reduzido de pessoas, e que faz com que esses que detêm a riqueza vivam de maneira nababesca enquanto a maioria da população viva à míngua praticamente de migalhas, e sem condições de habitação, saúde, educação e outros itens indispensáveis para uma vida digna. Outro aspecto também bastante contundente e que se mostra de modo bastante claro é aquele determinado pelos aspectos desumanos do consumismo imposto a todas as pessoas indistintamente e que faz com que exista uma total inversão de prioridade daquilo que é verdadeiramente essencial. Seja na busca insana dos novos modelos de celulares, seja ainda na troca contínua de veículo, seja ainda em roupas e tantos apetrechos que são impostos e que leva um sem número de pessoas a sofrimentos extremados por não conseguirem se ater a essa demanda que lhes foi imposta. Ou ainda nas palavras de Sartre (1996), somos todos unidos no sentido de que habitamos conjuntamente um mundo definido pela escassez. Assim, estamos todos enfeixados num campo de *práxis* por nossas diversas necessidades, pela avareza da natureza em fornecer o suficiente para nossa satisfação, e assim a disputa estrutural a que isso nos atira uns contra os outros é inevitável.

Essas contradições surgem de maneira bastante controversa na prática clínica, seja com alterações dessas diversas facetas que compõem a nossa vida em sociedade, seja ainda pelo sofrimento que isso tudo criva de modo profundo na subjetivação dos pacientes. Temos então que, ao adentrarmos nesses questionamentos, estamos acolhendo esse paciente em nuances de sua vida que muitas vezes não lhe são transparentes. É dizer que o instrumental propiciado pela ótica sartriana para a prática da psicoterapia nos ejeta não apenas na vanguarda desses alicerces, mas também nos propicia uma visão mais ampla e abrangente da realidade contemporânea com todas as suas contradições e que está a enfeixar esse paciente de maneira indissolúvel.

Temos então, uma proposta psicoterápica moderna e ousada e que está a dimensionar o sofrimento psíquico inserindo esse paciente em nossa contemporaneidade, e mais ainda, em tentáculos da realidade desestruturante do nosso tecido social totalmente esgarçado pelos modelos econômicos neoliberais implantados na grande maioria dos países. A filosofia sartriana se coloca na dianteira do pensamento crítico de nossa contemporaneidade, e em nosso caso, está também embasando uma prática psicoterápica e conferindo um contraponto agudo e reflexivo sobre suas intervenções diante do paciente, o que faz com que seja dinâmica e capaz de abarcar o sofrimento contemporâneo de modo único.

No estupendo filme Sartre Por Sartre,[1] temos um documentário de mais de três horas e meia em que o próprio Sartre fala de sua vida e de sua obra a partir de comentários feitos por um seleto grupo de amigos e pensadores, incluindo a própria Simone De Beauvoir. Ele narra então, que na prisão do campo de concentração leu Heidegger com a intenção de esclarecer alguns pontos para uns padres que também eram prisioneiros e de quem havia se tornado amigo, e que a partir dessa leitura escreveu a obra que viria a se tornar sua referência principal, e que o situaria como um dos principais arautos do existencialismo, O Ser e o Nada (Sartre, 1998). Nesse mesmo documentário, cita que a reflexão feita sobre a violência presente em *Crítica da Razão Dialética* (Sartre, 1996) e que inclusive fundamentaria Laing e Cooper na criação de sua principal obra sobre antipsiquiatria (Laing; Cooper, 1976), se origina em sua infância a partir de vivências com seu padrasto e colegas de escola, algo totalmente insólito se considerarmos a dimensão que tais reflexões tomaram a ponto de se tornarem referência para questionamentos sobre a violência praticada pela psiquiatria tradicional, e mesmo pelas condições sociais opressoras vividas pela grande maioria das pessoas.

Danto (1975) coloca que em *O Ser e o Nada*, Sartre (1998) nega a possibilidade da estrutura de um *nós*, permanecendo a minha consciência sempre *minha*, mesmo, talvez necessariamente, se penetrada pela percepção dos outros. Na realidade posso experimentar a sensação de nós, mas apenas isso não basta para, nas palavras de Sartre, constituir uma estrutura ontológica da realidade humana (Sartre, 1998), pois essa, de fato, é mais psicológica que ontológica. Danto (1975) assevera que o nós é sempre sentido como tudo o mais deve ser, por uma consciência individual, e não é preciso que aqueles com os quais eu o sinto também o sintam. É dizer que mesmo que assim seja, mesmo que todos nós sintamos como um só e como parte

[1] Sartre por Sartre; Direção: Alexandre Astruc; São Paulo: DVD Versátil, 2018.

de uma comunidade, esse sentimento é distribuído por nossas diversas consciências, e consequentemente, não passa de uma soma de sentimentos individuais, não sendo uma consciência intersubjetiva e um novo ser que ultrapassa e envolve suas partes como um todo em harmonia. Em *Crítica da Razão Dialética* (Sartre, 1996) traz a concepção do ser humano como pertencente inexoravelmente a diferentes grupos, e que sempre estará inserido em grupos, desde o seio familiar até os demais grupos que constituirão parte de sua existência.

O meu lugar na sociedade, e em seus constitutivos de grupos, minha biologia e meu passado não são simplesmente mero determinantes da minha conduta, ou que possam estar aprisionados em simples tergiversações teóricas, ao contrário, atingem papel primordial na análise da condição humana, principalmente se considerarmos a referência à interpretação que deles faço. Isto significa dizer que sou responsável por todos os fatos interpretados, mas para a consciência não existem outros. É dizer que fora da consciência, não existe nenhuma causa para a ação, nenhuma causa inconsciente. E assim temos na escolha o núcleo de intervenção para o campo psicoterápico, e seguramente uma de suas mais fascinantes inovações. As chamadas causas ocultas do comportamento humano são imbricadas, então, nessa questão de escolha empreitada pela consciência.

É fato que ao pensarmos em uma determinada escolha sempre aventamos hipóteses dos resultados a ela inerentes. E na verdade não podemos avaliar uma escolha depois do resultado obtido, afinal quando ela foi efetivada o foi se considerando que essa era decididamente a melhor opção. No momento da escolha não sabemos de modo apriorístico qual será o resultado que dela derivará. Não sabemos as tantas variáveis que poderão se antepor ao resultado dessa escolha ainda que ela tenha sido feita considerando-se as diferentes possibilidades a ela inerentes. Sartre (1970) ilustra de modo magistral essa condição aludindo a uma pergunta feita por um jovem durante a guerra. O rapaz tinha como dilema escolher entre juntar-se à Resistência, e abandonar a mãe, velha e dependente de seus cuidados, ou então, ficar com ela, e consequentemente dar conivência implicitamente à imoralidade abjeta da ocupação alemã. Qualquer das escolhas teria consequências difíceis para se harmonizar em seu ímpeto. Sartre responde com uma colocação bem ao encontro de todo o seu sistema filosófico:

> O que poderia ajudá-lo a escolher? A doutrina cristã? Não. A doutrina cristã reza: seja caridoso, ame seu vizinho, sacrifique-se pelos outros, escolha sempre o caminho mais difícil etc. Qual, porém, é o caminho mais difícil? A quem se deve o amor mais fraterno; ao patriota ou à mãe? Quem pode responder a priori essa pergunta? Ninguém. Nem tal resposta figura em nenhum volume de ética. A ética kantiana recomenda: "Nunca olho o outro como um meio, mas sempre como um fim". Muito bem: se fico com minha mãe estarei a vê-la como um fim, e não como um meio: mas da mesma forma corro o risco de tratar como

> meios os que estão lutando por mim; e o reverso também é verdadeiro: se corro em ajuda aos combatentes, eu os estarei tratando como um fim e, a minha mãe como um meio, Eu tinha apenas uma resposta: – Você é livre, portanto, escolha. Nenhuma regra geral da moralidade pode mostrar-lhe o que fazer (Sartre, 1970).

A questão da violência foi trazida por Laing e Cooper ao campo da psiquiatria e psicoterapia no estupendo *Razão e Violência,* (Laing; Cooper, 1976), obra, como citado anteriormente, que ajudou a erigir e sedimentar a Luta Antimanicomial ao trazer à tona reflexões sobre a violência presente na condição do sofrimento psíquico. Citamos acima como a violência se enfeixa na condição humana e como se faz presente em nossa cotidianidade. E sua condição também aparece no campo da psicoterapia nas mais diferentes configurações.

Arendt (1963) desenvolveu o conceito de banalidade do mal em seu livro *Eichmmann em Jerusalém*, conceito que lhe trouxe críticas ácidas da comunidade judaica e também a polêmica que se mantém até hoje, O livro surgiu na sequência do julgamento em Jerusalém de Adolf Eichmmann capturado pelos serviços secretos israelenses na Argentina em 1960, e que ela acompanhou para a revista The New Yorker. Nessa obra é defendido que, em virtude da massificação da sociedade, se criou uma multidão incapaz de fazer julgamentos morais, razão pela qual aceitam e cumprem ordens sem questionamentos. Ela considerava que Eichmmann foi um dos responsáveis pela solução final, e não deveria ser olhado como um monstro sanguinário isoladamente, e sim um funcionário zeloso que foi incapaz de resistir e questionar as ordens recebidas. Ela faz pontuação sistematizada de que Eichmmann simplesmente se defendeu, argumentando que cumpria ordens sem saber o resultado e consequências dessas ordens. Não era responsabilidade dele se as pessoas embarcadas em determinados trens seriam levadas para a execução final em diferentes campos de concentração. Ele, segundo o que Arendt desenvolveu, era apenas um burocrata a cumprir ordens por mais sanguinárias e irracionais que pudessem se configurar. Não havia questionamentos sobre o que estava sendo determinado para que cumprisse, pois sua concepção de valores se enfeixava nos juramentos de lealdade firmados para a causa nazista.

O mal assim se torna algo banal.

As diferentes manifestações da violência, da qual a banalidade do mal é apenas uma das intercorrências faz parte da nossa cotidianidade de maneira indissolúvel e muitas vezes praticamente incompreensível. É dizer que muitas manifestações de violência que atingem o nosso seio social não devem ser atribuídas apenas a manifestações patológicas das pessoas envolvidas em sua efetivação, e sim nessa patologia social mais ampla que simplesmente legitima de diversas formas a banalização do mal. O executor de uma das tantas chacinas que nos assolam constantemente apenas puxa o gatilho da arma que está em suas mãos, mas a verdadeira patologia está na sociedade com sua total convivência com essa barbárie. A banalidade do mal está tão presente em nossa cotidianidade que as pessoas sequer parecem se sensibilizar com esse festival de horrores presentes em nossas vidas. O número de mortes presentes em cada chacina se torna apenas estatística macabra a moldurar tamanhos descalabros.

Da mesma maneira quando arrolamos os casos de suicídio que diariamente ceifam milhares de vidas mundo afora estamos apenas falando de números frios e estáticos, totalmente distante do sofrimento dessa alma ensanguentada em dor que busca pela morte para colocar fim ao seu desespero incontrolável. Uma morte é sempre uma perda irreversível para as pessoas próximas de alguém que perde a vida seja pela razão que for. É dizer que ao falarmos em números e estatísticas não estamos falando da vida humana em si, e sim de cálculos que podem servir ao estatístico, ou a estudiosos que se debruçam sobre a quantificação das tragédias presentes na condição humana. Mas quando estamos diante de um caso em que o desespero humano se faz presente temos, então, a dimensão da irreversibilidade trazida pela morte a todas as pessoas envolvidas em seu entorno. Então, a dimensão de que uma morte sempre é uma perda irreversível ganha tons de dramaticidade e supera possíveis dados estatísticos arrolados nas inúmeras pesquisas feitas sobre a condição humana.

A nossa historicidade com seus detalhamentos de inserção social, e mesmo nossa facticidade irão dar um constitutivo ao modo como veremos e representaremos o mundo. E isso não pode ser deixado de lado diante do paciente em seu processo psicoterápico. Alguém, em uma mera citação, que vive em São Paulo, provavelmente terá uma compreensão sobre questões de sexualidade muito diferentes de alguém que viva em alguma cidade pequena nos rincões do sertão. Certamente os valores morais e pessoais erigidos nessas sociedades trarão nuanças de compreensão que farão com que seja impossível colocá-las no mesmo bojo para apreensão de detalhamentos que possam estar presentes nesses casos. Filigranas que não podem ser questionados a partir de outro balizamento que não o de próprio paciente.

Laing (1982) assevera que a total confirmação de uma pessoa por outra é uma possibilidade ideal raramente realizada. Para questões práticas, ou mesmo objetivas a confirmação vai apenas até determinado ponto, aquele que a nossa percepção consegue alcançar. É dizer que por mais informações que se possa ter de um determinado paciente, ainda assim, não teremos como abarcar jamais a totalidade de sua complexidade em termos de sentimentos e valores que compõem seu constitutivo humano. Sempre estaremos limitados à dialética que ocorre nas sessões de psicoterapia e com aquilo que se observa e se apreende de seu comportamento durante as sessões. E isso verdadeiramente não se configura nem tangencialmente sobre a totalidade de alguém em seu constitutivo verdadeiramente humano. Sem dizer que mudamos constantemente nossos valores a partir das intempéries da vida, ou seja, não estamos diante de algo estático que pode ser paralisado para ser observado e analisado. O real se transforma no correlativo do pensamento, e o imaginário é o círculo de pensamento daquilo que a percepção alcança sequencialmente idealiza. Merleau-Ponty (1999) coloca que a reflexão guarda tudo da fé perceptiva: a convicção de que há qualquer coisa, que há no mundo, a ideia da verdade, a ideia verdadeira dada.

Fundamentalmente é necessária uma compreensão abrangente sobre o paciente de tal sorte que seus constitutivos de vida sejam acima de tudo considerados e respeitados. O segredo do mundo que procuramos é necessário que esteja contido em meu contato com ele. De tudo que se vive, da historicidade que nos impõe peculiaridades específicas diante da vida e dos fatos em si.

A percepção que tenho dos fatos e da vida não se acoplou em mim por um processo cósmico, ao contrário, foi sendo forjada pela minha historicidade, ao longo das minhas experiências de vida. Essa percepção se abre ao campo perceptivo do paciente igualmente forjado em sua vivência, e dessa amalgama temos a construção de uma interação subjetiva em que seu processo de soerguimento irá se erigir.

A Suinã é uma árvore que tem sua florada no Inverno, uma das mais lindas floradas de Inverno. Suinã em tupi significa bico de arara, nome dado pelos indígenas pela similaridade do formato de suas flores com o bico da ave. No Verão suas folhas apresentam de um verde muito marcante, viçoso e vigoroso. No Outono as folhas começar a ficar encarquilhadas sendo lançadas ao chão para no Inverno darem surgimento a uma das mais lindas floradas dessa vida, a florada da Suinã com suas flores vermelhas e um tucho marrom a emoldurá-las. Essa transformação exibida nas Suinãs e também em outras árvores é a transformação que se busca na psicoterapia, a historicidade lançando folhas encarquilhadas para o surgimento da florada da vida, da exuberância da superação em que pese adversidades climáticas e fatoriais. Das floradas nas árvores para a florada da vida, processos de transformação que não podem ficar a esmo sem um acolhimento detalhado e cuidadoso. E ao lançar como exemplo da florada da Suinã está evidenciando minha historicidade diante de sua transformação, e minha proximidade com o fenômeno das floradas das diferentes árvores da nossa fauna. Algo que me é peculiar e que está vincado em minha vida de modo indissolúvel, o que significa dizer que as flores não me são indiferentes, e a cada estação diferencio suas respectivas floradas. Essa característica dará matizes bastante específicos ao meu olhar diante das ruas e suas árvores, como também sobre o significado dessas transformações na própria vida.

Os aspectos que configuram o constitutivo de uma pessoa é algo que precisa ser balizado de modo que a compreensão de sua peculiaridade não se perca diante de nossos escopos teóricos. A percepção do psicoterapeuta não pode estar limitada a aspectos que não considerem, não apenas a expansão da consciência em tudo que pode por ela ser apreendido, como também os determinantes que fazem um paciente ser o que ele de fato é, um ser em constante transformação e que está em busca da ajuda propiciada pela psicoterapia. E por mais que possa haver razões e determinantes a justificar a busca pela psicoterapia, não existe jamais alguém que procure por esse processo que não esteja sofrendo em níveis emocionais. Jamais alguém irá ao psicólogo para dizer que está tudo bem com sua vida e que marcou consulta para comunicar tal fato. Igualmente ocorre com o médico, advogado etc. Ninguém marca consulta com qualquer profissional para narrar que sua vida está plena de realizações. Ao contrário, qualquer desses profissionais é procurado quando o sofrimento está estrangulando a alma e dilacerando o coração. É dizer que cada paciente, embora tenha suas especificidades, peculiares em seu constitutivo de vida, ainda assim, apresentam a mesma motivação quando buscam pela psicoterapia, ou seja, procuram por ajuda em seus desatinos emocionais. Esse aspecto é bastante interessante no sentido de um balizamento preciso sobre os determinantes que estão no sustentáculo do processo da psicoterapia. Sejam problemas derivados de comportamentos autodestrutivos, dificuldades em relacionamentos interpessoais, questões de desenvolvimento pessoal, ou qualquer outra coisa que se queira arrolar, a psicoterapia é sempre buscada como ajuda, e muitas vezes como uma tentativa desesperada de soerguimento de vida. E muitas vezes até como a última alternativa buscada nessa trilha de desespero e dor.

E de outra parte, ao se falar na possibilidade de uma psicoterapia estruturada sob a égide da filosofia de Sartre, e no nosso caso com predominância em *Crítica da Razão Dialética* (Sartre, 1996), estamos nos abrindo à possibilidade de uma inserção desse paciente em uma possibilidade não apenas de sua historicidade, mas também de sua inserção nas questões que envolvem as contradições sociais da contemporaneidade. E ao elencarmos como prioridade a inserção desse paciente em nossas contradições sociais sua historicidade estará sendo alçada a patamares de pleno respeito à sua unicidade, e peculiaridades. Nesse sentido ampliamos a compreensão da condição humana para além da ontologia presente nas obras do primeiro período da filosofia sartriana em que não havia possibilidade de um nós, ainda que o outro estivesse transpassado na relação, aliás, posicionamento revisto pelo próprio Sartre que estrutura, então, sua obra para essa amplitude.

A psicoterapia, então, é erigida sobre tentáculos em que o paciente juntamente com seus dramas e questionamentos pessoais também terá sua inserção social imbricada em nossa compreensão de modo indivisível e irreversível. Somos uma totalidade existencial que se expande além da nossa própria corporeidade para transcendermos nossa consciência para horizontes libertários que estão além da estrutura individual de uma determinada pessoa.

Escrevemos sobre uma psicoterapia que está em constante mutação, uma psicoterapia que se renova a cada instante na medida em que esse paciente também está em contínua mutação. É dizer que ao nos decidirmos por um embasamento na filosofia de Sartre, estamos determinados na aceitação dessa mudança contínua em nossas pilastras na medida em que as contradições sociais se alternam com velocidade cósmica. Como mera citação dessas colocações, podemos refletir sobre o que está ocorrendo com a classe média brasileira nos últimos anos. De uma situação pujante com condições satisfatórias de vida em todos os aspectos presentes nesse quesito, no espaço de praticamente uma década viveu a perda de sua condição econômica se depauperar de modo irreversível. Significa dizer que o sofrimento emocional presente nas pessoas desse segmento irá apresentar filigranas bem específicas dessa condição mutante. Seja pela necessidade de mudança da escola dos filhos; mudança residencial para bairros mais simples e toda uma infinidade de detalhes presentes nessa perda contínua de condição econômica. Dessa maneira o arcabouço teórico, a embasar nossa prática psicoterápica, necessita estar afinado com tais mudanças para não ser estático, ou simplesmente errático por estar preso a princípios estanques e que não acompanham a dinâmica das mudanças sociais. As transformações sociais impelem a mudanças constantes de valores e signos sociais, ou seja, algo que podia ser valorizado em determinada época no quesito de costumes perde completamente a importância em momento seguinte. É sempre importante pontuar que uma das principais obras que fazem a pontuação entre o existencialismo e a psiquiatria, *Existencialismo e Psiquiatria* (Seguin, 1949) quando de sua publicação não tinha nenhum autor que havia se debruçado sobre a filosofia de Sartre para fazer essa transição. Nessa obra, Seguin (1949) traz os principais autores que trouxeram a filosofia de Heidegger para o campo da psiquiatria e da psicoterapia, e no tocante à obra de Sartre temos o próprio Sartre se pronunciando e dizendo que o importante é que era possível essa transcrição de sua obra filosófica para o campo da psiquiatria. Somente na década de 60 surgem predominantemente Laing e Cooper e fazem essa justaposição, e por assim dizer estabelecem um marco divisório no campo da psiquiatria, pois de suas obras se originam, como foi dito anteriormente, toda a sustentação teórica e filosófica da Luta Antimanicomial. A obra de Seguin (1949) não foi atualizada, e embora ainda hoje sirva como importante referência teórica no campo da psiquiatria por trazer o pensamento dos principais autores heideggerianos, sua lacuna em relação à Sartre a faz totalmente desatualizada em relação as transformações oriundas a partir de sua filosofia no campo da psiquiatria.

E de modo geral com a contínua evolução tecnológica que assistimos antes pasmos, mas com total assimilação dessas transformações na sequência, e que impelem diferenças entre gerações que saem do campo meramente geracional para se tornarem algo que ainda necessita definição. Assim, tal qual o exemplo citado anteriormente do adolescente atendido em razão de ideação autodestrutiva, temos que, em gerações anteriores, o isolamento era o primeiro indício de dificuldades emocionais e de interação com outras pessoas. Isso, nos dias atuais é algo que não pode mais ser considerado dessa forma, pois o comportamento padrão do adolescente contemporâneo é justamente o isolamento e o relacionamento virtual a partir de seus apetrechos tecnológicos. Ou então que se dizer da moral sexual da atualidade e de décadas atrás? Certamente tivemos uma reviravolta nesses valores morais que é praticamente impossível não estarmos atentos a tais mudanças se verdadeiramente pretendemos empreitar uma psicoterapia sintonizada com seu tempo.

Algo que percebo nesses quase 40 anos em que atuo como psicoterapeuta, inclusive, é a mudança de perfil do próprio paciente. De início quem recorria à psicoterapia eram predominantemente mulheres, como se apenas elas e tão somente elas tivessem problemas emocionais. E aos poucos essa equação foi se equilibrando de tal forma que hoje essa predominância não mais existe, assim como os conteúdos que constituíam o sofrimento dos pacientes. E algo que se tornou muito presente na maioria dos atendimentos, independentemente de seus desatinos emocionais, é a desesperança[2] com o futuro. Essa desesperança parece dominar a todos de forma irrebatível. É como se aos poucos os tantos desatinos e decepções presentes em nossa realidade social fossem nos levando a uma total descrença de uma nova condição de vida em sociedade. Seja pela violência que se espraiou de modo indescritível; seja pela ação dos nossos governantes; seja enfim por um sem número de fatos a nos circundarem, a questão é que estamos cada vez mais assistindo a desesperança tornar-se um dos principais desatinos emocionais a ceifar com a condição psíquica de tantas pessoas. Perde-se a esperança no futuro, nas relações interpessoais, e em tantas coisas e, muitas vezes, até mesmo na própria condição humana. E isso se torna algo interessante de análise na medida em que os desatinos pessoais veem acrescidos da desesperança, como se fosse algo a estabelecer uma unicidade entre os pacientes, e na realidade, talvez, entre as pessoas em geral.

E verdadeiramente a perda da esperança é algo que nos deixa atônitos e preocupados com o desenrolar dos fatos. Afinal, por pior que possa estar a vida de uma determinada pessoa, seja pelas razões que for, enquanto houver esperança significa que ela continuará a perseverar em sua luta tendo a esperança como força motriz de transformação. A falta de esperança, por si, já é tediosa, algo que leva ao quietismo e imobilização diante das dificuldades. Na medida em que assistimos ao crescimento desse cenário de desesperança é como se algo estivesse se quebrando de modo irreversível, pois o caótico cenário social de nossos dias certamente será transformado quando houver uma mobilização decisiva a partir da esperança irrebatível nessas transformações. A desesperança é o fim dos sonhos de transformação social; é o fim da capacidade de se acreditar

[2] Dom Paulo Evaristo Arns era cardeal arcebispo de São Paulo durante o período turvo da ditadura militar que assolou o Brasil durante 20 longos anos. Nesse momento ele criou a Comissão Justiça e Paz de São Paulo com o determinante de defender os direitos humanos tão vilmente assolapados. E uma de suas frases mais emblemáticas para o enfrentamento dessas atrocidades era: "Não perder a esperança jamais".

em uma nova realidade social e econômica; em uma sociedade mais justa e fraterna, pois a desesperança nos leva a uma condição de disputa em que o outro é sempre adversário, tal qual é preconizado pelo modelo de economia liberal tão em voga em grande parte do mundo.

Escrevemos sobre a realidade brasileira, mas infelizmente essa imposição do liberalismo econômico que ceifa milhares de vida cotidianamente pela concorrência predatória e desumana é predominância mundial, algo imposto pelas grandes potências e que está dragando de modo irreversível os países em desenvolvimento.

O sofrimento emocional trazido a um sem número de pessoas e que é derivado diretamente desse modelo competitivo e desumano, certamente precisa de novos parâmetros de compreensão, pois estamos diante de pacientes que apresentam um novo constitutivo de sofrimento e que precisa ser alcançado com a pertinência de seus tentáculos envolventes.

Interessante observar que esperança tem sua raiz etimológica em esperançar, ou seja, ir atrás de algo positivo, de algo que seja transformador. É dizer que ao contrário do que se diz comumente esperança não é esperar, ficar a espera de algo em total imobilismo. Nesse sentido quando vemos alguém desesperançado significa dizer que simplesmente perdeu a condição de ir atrás de algo transformador, de significado novo para sua situação de sofrimento.

A presença da desesperança no discurso da quase totalidade do pacientes é indício maior do tanto que as adversidades sociais estão sendo transpassadas para a subjetiva, e num processo análogo se tornando algo vincado na própria historicidade desse paciente. É dizer que assistimos paulatinamente um sem número de pessoas simplesmente se entregarem em posição de quietismo e resignação diante das adversidades dos fatos. E isso verdadeiramente é o pior cenário, pois qualquer perspectiva de mudança implica em ação, enfrentamento aos desígnios da adversidade. Vamos ilustrar essas colocações com um caso clínico.

Caso Clínico – A Vida de Manuel

Nosso paciente, chamado aleatoriamente de Manuel, era um homem de 57 anos de idade, engenheiro e que havia perdido seu trabalho em uma grande empreiteira no interior da Bahia em razão dos sérios desmandos do país. No momento trabalhava como motorista de UBER para tentar sobreviver; já havia mudado significativamente seu padrão de vida, pois em razão de não contar mais com o salário anterior muitas coisas haviam sido cortadas em sua cotidianidade. E por mais que pudesse se esforçar nessa nova atividade, sua remuneração não chegava sequer minimamente a fazer frente aos gastos financeiros anteriores erigidos a partir do ganho anterior quando trabalhava na citada empreiteira. A própria mudança de volta para São Paulo já era indício de que as coisas precisariam de uma nova acomodação para que a vida pudesse minimamente ser mantida com dignidade. Afinal, São Paulo era sua terra natal, local onde moravam seus parentes e também os de sua esposa, e, ademais, a permanência na cidade baiana só se justificava diante do emprego na empreiteira. De volta a São Paulo, deparou-se com a realidade amarga do desemprego que assola o país impiedosamente. Depois de procurar por trabalho incessantemente em sua área, passou a trabalhar de UBER para minimamente fazer frente às despesas básicas de sua família. Sua esposa também passou a trabalhar fazendo doce e salgados por encomenda para festas e eventos. Os filhos, que anteriormente estudavam em colégios particulares foram matriculados na escola pública, e dessa maneira uma nova forma de vida se estruturava para todos. Novos hábitos, novas formas de contensão de gastos e a vida tomando outra configuração. Eis sua narrativa:

Me diga do que adianta meu título de doutor e os tantos cursos de especialização que fiz, se tudo era direcionado para prospecção de petróleo e a roubalheira do país acabou com tudo, até com meu emprego... Diga o que fazer... E o pior é que essa desgraça não vai mudar tão cedo, se é que algum dia mudará... A roubalheira apenas mudou de patamar, e quem paga são os que trabalham decentemente; quem perdeu o emprego são as figuras pequenas, imagine se para esses ladrões ordinários continuam com suas mansões, iates, um ou outro é preso para dar uma disfarçada na coisa. Veja, estou trabalhando de motorista de Uber com meu carro, pondo meu carro para cima e para baixo num desgaste incrível para levar apenas moedas para casa. Isso é inacreditável... Se alguém me falasse que poderia passar por isso nessas alturas da vida diria que era lunático... (sic)

Podemos perceber nesse discurso que, além do sofrimento pela reviravolta que a vida deu, há um grande cansaço e total desesperança em que algo possa mudar na estrutura do país. Algo que na realidade, cada vez mais, se mistura a outros quesitos de sofrimento presente nos pacientes de modo geral. E Manuel mostra essa junção em outro momento de modo bem significativo:

Procurei o senhor porque precisava de ajuda para colocar minhas ideias em ordem. Minha obsessão era acabar com tudo e sumir de vez, dar um basta em tanta humilhação... Mas a coisa é mais séria, pois estou sofrendo muito com tudo isso, e o pior é que não estou sozinho nesse vale de lágrimas, tenho meu sofrimento pessoal, mas faço parte de um grupo de pessoas desesperadas que estão mais perdidas que cachorro que cai do caminhão de mudança.... Ninguém sabe para onde ir, para quem recorrer, em quem acreditar, nem mesmo se alguém é capaz de dar jeito na situação que deixaram o país... (sic)

Temos uma junção de drama pessoal totalmente imbricado com a questão social tão singular que vivemos, em que a desesperança se espraia de modo incontido. E isso faz com que um drama pessoal tenha a questão social penetrada em sua subjetivação de modo indivisível e sem qualquer separação.

Caso Clínico – A vida de Sandra

O caso de Sandra, também chamada assim de maneira fictícia, ilustra tais questões de modo igualmente eloquente. Ela era uma advogada de 46 anos de idade e que era sócia em um escritório de advocacia. Eis seu discurso:

Sempre tive escritório, e na verdade ganhava muito mais que os meus colegas que entraram para o ministério público. Juízes, promotores, procuradores, nenhum poderia fazer frente aos nossos ganhos, e isso sempre me fez ficar no escritório. Mas de uns tempos para cá as coisas estão ficando bastante complicadas; advogado, assim como outros liberais estão sendo deixados de lado pela absurda falta de dinheiro em circulação no país. Então, você assiste pessoas que se separam do cônjuge, mas não formalizam a separação para não gastar com advogado e outros custos; você vê pessoas deixando pendências de lado, para igualmente não gastarem com advogado. Então, o que nos resta são as causas antigas, muitas inclusive em que até já recebemos parte dos honorários. A minha gastrite está incontrolável diante dessa situação. Não temos a menor perspectiva de mudança em curto prazo desse cenário. Se pudesse voltar atrás certamente prestaria concurso público, nem que fosse para delegado de polícia, pois embora o salário seja parco, eles têm estabilidade funcional e não tem a oscilação que estamos experimentando em nossa prática liberal. Eles até podem sentir inveja dos advogados de escritório por considerar que recebemos bem mais, é verdade, mas também quando deixamos de receber regularmente a coisa fica desesperadora. Em alguns dias o desespero que sinto é incontrolável. Dia após dia e tudo continua igual, essa angústia sobre o futuro e esse desespero tomando conta da alma. Não sei até quando vou aguentar isso tudo... (sic)

Aqui podemos observar mais um caso em que o depoimento do paciente está simplesmente crivado da turbulência social que atravessamos no país. Estamos diante de mais uma situação em que o quadro emocional do paciente é agravado pelas situações sociais que se tornam circundantes de sua realidade subjetiva. Sofrimento psíquico derivado e forjado a partir de sua circunstância social. Questões que envolvem estabilidade emocional e que são determinados pela condição profissional e da própria instabilidade do país. E se considerarmos então que o ser humano tem sua historicidade imbricada inextricavelmente à sua própria vida, significa dizer que viver em situações de grandes turbulências sociais é algo que certamente agravará o sofrimento psíquico em que essa pessoa se encontra. Sandra ainda acrescenta dados de sua dramaticidade que ajudam na ilustração desses ponteamentos:

E isso sem dizer dos casos de pessoas que nos procuram apenas para consultas pontuais de algumas dificuldades, casos, inclusive, que sequer implicam na respectiva ação judicial. No Direito ainda não existe a tradição formalizada de se cobrar por tais consultas, salvo, claro, quando existe a necessidade da elaboração de pareceres e posicionamentos jurídicos. Do contrário, prestamos esclarecimentos que muitas vezes resolvem o problema que a pessoa está envolvida e nada recebemos por essa orientação. Esse cliente está em busca do nosso saber jurídico, e isso é tratado como se fosse uma simples conversa entre amigos em torno de um café. Quando venho na psicoterapia também estou buscando ajuda através da tua orientação, mas isso custa, então pergunto: por que a orientação jurídica não é cobrada? Em outros momentos nem iríamos questionar o pagamento dessa orientação, pois o movimento do escritório com suas inúmeras causas justificavam essas orientações, mas no momento, isso tudo é insano. (sic)

A inserção da historicidade de Sandra, na análise de seu depoimento, mostra claramente detalhes no modo como seu sofrimento foi erigido, e estão vincados ao modo como sua vivência social foi estruturada. Apresenta sofrimentos em níveis pessoais, inclusive com manifestações de doenças como a gastrite agravadas, e muitas vezes derivadas de intenso estresse emocional. Sente-se impotente frente às circunstâncias que as condições socioeconômicas estão impondo à sua atividade profissional, e não consegue ver perspectivas de mudança, o que faz com que o desespero tome conta de sua alma de modo impiedoso e sem trégua. Ela se sente sem condições de empreitar mudanças significativas em sua vida pelo simples fato de que sua atividade profissional está sofrendo sérias avarias em razão do momento sociopolítico do país. Algo em que sua historicidade está inserida de modo irreversível. E isso por si mostra que a pertinência de seu sofrimento e da tentativa de superação sempre trazem presentes esse imbricamento. Não podemos deslocar seu sofrimento para algo meramente pessoal em que estejam presentes apenas conflitos psíquicos isolados de sua inserção social. Embora seja fato que a quase totalidade das teorias em psicologia abordem o sofrimento psíquico e suas intercorrências do ponto de vista meramente pessoal em seu constitutivo subjetivo, verdadeiramente precisamos ir além dessa concepção para uma compreensão mais ampla da condição humana.

A ideia por demais simplista, embora difundida como algo absoluto, de que podemos compreender a condição humana à partir de possíveis emaranhamentos psíquicos que se originam na subjetivação de uma pessoa independentemente de sua historicidade é algo que precisa ser mudado, necessita de uma abrangência para que a complexidade humana não se perca em suas variedades difusas e que não consideram sequer sua condição de algo continuamente em transformação.

Em outro ângulo de análise, vamos constatar o aumento absurdo de pessoas em situação de rua nas capitais brasileiras. Embora isso seja fenômeno que ocorra em nível mundial, vamos nos ater à nossa realidade para um enfoque mais preciso e detalhado. O modelo econômico imposto ao nosso país nos últimos anos, o neoliberalismo, assim também como em outros países da América Latina, impôs uma condição de desigualdade e de exclusão social que atirou milhares de pessoas às raias do total desamparo e falta de condições mínimas de sobrevivência. Muitas pessoas, e até famílias completas se viram compelidas a viverem na rua pela total falta de condições de manutenção de uma moradia. Temos uma mudança na configuração das pessoas em situação de rua simplesmente assustadora, ou seja, algo impensável décadas atrás para todos que se debruçam sobre essa realidade. Existem famílias nos baixos dos viadutos com seus sofás, camas, fogões, e, inclusive, muitas vezes, com crianças que saem desse espaço para frequência da escola. A simples inflexão do que isso tudo resultará em termos de estrutura emocional a essas pessoas é algo que até mesmo a análise mais simplista consegue abarcar. Basta imaginar como deve ser o sofrimento de um homem que vê sua família nessa situação, e totalmente impotente para efetivar qualquer mudança nessa realidade.

E isso nos direciona para algo cada vez mais premente a nossa realidade atual, a criação de uma psicoterapia que estenda seu manto protetor para pessoas em situação de vulnerabilidade social. Guerreiro (2018) explicita o trabalho denominado de *consultório de rua*, em que são feitos atendimentos para as pessoas que estão em situação de rua e expostas a uma vulnerabilidade social imensurável. Esse tipo de procedimento mostra a necessidade de um derivativo da psicoterapia rumo aos aspectos da nossa historicidade social, pois a dramaticidade dessas pessoas impede que procurem por atendimento psicológico em situação de consultório. Então, o que está sendo efetivado é uma nova configuração de atendimento psicológico que abarque essa realidade, realidade cáustica que abarca um número cada vez maior de pessoas, e na quase totalidade das vezes, muito desesperadas.

Guerreiro (2018) inova em relação a outros trabalhos igualmente efetivados com pessoas em situação de rua na medida em que promove um atendimento sequencial e sistematizado a essas pessoas. Não se trata de algo furtivo e que aborda indistintamente pessoas que estejam nas ruas e que se mostrem nos caminhos de quem efetiva tais atendimentos, como o nosso próprio trabalho junto a pessoas jogadas nas sarjetas na Cracolândia (Angerami, 2017) que acolhe indistintamente quem esteja no caminho. O seu trabalho, ao contrário, é sistematizado nos moldes de consultório privado, sendo efetivado com atendimentos sequenciais para essas pessoas em situação de vulnerabilidade social, seus limites de intervenção são a própria rua. Seu setting terapêutico é a rua. Ela atende as pessoas em situação de rua na própria rua; faz de sua intervenção algo que prescinde totalmente dos limites impostos pela formatação de consultórios tradicionais. Seu teto é a luz do Sol ou o brilho das estrelas, algo que não apenas é inovador, mas principalmente paradigma de que as coisas precisam se transformar para que todos tenham acesso a um atendimento psicológico. O som ambiente de seu setting terapêutico é o som das ruas, dos automóveis, dos transeuntes, da vida que pulsa nas ruas. E dessa maneira podemos quebrar o paradigma muitas vezes subliminar de que pessoas que estão em situação de rua e em total vulnerabilidade social não possuem problemas e desatinos emocionais, algo que parece sinalizar que a dramaticidade de sua situação social e pessoal fizesse desaparecer quaisquer outras situações de conflitos emocionais.

O sonho de uma sociedade justa, digna e fraterna passa pela necessidade de que determinados atendimentos e serviços de saúde sejam estendidos a todas as pessoas que deles necessitem. Então, seja acompanhamento psicológico, seja médico-sanitária, a questão que urge é como levar tais serviços e atendimentos a quem deles precise, e que não tem acesso, aos locais em que eles estão disponíveis. E isso sempre deveria estar presente quando se pensa na implantação de atendimentos às pessoas em situação de vulnerabilidade social. Quebrar paradigmas que insistem nessa falsa ideia de que a carência socioeconômica, por si, elimina outras necessidades humanas é primordial para que possamos caminhar na construção de uma sociedade fraterna.

A experiência de consultório de rua é algo inovador que demanda reflexão sobre a necessidade da construção de novas pilastras que possam ir ao encontro de tantos combalidos que se encontram jogados pelo caminho e que igualmente precisam de acolhimento na área da saúde. A violência humana em seus diferentes matizes, inclusive em sua conflagração social, impõe que novas formas de atendimentos sejam viabilizadas e disponibilizadas. É dizer que quando estamos diante de um paciente, temos uma pessoa que está sofrendo em níveis pessoais e organísmicos toda a violência oriunda de sua inserção social. E pareado a isso também exibe sofrimentos pessoais de suas relações interpessoais, profissionais e outras tantas circunstâncias que sempre tangenciam sua vida. Temos uma estrutura emocional que pode estar encarquilhada em dor e sofrimento, e que igualmente, também traz as marcas de sua historicidade vincada no corpo.

Um paciente em sofrimento psíquico, encarquilhado em dor nunca está só em seus desatinos, sempre terá como circundante uma teia familiar, social que envolve seus tentáculos com a vida e o mundo. E até mesmo nos casos em que o desespero humano encontra seu ápice com o tangenciamento até mesmo da autodestruição, ainda assim, estamos diante de alguém inserido em teias sociais, cujos tentáculos sempre estão vincados em seu corpo com traços expressivos em sua alma. Uma vida quedada em pranto e que tem apenas na ideia da autodestruição a ilusão de algum alívio para seu sofrimento também trará em si as nuances de sua inserção social, tanto pelos desatinos vividos como até mesmo pelas circunstâncias de suas possíveis resoluções. Assim, como mera e simples citação, alguém que vive em país ocidental, se tiver que buscar o suicídio para alívio de seu sofrimento, irá recorrer a métodos usais nessa realidade, como arma branca, de fogo, enforcamento, ingestão de comprimidos e quedas de grandes alturas. Dificilmente teremos alguém ateando fogo ao próprio corpo, algo praticamente comum na realidade dos países orientais. Ou ainda, a morte através do enfeixamento de artefatos de fogo ao próprio corpo. Essas modalidades não fazem parte da historicidade ocidental, mas se fazem presente na cotidianidade dos países orientais. É dizer que embora esses casos façam parte igualmente do constitutivo humano da autodestruição, vamos encontrar filigranas que mostram a historicidade presente no drama pessoal do desespero humano que acomete essas pessoas. E mesmo a autodestruição sendo inerente à condição humana e tendo a condição de atingir a todas as configurações sociais sem qualquer distinção de gênero, raça, cor e condição socioeconômica, ainda assim, a peculiaridade determinada pela historicidade estará presente e dará constitutivos específicos ao ato em si. Da mesma maneira detalhamentos intrínsecos a determinadas realidades sociais e que se configuram na própria subjetivação das pessoas desses segmentos apresentam variações em que a historicidade determina o seu constitutivo.

Tomemos por exemplo, a questão da sexualidade, em que valores morais tendem a determinar padrões de comportamento e de busca de seus derivativos de acordo com essa condição. Em se tratando de sexualidade, o fato de pertencermos a uma sociedade judaico-cristã, mesmo que não pertençamos a qualquer religião estabelecida, faz com que nossa vivência sexual seja vincada pelos padrões morais de seus enunciados. A junção judaico-cristã estabelece valores sexuais bastante rígidos e que irão determinar padrões igualmente rígidos de comportamento. E isso mesmo nas grandes metrópoles em que teoricamente existe uma maior flexibilidade dos chamados valores morais e sexuais. Assim, um paciente que se mostra a nós para psicoterapia, se pertencer a alguma religião judaico-cristã, certamente terá em sua sexualidade algo bastante complexo para ser desemaranhado, algo que vai além das próprias sensações inerentes à sexualidade em si.

Ao trazer aspectos da historicidade do paciente para o campo da psicoterapia igualmente estamos trazendo valores das contradições morais, éticas e sociais que ele possa estar envolvido. E certamente esses valores serão enfeixados em sua subjetivação e serão fontes de sofrimento e desavenças emocionais crivadas por suas próprias contradições.

A questão que se faz premente nesse tipo de enfoque é saber a dimensão de como a historicidade se vinca na personalidade de uma determinada pessoa sem que ela, muitas vezes, sequer se aperceba disso. Então teremos questões de sofrimento emocional que será meramente modos de como as contradições sociais e morais estão vincadas nessa pessoa.

Sobre o imaginário

Em texto anterior (Angerami, 2003) colocamos que, quando vejo e reproduzo a imagem de um objeto que acabei de observar, esse objeto não poderia, como anteriormente, ser apreendido pela minha consciência como algo novo, ou mesmo inexistente. Uma imagem não é o objeto em seu detalhamento. E no imaginário também é o nascedouro de todas as realizações humanas. Assim, desde um simples telefonema, até operações mais complexas, tudo, absolutamente tudo se inicia no imaginário. Se evocarmos o exemplo de um telefonema temos que antes de efetivá-lo criamos todo o seu desenrolar no imaginário, desde o diálogo a ser travado até detalhes de como possivelmente o interlocutor irá interagir nessa ligação. Da mesma forma, ao idealizarmos as férias de Verão iremos conceber uma praia limpa com o céu maravilhosamente azul e com a água mais linda que o mar pode se nos presentear. Na realidade, isso é apenas algo erigido no imaginário, e a vivência das férias de Verão pode ser algo bem distante dessa concepção imaginária. E assim tudo que ocorre na condição humana. Criamos em nosso imaginário as condições de vida ideal, e muitas vezes buscamos algo que por ter sido idealizado no imaginário sem tangenciamento com o real corre o risco de jamais ser encontrado. Concebemos o casamento ideal, trabalho satisfatório, amigos perfeitos e tudo o mais que o imaginário pode conceber em seu afã criativo.

No imaginário, vivemos nossa idealização sem qualquer amarra, seja social, pessoal ou de algum outro constitutivo de valores. Isso determina, por si, que ao idealizarmos determinadas vivências o fazemos inserindo apenas o que me é prazeroso. Assim, por exemplo, ao pensar nas férias de Verão, logo idealizo um dia maravilhosamente azul com a praia limpa sem multidão de pessoas e a água do mar mais linda e cristalina que se pode sonhar. E na verdade no Verão, propriamente dito, efetivo essa tão sonhada ida à praia, e a configuração do real, na quase totalidade das vezes é muito distante do que foi concebido inicialmente no imaginário.

Da mesma forma, ao ler um romance, esse será sensivelmente mais emocionante e rico em detalhes do que assistir a essa mesma trama em um filme, por mais esplendorosa que possa ser a transposição para a cinegrafia. No livro, é o meu imaginário que dá formas e contornos as personagens; cria detalhes do ambiente e dos locais em que a trama ocorre. No filme, por mais estupendo que sejam os recursos à disposição do diretor, incluindo-se aí direção de fotografia, cenografia, música, figurinos, roteiro e todos os complementos que se efetivam na construção de um filme, sempre será a visão do diretor para o romance em contraponto ao livro em que a construção foi erigida e constituída pelo meu imaginário com muito mais riqueza de elaboração. E mesmo quando ocorre o processo inverso de primeiramente se assistir ao filme de uma determinada trama, e depois debruçar-se sobre o livro, ainda assim, esse será mais rico e interessante pelos detalhes que o imaginário, e apenas ele tem condições de criar e erigir. É dizer que nos processos imaginários se efetivam a constituição apenas da subjetividade como também o enfeixamento dos valores que norteiam nossas vidas.

Crio fatos e tramas no imaginário a partir de fatos e vivências reais. Concebo realizações que para serem transpostos do imaginário para o real necessitam de sustentação muitas vezes pouco plausível com a realidade propriamente dita. O real se sustenta no imaginário por mais contraditório que possa soar, pois lá, e apenas tão somente lá, inicialmente, é concebido em seus detalhamentos. O real se distancia do imaginário quando começo a viabilizar seus constitutivos anteriormente pensados e concebidos por lá. E ainda assim o tangenciamento do real com o imaginário é indivisível, pois um deu origem ao outro e a amalgama que se cria a partir disso não é possível dissociar.

Esse detalhamento de projetos de vida concebidos pelo imaginário para serem efetivados em vida é o que o nosso paciente nos traz em sua sessão de psicoterapia. Como alcançar os sonhos criados no imaginário para uma vida mais digna? Como alcançar uma vivência concebida em seu imaginário e que muitas vezes encontras dificuldades quase intransponíveis no real? Como mudar uma vida enfadonha e muitas vezes sem cor para algo que existe concebido apenas em seu imaginário? E como dar formatação de realidade a essas vivências presentes no imaginário. Questões que temos a nossa frente diante do paciente que busca soerguimento de seus desatinos através do processo de psicoterapia. E ainda como levar alguém a reflexões que façam um contraponto sobre aquilo que está erigido em seu imaginário e ainda não tangencia sua realidade de vida.

O paciente, ao buscar pela psicoterapia, busca um processo que possa ajudá-lo a se desvencilhar de amarras que possam estar cerceando seu desenvolvimento pessoal e emocional. Amarras que muitas vezes podem estar fundamentadas em conceitos criados em seu imaginário e que não encontram constitutivos na realidade. Tomemos como exemplo a sensação de segurança de uma pessoa que se encontra em uma calçada a espera do ônibus. Ela tem em seu imaginário a sensação de segurança, a sensação de que na calçada está protegida dos veículos que circulam pelo rolamento da rua. No entanto, se algum veículo ficar desgovernado por imperícia do condutor, e subir na calçada ela poderá ser atingida de modo intempestivo e sem a segurança que possuía em seu imaginário dessa pseudoproteção propiciada pela calçada. Ou também ao contrário, concepções irreais e cujo desentranhamento dependem de se fortalecer novas concepções perceptivas com sustentáculos a serem erigidos em seu imaginário. Como exemplo pode citar alguém que, por sua religiosidade, acredita que Deus irá livrar-lhe dos sofrimentos inerentes à condição humana. Em trabalho anterior (Angerami, 2017), dedicamos um capítulo sobre o sofrimento provocado pela solidão em pessoas religiosas, pessoas que entregaram suas vidas aos desígnios de Deus, acreditando piamente que isso as livraria das mazelas da condição humana. No entanto, não existe Deus a livrar alguém de sentimentos como solidão, angústia, ansiedade dentre outros e que estão a afligir a condição humana.

Temos ainda situações em que a dificuldade se aloja no imaginário depois de situações vividas no espectro do real. Situações em que a pessoa passa a temer algo a partir de vivências em que os valores calcados no imaginário desmoronam a partir de experiências vividas. Assim, temos como mero exemplo, o caso de pessoas que possuem uma autoconfiança bem sólida, mas que começa a ver isso se desmoronar diante de algum percalço significativo que a vida se lhe apresente.

O imaginário se estrutura sempre a partir de nossa historicidade e dos constitutivos de valores que atribuímos a determinados constitutivos de nossa vida. Sonhos e objetivos, ou ainda desejos e vivências diversas, dentre outras temáticas, tudo se origina no imaginário a partir de nossa historicidade e da valoração que atribuímos a tais constitutivos. O sonho de alguém ser musicista no âmbito da música clássica é algo inerente a alguém que de alguma maneira acesse a tal universo. Ou ainda, o desejo de se tornar autor de livros, igualmente, é algo apenas e tão somente permeável a alguém que tenha familiaridade com o ambiente literário. Dessa maneira, e de modo bastante incisivo, o que persiste no imaginário é a somatória de vivências desfiadas ao longo da vida e que se tornaram o esteio a fundamentar sonhos e devaneios de uma determinada pessoa. Nas palavras de Merleau-Ponty (1999), quando uma de minhas mãos toca a outra, o mundo de cada uma se abre para o da outra, já que a operação é reversível à vontade, pertencendo ambas, como se diz, a um único espaço de consciência, pois um só homem toca uma única coisa por intermédio das duas. E de outra parte se efetivar uma simples descrição simplista o imaginário de cada um transitará livremente pelos espaços da consciência. Se disser, por exemplo: *estava na cozinha tomando um lanche quando o telefone tocou na sala. Levantei-me em direção à sala para atender ao chamado telefônico.* Certamente cada um criou o ambiente da minha cozinha e a minha ida até a sala segundo seus constitutivos imaginários do que seja uma cozinha, sala e mesmo o tilintar do telefone anunciando a chamada. Certamente essa criação estará muito distante do que seja a realidade da minha cozinha, sala e telefone. Mas essa concepção imaginária permite que se faça uma interlocução dialética com o que se proponha expor e até mesmo partilhar.

No imaginário se funde a concepção daquilo que estabelecemos como o ideário até mesmo de uma sociedade idealizada e que possa transcender até mesmo nossos valores pessoais. Também é no palco do imaginário do paciente que se processa o desenvolvimento da psicoterapia no sentido de libertá-lo das amarras que possam estar agrilhoando seus caminhos. Toda mudança objetivada no real se estabelece inicialmente no imaginário na maneira como a percepção do paciente se abre para as novas possibilidades de seu desenvolvimento. Toda mudança em termos de sua realidade na vida do paciente se origina inicialmente na mudança perceptiva dessa condição, e tudo, sequencialmente, sendo efetivado no campo do imaginário. Nas palavras de Érica (nome fictício), uma mulher de 53 anos, professora universitária, após dois anos de psicoterapia:

A psicoterapia me fez mudar alguns valores que tinha como definitivos. Não podia imaginar como muitas coisas da minha vida estavam enraizadas na mente, eram coisas que foram se transformando primeiro na mente para depois se transformarem na vida. Tanta coisa que nem dá para cita... (sic)

Sobre a esperança

Freitas (2018), em seu estupendo trabalho sobre Sartre, enfatiza que este aposta que pela fraternidade, o modo de ser juntos movidos pelo afeto que principia qualquer ser-do-grupo pode sustentar a esperança. Ela continua dizendo ainda que essa esperança de Sartre, no entanto, ainda persiste em nosso tempo, apesar de que ainda estamos à espera de um mundo melhor, mais justo digno e fraterno. Mas Sartre lutou incessantemente por uma relação harmoniosa entre as pessoas, e essa propagação de esperança e afeto tentamos levar para o campo da psicoterapia em nossa prática junto aos desesperançados.

E se considerarmos que muitos dos nossos pacientes são pessoas desesperançadas e desesperadas frente aos desatinos da vida, então, ao abraçarmos a ótica sartriana, estamos enfeixando a esperança em nossa ótica de compreensão da condição humana. A desesperança que leva ao desespero é algo que lanceta a alma de modo muito doloroso, e conduz ao total esmaecimento da vida enquanto condição humana. E trazer a esperança para o bojo das temáticas a serem enfeixadas na prática psicoterápica é algo sempre pertinente, pois, certamente, uma pessoa ao procurar pela ajuda da psicoterapia, na quase totalidade das vezes, busca um novo horizonte para os seus dias turvos e desesperançados.

Esperança é uma crença emocional na possibilidade de resultados positivos relacionados com eventos e circunstâncias da vida pessoal. A esperança requer perseverança e muitas vezes obstinação para que o intento desejado se efetive. A esperança implica em ação, mobilização, ao contrário da situação passiva de apenas esperar pelos fatos. Essa diferença entre esperança, algo que implica em uma crença emocional, mas que igualmente necessita ação. De outra parte, esperar, embora tenha a mesma configuração etimológica de esperança é algo inerte, sem ação, e aí temos uma diferença de esperar e de esperança. Esperar é atitude de quietismo, de quem espera por algo sem esboçar qualquer ação e reação. Esperança, ao contrário, implica em ação, agir no enfrentamento aos desatinos sabendo que apenas com essa ação transformadora as coisas poderão mudar de patamar.

Falamos em esperança em um mundo desesperançado, mundo em que o paciente está inserido, e no qual igualmente sofre as mazelas e desatinos dessa situação. E a desesperança que graceja mundo afora é algo praticamente irreversível face à desestruturação das principais economias mundiais pareada ao cenário de guerras simplesmente absurdas e dantescas. O mundo moderno está convivendo com um cenário de refugiados de guerras e de sistemas sócio-políticos opressores como poucas vezes se viu na história da humanidade. E a própria configuração de sistemas econômicos que adotam posturas neoliberais presentes nas principais nações do mundo produz uma exclusão social de escalada indefinível e incompreensível pela razão. No momento em que escrevemos essas linhas, o Brasil apresenta um quadro de cerca de 13 milhões de pessoas desempregadas, sendo que muitas que possuem ocupação trabalhista estão no mercado informal, ou seja, sem qualquer proteção da legislação trabalhista. Esse número é algo perto da população de cidades como São Paulo e outras grandes metrópoles mundiais, um número simplesmente absurdo para ser pareado. Esperança nesse cenário é algo totalmente indevido seja pela própria configuração de seus matizes etimológicos, seja ainda, pela perspectiva de total falta de reversibilidade desse cenário. Nas palavras de Cristina (nome fictício), uma mulher de 47 anos, corretora imobiliária, e após 06 meses de psicoterapia:

Faz muito tempo que não conseguimos fazer qualquer negócio em nossa imobiliária. Tá tudo parado, falta dinheiro circulando para que as pessoas procurem negócios para fazer. Muita gente desempregada. E quem tem dinheiro na mão está com medo de investir e está se resguardando. Estou vivendo com a reserva que tenho para esses períodos em que não conseguimos fechar negócios, mas dessa vez esse período não termina nunca. Está muito difícil, e nem adianta tentar outro negócio, pois tudo está parado no país. Difícil, muito difícil... (sic)

O paciente que busca pela psicoterapia, está tentando inserir esperança em sua vida para tentar reverter o sofrimento que possa estar infringindo pesar aos seus dias. E certamente ele também está inserido nesse quadro social tão aversivo, e que certamente resvala também em sua vida. E aqui temos um imbricamento bastante importante para ser analisado e depurado, até onde o seu sofrimento pessoal não é oriundo dessas mazelas sociais da atualidade, ou em que momento essas confluências sociais não se tornaram parte indissolúvel de sua subjetivação.

Essa fusão da subjetivação com os determinantes sociais é algo que não pode ser preterido no campo da psicoterapia. Durante muito tempo vivemos envoltos em teorias estanques que analisavam a condição humana independentemente de sua inserção social. E isso fazia com que uma teoria criada no final do século XIX em Viena, por exemplo, valesse para todas as pessoas existentes independentemente de época e valores sociais. Essa mudança de paradigma é a proposta da ótica sartriana para o campo da psicoterapia. Algo que seja dinâmico como a nossa própria condição social. E que também possa trazer reflexões sobre a esperança para a vida pessoal, sem desconsiderar as razões sociais que possam estar enfeixando desesperança a uma determinada pessoa, e crivando-a dos mais variados tipos de sofrimentos.

Esperança de dias melhores; de um mundo azul sem as atrocidades das guerras que ceifam milhares de vidas; de que haja harmonia entre as pessoas. Esperança, algo que se tinge com as mais variadas perspectivas e com os mais variados desejos de efetivação. E, na realidade, o que temos cada vez mais intensamente é um mundo repleto de pessoas desesperançadas, pessoas que apresentam muita dificuldade em qualquer projeção que não seja uma vida repleta de dor e sofrimento.

Bornheim (1984) coloca que a consciência tende a um fundamento com o qual não pode coincidir: ela é constitutivamente intencional. É dique que a consciência está fora de si, vive de sua própria alienação, empenhada em busca de uma alteridade que lhe dê guarida e repouso, e continua em sua persistência de buscar compreensão sobre si, pois se encontrasse algo definitivo nesse constitutivo deixaria de ser consciência. E, na medida em que todo ato humano está revestido de intencionalidade, e a própria consciência tem em si essa característica, a busca da esperança é algo que precisa ser propagada no âmbito da psicoterapia para que esse paciente desesperançado possa buscar fundamentos para a superação de seus desatinos. Para que possamos buscar uma dialética com o real, e não apenas com os constitutivos do imaginário, é necessário que se analise a finitude do conceito de finito, e se busque maneiras de superação dessas barreiras. A questão dessa dialética envolve situações em que o pragmatismo precisa ser alçado à elucidação da estrutura de finitude, conceito sobre a qual toda e qualquer perspectiva de esperança deve ser estribada.

O paciente busca pela psicoterapia tentando soerguimento de uma vida quedada em sofrimento e dor. Busca esperança para os seus dias, e muitas vezes não consegue dimensionar que esse sofrimento deriva principalmente da maneira como sua subjetivação sucumbiu diante dos desatinos e atrocidades sociais. Ele não percebe e não se dá conta que a particularização de seu sofrimento, muitas vezes, é imposta por uma sociedade neoliberal, como afirmamos anteriormente, na grande maioria dos países ocidentais, que impinge sofrimentos que são tidos indevidamente como pessoais e subjetivos, e que, no entanto, são simples e absurdamente oriundos da imposição de uma condição brutal que acirra ânimos e provoca grande exclusão social. Assim, como mera citação, alguém que perdeu o emprego toma para si tal fato como fracasso pessoal, algo que tem a ver com sua falta de condições competitivas para um mercado profissional em constante dinamismo de mudanças. Ele não percebe que a imposição da competição neoliberal alija de modo cruel e impiedoso um sem número de pessoas sempre com essa argumentação da necessidade de modernização.

O sofrimento desse paciente é pessoal, está vincado em sua alma, em sua carne, e ele, quase sempre, não se dá conta da dimensão do que ocorreu para que o seu desatino tomasse à proporção que o levou a esse tipo de padecimento. Atuamos em níveis subjetivos com alguém que está padecendo profundamente de sofrimentos que se enfeixam em sua historicidade e em sua inserção social. E desse imbricamento temos um paciente que precisa se transformar subjetivamente para conseguir transformar também a sua realidade objetiva, sua realidade social que está levando-o à total sucumbência emocional. Nas palavras de Gerson (nome fictício), um executivo de cerca 45 anos e após dois anos de psicoterapia:

A gente tem uma competição com outras empresas; precisa cumprir metas sempre inatingíveis. E ainda temos que responder a demanda de ter um carro, roupas e um padrão de vida a altura do nosso status empresarial. Não é possível dar conta de tanta coisa, pois é muita coisa para atingirmos; não dá para cumprir tudo que essa condição profissional exige da gente, é demais para qualquer um. E sempre estamos com o risco de perdermos tudo pela instabilidade dessa competição maluca que não cessa um segundo sequer... (sic)

A nossa atuação incide sobre uma pessoa fragilizada e que, muitas vezes, recorre à psicoterapia como último esteio para que sua vida possa novamente voltar a ter significado e cor. O nosso acolhimento, na medida em que também engloba com proeminência sua inserção social e sua historicidade, tem grande perspectiva de se tornar exitosa, pois irá fortalecê-lo para que possa, inclusive, transformar as condições adversas de sua realidade social. Ou ainda, nas palavras de Kelly (nome fictício), uma adolescente depois de alguns meses de psicoterapia:

A psicoterapia fez com que eu olhasse pra dentro de mim, que conseguisse ver que a chama para iluminar minha vida estava dentro de mim, e sempre esteve. Esperança para superar tantas dificuldades que me derrubaram e me fizeram perder a graça pela vida. Mas consegui ver que essa chama me traz esperança para continuar lutando, lutando sempre. Isso é o mais importante... (sic)

A temática da esperança, dessa maneira, será de vital importância para o seu soerguimento, pois irá alinhavar condições de superação em todos os patamares de sua vida. E quando evocamos pacientes cujos patamares de desesperança levaram-no às raias do desespero, e muitas vezes, ao limiar do suicídio, temos perspectivas alvissareiras de intervenção ao considerarmos todas nuances pessoais e sociais presentes em sua vida. É na esperança que reside a contemporização de novos patamares para muitos pacientes que se encontram em busca de caminhos libertários para o desespero diante da própria vida.

Temos cada vez mais um número imensurável de pessoas amedrontadas diante da desesperança que se descortina em seus horizontes perceptivos, amedrontados por interiorizar a desesperança de modo a vincá-la em sua própria subjetivação. E como temos em nossa vida a possibilidade de transformar nossa própria realidade existencial em algo mais pleno e alvissareiro, então, a psicoterapia se transforma em um dos balizamentos capazes de levar o paciente rumo a patamares mais dignos para sua vida.

Esperança e desesperançados; angústia e libertação. Binômios que se enfrentam e colidem na busca de condições de vidas mais alvissareiras para o paciente que procura se livrar dos grilhões que estejam aprisionando seus caminhos e perspectivas de desenvolvimento.

Sobre o uso de técnicas

As principais correntes em psicoterapia preconizam o uso de técnicas em suas intervenções frente ao paciente. E, até mesmo a Gestalt Terapia, que tem fundamentos teóricos e epistemológicos extraídos do existencialismo, igualmente, tem na técnica um de seus principais instrumentos de intervenção. E pode-se dizer, praticamente sem margem de erro, que os cursos de formação dessas práticas psicoterápicas praticamente se concentram na junção do escopo teórico com a utilização das técnicas disponíveis para as situações emergentes nas sessões de psicoterapia.

Isso faz com que todas as vezes que vimos a público falar da abordagem clínica a partir da filosofia existencialista, uma das principais questões que nos são arguidas é justamente que técnica utilizamos em nossa prática. E a coisa fica ainda mais emblemática e até mesmo disforme para a compreensão desses arguidores, geralmente pessoas acostumadas com a junção da teoria com o uso de técnicas.

O uso de técnicas é algo que dá segurança ao psicoterapeuta, principalmente nas situações em que se sente desconfortável e indeciso da melhor colocação junto ao paciente. Simples assim, ou seja, na dúvida de como intervir ou de que colocações pontuar, usa-se a técnica, algo padronizado e que serve indistintamente a qualquer paciente.

O instrumental teórico parece insuficiente para essas abordagens, na medida em que igualmente preconizam que a intervenção se faz mais eficaz com a utilização de técnicas de intervenção. E nesse espaço não cabe qualquer questionamento às técnicas usadas por outras abordagens, nem tampouco avaliação de sua possível eficácia. O que nos interessa pontuar é que podemos ter uma prática psicoterápica abrangente e de grande eficácia sem a utilização da parafernália técnica. É como se toda a tecnologia da contemporaneidade também precisasse estar presente na psicoterapia, seja nos novos moldes de atendimentos on-line, seja ainda na normatização de recursos que transformam o paciente em algo padronizado e estanque em relação aos seus próprios sentimentos. E na verdade a segurança trazida pelo uso de recursos técnicos é algo simplesmente ilusório na medida em que sua eficácia é no mínimo questionável diante da dinâmica da psicoterapia e sua condição de mutação contínua e sem intermitência. Impressão que se tem é que ao alçarem a técnica à condição de instrumental fundamental em sua intervenção clínica, essas abordagens psicoterápicas sinalizam que todo o escopo teórico fica em posição secundária na medida em que serve apenas para embasar tais técnicas.

Ao colocar a técnica como balizamento de intervenções junto ao paciente essas correntes psicoterápicas estão uniformizando sentimentos de modo a que tudo caiba nesses moldes de intervenção. E verdadeiramente o que temos de mais precioso em uma sessão de psicoterapia é justamente a diversificação de sentimentos que ocorre nesse cenário. Não adianta pensar em uma intervenção que foi efetivada e teve efeito certeiro para um determinado paciente e achar que servirá para todos os demais. Essa padronização de intervenções cerceia, inclusive, a possibilidade de que cada paciente possui especificidades próprias e como tal precisa ser considerada. Assim, se parto do princípio de que cada paciente possui uma historicidade própria e que é inerente à sua própria inserção social, não tenho como padronizar técnicas que colocam a todos no mesmo rol de unicidade. Tomemos como simples exemplo a questão da sexualidade para um paciente de uma grande metrópole e que aceite as diversidades sexuais plenamente, e outro que, embora possa viver na mesma cidade, possui valores sexuais e morais impostos por uma religião conservadora. Certamente teremos uma colisão formidável de valores, e isso em se tratando de pessoas de uma mesma cidade, o que significa que não temos como usar o mesmo enquadre de intervenção para ambos. Nem tampouco balizar determinadas técnicas que possa acoplar valores tão díspares. Talvez parte da insegurança que preconize o uso de técnicas derive muito mais da falta de embasamento teórico dessas correntes psicoterápicas do que qualquer outra razão. É comum, nesse sentido, vermos jovens psicoterapeutas que preconizam o uso de técnicas versando sobre seus resultados e abrangência, e, no entanto, com domínio parco e restrito do referencial teórico que deveria embasar sua prática.

A grande dificuldade na aceitação da proposta existencialista em psicoterapia talvez resida no fato de propagarmos uma liberdade de ação e intervenção inexistentes em outras formas de intervenção psicoterápica. No entanto, essa liberdade de ação precisa preservar a pilastra básica da psicoterapia, ou seja, tratar-se de um processo clínico em que um, o psicoterapeuta ajude, e o outro, ou outros no caso de psicoterapia de grupo, o paciente (s) é ajudado. Esse enquadre não pode ser desprezado de maneira alguma, pois, do contrário o próprio significado da psicoterapia precisará ser revisto e receber nova conceituação. E minha condição de ajuda enquanto psicoterapeuta consiste em refletir com o paciente sobre os grilhões que possam estar aprisionando suas possibilidades existenciais. Jamais essa ajuda poderá ser, por exemplo, ir com ele em sua realidade de vida para resolver presencialmente suas questões, seja elas quais forem. Minha condição de ajuda é circunscrita à psicoterapia e seu raio de ação e abrangência. Do contrário, minha ação não será a de um psicoterapeuta, e sim de qualquer outra denominação amistosa que se queira arrolar.

A psicoterapia é um processo fundamentado nas concepções de valores de sua amarração teórica. E isso precisa estar claro e lúcido para o psicoterapeuta, e certamente com esse instrumental ele será capaz de conduzir o processo psicoterápico sem precisar de qualquer adereço de técnicas ou das modernas tecnologias que estão a permear a vida contemporânea. A concepção de valores que adotamos para a nossa prática psicoterápica é efetivada a partir da afinidade que ela se apresenta diante nossos próprios valores, tal como foi dito anteriormente. E isso é o alicerce a embasar nossas intervenções e nosso modo de acolhimento a esse paciente que nos procura em busca de ajuda para se desvencilhar das amarras existenciais que possam estar agrilhoando seus caminhos.

Propagamos uma psicoterapia livre e soberana, um processo em que o psicoterapeuta seja capaz de atuar fundamentado em valores que, em princípio, são apenas teóricos, mas que sequencialmente se fundem com os seus próprios valores pessoais. E disso teremos uma amalgama que faz com que esse processo seja único e verdadeiramente libertário. Algo que preconizamos como o verdadeiro baluarte do acolhimento ao desesperançado e mesmo ao desesperado.

Sobre o uso de testes psicológicos

Os testes padronizados que apresentam resultados absolutos são, verdadeiramente, instrumentos que devem ser desprezados de modo total por todos que buscam a compreensão humana a partir da ótica existencialista. Resultados padronizados que não dependem de qualquer contexto de inserção social, ou de historicidade do analisando, precisam ser preteridos com o risco de se ruir com toda a proposta existencialista em psicoterapia. Os testes sempre são concebidos à partir de uma proposta teórica e seus resultados vão ao encontro do que essas teorias preconizam. Vamos tomar como exemplo alguns testes largamente difundidos e que servem para mostrar a desconformidade com a proposta existencialista.

Teste Da árvore, casa e pessoa. Esse teste, bastante utilizado como material didático, tem toda sua estruturação vincada nos princípios da psicanálise. Ele parte do princípio de que o desenho é uma projeção inconsciente do que somos. De início, temos uma grande colisão com a nossa proposta psicoterápica na medida em que não consideramos o conceito de inconsciente para validar nossas propostas de intervenção. E ademais, todas as configurações do desenho traçado terão explicações sobre as características de personalidade do analisando. Se o tronco da árvore, como mera citação, é considerado a sustentação da personalidade, e se apresenta curvatura, significa uma personalidade flexível capaz de adaptar-se as condições exigidas na vida desse analisando. Evidentemente que alguém familiarizado com árvores, que tenha uma vivência em que essas façam parte de sua realidade de vida irão traçar desenhos de acordo com essa vivência, e ainda assim, serão enquadradas e analisadas da mesma maneira que alguém nada saiba sobre elas.

Na análise desses desenhos a árvore que apresenta raízes acima da terra demonstra aspectos de psicopatia de seu analisando. No entanto, alguém que tenha familiaridade com Figueiras e Suinãs, por exemplo, cujas raízes são lançadas para fora da terra, poderão conceber árvores com essas características por suas familiaridades e vivências em relação a elas, e não por possuírem qualquer traço de psicopatia.

E na medida em que a análise de resultados desse teste é toda estruturado em concepções da psicanálise e sua estruturação de inconsciente, basta simplesmente, não aceitar os axiomas dessa teoria para que toda a explicação de seus resultados seja mera e vã especulação teórica sem qualquer valor que não essa digressão fortuita. Da mesma forma, ocorre com os desenhos da casa e da pessoa, que igualmente terão valores pré-estabelecidos de análise para os seus traços e constitutivos. E sempre com o determinante de que os desenhos estarão explicitando materiais inconscientes e dos quais a própria pessoa não tinha acesso e nem conhecimento. Simples assim, isso desde que naturalmente se aceite esse encadeamento causal exibido pela psicanálise, do contrário, nada foi explicado e nem tampouco validado.

A questão diante de um teste dessa natureza, antes de qualquer balizamento sobre a eficácia de seus resultados e a abrangência de sua compreensão da personalidade do analisando, é a fé inquebrantável na teoria que esteja a embasá-lo. Do contrário, nada, absolutamente nada esse teste terá a nos mostrar. Basta a simples negação do conceito de inconsciente, como é o nosso caso com nossa proposta existencialista, que nada temos a apreender do resultado desse teste.

Teste de Rorschach. Altamente difundido, esse teste tenta se apresentar com uma objetividade que simplesmente não se sustenta diante de suas asserções. O Teste de Rorschach é também conhecido como o texto do borrão de tinta, e trata-se de uma técnica de avaliação psicológica, e igualmente parte do princípio que o material que o analisando percebe nessas pranchas traz à tona material submerso no inconsciente do analisando. Esse teste tenta se travestir de uma complexidade e objetividade simplesmente incompatível com os conceitos da própria psicanálise que está a embasar suas asserções. Ele se apresenta como sendo altamente sofisticado, existindo, inclusive, cursos e sociedades totalmente dedicados ao seu estudo e aplicação. Igualmente temos aqui a mesma questão de sempre, ao se negar os axiomas e pilastras da teoria psicológica que dá sustentação aos seus emaranhados, no caso a psicanálise, nada do que ele obtém como resultado servirá para nosso balizamento. Simples assim...

Teste As pirâmides coloridas de Pfister. Trata-se um teste embasado na teoria de inconsciente coletivo de Jung. Aqui, a partir das cores utilizadas na construção das pirâmides, obtém-se materiais submersos presentes no inconsciente do analisando, e especificamente nesse caso, partindo-se de valoração apresentadas pelas cores a partir do que Jung concebeu como inconsciente coletivo com a transmissão inconsciente desses valores de gerações e civilizações antepassadas para a contemporaneidade. Assim, o resultado para o uso das cores, brancas, azuis, pretas etc., serão os mesmos absolutamente os mesmo para todas as pessoas independentemente de usa historicidade e inserção social. Aqui, além da necessidade da crença dos axiomas e fundamentos da teoria temos algo que simplesmente colide a realidade das pessoas e suas relações com as cores. Num mero e banal exemplo, e que não necessita sequer de estudos aprofundados da condição humana para se alcançar seus matizes. Uma pessoa que tenha paixão clubística pelo Corinthians em São Paulo, ou pelo Atlético Mineiro em Minas Gerais terá uma relação com a cor preta bastante diferenciada de um torcedor do Palmeiras em São Paulo e sua paixão pela cor verde e concomitante aversão com a cor preta, da mesma forma que um torcedor do Cruzeiro em Minas Gerais e sua paixão pela cor azul e igualmente e concomitante aversão pela cor preta. Simples assim... Não há como avaliar o resultado da cor azul para um cruzeirense e sua paixão pelo azul, e sua aversão pela cor preta, e estabelecer o mesmo critério de análise para um atleticano com sua paixão pela cor preta, e sua aversão pelo azul. Da mesma forma, a análise da cor verde para um palmeirense e sua paixão pelo verde e aversão pela cor preta, e um corintiano com sua paixão pela cor preta e sua aversão pelo verde.

Aqui vemos claramente que além da aceitação dos axiomas e fundamentos teoria em si, temos ainda, algo incompatível com a própria realidade do fato. Isso, entretanto, não impede que esse teste seja largamente utilizado sem qualquer critério de avaliação ou de reparo aos seus fundamentos básicos.

A parafernália dos testes modernos. Se anteriormente citamos testes praticamente milenares e que atravessam décadas com seus seguidores defendendo suas aplicações e resultados com a mesma disposição dos adeptos de determinados religiões, temos, na contemporaneidade, o surgimento de um sem número de teste que se prestam aos mais variados interesses e que procuram responder aos anseios e solicitação sociais junto à psicologia. Então, temos na atualidade, testes que avaliam se uma determinada pessoa possui condições emocionais para portar arma de fogo, se outra possui condições cognitivas para obter a carteira de habilitação para condução de veículos automotores, e outros ainda, para avaliar se o possível analisando tem condições de se submeter a determinadas intervenções cirúrgicas. Igualmente todos têm sua estruturação efetivada a partir de determinadas concepções teóricas, ou em alguns casos, da fusão de algumas delas. Isso implica dizer que embora todos os testes se apresentem como tendo resultados e dados objetivos em suas avaliações e resultados, isso é falso, pois suas asserções, repetimos quantas vezes forem necessárias, só terão validade se aceitarmos seus postulados teóricos. Do contrário, nada absolutamente nada eles dirão com seus possíveis resultados objetivos.

O uso de material projetivo na perspectiva existencialista. O que podemos aceitar na psicoterapia de orientação existencialista é a utilização de material projetivo em que o paciente concebe seus alicerces e estruturas. Assim, podemos aceitar que ele desenhe episódios de sua vida e teça explicações sobre os detalhamentos desse desenho. Isso será algo criado por ele a partir de sua historicidade e inserção social. E dessa maneira poderá ser um grande alicerce no processo psicoterápico, pois poderá ser um facilitador na explanação de temáticas para as quais tenha alguma dificuldade de expor. Em trabalho anterior por mim organizado (Angerami, 2012), temos em vários capítulos, a utilização de desenhos feitos pelos próprios pacientes, e que serviram como alicerce para o desenvolvimento da psicoterapia em si.

O desenho livre pode se tornar um recurso bastante interessante no processo psicoterápico, pois dará vazão a expressão do paciente em seus sentimentos e mesmo em rompantes que estejam presentes em sua vida de modo obscuro. Dessa maneira, e talvez sinalizando apenas como condescendência aos nossos propósitos, essa forma do desenho livre por parte do paciente, seja um dos poucos recursos que podemos aceitar na psicoterapia de base existencialista principalmente por se tratar de algo que será concebido e efetivado apenas e tão somente por ele. Outros recursos igualmente poderão ser utilizados desde que se respeite que o princípio a ser preservado seja sempre a manutenção dos princípios de historicidade e inserção social do paciente. Assim, seus valores culturais, emocionais e sociais serão preservados e expostos segundo a maneira como o paciente os concebe.

Considerações Complementares

Iniciamos esse trabalho com a Constelação de Leão brilhando no firmamento e anunciando o tempo mágico do Outono. E estamos terminando com a Constelação de Pégaso no firmamento, anunciando que estamos na Primavera. As constelações são as estações brilhando no firmamento. Esse trabalho não foi escrito sequencialmente do início até o final, e sofreu várias interrupções pelas mais diversas razões. No Inverno, principalmente nos dias em que o frio foi cáustico e cortante, as dores que sinto na mão esquerda impediram a sequência que foi muito prejudicada, e não permitiu que fosse encerrado nesse período. As paralisações e suas retomadas fizeram com que seu constitutivo fosse sendo revisto e esmerado a cada nova avaliação.

E talvez mais do que qualquer outro trabalho anterior, a sensação de que está incompleto não se resolve e nem aquieta meu espírito irrequieto e intempestivo. E ademais, falar da transposição da obra de Sartre para o campo da psicoterapia é mais do que ousadia, chega a ser presunção se considerarmos a escassez de material disponível para esse fim. Os principais autores, Laing e Cooper, citados anteriormente, e que fizeram inicialmente a passagem da obra filosófica de Sartre para o campo da psiquiatria não efetivaram questões envolvendo a prática da psicoterapia Isso faz com que esses escritos tenham uma importância ímpar, pois se somam a outro punhado de autores que trabalharam nesse intento, mas que, como afirmamos acima, são em número bastante reduzido se considerarmos a comparação com outras formas e abordagens de compreensão da prática da psicoterapia.

Longe de ser conclusivo, esse trabalho se enfeixa com outras publicações anteriores, em que igualmente trouxemos a ótica sartriana para o campo da psicoterapia e também para o da psiquiatria. Abrem-se novas perspectivas para o horizonte da psicoterapia, e mais do que uma mera reflexão teórica e filosófica, estamos trabalhando na construção de novos paradigmas no campo da psicoterapia, paradigmas que irão determinar novas configurações a essa prática. E, como me disse certa vez o saudoso Gerd Bornheim (1984), *o mais importante nisso tudo é que você está ousando trazer Sartre para a psicologia, isso é o diferencial.* Talvez mais do que nunca essas palavras precisam fazer eco em nosso coração para que não esmorecer ao longo do caminho.

Chegamos a lugar nenhum, sem repouso e sem direito a trégua, apenas com a certeza de que estamos começando um ciclo bastante importante nessa trajetória. E também com a fé inquebrantável de que muitos irão sequenciar essas propostas, e verdadeiramente teremos a imposição da obra sartriana para o campo da psicoterapia.

Referências

ANGERAMI, V. A. *As atitudes do psicoterapeuta diante dos casos de suicídio.* In: *Sobre o suicídio. A psicoterapia diante da autodestruição.* ANGERAMI, V. A, (Org.). Belo Horizonte: Editora Artesã, 2018.

ANGERAMI, V. A *Psicoterapia e Subjetivação.* São Paulo: Cengage Learning, 2003.

ANGERAMI, V. A. *Solidão. A Ausência do Outro.* Belo Horizonte: Artesã Editora, 2017.

ANGERAMI, V. A. *Desespero e Flagelo Humano. Parêmias da Cracolândia.* Belo Horizonte: Artesã Editora, 2017.

ANGERAMI, V. A. (Org.). *O atendimento infantil na ótica fenomenológica existencial.* São Paulo: Cengage Learning, 2012.

ARENDT, H. *Eichmann em Jerusalém*, São Paulo: Viking Express, 1963.

BORNHEIM, G.A. *Sartre.* São Paulo: Editora Perspectiva, 1984.

DANTO, A. C. *As ideias de Sartre.* São Paulo: Editora Cultrix, 1975.

FREITAS, S.M.P, *Psicologia existencialista de grupos e da mediação grupal*, Curitiba: Aprris Editora, 2018.

GUERREIRO, S. Consultório de rua. In: *A Psicologia da Saúde na Prática*, ANGERAMI, V. A. (Org.). Belo Horizonte: Artesã Editora, 2018.

LAING, R. D.; COOPER, G. D. *Razão e Violência.* Petrópolis: Editora Vozes, 1976;

LAING, R. D. *O eu o os outros*, Petrópolis: Editora Vozes, 1982.

MERLEAU-PONTY, M. *Fenomenologia da Percepção*, São Paulo: Editora Martins Fontes, 1999.

MERLEAU-PONTY, M. *O visível e o invisível*, São Paulo: Editora Perspectiva, 1976.

MERLEAU-PONTY, M. *O olho e o espírito*, São Paulo: Cosac & Naif, 2003.

SARTRE, J. P, *O ser e o nada*, Petrópolis: Editora Vozes, 1998.

SARTRE, J.P. *O imaginário*, São Paulo: Editora Ática, 1996.

SARTRE, J. P. *O existencialismo é um humanismo*, Lisboa: Editorial Presença, 1970.

SARTRE J.P. *Crítica da razão dialética*, Petrópolis: Editora Vozes, 1996.

SARTRE, J.P. *L'idiot de La famille – Gustav Flaubert*, Paris: Édition Galimard, 1971.

SARTRE, J. P. *Saint Genet – ator e mártir*, Petrópolis: Editora Vozes, 1976.

SEGUIN, C. A. *Existencialismo e Psiquiatria*. Buenos Aires: Editora Paidos, 1949

POESIA

Sofrendo pelo doce tormento do amor...

Valdemar Augusto Angerami

Dezoitinha
Em memória...

Depois que teus lábios beijei posso dizer do beijo...
Tocar teu corpo, e hoje sei do amor...
Abraçar tua nudez e ver tua pele negra em contraste com a minha...
Sei do contraste de peles e etnias...
Lembrar você correndo feliz para me abraçar...
Fechar os olhos e te ver cavalgando pela praia, um lindo corcel negro...
Não é verdade que você se foi, você apenas se transformou em estrela...
Está brilhando na Constelação de Orion...
Sofro pelo doce tormento do amor...
Da certeza de que um dia, simplesmente tive você...
Simplesmente você em meus braços, lembrança eterna...

Serra da Cantareira, numa tarde chuvosa de Primavera...

CAPÍTULO 11

Vivendo com dor: o emaranhado caminho da dor e seus imponderáveis

André Luis Sales da Costa

Será apresentado neste texto, nossa experiência em um Hospital Público (Fundação Centro de Controle em Oncologia – FCECON) que realiza atendimento em dor oncológica que está situado na cidade de Manaus, Amazonas. Sua localização nesta região estratégica, abarca atendimento especializado a todos os moradores da região norte, caracterizando-o como um hospital de referência em tratamento de dor e câncer.

Neste texto iremos expor o conceito de dor, nossa atuação neste serviço, sua formação inicial, estrutura, e um caso de atendimento psicológico no ambulatório de dor. Apresentaremos o caso mediante construção histórica, descrevendo essa história com o uso de alguns recortes das falas para seguirmos a narrativa de vida do adoecido aqui citado. Tentaremos desvelar o velado, sem deixar os aspectos teóricos de lado. Aqui, falaremos de uma Psicologia Fenomenológico Existencial; entretanto, não apresentaremos na integra todo o aspecto teórico do autor aqui citado, apenas apresentaremos de forma breve a clínica kierkgaardiana, em conjunto com nossa compreensão analítica do caso. Para maiores detalhes em relação à construção do pensamento de Kierkegaard, solicitamos o leitor buscá-los em nossas referências.

A dor e sua interface com a oncologia

Como qualquer fenômeno da vida social, a dor pode ser vivenciada mediante várias perspectivas, inclusive através de seus significados compartilhados por diversas experiências construídas culturalmente. Assim, os sentidos atribuídos à dor sofrem mudanças conforme o momento histórico e seu contexto sociocultural. Mediante esta construção, a dor é percebida não apenas como um processo biológico, mas um processo que também é construído e caracterizado como um fenômeno do universo das relações biopsicossociais.

Talvez a dor seja uma das manifestações físicas mais antigas de estresse e sofrimento humano. Contudo, a busca pela compreensão e explicação da dor pelos estudiosos, tem como objetivo minimizar esta grande preocupação da humanidade, manifestando seus esforços para controlá-la completamente (Guimarães, 1999).

A dor sempre esteve presente ao longo da vida dos seres humanos, caracterizando-se, portanto, como função protetora para o organismo. Desta forma, a dor associada às doenças, aos processos inflamatórios, aos acidentes e procedimentos médicos, funciona como um sinalizador de algo que não está bem. Frente ao seu aspecto adaptativo, a dor demonstra seu valor para a sobrevivência, pois é a partir da sensação de dor que os indivíduos se apresentam motivados para enfrentar situações de perigo, bem como procurar cuidados para determinados sinais e sintomas de doenças.

Por outro lado, existe um tipo de dor que, estando relacionado ao adoecimento ou a uma lesão, permanece após o tratamento (Apkarian *et al.*, 2009). Este tipo de dor deixa de ser compreendida como sintoma, e assim, passa a ser considerada como uma doença, chamando-a de dor crônica, portanto, caracterizando-se com dores mais prolongadas, mais complexa em termos fisiopatológicos, diagnósticos e terapêuticas (Minson *et al.*, 2010; Mattos *et al.*, 2018). Pessoas que convivem com dor crônica, dificilmente sentem uma melhora de seu quadro de saúde, independente do arsenal farmacológico usado (Apkarian *et al.*, 2009). Infelizmente, estes adoecidos acabam se submetendo a uma série de procedimentos desnecessários, sendo encaminhado para várias clínicas e ambulatórios (Breivik *et al.*, 2006).

A persistência prolongada, torna-se bastante perturbadora para as pessoas que convivem com dor crônica. Tal situação, por fim, acaba sendo o foco principal de atenção do indivíduo pelo fato de dificultar parte de suas atividades diárias. As pessoas que convivem com dor crônica tem sua mobilidade alterada, seu sono, sua vida sexual, seu humor, podendo apresentar também, baixa autoestima, pensamentos negativos, desesperançada da vida, alterações em suas relações familiares, de trabalho e de lazer (Craig, 1989). A dor pode ser um agente altamente destrutivo para o bem-estar psicológico e social do adoecido, ou seja, a dor promove a falha dos mecanismos biológicos de auto cura, promove também malsucedidas tentativas de autocontrole, além dos frequentes fracassos dos tratamentos médicos, pode deixar os adoecidos seriamente debilitado e em situação grave de estresse (Craig, 1989). Quanto mais tempo a dor persistir, maior a probabilidade do indivíduo se tornar deprimido, irritado e, cada vez mais preocupado e persistente na busca por alívio.

A dor crônica está entre as principais causas de faltas ao trabalho, licenças médicas, aposentadoria por doença e indenizações trabalhistas. É um problema de saúde pública, pela prevalência, alto custo e impacto negativo que pode causar na qualidade de vida dos adoecidos. (Arnstein, 2000).

Antes de adentrarmos ao atendimento ambulatorial de dor oncológica, buscaremos conceituar Dor!

O conceito de dor

Com a chegada do século XX, houve um aprimoramento científico em todas as áreas do conhecimento, inclusive os tratamentos. Contudo, o padrão de doenças também se modificou. Com o desenvolvimento da medicina e farmacologia, os principais problemas de saúde relacionados as doenças infecciosas, passaram a ser categorizados às doenças crônicas. Ou seja, doenças que anteriormente causavam a morte do adoecido, passaram a ser tratáveis e curáveis. Destarte, passou-se a observar que o sucesso dos tratamentos dependia não somente da tecnologia médica, mas, principalmente, do comportamento dos adoecidos.

Com o avanço do século XX e também da ciência, percebe-se aos poucos a interferência dos problemas emocionais no cerne dos adoecimentos. Chegaram a pensar também que este poderia ser a exteriorização de um conflito interno com o mundo externo (Campos, 1995). Com os avanços teóricos, tornou-se inegável a interferência de fatores psicossociais nas formas de adoecer, na adesão, nos tratamentos além de contribuir ao modelo psicossomático, pois o modelo biomédico já não conseguia mais responder às necessidades de entendimento entre os processos de saúde e doença.

Entretanto, apesar de considerar a interação entre processos psicológicos e sociais nos estados de adoecimento, dando ênfase à história particular do indivíduo, a psicossomática já é um modelo a ser questionado. Sua conceituação traz uma ancoragem semântica enraizada no dualismo filosófico do cartesianismo. Assim, pensar em psicossomática é afirmar junção de psico + soma, reafirmando a existência de duas entidades separadas, deixando de considerar o homem como unidade. Assim, as doenças são tratadas em separadas como orgânica ou psicológica, e não como a interação de um ser integral (Hoyos *et al.*, 2008).

O conceito de dor também evoluiu durante o século XX. A dor é considerada, pela *International Association for the Study of Pain* (IASP), "uma experiência sensorial e emotiva desagradável associada a dano tecidual real ou potencial ou descrita em termos de tal dano" (IASP, 1979). Percebe-se na definição supracitada acima, a importância da subjetividade, abarcando o "visível e o invisível" impostos pela dor crônica. Assim, entende-se que a dor está no corpo, na mente, na história de vida, no cotidiano, no mundo da vida, ou seja, é multidimensional.

Podemos pensar na possibilidade de que esta perspectiva tenha sofrido as influências do modelo biopsicossocial. Ou seja, a dor é caracterizada dentro de uma abordagem humanística que abarca comportamentos e experiências, ancorado no desvelar de significados e interpretações, reconhecendo as peculiaridades e complexidade da experiência humana. Desta forma, entende-se que seja necessário a exigência de uma avaliação multidimensional do indivíduo, considerando os aspectos da doença em si, os comportamentos do paciente, o contexto sociocultural, familiar e os serviços de saúde em que o adoecido está inserido. Entretanto, mesmo com esses avanços teóricos, percebe-se ainda uma grande resistência na assimilação desse modelo pela cultura de uma forma geral e, principalmente, pelos profissionais de saúde (Lima; Trad, 2007).

Em relação à dor oncológica, esta afetou mais de 17 milhões de pessoas pelo mundo nos últimos 40 anos (Minson *et al.*, 2010; Mattos *et al.*, 2018). A prevalência varia entre 30% e 40% em adoecidos que estão em tratamento e 70% e 90% nos adoecidos com câncer avançado (Minson *et al.*, 2010; Mattos *et al.*, 2018).

No que diz respeito à etiologia da dor oncológica, podemos caracterizar como de ordem multifatorial, estando relacionado à tumores, ao tratamento ou a morbidades associadas (Minson *et al.*, 2010). Vale destacar o fato de que a dor oncológica frequentemente está associada aos adoecidos que estejam depressivos, apresentando quadro de ansiedade, falta de esperança, desejo de morrer e suicídio (Wilson *et al.*, 2009).

Em geral, a dor oncológica apresenta intensidades e frequências elevadas independentemente do diagnóstico, entretanto, sua prevalência é maior no câncer de cabeça e pescoço (Minson *et al.*, 2010). Entretanto, outros tumores também ajudam a ter uma piora na qualidade de vida dos adoecidos, como: pulmão, mama, estômago, esôfago e pâncreas, colorretal, útero, próstata, leucemias e linfomas (Minson *et al.*, 2010; Mattos *et al.*, 2018).

A seguir, iremos expor a construção e estrutura do Serviço de Terapia da Dor em um hospital público em oncologia na região Norte do Brasil.

A construção do serviço de terapia da dor em um hospital referência no tratamento oncológico no norte do Brasil

O Serviço de Terapia da Dor foi criado em 1997, dentro da FCECON, na cidade de Manaus, Amazonas, com o objetivo de prestar assistência aos pacientes com câncer, curativo ou não, e que estejam apresentando quadro álgico descontrolado. Nestes 22 anos, este serviço vem desenvolvendo práticas recomendadas pela Organização Mundial da Saúde (OMS) no que diz respeito ao alívio da dor e sofrimento para os adoecidos e familiares, mediante atendimento multiprofissional de médicos anestesiologistas, psicólogos, enfermeiros, técnicos de enfermagem, residentes e voluntários que atende no ambulatório e enfermarias.

O Ambulatório de Dor (Clínica da Dor) é realizado por cinco Anestesiologistas que possuem qualificação certificada no tratamento da dor pela Associação Médica Brasileira e Sociedade Brasileira de Anestesiologistas, prestando atendimento aos adoecidos com dor oncológica, desde o início de seu tratamento até a fase avançada da doença. Os atendimentos são realizados mediante agendamento, ocorrendo em todos os dias úteis da semana no ambulatório, podendo ser estendido aos leitos das enfermarias ou urgências caso o paciente esteja impossibilitado de ir até o ambulatório. Toda a liberação das medicações para o controle da dor é feita pela FCECON de forma gratuita.

No que diz respeito ao ambulatório de Psicologia na Clínica da Dor, este é realizado individualmente e/ou em conjunto com os Anestesiologistas. Dois profissionais de Psicologia são responsáveis pelas entrevistas e atendimentos aos adoecidos e familiares com o objetivo de identificar potenciais fatores que possam interferir no controle álgico. Mediante avaliação, construímos a percepção dos significados que os adoecidos apresentam sobre sua dor oncológica, permeados com seu estado emocional, autoimagem, história de vida, suas crenças socioculturais e atitudes frente ao adoecimento. Assim, a análise das narrativas torna-se fator preponderante para o desenvolvimento do atendimento psicológico como caminho de acesso aos conflitos que a doença produz. No que diz respeito à avaliação da vida familiar, deve-se checar a presença de suporte social, religioso, financeiro, conhecer a estrutura e dinâmica familiar além de identificar as reações dos familiares perante o adoecido (apoio, superproteção, indiferença, abandono, rejeição, interesses pelos bens dos adoecidos, violência etc.). Considerando os aspectos acima mencionados, o trabalho psicoterapêutico pode ser realizado na direção do ajustamento e adaptação aos problemas emergenciais que envolvem a dor, ameaças de perda de autonomia, do projeto de vida, da aceitação do diagnóstico, conflitos vividos durante o tratamento, impacto da doença em suas vidas, atendimento de pré-luto e luto tanto com os adoecidos quanto com os familiares.

Abaixo, traremos um pouco da perspectiva teórica que utilizamos em nossa lida com os adoecidos oncológico mediante um estudo de caso.

A clínica kierkgaardiana

Conforme os conceitos da filosofia existencial de Sören Aabye Kierkegaard, o homem é definido por sua existência e este se constitui na relação do homem com ele próprio. Sua escolha se dá mediante seu engajamento consigo mesmo, ou seja, existir é poder ser, estar no poder de si. Para Kierkegaard (2016), existir é estar condenado a se produzir na existência frente um projeto de vida que é proveniente das escolhas e da responsabilidade do indivíduo. Este processo de individuação pelo possível desvela a relação do homem com a morte, fonte de toda angustia para o homem. A morte arranca do mundo o ser que não se define por seu gênero ou espécie, mas sim, pela livre escolha de projetar o si mesmo. Assim, "um existente só pode ser conhecido na fluidez do seu existir, ou seja, no espaço em que existe e nos modos como vai resolver os problemas de sua existência" (Protasio, 2014, p. 211).

Ao sublinhar a ambiguidade e o absurdo acima sobre a condição humana, Kierkegaard (2016) considera a realidade da angústia como um afeto e uma experiência particular do sujeito frente a possibilidade da morte. Desta forma, a angústia é a realidade da liberdade que decorre da possibilidade do homem escolher o que caracteriza sua situação de liberdade.

Kierkegaard (2016) nos alerta que a angústia é algo da ordem da ignorância, do não. A angústia, conforme este autor, estabelece relação com uma lei inédita do por vir, decorrente de sua condição paradoxal: infinito/finito, necessário/possível, temporal/atemporal. Para Kierkegaard (2016), o que caracteriza a angústia como um movimento de atração e repulsa, revela assim, a indecisão do homem no que diz respeito ao caminho que escolhe prosseguir.

Dando continuidade no pensamento kierkegaardiano, apresentaremos brevemente sua maneira utilizada de organizar sua estratégia de comunicar seu pensamento.

Kierkegaard classifica a existência humana em estética, ética e religiosa de acordo com os referenciais pelos quais o homem estabelece suas escolhas. Descreve como *estético* o modo de existir que prioriza o prazer, o descompromisso com o outro, desconsidera toda e qualquer consequência e lida de forma indiferente com os resultados de suas ações, ou seja, perde-se em si mesmo ou nas solicitações do mundo que estejam disponíveis. Perde-se na ilusão de que pode construir uma existência onde só há lugar para o prazer.

No modo *ético* de existir, prioriza aquilo que é justo, o certo, o bom. Reconhece as consequências de suas ações e assume-as, responsabilizando-se por elas, assim, leva uma existência ancorada na preocupação. Corre o risco de se perder nas solicitações impostas pelas regras. Ilude-se, pensando que pode construir uma existência perfeita, ausente de erros e imperfeições.

Já no modo *religioso* de existir, o homem valoriza a humildade, se entrega aos desígnios sobre os quais não se tem controle dos consequentes. Aceita a realidade e a si mesmo na vivência do paradoxo, entre aquilo que pode interferir e aquilo que transcende e se coloca fora de suas limitações. Neste modo de existir, o homem ilude-se ao pensar a si mesmo como tendo alcançado um estado definitivo em que não se sente mais solicitado pelo mundo.

Mediante o exposto acima, perguntamos: quem poderia ajudar o ser neste momento de desespero frente as condições paradoxais? Kierkegaard (2018) nomeia de "ajudante" àquele que se dispõe em ajudar o outro a se desembaraçar das amarras da ilusão, em não deixar que o homem se perca no impessoal, esquecendo-se do caminho de volta a si mesmo. Diz que aquele que busca ajudar deve, antes de tudo, reconhecer que possui um diferencial em relação ao outro. Deve estar na condição, isto é, de se reconhecer no seu projeto, naquilo que lhe é mais fundamental: de não se perder no plural, nas demandas advindas do mundo. Para Kierkegaard (2018) é somente assim que o "ajudante" pode tentar identificar a ilusão do outro, introduzindo o elemento dialético, fingindo compartilhar da ilusão de forma a provocar no outro a reflexão. O "ajudante" que pretende ajudar, deve sempre estar atento para não se deixar seduzir mediante ilusão do outro, e isto só é possível porque há um diferencial entre os dois: "ajudante e ajudado"/psicólogo e adoecido (refiro-me ao termo adoecido como a pessoa que apresenta um diagnóstico médico e tratado no hospital, no caso citado, dor oncológica ou não).

O "ajudante" deve saber dialogar através da comunicação indireta. Este tipo de comunicação consiste em uma maneira de se fazer chegar ao outro sem que este perceba que há aí uma intenção de confrontá-lo, de questioná-lo em suas ações. Dentre os modos de comunicação indireta, Kierkegaard recomenda a *ironia* como o método de comunicação indireta, para que surja primeiramente a inquietação, o impacto, de forma que este homem, pelo menos possa se reconhecer no lugar em que se encontra. Desta forma, abre-se a possibilidade de se instaurar o conflito e a indecisão.

Cabe ao psicólogo que atua dentro dos preceitos kierkgaardiano, confrontar, questionar suas ações, suas angústias frente às demandas do mundo, com objetivo de promover uma reflexão sobre os imponderáveis da vida e suas ilusões.

A seguir, será apresentado um caso de atendimento psicológico que demonstra a diversidade de problemas que a dor, oncológica ou não, acarreta para a vida dos adoecidos. Assim, iremos expor alguns dados sócio-demográficos, diagnósticos, de tratamento, e as narrativas descritas no atendimento psicológico. Alerto que por sermos profissionais de saúde mental inserido no contexto oncológico, devemos sempre estar preparados aos imponderáveis da vida social e ao câncer. Não será apresentado o nome da adoecida, apenas o nome fictício, com objetivo de preservar sua identidade. Este atendimento ocorreu nas dependências do Ambulatório de Dor da FCECON/Am.

Estudo de caso

Mônica, 56 anos, sexo feminino, procedente do município de Manaus, mãe de três filhas e avó de três netos. Convivia com esposo (segundo relacionamento), uma filha e dois netos. Mônica era professora/gestora de uma Escola Municipal, porém, estava afastada de suas funções devido adoecimento e tratamento. Possui residência na Zona Norte de Manaus e se considera católica.

Dois anos antes, foi diagnosticada com neoplasia de mama, realizando mastectomia da mama esquerda em 2017 e radioterapia (Rt) no segundo semestre do mesmo ano. Após início da Rt, manifesta dor no braço direito, intermitente, descrevendo sua dor como "pesada e cansada". Fez ultrassonografia que identificou tenossinovite do tendão da cabeça longa do bíceps e, após a descoberta, foi encaminhada ao Serviço de Fisioterapia da FCECON. Assim, devido suas dores, foi encaminhada ao Ambulatório de Dor. Queixava-se de dor em queimação no ombro, associado a flexão, com sono prejudicado acordando sempre pela madrugada. Referia diminuição de força nos membros superiores.

Foi prescrito para o controle da dor crônica não oncológica as seguintes medicações: Gabapentina, Doriless e Amitriptilina. Todas as consultas seguintes foram agendadas mensalmente para realizar o controle álgico, porém, Mônica apresentava tristeza em decorrência de seu adoecimento oncológico o que poderia prejudicar o arsenal medicamentoso para dor. Desconfiada com essa verbalização, a anestesiologista chama o psicólogo para realizar avaliação.

Durante entrevista inicial, Mônica verbaliza certo desconforto com seu quadro atual de perda de autonomia e rotina diária devido seu adoecimento. Dois anos atrás, apresentou conflitos com a gerência da prefeitura por não apoiar o atual prefeito. Desta forma, foi lotada para outro setor e, posteriormente, transferida para outra escola. Sente-se injustiçada, desprestigiada e esquecida devido seus trabalhos terem sido elogiados na cidade ao qual teve repercussão em toda região norte. Com o surgimento do câncer de mama, se afastou das atividades pedagógicas e gerência para cuidar de sua saúde. Seu tratamento oncológico vem apresentando sucesso nas intervenções, caracterizando-a até o momento, como paciente controle, ou seja, será avaliada a cada seis meses durante os próximos três anos. Caso seu quadro se mantenha estável, receberá provável alta hospitalar.

Após mudanças de cargo, sua vida financeira mudou completamente – trabalhava 60 horas semanais; contraiu dívidas com carro novo; vinda de outras filhas a morar com adoecida e padrasto. Chora ao falar de sua dependência dos outros para ajudá-la a prover a casa. Relata que seu maior problema era não ter mais dinheiro para não depender de ninguém (sic). Sua mãe foi auxiliar de saúde. Em relação ao seu pai, comenta que este abandonou a família quando era adolescente, deixando Mônica e sua mãe a cuidar de quatro irmãs e um irmão. Pelo fato de sua mãe trabalhar em três turnos, ela e suas irmãs tinham de ir de ônibus até o hospital que ela trabalhava para poderem vê-la.

Sente-se limitada, cansada e magoada por ter se dedicado tanto ao trabalho em vez de ter se preocupada com sua saúde. Sente-se também, magoada com sua ex-equipe de trabalho pela ausência de preocupação com sua vida e saúde – me sinto descartável (sic). Comenta que realizou tratamento para depressão devido excesso de trabalho – não soube informar as medicações.

Ao se sentir descartada, dependente, partícipe dos conflitos familiares, da falta de perspectivas de melhorias financeiras, encontra-se deslocado no espaço, entristecida com atual condição que vive no momento. Refere viver a um passo de depressão.

Comenta que sua primeira filha foi fruto de um relacionamento malsucedido (não se casaram devido interferência da família). Posteriormente, casou-se onde veio a ter duas filhas. Refere que seu casamento também não foi bem-sucedido. Após separação, encontrou-se com antigo romance de sua infância (atual esposo) com o qual vive junto até hoje. Porém, o parceiro se encontra enciumado em relação a possíveis lembranças do romance malsucedido com o pai da primeira filha.

Percebemos que sua aflição vai além do adoecimento, pois há questões relacionadas a feminilidade (retirada do seio, sexo), vergonha (esquecimento e aposentadoria por invalidez), maternidade (filhas e netos) e a incapacidade de realizar o papel de mulher, para o qual foi criada. O relato de Mônica está ancorado no sofrimento, reflexo de uma vida de execução de atividades femininas para além da interrupção pelo câncer que a fez se sentir impedida do dever de cuidar do seu lar e trabalhar. Entretanto, o câncer traz questionamentos internos sem respostas plausíveis, tornando-se um estigma que domina os adoecidos. Tal situação, foi momentaneamente amenizada com os remédios para dor, porém, suas preocupações que estão além do adoecimento podem lhe trazer complicações a longo prazo em seu descontrole álgico. Porém, durante os atendimentos, fomos identificando outros imponderáveis que incomodavam Mônica, uma dor além do câncer, que a maltrata existencialmente.

Em nosso primeiro atendimento, Mônica verbaliza: "O tédio toma conta da minha vida, não estou mais suportando conviver com a dor do afastamento do meu trabalho, das pessoas, as pressões que o mundo vem me expondo devido o câncer. É insuportável. Nunca na minha vida de professora fui tão desprestigiada".

Ao viver uma determinada situação (mulher com câncer de mama), Mônica decai no tédio e resolve tentar mudar sua situação externa, entretanto, sem reflexão, abomina a repetição; porém, não consegue sair do aprisionamento imposto pela doença: aposentada do trabalho por invalidez, mulher incompleta (retirada da mama) e dona do lar (antes ativa, agora em casa a tomar conta de sua casa e do neto). Ao realizar um rompimento dos grilhões imposto pela doença, Mônica tenta a todo custo encontrar uma mudança em sua vida; porém, parece desconhecer a ilimitada infinidade de mudanças considerando o princípio da limitação.

Mônica era uma Pedagoga com bastante conhecimento na secretaria Municipal de Educação; havia participado de muitos projetos educacionais com bastante premiação. Jovem, inteligente, apresentava respeito e admiração pelos colegas de profissão da escola onde geria e dos colegas da Secretaria. Porém, agora, aos 56 anos, as coisas começavam a mudar. Os próprios colegas que outrora lhe deram reconhecimento e prestígio, esqueciam dela devido ao adoecimento, informando-lhe que puseram outra pessoa menos qualificada no seu lugar. A escola não era mais o seu lugar, e sim o hospital! Sentia-se um tanto quanto inadequada e, conforme seus colegas já era a hora de substituí-la por uma outra gestora, porém mais jovem. Mônica não servia mais para desempenhar seu papel de gestora.

Nisto consistia o sofrimento de Mônica, vivia o trágico e o inexorável destino da passagem do tempo que culturalmente leva ao descarte. Segundo Maffesoli (2003), a origem da preocupação com o tempo se refere à palavra *kronos* que aparece em autores como Sófocles e Eurípedes. O autor acredita que com estes filósofos, surge a preocupação da humanidade com a condição trágica do tempo, que vem acompanhada de angústia e desespero.

Para Mônica, o sofrimento também consistia na perda da saúde, no desespero, no tédio que, através da angústia, pronunciavam-se e, então, vinha o pedido de socorro: "Eu não sei o que fazer. Não sei depender do outro. Sempre fui uma pessoa ativa que buscava resolver as coisas. Hoje fico sem fazer nada, pois estou impossibilitada de fazer coisas devido meu braço, a dor... devido ao seio. Ver outra pessoa assumindo minhas funções diz para mim que tudo que fiz será deixado de lado, assim como eu fui".

Diante desta situação, podemos compreender que a adoecida se vê impotente por perceber que suas ações em pouco ou nada podem modificar a evolução dos acontecimentos. Conforme Martins, França e Kimura (1996), pacientes com doenças crônicas estão mais susceptíveis ao estresse, depressão, baixa autoestima além de menor capacidade de controlar aspectos de suas vidas. Estes sintomas afetam a qualidade de vida de pessoas com doenças crônicas que, dentre as mudanças ocasionadas pela dor, ocorrem interferências sociais mediante as limitações físicas. No caso aqui estudado, podemos citar a dependência e a ausência de uma atividade produtiva que Mônica tanto amava: suas funções como Pedagoga e Gestora. O processo de enfrentamento da doença está relacionado diretamente com a visão de mundo herdada nas experiências de vida, ou seja, a percepção do fator estressor é individual e depende do significado que tem para o indivíduo e dos recursos que dispõe a enfrentar (Trentini; Silva, 1992).

Encontramos nestes paradoxos da existência de Mônica aceitação e negação de sua condição atual de saúde. Encontramos também a angústia que se apresenta junto com as incertezas entre o finito e o infinito, entre os possíveis e necessários.

Frente ao desespero de suas perdas devido ao adoecimento, Mônica escolheu se entregar à solidão, ao choro, à sua cama, ao seu quarto como única possibilidade de sanar as chagas que o câncer lhe proporcionou. Desespera-se por ser uma mulher que não irá trabalhar, ser útil, de progredir na vida, de poder criar e ensinar seus netos. Sonhos despedaçados pelo câncer e pela dor que este ocasiona, sonhos que caem frente ao anuncio de sua "inutilidade". Para Mônica, sua doença é um anuncio de morte por tempo indeterminado.

Durante cinco atendimentos subsequentes à entrevista, propomos a dialética da existência a partir da tensão entre o finito e o infinito, dos possíveis e do necessário, de Mônica consigo mesmo frente ao desespero. Kierkegaard (2016) diz que o desespero não é apenas em relação à morte, mas também, porque não cessamos de morrer a morte do eu. Assim, Mônica via sua vida aos poucos cessar com o passar dos dias sem perceber que havia vida antes da morte idealizada por ela, sem saber se teria ou não tal destino (haja vista que seu tratamento oncológico vinha ganhando contornos de alta hospitalar).

Víamos Mônica se anular! Víamos seu descontrole álgico! Tenazmente, Mônica deixava de significar sua vida como parte de uma construção de sua história, de uma mulher obstinada que lutou para conquistar suas vitórias, trabalhou. Anulava-se! Quanta angústia e desespero por não viver sua vida de outrora! Mônica vivenciava sua vida com uma injustiça, sem a sorte de poder continuar sua jornada como gestora, sem a possibilidade de concretizar suas necessidades. Necessidades que agora estão paralisadas pela dor.

Assim, ao viver sua vida de forma despreocupada diante do mundo antes de adoecer, Mônica vivia sem a consciência do seu desespero, uma vez que vivia presa ao seu cotidiano, acreditando encontrar satisfação imediata e alívio de suas angústias. Agora, frente ao tratamento oncológico e da dor, Mônica se vê condenada ao desespero de viver a vida "morta" de forma mais concreta, sem seu trabalho no presente, sem perspectivas de futuro.

Levando em consideração a perspectiva Existencial Kierkegaardiana, devemos possibilitar que Mônica se livre do desespero. É na libertação que se conquista o se aceitar aberto, em conviver com a ambiguidade, em reconhecer o indeterminado e o imprevisível da existência, ou seja, é ao tomar para si o paradoxo do existir humano que Mônica compreenderá que o desespero e a angústia fazem parte de seu caráter de indeterminação, de transitoriedade vulnerabilidade e instabilidade de sua existência.

Nos cinco atendimentos subsequentes, podemos perceber mudanças significativas de Mônica rumo ao seu próprio encontro, ao seu libertar das amarras da dor, da angustia, do desespero. Entretanto, sua conquista só foi possível ao aceitar seu caráter de indeterminação. Uma tarefa árdua, diga-se de passagem, porém, frutífera. A seguir, iremos expor nossas narrativas sobre os encontros no Ambulatório de Dor rumo a alta deste serviço.

Durante os atendimentos seguintes, Mônica não via outra saída que não fosse a morte, morte esta conjugada com a visão do mundo de que o enfermo não possuía utilidade. Perguntávamos: onde estava aquela *vivacidade* que se encontrava até então em Mônica? Kierkegaard (2018) se referia à *metamorfose* em relação à *vivacidade*, ao furor de outrora, furor que, segundo ele, nunca se esgota.

Com o atendimento clínico iluminado pelos textos de Kierkegaard, fazia-se necessário buscar a metamorfose, o furor, a vivacidade, a saúde de outrora que pareciam estar apagados. Como? Era preciso, então, que o Terapeuta se reconhecendo no seu projeto e não se perdendo no plural (demandas do mundo), identificando a ilusão de Mônica, fingindo assim de compartilhar de sua ilusão, de forma a poder introduzir o elemento dialético e, provocando assim a capacidade reflexiva. Contudo, aquele que quer "ajudar" deve estar atento para não se deixar seduzir pela ilusão do outro. Isto só é possível porque há um diferencial entre os dois na relação clínica: "ajudante/ajudado".

Desta forma, para alcançarmos a ajuda qualificada, buscamos referências na sua história, do início de sua carreira, objetivando encontrar os alicerces que ainda possuía, e então compreender o que Mônica estaria fazendo com o que possuía:

Tive sempre sorte. Comecei a dar aulas no colégio e logo fui chamada para gerir. Logo na primeira apresentação do projeto fui premiada como melhor gestora do município, a comunidade desejava que eu continuasse na escola, meu papel foi crescendo, aquilo me engrandecia, me inspirava. Parecia um vício. Fazia com gosto, dava vida...tornou-se minha vida. Muitos outros projetos vieram e sempre trazendo prêmios para a escola.

Sobre essa *vivacidade* acima apresentada, Kierkegaard (2016; 2018) comenta que o surpreendente é o homem ser capaz de especificar a qualidade que possui e o quanto está fazendo com o que possui. Assim, Mônica passa a reconhecer que suas qualidades se encerraram no momento em que se permitiu cristalizar pela dor. Ao vislumbrar novos horizontes, passou a manifestar novas atitudes frente as barreiras que foram auto impostas. Muda-se da cristalização/paralização para a *vivacidade*, para novas perspectivas de enfrentamento, de viver!!!!!

Para que conseguíssemos tal modo de ser, continuávamos perguntando sobre sua vida: "*Em que outras situações de sua vida o êxito te acompanha*"?

Mônica prontamente verbaliza sobre a sua bem-aventurança:

Desde sempre. Sempre tive amigos, as pessoas sempre ficavam por perto, era convidada para participar das atividades, festas e reuniões da Secretaria de Educação. Ganhava prêmios, conseguia bons resultados. Hoje tenho segurança financeira, minha família está bem e não tenho do que me queixar, a sorte sempre me acompanhou.

Nesse momento, tentamos mobilizá-la mediante provocação: "*Parece que só agora o êxito te abandona*". Frente a provocação, Mônica fica em silêncio por alguns segundos e responde:

"*Não, não foi o êxito que me abandonou, eu adoeci. Depois do meu adoecimento as oportunidades não me foram mais dadas. Se fosse saudável, continuaria trabalhando*".

Continuamos tematizando o êxito: *"Então, agora não é falta de êxito e sim de saúde"*. Mônica consente e fala: "*Sem saúde você não tem nenhuma oportunidade, ao menos na vida de gestora*". Nesse momento interpelamos Mônica: "*Você disse nenhuma chance, como assim?*"

Mônica: "*É, de trabalho*".

Terapeuta: "*E para você só vale o trabalho?*".

Mônica: "*É, preciso de trabalho, respiro o trabalho. E não apenas o trabalho, mas o da gestão*".

Terapeuta: "*E se não for assim, então o melhor é desaparecer*".

Mônica: "*Foi isso que eu disse. Fico pensando que não pode ser de outro jeito*".

Terapeuta: "*E não pode ser de outro jeito? Tem de ser com dor e sofrimento?*".

Mônica: "*Pode sim. Eu perdi a saúde, não tenho mais a agilidade de antes para oferecer ao público escolar nosso conhecimento, nosso talento. A dor e o câncer não pode me tomar isso. Acredito que seja isso que esteja piorando minha dor*".

Mônica já reconhecia o que cristalizava e piorava sua dor. Agora ficava indecisa e questionava se deveria abandonar seu trabalho e envolver-se em novas atividades mediante suas limitações. Desta forma, durante os atendimentos anteriores, desconhecia a *ilimitada infinitude* de mudanças que poderia ocorrer em sua vida, bem como desconhecia o *princípio da limitação* que se impunha com a dor e o afastamento daquilo que mais amava: a gestão educacional.

Mônica precisava decidir, por si só, esse dilema: sua saúde ou o trabalho. Nas palavras de Kierkegaard (2018, p. 25), "decidir não é um mero isto ou aquilo, toda decisão implica em consequências, não só para si mesmo como para outrem". Para este filósofo, quando a pessoa se encontra em um dilema, tal como Mônica, a decisão ajuda a amadurecer a alma. Não tomava mais atitudes sem que venha se comprometer com suas palavras. Refletia entre OU isto OU aquilo. Kierkegaard (2018) refere que há em algumas pessoas ausência de bons costumes que ajudem a compreender o significado deste dilema, estando privado de dizer com paixão OU...OU. Mônica agora reconhecia sua dúvida, sua indecisão, ou seja, as consequências de suas escolhas.

Em sua obra, Kierkegaard alerta seu leitor, principalmente aquele que deseja acompanhar a decisão do indeciso que também se compromete com as palavras que utilizará na tentativa de ajudar o indeciso a decidir. Aquele que ajuda deve cuidar do que falará, sem esquecer do compromisso e do cuidado para não atuar com uma seriedade dissimulada.

Desta forma, diante da indecisão de Mônica, o Terapeuta arrisca: "*Você não sabe se luta contra sua substituição ocorrida na secretaria de educação ou se permite cuidar de sua saúde e buscar novas formas de atividades que venham substituir sua paixão, seu trabalho. Qualquer que seja a sua escolha, sua decisão, você corre riscos*".

Mônica: "*É isto que me atormenta, não sei qual o risco que eu quero correr*". Seguindo o pensamento de Kierkegaard, nossa pedagoga tinha ciência de seu talento, de sua vivacidade e criatividade, por isso não tinha o que temer anteriormente. Precisava, no entanto, tomar consciência de sua posse indefinida. Contudo, precisava assumir para si e só para si mesma a sua vocação, assim, nem os amigos, nem os colegas de trabalho a assustariam mais. Seu trabalho, então, consistiria em algo original próximo de sua paixão imediata, ancorado no pensamento e ideia relevantes, em ressonância com uma sensibilidade específica e original.

Porém, percebemos a ansiedade que a dominava ao adentrar no desconhecido, em um mundo totalmente novo ao seu mundo habitual. Mesmo frente as tensões, seu tratamento de dor estava obtendo êxito, apresentando dor controlada com o uso dos mesmos fármacos prescritos anteriormente. Kierkegaard (2016; 2018) comenta que cada tensão está em consonância com o argumento dialético, podendo ter dois efeitos diferentes. Ou seja, revela a ansiedade que a própria tensão cria, mas também pode ser o oposto: mudá-la ou transformá-la em leveza. Para Kierkegaard (2016; 2018), a leveza é aprisionada à ansiedade produzida pela tensão, contudo, com a transformação dessa ansiedade, somente a leveza é revelada.

Questionamos Mônica: "*essa ansiedade ocorre desde quando?*"

Mônica: "*desde o diagnóstico...minha substituição. Fico com medo*".

Terapeuta: "*Antes disto você não ficava ansiosa, com medo*".

Mônica: "*Não. É claro que uma certa dose de expectativa sempre existe. Muitos profissionais confessam esse frio na barriga antes de realizar suas coisas ou nos primeiros momentos. Mas isto não me incomodava, lidava bem com essa ansiedade. Agora não, me sinto paralisada*".

Terapeuta: "*O que te incomoda agora?*".

Mônica: "*Agora...o medo, a dor. Me domina. Medo de morrer e não ser mais útil. Agora tudo se resume a medo*".

Terapeuta: "*Antes não havia medo, por isso a sensação de paralisação inexistia*".

Mônica: "*Medo, tristeza, desânimo. Tudo faz querer desistir*".

Terapeuta: "*Desistir é uma boa maneira de acabar com o medo*".

Mônica: "*É o desistir que torna a minha vida sem sentido...queria acabar com esse medo. O que eu não sei é como vencê-lo*".

Terapeuta: "*E o que fazer para acabar com o medo?*"

Mônica demonstrava querer acertar na sua escolha e se esforçava tenazmente. Como tudo na sua vida, sempre feito com dedicação, sentia que devia isso para si. Queria tornar-se transparente para si mesma, conhecer seus propósitos, suas ilusões que a cristalizavam, seus inexplicáveis disfarces paradoxais. Kierkegaard (2018) comenta que a transparência de si mesmo é algo inerente à condição no homem, entretanto, quando ele atua conforme as circunstâncias da vida, a transparência pode se tornar impossível, não se manifestando, impossibilitando o homem de amar.

A partir deste ponto, decidimos provocar Mônica a refletir sobre os diferentes disfarces e o quanto estes tinham cristalizado a sua capacidade de tomar decisão.

Terapeuta: "*Anteriormente você dizia que era bem-sucedida, sempre rodeada e elogiada pelos seus colegas de profissão, depois diz que quer se tornar saudável novamente, mas não vê como voltar e resgatar o que foi perdido, ou seja, inventa inúmeras desculpas para buscar novas alternativas que venham confrontar suas perdas devido as dores e ao câncer. Do que realmente você está fugindo?".*

Mônica: "*De deixar de ser útil, de morrer, inclusive já fico muito ansiosa ao não fazer nada. Todos querem que eu não faça nada, sinto-me insegura com esses pedidos de não fazer nada. Me sinto um lixo.*

Terapeuta: "*Você já disse isso para eles? Há alguma restrição médica que limite de manter atividades dentro de suas possibilidades?*

Mônica: "*Não! Não falei. Me sinto como que não agradando mais. Quando penso nisso é que tenho vontade de desaparecer, mas quando penso no que fazer, não vejo mais nada, paraliso. Me sinto entediada. Fico observando no que a minha vida se transformou depois da descoberta do câncer...junto com a dor...a vida perde o sentido, aí o desanimo, uma vida sem amanhã, um dia atrás do outro, todos iguais*".

Terapeuta: "*A tua vida só tem sentido se você continuar fazendo o que ama, se não for assim, você desiste, teme morrer mas vive. Como você falou antes, uma vida entediante. Você fala preferir o tédio a deixar de ser útil. Não fazer o que ama não faz sentido em sua vida*".

Mônica: "*É triste esta escolha. Como posso ser tão cega? Como pude deixar de escolher... de abandonar tudo que construiu durante toda uma vida? Não havia visto por esse prisma! Realmente não há nada que contraindique fazer algo desde que esteja conforme minhas limitações".*

Terapeuta: "*Mas é o que você escolhe*".

Mônica havia se habituado a ser bem vista na comunidade escolar, a ser a melhor em seus projetos. Garantia-se na habilidade e criatividade, na sua saúde. Nunca havia se dado conta de suas posses indefinidas, dos imponderáveis da vida. Havia se tornado uma pedagoga muito popular e com muitas aparições em público. Gostava disto, sentia-se vaidosa e prestigiada com tantos convites. Estava tão ocupada com as solicitações e elogios que esquecera do princípio da limitação.

Mônica precisava continuar a buscar suas posses indefinidas. Posses estas pelas quais pode ocorrer a metamorfose, ou seja, a passagem da valorização do transitório para o verdadeiro cultivo ético/religioso, da genialidade e da relação com a ideia, já que estas são infinitas e essenciais. Precisava poder reconhecer o seu desespero, reconhecer sua temporalidade e o que nela permaneceria eterno. Afetava-se pelos ditos dos familiares, esquecendo-se de sua criatividade. Cabia-nos então despertá-la para si mesmo, de modo que não se perdesse no falatório do impessoal.

Terapeuta: "*Sem sua saúde, acabou toda sua capacidade de criar que existia em você*"?.

Mônica: "*De ser útil, sim. De criar, não*".

Terapeuta: "*Então para você o sentido de tua vida é muito mais ser útil do que criar. E você acredita que sem saúde você não seja mais útil, se vê esvaída, não há como continuar sua vida sem que seja como pedagoga*"?

Mônica: "*Parece ridículo...como posso me aniquilar só porque não estou mais trabalhando na escola, na gestão?*".

Terapeuta: "*Parece que você só presta atenção ao que perdeu, mas não dá a mínima para o que ganhou e no que pode ganhar*".

Mônica metamorfoseou-se! Identificou nos dois atendimentos ambulatoriais seguintes que sua cristalização era auto imposta e, também, pelos ditos familiares. Esquecia que não havia imposições médicas, observava suas perdas e não via o sucesso do seu tratamento oncológico, do controle de dor e da terapia. Ao se dar conta que o que ocorreu foi a dialética contra dialética, passou a apostar na vida, passou a apostar em novas atividades criadoras (neste caso em questão, passou a produzir bonecos de pano que fossem vendidos nas escolas como material lúdico, além de ter saído da cidade e viver em um município vizinho à Manaus, longe dos conflitos de uma cidade grande, mais tranquilo, perto da natureza) que viessem substituir a perda de seu grande amor: a gestão educacional, os aplausos, a vaidade.

Devemos ver a saúde como uma das possibilidades da nossa existência. Ao nível da dimensão física, a procura de significação existencial só é conseguida através de uma interação satisfatória entre o nosso corpo e o mundo físico (Deurzen-Smith, 1997). Assim, um indivíduo que se percebe adoecido fisicamente, com dor, não só se percebe limitado na sua interação com o mundo, está também, limitado em se atribuir de sentido existencial. A dor cria uma condição de incongruência com o existir, pois a experiência da doença nos remete a uma vivência de fechamento sobre a própria experiência de enfermidade (Gadamer, 2009). Esse foi nosso trabalho como ajudante/psicólogo em relação à Mônica. Dar espaço para que pudesse repensar a partir de sua nova condição, com o objetivo de romper sua cristalização frente à doença e continuar a existir. O processo de reflexão implica reformulação do ser, levando em consideração não só as afetações provocadas pela doença, mas, sobretudo, a possibilidade de aceitar essas afetações como parte integrante de sua existência.

Considerações finais

Nosso trabalho buscou propiciar um caminho compreensivo sobre a precariedade de sua existência, lembrando-lhe da possibilidade dos imponderáveis que a angústia a caracteriza.

Ao contrário dos outros profissionais do Ambulatório de Dor que visualizam o sintoma, o psicólogo escuta, devolve sua compreensão e provoca reflexão. Promove espaço para que o adoecido se aproprie e transpareça o si-mesmo que está se revelando naquele momento do atendimento. Portanto, trabalhamos com as diferentes formas de pronunciamento da angústia além de propiciar o reconhecimento do desespero como integrante próprio da existência que se constitui em tensão paradoxal que jamais se fecha. Ao propiciar esse espaço para Mônica, esta pôde compreender que o desespero frente sua dor e perda era uma manifestação provisória da existência, reflexo de sua angústia e incerteza com o que viria.

Passou a viver com sua família, a orientar suas filhas quando necessário, a ficar com seus netos por mais tempo, a viver ao lado do atual esposo e se amarem, mesmo que não haja seio no lado mastectomizado. Sentia-se mulher, útil, vitoriosa contra o câncer.

O atendimento em hospitais não requer uma grande quantidade de atendimento como ocorre na clínica tradicional de Psicologia. Podemos realizá-lo de forma breve, naquilo que afeta na cotidianidade presente. Ao atuar dentro de uma clínica ampliada, compreendemos a dor em sua amplitude total, saindo da sintomatologia e percebendo que a dor vai além da dor física, é também dor emocional.

Espero ter criado a curiosidade dos leitores em buscar, também, em Kierkgaard um novo olhar fenomenológico existencial para os paradoxos que a vida nos impõe.

Referências

APKARIAN, A. Vania; BALIKI, Marwan N.; GEHA, Paul Y. Towards a theory of chronic pain. *Progress in neurobiology*, v. 87, n. 2, p. 81-97, 2009.

BREIVIK, H; COLLETT, B; VENTAFRIDDA, V; COHEN, R; GALLACHER, D. BREIVIK, Harald *et al.* Survey of chronic pain in Europe: prevalence, impact on daily life, and treatment. *European journal of pain,* v. 10, n. 4, p. 287-287, 2006.

CAMPOS, T. C. P. *Psicologia Hospitalar: A atuação do psicólogo em hospitais gerais.* São Paulo: EPU, 1995

CRIAG, K. D. Emotional aspects of pain. In: WALL, P. D; MELZAK, R. *Textbook of pain.* 2ª ed. Churchill Livingstone, 1989.

DEURZEN-SMITH, E. *Everyday mysteries: Existential dimensions of psychotherapy.* London: Routledge, 1997.

GADAMER, H. G. *O mistério da saúde: O cuidado da saúde e a arte da medicina.* Lisboa: Edições 70, 2009.

GUIMARÃES, S. S. Introdução ao estudo da dor. In: CARVALHO, M. M. M. J. *Dor, um estudo mutidisciplinar.* São Paulo: Summus Editorial, 1999.

HOYOS, M. L; OCHOA, D. A. R; LONDOÑO, C. R. Revisión crítica del concepto psicosomático a la luz del dualismo mente-cuerpo. *Pensam. Psicol,* v. 10, n. 4, p. 137-147, 2008.

INTERNATIONAL ASSOCIATION FOR THE STUDY OF PAIN. Pain terms: alist with definitions and notes on usage. In: *Pain*, p. 249-52, 1979.

KIERKEGAARD, S, A. *O Conceito de Angústia*. Petrópolis: Editora Vozes, 2016.

KIERKEGAARD, S, A. *Ou – Ou: um fragmento de vida*. Editora Relogio D'agua – Portugal, 2018.

LIMA, M. A. G; TRAD, L. A. B. A dor crônica sob o olhar médico: modelo biomédico e prática clínica. *Cadernos de Saúde Pública,* v. 23, n. 11, p. 2672-2680, 2007.

MAFFESOLI, M. *O instante eterno: o retorno do trágico nas sociedades pós-modernas*. São Paulo: Zouc, 2003.

MATTOS, S. L. L; AZEVEDO, M. P; CARDOSO, M. G. M; NUNES, R. R. *Dor e Cuidados Paliativos*. Rio de Janeiro: Sociedade Brasileira de Anestesiologia/ SBA, 2018.

MARTINS, L. M; FRANÇA, A. P. D; KIMURA, M. Qualidade de vida de pessoas com doenças crônicas. *Revista Latino Americana de Enfermagem*, v.4, n. 3, p. 5-18, 1996.

MINSON, F. P; GARCIA, J. B. S; JÚNIOR, J. O. O; SIQUEIRA, J. T. T; JÚNIOR, L. H. J. *II Consenso Nacional de Dor Oncológica*. EPM – Editora de Projetos; Sp: 2010.

PROTASIO, M. M. Angústia como espaço para a Psicologia em Kierkegaard. In: FEIJOO, A. M. L. C; LESSA, M. B. M. F. *Fenomenologia e Práticas Clínicas*. Rio de Janeiro: Edições IFEN, 2014.

WILSON, K. G; CHOCHINOV, H. M; ALLARD, P; CHARY, S; GAGNON, P. R; MACMILLAN, K; DE LUCA, M; OSHEA, F; KUHL, D; FAISINGER, R. L. Prevalence and correlates of pain in the Canadian National Palliative Care Survey. *Pain Research and Management*, v. 14, n. 5, p. 365-370, 2009.

TRENTINI, M; SILVA, D. Condição crônica de saúde e o processo de ser saudável. Texto Contexto Enfermagem, v. 1, n. 2, 76-88, 1992.

CAPÍTULO 12

Estudo de caso: Gestalt-terapia breve no atendimento a um religioso com ansiedade patológica e falta de assertividade

Ênio Brito Pinto

> *O trabalho não pode ser copiado, porque o terapeuta é envolvido em cada caso como pessoa, razão por que não há sequer duas entrevistas que sejam semelhantes quando podem ser realizadas por dois psiquiatras.*
> (WINNICOTT, 1971, p. 17)

A tese de doutoramento, da qual o caso clínico abaixo é retirado, surgiu da necessidade de responder a uma demanda por um trabalho psicoterapêutico de curta duração para os clérigos católicos. A Gestalt-terapia foi o suporte teórico para o desenvolvimento de elementos que fundamentassem tal atividade psicoterapêutica, e a tese foi escrita a partir de dois referenciais estreitamente interligados: 1) um estudo teórico sobre a abordagem gestáltica e a Gestalt-terapia Breve, bem como sobre a população em questão; 2) uma prática clínica que orientou a busca teórica ao mesmo tempo em que se orientava por ela. No desenvolvimento da pesquisa, propuseram-se atendimentos em psicoterapia breve com fundamentação na Gestalt-terapia através da discussão de seus principais fundamentos: seus objetivos, as estratégias terapêuticas básicas, o foco, o diagnóstico e a relação terapêutica, dentre outras questões que delimitam e consolidam este tipo de trabalho. (PINTO, 2009)

Na tese também se caracterizou o clero enquanto população para a psicoterapia com base em doze aspectos nos quais o autor percebe a diferença entre um atendimento psicoterápico de curta duração para leigos e a mesma atividade para clérigos católicos. Essas diferenças entre o trabalho com leigos e aquele com pessoas de vida consagrada são importantes para a compreensão deste atendimento, haja vista que a vida dedicada à religião compõe um campo bastante peculiar na configuração do processo psicoterapêutico e na coconstrução da relação terapêutica. Dada a limitação deste artigo, não discutirei aqui essas diferenças, deixando que a sensibilidade de que me lê as encontre ao longo do relato, ou, se preferir, que as veja em Pinto (2012, *passim*).

A psicoterapia breve

Caracterizar o que é a psicoterapia é um problema interessante. *Grosso modo*, no caso da psicoterapia individual, que é o interesse de momento, trata-se do encontro de duas pessoas com o propósito de analisar a vida do cliente, visando restaurar e ampliar a consciência e a vivacidade da pessoa em terapia. A psicoterapia favorece alternativas para avaliar pontos de vista, percepções e posturas que afetam os sentimentos e o comportamento. Ela é uma interação entre um terapeuta e um cliente e se dirige para uma mudança na vida deste último. Em todo processo psicoterapêutico, existem conceitos que orientam a atitude e as intervenções do psicoterapeuta e que devem estar baseados em uma teoria de personalidade e em uma abordagem sobre o processo psicoterapêutico, o qual levará em conta a compreensão diagnóstica, a existência – ou não – de patologia e os procedimentos a serem propostos.

A pessoa levada em conta na psicoterapia inevitavelmente está inserida em grupos e em situações existenciais concretas, ou seja, existe e é parte de um ambiente, de modo que é preciso que o psicoterapeuta tenha presente a diversidade, a heterogeneidade e a complexidade das variáveis que interferem no campo e seus efeitos. No processo psicoterapêutico, deve-se levar em conta algumas características que especificam a clientela e que tornam possível traçar-se uma abordagem de prática clínica voltada especialmente para uma determinada população, como os clérigos, por exemplo.

Uma das modalidades de psicoterapia que é de grande utilidade é a chamada psicoterapia de curta duração, ou psicoterapia breve. Embora o nome de psicoterapia breve tenha se tornado o mais comum para este tipo de trabalho, ele traz um risco que deve ser levado em conta, pois dá a impressão de que a principal característica desta técnica seja uma delimitação temporal previamente determinada, o que não é verdadeiro. Ainda que a duração possa de fato ser breve, o que realmente caracteriza esse tipo de terapia, essencialmente, é uma série de procedimentos e de posturas bastante peculiares, como discuti em outra obra. De toda forma, o tempo de trabalho é a parte mais visível da terapia breve, de modo que nesse quesito trabalho com um contrato que estipula que a terapia se dará no prazo de seis meses, findos os quais, se houver necessidade e mediante mútua anuência, ela poderá se estender por até mais seis meses; nesse caso, a ampliação do tempo pode ser proposta quer seja pelo cliente, quer seja pelo terapeuta e discutida entre eles. Entendo que a frequência ideal de sessões é de duas vezes por semana, mesmo sabendo que são raras as pessoas que podem dedicar à terapia este tempo semanal.

A psicoterapia breve tem algumas propriedades especiais, dentre as quais posso destacar o modelo etiológico, as relações entre psicopatologia, comportamentos e ajustamentos, os modelos motivacionais e cognitivos da personalidade, a conduta e a abordagem de que o terapeuta se utiliza para interagir com o cliente (Fiorini, 1993). A psicoterapia breve tem também, no entanto, algumas propriedades que comunga com as psicoterapias de uma maneira geral, especialmente aquela que postula a necessidade de que haja um fundamento em uma teoria de personalidade, o que servirá para nortear o psicoterapeuta na busca de ajudar cada pessoa que o procura a ampliar seu autoconhecimento.

Uma psicoterapia breve pode se dar com ou sem foco. Minha experiência nessa modalidade de psicoterapia tem mostrado que o foco é importante catalizador do processo, além de ser eficiente parâmetro para a estratégia e a conduta terapêuticas e para a posterior avaliação dos resultados obtidos com o processo psicoterapêutico. Depois de experimentar atendimentos com e sem foco de figura, hoje trabalho com esta forma de foco em praticamente todos os atendimentos, embora mantendo a possibilidade de que se faça alguns atendimentos sem o foco, quando isso se fizer necessário e recomendável. Então, considero que o foco de figura é um bom recurso, é para ser utilizado na ampla maioria dos procedimentos, mas não é obrigatório, dado que toda obrigatoriedade aqui poderia levar a desconsiderar a situação terapêutica e a real necessidade de cada processo terapêutico. O foco de fundo, parte indissociável da compreensão diagnóstica, continua a ser necessário e obrigatório em todos os atendimentos. Mais adiante comentarei, ainda que brevemente, sobre a distinção entre foco de fundo e foco de figura, uma distinção mais desenvolvida em Pinto (2009).

A justificativa para o uso de um foco em psicoterapia breve é a confiança de que é possível reconhecer no sofrimento desencadeador da busca por terapia um ponto central, um fenômeno que, uma vez reconhecido, compreendido e modificado, possibilita à pessoa retomar seu processo de autoatualização de maneira mais saudável, equilibrada e responsável. Confia-se na modificação do todo pela modificação em uma de suas partes.

A abordagem gestáltica, fundamento do que se apresenta aqui, é uma teoria de personalidade e uma teoria de psicoterapia que vem sendo continuamente desenvolvida por autores contemporâneos. Faz parte da chamada terceira força em Psicologia, ou corrente humanista-fenomenológica, que emergiu como reação às visões psicanalítica e comportamentalista do ser humano. É fundamento da abordagem gestáltica a possibilidade de se compreender o ser humano como uma totalidade integrada, uma unidade indivíduo-meio e uma unidade de passado, presente e futuro, pois, para a abordagem gestáltica, o aqui-e-agora é o tempo e o lugar onde as modificações podem ocorrer. A teoria da Gestalt-terapia é uma teoria que busca atenção aos processos, ou seja, o que mais importa é o relacionamento entre eventos. A visão do Gestalt-terapeuta é uma visão voltada para a dinâmica que acontece em determinado momento da vida de uma pessoa. Para a Gestalt-terapia, é mais importante o 'como' que o 'o que' ou o 'porquê'. Desta maneira, importa entender o ser humano como um ser em relação. Um ser em relação consigo mesmo, com o mundo que o rodeia, com suas possibilidades e potencialidades existenciais. Um organismo, ou seja, um todo animobiopsicossocial em relação com o mundo.

O estudo de caso

Nas páginas que seguem descrevo aspectos do atendimento ao Pe. Josué (nome fictício), atendido por mim em psicoterapia breve na abordagem gestáltica por um período de dez meses. O relato que segue é uma revisão e uma síntese do último capítulo de minha tese de doutoramento (PINTO, 2007).

Apresentar ao público um caso clínico é, de certa maneira, exercício de sacrifício em prol da ciência. Tenho para mim que se há alguma semelhança entre o confessionário católico e o consultório de um psicólogo, esta semelhança está no sigilo e na confiabilidade exigidos para que a relação possa ir em frente e produzir suficiente cura ou libertação de sofrimentos. Ao apresentar este caso clínico, mesmo tendo confiança de que tomei os cuidados necessários para que meu cliente não pudesse ser identificado, sinto-me em delicada ambivalência.

Além disso, há ainda dois aspectos que quero considerar. O primeiro aspecto é o que diz respeito à impossibilidade de se colocar no papel a viva dinâmica de uma interação terapêutica. Os gestos, os tons de voz, as pequenas nuances da comunicação pessoal típica de um processo psicoterapêutico não cabem no papel. Não há como ser fiel aqui ao acontecido em terapia, pois ao relatar um diálogo já o estou modificando e tirando dele grande parte de sua riqueza. No entanto, esse é um preço a se pagar quando se pretende ilustrar o desenvolvimento de reflexões acerca de procedimentos clínicos. Espero ter conseguido, no relato que segue, manter o máximo possível de fidelidade às emoções e às reflexões vividas no processo terapêutico, mesmo sabendo que o que acontece nesse tipo de trabalho é, no que tem de mais essencial, no que tem de realmente terapêutico, inenarrável.

O segundo aspecto, que fundamenta algumas preocupações que tenho, é o da divulgação de acontecimentos e assuntos que me foram revelados em confiança e em esperança, e que eu trago a público. Ao fazer isso, sinto que preciso realçar a coragem de Josué ao autorizar que seu tratamento venha à luz. Ao trazer para o papel parte da experiência vivida no processo terapêutico de Josué, penso que, por um lado, confirmo e dou novas cores à confiança depositada por Josué no processo vivido, ao mesmo tempo em que renovo a esperança, pois essa divulgação só se justifica na medida que possa trazer luz e crescimento para a ciência e para quem porventura leia e reflita sobre este trabalho. Por outro lado, ao relatar aqui o caso clínico de Josué, amplio sua confiança e a estendo a outros padres que, como Josué, vivam ou venham a viver situações marcadas por delicados e aparentemente insolúveis conflitos: ao acompanhar a história, os sofrimentos e as conquistas de Josué, mais uma vez vi confirmadas as possibilidades de crescimento do ser humano quando lhe são dadas as condições necessárias para que amplie sua consciência e, por via disso, redescubra o sentido de sua vida e o próprio sentido da vida. Mais, muito mais do que um caso de um padre que perdeu momentaneamente seu caminho, o depoimento que segue abaixo é o de uma pessoa que se reencontrou e que agora pode, por isso, ser fertilizador de valores verdadeiros, porque vividos. Josué nos ensina que, em vez de julgamentos radicais sustentados por moralismos desumanos e excludentes, a compreensão, o encorajamento e a confiança honesta, quando bem dosados como encontrou em seu tratamento, é que são transformadores.

Isto posto, segue abaixo uma síntese do processo terapêutico, em Gestalt-terapia Breve, vivido pelo meu cliente e por mim.

Josué

Um colega, psicólogo e padre, pediu-me que atendesse um sacerdote que vinha de outra e distante região do Brasil e que estava enfrentando por lá problemas relativos à homossexualidade e "alguma coisa mais grave". No mesmo dia, o Pe. Josué me ligou.

Na primeira sessão apareceu um homem de baixa estatura, bem moreno, meio sem jeito, visivelmente ansioso, as mãos muito úmidas, com uma fala apressada, como se as palavras viessem para fora coladas umas às outras, praticamente atropelando-se, fazendo com que às vezes fosse mesmo difícil entender o que ele dizia. Trajava-se adequada e sobriamente, em tons de cinza, sua cor predileta para roupas, como me contou mais tarde. A princípio, demonstrou uma certa timidez, os olhos baixos, as mãos sem sossego, mas, aos poucos, foi se soltando e logo já dialogava mantendo um contato razoável com os olhos e gesticulando mais à vontade, embora, de certa maneira, seus gestos fossem algo acelerados e seu olhar teimasse em fugir para os cantos da sala de atendimento. Contou-me sua história, e relatou também, nessa primeira sessão, a vivência de um medo de enlouquecer, referindo-se a casos de insanidade na família. Minha vivência nessa primeira sessão foi de confiança na possibilidade de um bom processo terapêutico, o que foi posteriormente confirmado, como veremos.

Como é relativamente comum em atendimentos de padres (Pinto, 2012, p. 49), a queixa de Josué veio em duas vozes, uma delas a de seus superiores hierárquicos: Josué entregou-me uma carta assinada pelos seus superiores, resumindo sua situação.

No próximo encontro, Josué apresentou-se ainda presa da ansiedade que justificava sua vinda para São Paulo. Minha primeira impressão diagnóstica era de que eu estava diante de um cliente de estilo confluente (Pinto, 2015, p. 124), com importantes traços egotistas compensatórios, possivelmente bipolar; de imediato, imaginei que precisaria de suporte psiquiátrico para poder dar boa continuidade à psicoterapia.

Na semana seguinte, ele precisou faltar. Entendi que eu estava diante de uma psicoterapia que começava muito lentamente, um cliente muito resistente. Minha atitude foi a de não brigar com a resistência, seguindo, assim, o pensamento gestáltico, mantendo-me à espera, explicitamente à espera, reiterando com clareza que estava à sua disposição. A ideia da resistência vista como criativa e como facilitadora de uma nova organização pessoal advém de Rank e é extremamente relevante na Gestalt-terapia. A resistência não deve ser combatida, mas sim deve ser trazida à consciência do cliente e respeitada como um limite do seu agora[1]. Eu esperava compreender melhor essa dificuldade inicial na terapia quando nos víssemos pessoalmente. Imaginei que Josué precisava de um pouco mais de tempo para estar só e se encorajar um pouco mais para rever e repensar sua vida com a ajuda de uma testemunha. A cada telefonema que ele me dava justificando sua ausência, eu respondia que estava à disposição e que iniciaríamos de fato a terapia quando ele quisesse. Esperei pelo tempo dele, como se deve fazer em psicoterapia.

Enfim começamos efetivamente a trabalhar. Combinamos que nos veríamos duas vezes por semana. Aos poucos, Josué foi contando sua história, foi falando de suas ansiedades, foi contando seus anseios, e eu fiquei numa postura inicial de cuidadoso acolhimento, deixando que ele ocupasse todo o espaço de cada sessão. Eu entendi que ele precisava colocar-se, precisava ser ouvido com atenção e cuidado, e foi isso que fiz a princípio, como minha parte da construção dos encontros terapêuticos, ou seja, limitei-me a uma ou outra intervenção, muito mais num sentido de confirmá-lo e à sua história que no sentido de tentativa de compreensão ou de mudança. Esse primeiro momento da psicoterapia foi um tempo de acolhimento, tempo de assegurar que ele poderia ter de outra pessoa um interesse genuíno e respeitador.

No correr das sessões, por entender que seria útil para Josué, coloco algumas vezes para ele, com toda a clareza que posso, que, de certa forma, não me preocupo com o caminho que ele vai seguir a partir do trabalho terapêutico, ou seja, que não tenho um caminho determinado *a priori* para meu cliente, pois meu propósito

[1] "Não devemos cair na armadilha de acreditar que as resistências são más e que o paciente ficaria melhor sem elas. Otto Rank muito adequadamente chamava a resistência de vontade negativa. Se o terapeuta desaprova as resistências, faria melhor desistir." (Perls, 1977, p. 61)

é única e exclusivamente o de ajudá-lo a encontrar o seu próprio caminho agora e descobrir como caminhar por este percurso recém-encontrado.

Quando o cliente sabe da postura e do propósito do terapeuta ao abordar temas assim tão importantes e significativos, há uma visível relaxação da tensão na sessão terapêutica, pois o terapeuta se torna mais confiável, além de reafirmar sua postura de pessoa atendendo pessoa, tão importante para a psicoterapia de curta duração. Não creio que essa explicitação desse posicionamento possa servir como regra, pois certamente haverá pessoas para quem o melhor será que o terapeuta se cale, mas posso afirmar que não é raro acontecer de haver um incremento na confiança e no próprio investimento do cliente, especialmente os padres, na terapia quando fica honesta e explicitamente claro que não o condenarei, por exemplo, por ter desejo sexual e viver dúvidas por causa disso. A sensação de cumplicidade, tão importante no processo terapêutico, fica ainda mais consolidada nesse momento de aceitação da autonomia do terapeuta. Além disso, considero também que o fato de eu atender as pessoas de vida consagrada através de indicações que geralmente partem de pessoas da Igreja, pode gerar uma certa ansiedade inicial, motivada por um temor (justificável) de que eu esteja a serviço da igreja, e não do padre. Parece-me que, ao manifestar minha posição de autonomia sincera quanto à possibilidade de que o cliente escolha livremente seu caminho, abro ainda mais espaço para ser compreendido como um terapeuta a serviço da pessoa do padre, e não da Igreja.

Meu diagnóstico já estava suficientemente claro: estilo confluente (dependente, para o DSM) de personalidade, com importantes traços egotistas (narcisistas, para o DSM) polares e compensatórios, um quadro que transparecia através de uma quase incontida ansiedade e uma autoestima bastante debilitada, o que fazia com que Josué vivesse uma necessidade enorme de ser cuidado, o que, por sua vez, gerava comportamentos submissos e evidente medo de separações, como ficará claro ao longo da psicoterapia. Essa postura submissa diante da vida e das outras pessoas, *grosso modo*, destinava-se a obter atenção e cuidados e derivava de uma autopercepção como impossibilitado de lidar adequadamente com as questões existenciais sem o auxílio de outras pessoas. Também uma certa passividade, além de enorme dificuldade em expressar discordâncias que poderiam gerar solidão, que eu percebia em Josué, reforçavam minha percepção diagnóstica no que diz respeito ao estilo confluente de meu cliente. Quanto aos aspectos polares egotistas, estes apareciam em algumas de suas fantasias, principalmente as sexuais. Este estilo confluente de personalidade de Josué foi ficando claro ao longo do processo terapêutico, da mesma maneira que, ao longo deste processo, fomos discutindo, descobrindo e desenvolvendo como é seu jeito único de estar no mundo a partir desse padrão. Esta compreensão diagnóstica possibilitou a escolha do foco para aquele trabalho breve, uma vez que o foco em psicoterapia breve deriva da compreensão diagnóstica.

O foco deste atendimento breve

A escolha do foco é a eleição de um tema central para o processo psicoterapêutico de curta duração, mas não pode ser uma escolha rígida, estática. Se no teatro o foco é o ponto onde se concentra a luz para iluminar toda a cena, na psicoterapia de curta duração, o foco são os pontos nos quais se concentram os esforços da díade visando o trabalho terapêutico. São as áreas que se vão iluminar preferencialmente, com a expectativa de que, uma vez suficientemente trabalhadas, todo o ser do cliente se modifique, de modo que seus ajustamentos criativos voltem a ter fluidez e, assim, a pessoa caminhe mais livremente para se tornar ela mesma. Os focos são o eixo de um processo de Gestalt-terapia breve, assim como na maioria das outras abordagens em psicoterapias breves.

Ribeiro (1999, p. 143) esclarece que as terapias de curta duração se distinguem das de longa duração pela problemática presente e pelo contrato de trabalho que se estabelece, um contrato que já pode incluir a possibilidade de se estabelecer um foco como meio da psicoterapia. Segundo Ribeiro, nas terapias de curta duração há um problema específico a ser tratado, uma situação que exige uma certa urgência na solução, um sintoma mais agressivo e a vontade de alguém que necessita de ajuda. Ribeiro defende que, na terapia de curta duração, "existe um tema em questão, um contrato de trabalho, uma atenção especificamente voltada para ele. Isso não significa o abandono de outras questões." (Ribeiro, 1999)

No entanto, Ribeiro (1999) faz importante alerta quanto ao trabalho com o sintoma e a escolha do foco em psicoterapia de curta duração: ele argumenta que "o sintoma é como um farol, que lança sinais, indicando o caminho em zona de perigo, mas não orienta nem o navio nem os tripulantes se o comandante não souber olhar além do que o farol lhe informa." Isso quer dizer que o terapeuta deve estar ligado à pessoa como um todo: "estar ligado à pessoa como um fenômeno totalizador significa que se deva sempre ver a pessoa no seu espaço vital e no mundo que a cerca. De fato, é a pessoa toda que se encontra em processo e não apenas o sintoma", arremata Ribeiro (1999, p. 143).

Assim, defendo que o foco no trabalho de Gestalt-terapia breve tem dois fundamentos: a compreensão diagnóstica da figura, a queixa apresentada e suas circunstâncias, e a compreensão diagnóstica do fundo, o estilo de personalidade de quem apresenta a queixa, bem como o campo existencial no qual esta queixa se insere. Assim, o terapeuta levará em conta, além do campo fenomenológico do seu cliente, o seu sofrimento e o fundo pessoal de onde esse sofrimento emerge.

O que eu chamo de foco de fundo diz respeito ao estilo de personalidade do cliente, seu modo preponderante de ser e a maneira como acessa e lida com os modos de ser não preponderantes. Diz respeito também à existência, ou não, de psicopatologias. Também inclui a percepção e a compreensão do campo histórico e do cotidiano da pessoa em atendimento, bem como do campo coconstruído a cada situação terapêutica. Esse é um dos norteadores da psicoterapia breve.

Entendo que o foco de figura está para além do sintoma, isto é, ele parte do sintoma e do sofrimento do cliente e busca compreender o sentido deste sintoma, busca compreender qual mudança existencial é pedida pelo sintoma. Então, em busca de um formato de Gestalt-terapia breve que seja efetiva e útil terapeuticamente para quem se vale dela, desenvolvi, para o foco de figura, a ideia de que ele se liga a um valor, decorrendo daí o que chamo de um "foco de valor", e o tenho experimentado na maioria dos atendimentos realizados, com enorme adesão dos clientes e eficiência nitidamente visível nos processos terapêuticos que vivemos, eficiência percebida também nos e reforçada pelos acompanhamentos feitos depois de findas as psicoterapias.

Recordo que o uso de um foco em psicoterapia breve se fundamenta na confiança de que é possível reconhecer no sofrimento apresentado um ponto central, um fenômeno que, se e quando atualizado, possibilita à pessoa retomar seu processo de crescimento e de autorregulação de maneira mais saudável, equilibrada e responsável. A mudança na parte, nestes casos, acarreta mudanças no todo.

Minha hipótese é de que, quando há a procura por uma psicoterapia, o principal impedimento para o livre fluxo do crescimento, da autorregulação e da autoatualização é um dos valores do sistema de valor do cliente que está incongruente na vivência da pessoa, seja por estar cristalizado, por estar exagerado, por estar ausente, por ser anacrônico, por ser incompatível com todo o sistema de valores que orienta a pessoa, isto é, um valor que não está atualizado e/ou apossado.

Na terapia com Josué, definimos como foco inicial de figura para nosso trabalho o valor "poder" (no sentido de posso), pois me parecia que essa era uma questão fundamental para que Josué pudesse se libertar dos seus sofrimentos atuais e se abrir a seguir seu caminho com maior autonomia e tranquilidade, com mais capacidade de ajustar-se criativamente ao seu mundo. Ele compreendeu, concordou, e trabalhou com afinco, ao longo da terapia, na busca explícita do incremento do seu poder pessoal como tema central de nosso processo psicoterapêutico. Ao delimitar este foco inicial, lembrei-me de PHG:

> Em vez de extrair expedientes do inconsciente, trabalhamos com o que está mais à superfície. O problema é que o paciente (e com demasiada frequência o próprio terapeuta) passa por cima dessa superfície. A maneira como o paciente fala, respira, movimenta-se, censura, despreza, busca motivos etc. – para ele é óbvia, é sua constituição, é sua natureza. Mas, na realidade, isso é a expressão de suas necessidades dominantes, por exemplo, de ser vitorioso, bom e de impressionar. É precisamente no óbvio que encontramos a sua personalidade inacabada; e o paciente pode recobrar a vivacidade da relação elástica figura/fundo somente lidando com o óbvio, dissolvendo o que está petrificado, distinguindo

o blá-blá-blá do interesse verdadeiro, o obsoleto do criativo (Perls; Hefferline; Goodman, 1997, p. 36).

Nas primeiras sessões há duas histórias contadas por Josué que facilitaram meu diagnóstico. Uma delas, que ele descreve longamente e com visível sofrimento, dá conta de suas dificuldades com o desejo sexual, com ênfase na luta contra a masturbação e contra as fantasias homossexuais que completam o ato masturbatório. Relata ainda que desde a adolescência sempre foi bastante engajado nos trabalhos da Igreja, mas que nunca namorou, embora sentisse atração pelas meninas de sua idade. Conta que viveu uma grande paixão e refere enorme vergonha pelas loucuras que fez. Não me olha enquanto conta que ficou tão excitado e desesperado com essa paixão que acabou por ter de se tratar com um médico de uma cidade vizinha. Eu olho para ele com acolhimento e com fantasias de que haja ali, naquela situação terapêutica, a presença do medo da loucura, uma loucura que, para Josué, eu poderia confirmar ou desmentir. Coerente com o que eu percebia, desmenti a loucura imaginada por ele, ou seu risco iminente, mas apontei a força da ansiedade vivida, uma ansiedade patológica, uma força que poderia ser mitigada por uma boa e temporária medicação receitada por psiquiatra, algo que facilitaria nosso trabalho. Assim, minha percepção de que Josué precisaria, além da terapia, de uma atenção psiquiátrica estava confirmada então. Além disso, eu precisava afastar de vez a possibilidade de um diagnóstico de transtorno bipolar, de modo que pedi que fizesse uma consulta psiquiátrica.

Continuamos nossos diálogos, discutindo suas dificuldades quanto à sexualidade, suas saudades de casa e dos amigos, seus medos de que nunca mais pudesse ter a consideração das pessoas que a tanto custo ele conquistara em sua terra de origem. Fizemos algumas sessões bastante carregadas de emoção, de revisão de trajetória de vida, de tentativas de se perdoar pelos tantos erros cometidos nos últimos anos, quando se submeteu a extorsão praticada por um ex-seminarista, que dizia ter fitas gravadas de relações sexuais de Josué com rapazes no período em que foi reitor do seminário de sua diocese, cargo que exerceu a contragosto, como veremos adiante.

Josué não acreditava na possibilidade de que as fitas pudessem existir, uma vez que sempre cuidou para não ter relações sexuais no seminário ou com seminaristas sob seu comando. Mas não conseguia afirmar com certeza que as fitas eram pura ficção do extorsionário, uma vez que tinha vivido experiências sexuais com outros religiosos. Aliada a isso, sua baixa autoestima e sua sensação de inadequação ao se deparar com o poder que detinha formalmente – mas que não se sentia com capacidade para exercer na prática – como reitor do seminário foram decisivas para que ele se deixasse enredar pela trama armada pelo outro, criando esse sofrimento que o aflígia profundamente agora.

Minha postura nessas sessões, e por praticamente todas as outras, era a de, cuidadosamente, evitar me manter muito ativo, buscando mais abrir espaço para a atividade de meu cliente, como deve ser a postura de um terapeuta quando diante de alguém com estilo confluente de personalidade. É preciso lembrar que o não-ativo não é passivo ou distante, antes pelo contrário: trata-se de uma presença, de uma postura respeitosa para com a capacidade do outro para realizar escolhas.

Trabalhávamos sua dificuldade de acreditar nos próprios poderes (de novo, no sentido de posso), quando ele foi convidado a rezar uma missa em um ambiente específico e bastante conservador e poderoso de São Paulo. Essa foi uma experiência muito importante em sua trajetória terapêutica. Foi tão bem acolhido no local, que acabou por se soltar e fazer uma missa que lhe rendeu convites para voltar a rezar lá, o que fez mais inúmeras vezes a partir de então. A mim me pareceu muito interessante o que ele viveu entre essas pessoas conservadoras e suas famílias: parece que, ao se sentir acolhido em um meio de poder (poder sobre), ao sentir que podia ser, que podia existir e ser respeitado, mesmo nesse meio que, em seu imaginário, seria tão hostil, ele abriu a porta que lhe possibilitou, finalmente, ampliar um pouco mais sua crença de que o poder eclesial lhe cabia bem. Sua ansiedade baixou um pouco, e ele resolveu procurar a psiquiatra que eu lhe recomendara.

Esse ligeiro abaixamento do nível de ansiedade do cliente veio em boa hora. Depois de muita procura, o ex-seminarista que o extorquira por tanto tempo conseguiu localizá-lo no convento onde Josué se hospedava em São Paulo. Começaram, por telefone, novas tentativas de chantagens. Josué voltou a sentir muita ansiedade relacionada a isso, e o trabalho em terapia se concentrou nesse novo fato. Josué tinha problemas para se defender da extorsão: mesmo agora, quando seus superiores e alguns colegas já sabiam do ocorrido, quando ele tinha o apoio do seu bispo e da terapia, ele ainda reagia ao criminoso como se não tivesse forças para resistir à extorsão. Em uma das sessões que fizemos nessa época, ele começou a perceber que a argumentação que usava estava baseada muito mais em uma sensação de fraqueza que na nova força que lentamente adquiria: sempre que falava com o chantagista, Josué só argumentava que não tinha dinheiro e que, portanto, não podia fazer agora nenhum depósito bancário, deixando aberta uma brecha para que a extorsão continuasse caso ele conseguisse uma nova fonte de renda, como, aliás, já tinha feito anteriormente.

Enquanto se debatia em busca de novas formas de reagir à extorsão e, lenta e gradativamente, ampliava suas fronteiras de modo a caber nelas um comportamento mais assertivo frente à ameaça, Josué fez sua consulta com a psiquiatra. Ela teve a iniciativa de me mandar um e-mail. Suas palavras, sintetizadas:

Naturalmente o principal é psicodinâmico, mas o quadro de ansiedade e insônia faz necessário o uso de medicação. Há história importante de bipolaridade, provavelmente I, na família, o que mostra uma tendência genética a quadros do espectro bipolar, mas não me parece que ele preencha no momento critérios para diagnóstico de transtorno bipolar. Optei por medicar com benzodiazepínico e antipsicótico atípico, muito utilizado atualmente para estabilização de humor, melhora da insônia e ansiedade, independentemente da existência de sintomas psicóticos.

Minha resposta a ela, também por e-mail:

Senti-me aliviado com seu diagnóstico, pois coincide com o meu e justifica minhas preocupações com o cliente. Tomara que ele possa se aproveitar bem dessa dupla abordagem. Quando preciso e possível, trocamos mais informações.

A postura de Josué diante do extortor foi melhorando muito lentamente, em grande parte porque meu cliente foi se utilizando melhor dos apoios ambientais de que dispunha, especialmente de seu bispo, de alguns colegas padres e da psicoterapia. Josué começou a confrontar mais o extortor nas ligações telefônicas que este fazia diariamente.

Como a ansiedade era um problema importante para Josué, sugeri a ele, como tarefa para casa, que fizesse alguns exercícios de relaxamento ou meditação, procurando focar a sua atenção a como respira e ao seu modo de falar rápido. Mesmo sabendo da imensa probabilidade de que esses exercícios não durassem muito tempo, minha intenção era que eles pudessem complementar, ao menos por uns tempos, a atuação dos medicamentos. Josué afirmou que conhecia algumas orações que tinham esse efeito e se comprometeu a fazê-las diariamente.

Ainda havia muita ansiedade na maneira como Josué lidava com a situação, mas essa ansiedade já estava sendo enfrentada e melhor dimensionada, transformando-se em cuidado, em autoproteção, abrindo espaço para a coragem necessária para uma mudança na postura de Josué diante do extortor e (essa a minha esperança) diante da própria vida. As ligações telefônicas foram diminuindo, as ameaças foram ficando mais amenas, a autoconfiança de Josué quanto a esse assunto ampliou-se a ponto de podermos voltar a abrir o leque de nossas reflexões em terapia, falando de outras questões igualmente importantes para esse momento de sua vida, ainda que mantivéssemos o foco no poder como valor apossado.

O trabalho em Gestalt-terapia breve não tem de ficar preso a um só assunto ligado diretamente ao foco, antes pelo contrário (Pinto, 2009, p. 88): a determinação do foco está fundamentada no diagnóstico de fundo e de figura, o qual orienta o prognóstico e a postura do terapeuta na relação terapêutica, de modo que é muitíssimo mais importante *como* se conversa na situação clínica do que *o que* se conversa. O foco mais importante aqui era ampliar a possibilidade de que Josué assumisse o mais plenamente possível o poder de ser e, por isso, se tornasse mais autônomo e mais apto a cuidar de si com a necessária competência e com cuidado. Ou, como dizem PHG (1997, p. 107), apossando-se plenamente do "direito de sentir-se em casa no mundo".

Nossos diálogos voltam a tratar mais especificamente da sexualidade. Josué relata a dificuldade que é lidar com o compromisso do celibato e traz um dado novo:

questionando sua vivência do celibato, ele diz que já não sente medo de deixar de ser padre. Lembra-me que, quando começamos a trabalhar, um de seus maiores temores era deixar de ser padre e não saber fazer mais nada na vida, transformando-se em um fracassado. Hoje, ele reafirma que quer se tornar celibatário, pois sente que tem a vocação para ser padre, e não há outra coisa na vida que o complete mais que a vida eclesial. Mas essa já não é mais sua única opção: Josué descobriu que pode ser feliz mesmo não sendo padre, embora prefira ser feliz sendo padre.

Em outra sessão, perguntado sobre como tem se sentido quanto às ainda presentes tentativas de extorsão, Josué abre um sorriso e se diz mais confiante e com mais disposição para enfrentar as ameaças. Finaliza a sessão relatando que tem sentido muita culpa pelo que fez, pelo prejuízo financeiro que causou, por tudo o que tem acontecido em sua vida. Trabalhamos um pouco esse ponto, buscando ampliar sua *awareness* ante essa culpa e dialogando com o intuito de encontrar maneiras para que ele transforme essa culpa em aprendizado. Desenvolvemos uma interlocução sobre sua falta de responsabilidade à época, tentando entendê-la e contextualizá-la, com a finalidade de que a elaboração da culpa presente possa ampliar seu cuidado consigo e com seu ambiente. Entendo que começamos a aprofundar a psicoterapia em um ponto fundamental para que Josué possa reassumir suas funções eclesiais: a responsabilização pela própria vida e pelas próprias atitudes, inclusive pelos seus "sins" e seus "nãos", fundamento para que ele consiga se apossar do poder existencial de que necessita.

A temática da sexualidade esteve presente nas sessões seguintes. Ele aprofundou mais a análise de sua homossexualidade e passou a relatar para mim (e para si) as experiências homossexuais que viveu, buscando compreender-se e, ao mesmo tempo, questionando sua possibilidade de manter o celibato, algo que até hoje não conseguiu, a não ser por breves lapsos de tempo. O tom de suas indagações é sério, sem falsas ilusões, comprometido com uma busca de um posicionamento que lhe permita sentir-se íntegro no presbiterato. Revela sentir-se culpado por situações que viveu relativas à sexualidade na maior parte de sua vida sacerdotal e responsabiliza, em parte, sua formação por isso, pois sente que poderia ter sido melhor assistido psicologicamente nos seminários, o que, acredita, o teria ajudado a enfrentar com mais maturidade os problemas pelos quais passou e passa. Destaco para ele a honestidade com que me parece que ele busca se posicionar e o quanto isso representa uma retomada de um desenvolvimento que não pôde se dar antes. Chama também minha atenção que Josué não questiona o porquê de ser homossexual, mas sim sua maneira de viver a homossexualidade diante da promessa do celibato. Todo o seu questionamento me faz pensar que muito provavelmente ele também aceita e suficientemente bem trabalhada sua condição homoafetiva. Mais uma vez, minha conduta nessas duas sessões é de acolhimento e de continência. Há nessas sessões um forte tom afetivo, um clima de muita confiança e de bom aprofundamento das questões discutidas.

Nesta época Josué fez um retiro e, na volta, fizemos uma sessão que posso chamar de temática. Toda a reflexão se centrou na humanidade do padre, tema também de algumas reflexões do bispo que dirigiu o retiro. Aprofundamos a falibilidade humana do padre, as expectativas exageradas que se colocam ante os seminaristas e os padres quanto à força que devem ter, a dificuldade que é, para um padre submetido a esse tipo de formação, pensar em tornar-se pessoa de maneira mais plena e coerente. Em todos os casos, Josué e eu fomos fazendo pontes entre as reflexões que surgiam e as vivências pelas quais ele tem passado nesses anos de ministério. Minha sensação em praticamente todo o tempo da sessão foi a de que alcançávamos um aprofundamento de reflexão e de sentimento que poderia render bons frutos dali para adiante neste trabalho terapêutico. Essas situações terapêuticas, de intensa vivência, muitas vezes se tornam difíceis de serem descritas posteriormente, uma vez que há coisas vividas que são muito próprias daquele momento, cheias de uma intensidade que somente um romancista se atreveria a tentar descrever em uma folha de papel. A qualidade transformadora desse tipo de situação terapêutica é facilmente perceptível para quem a está vivendo, no momento em que a está vivendo, mas dificilmente descritível depois que a densidade da situação cumpriu sua missão e se desvaneceu a serviço do passo dado no caminho do crescimento pessoal com coração.

Mais adiante, Josué traz um sonho que gerou uma sensação intrigante. Ele está em uma canoa, navegando em um rio, guiado por um ser que ele não sabia se era cobra ou se era pássaro, ou os dois animais misturados em um só, um ser que voa à sua frente e que, subitamente, o abandona em uma bifurcação do rio, alçando o voo para a imensidão do céu. Nesse momento, a sensação é uma espécie de vazio que não é vazio, uma tristeza que não é tristeza, uma estranheza que não é estranheza, algo, enfim, profundamente sentido e vivido, mas de difícil descrição. Josué, dentre muitas outras associações com o sonho, conta que percebe que está se cuidando muito melhor (inclusive corporalmente) e que não faz mais promessas de não fazer mais isso ou aquilo, promessas que sabia que não poderia cumprir, mas que, ainda assim, vivia fazendo. Trabalhamos também a possibilidade de que esse animal do sonho simbolize o caduceu e que o sonho traga à tona o temor pelo fim da terapia e a consequente necessidade de Josué cuidar da própria vida sem o meu auxílio, escolher por si mesmo e solitariamente o caminho a tomar nas bifurcações da existência. Não percebi clima para trabalhar dramaticamente o sonho, de modo que ficamos apenas nas reflexões despertadas por ele. Quando Josué foi embora, anotei em meu caderno de notas: "Há algo de estranhamente bom e diferente nele, digno de ser verificado no correr das próximas sessões."

Na sessão seguinte, Josué chega relatando cansaço pelas confissões dadas e pelo teor de alguns relatos ouvidos, os quais ele não me conta, embora fale de seu susto e estupefação ante o que ouviu. Logo em seguida, fala de um sonho que teve de noite, do qual ele se lembra apenas de um trecho: está caminhando por uma calçada (ou estrado, não sabe) cheio de montes de fezes humanas. Ele caminha, se enoja e desvia e segue seu caminho, muito incomodado pelo que vê. A mim me parece um sonho que exige delicado trabalho, de modo que me calo e espero o que vem. Josué me pergunta se o sonho pode ser premonitório, uma vez que o que ele ouviu em confissão hoje se aproxima bastante do sonhado. Confirmo para ele que essa é, sim, uma possibilidade que não devemos jogar fora, mas que seria melhor considerarmos as cagadas humanas (ou os prazeres humanos, uma vez que a defecação é um ato prazeroso que deixa rastros) das quais ele tem que se desviar. Logo depois de minha observação, Josué começa a falar da dificuldade sexual que vive, da dificuldade que prevê na escolha pelo celibato e volta a mencionar as tantas experiências sexuais que teve durante sua vida sacerdotal.

A conversa caminha em um questionamento acerca da necessidade de intimidade, pois Josué se queixa da solidão que é a vida de um padre diocesano. Trabalhamos no sentido de lembrar que todos nós temos a necessidade do amor, o qual pode se expressar através do sexo, ou não. Se a sua escolha é pela vida celibatária, isso não o deve impedir de procurar ter pessoas eleitas, pessoas com quem possa compartilhar de coração aberto as vivências, as reflexões e as emoções que tem, ou seja, mesmo celibatário ele precisa ter vivências de intimidade. Discutimos um pouco sobre como isso é um problema importante para a maioria dos padres, para, depois, questionarmos como ele está vivendo esse problema. Procuro incentivá-lo a que tente desenvolver um pouco mais a habilidade de se relacionar mais intimamente com pessoas, pois penso que, fazendo isso, diminui-se o risco de uma vida sexual promíscua, embora não diminua a possibilidade de uma vida sexualmente ativa. Para não perdermos o foco de nosso trabalho, discutimos, no final da sessão, sobre como a conquista do amor facilita a conquista do poder/posso.

Algum tempo depois, Josué chegou no consultório acompanhado de seu bispo, que fazia uma breve passagem por São Paulo. Nesse aspecto, a psicoterapia de clérigos guarda muitas semelhanças com a psicoterapia de adolescentes, na qual é de obrigação do terapeuta acolher também a família do adolescente que atende. A atitude do terapeuta aqui, no trabalho com religiosos, deve ser a mesma que ele tomaria ao lidar com a família de adolescentes: acolher e deixar claro, desde a primeira conversa com os superiores, que não haverá segredo, perante o cliente, a respeito do que for conversado entre o terapeuta e o superior. Em situações como essa, em que o religioso traz seu superior, o papel do terapeuta é facilitar o diálogo, da mesma maneira que facilitaria o diálogo do adolescente com um de seus pais. Discuto isso mais amplamente em Pinto (2012, p. 53).

Conversamos os três, Josué, seu bispo e eu, em minha sala por aproximadamente uma hora, período no qual quem mais falou foi Josué. Ele contou ao bispo um pouco do que tem passado em São Paulo, de como tem vivido a terapia, das melhoras que sente ter conseguido a partir do trabalho terapêutico. Fala de maneira ansiosa, parecendo querer agradar o bispo, preocupado em deixar o mais explícito possível sua gratidão pela acolhida e pela ajuda que o bispo lhe deu e dá na solução de seus problemas mais urgentes. O bispo mais ouve e pouco fala. Também ele, o bispo, conta um pouco do que foi vivido na diocese, conta alguns dos problemas que ainda enfrenta por lá, num tom muito mais de quem conversa entre amigos do que em uma situação profissional. Devagar, o bispo, com muita habilidade, traz à tona a notícia que parecia estar preparando com aquela conversa tranquila e aparentemente pouco profissional: comunica a Josué que foi resolvido que ele não voltará tão já para sua diocese. Por uns dois ou três anos, Josué deverá prestar serviço em outra diocese, muito distante de sua família e de seu ambiente de origem.

Josué recebe a notícia com mal disfarçada frustração, faz um esforço enorme para se mostrar aceitador, mas é visível sua dor. Em nenhum momento, diz algo ou faz algum gesto ou expressão facial que possa desgostar ou desautorizar seu bispo. O máximo que se permite é perguntar sobre a possibilidade de eventualmente visitar sua mãe, apesar da enorme distância que os separa. O bispo lhe promete que logo poderá fazer uma visita rápida a sua terra natal e nos informa que Josué deverá se apresentar na nova diocese em breve, o que determina que a terapia será finalizada antes do que havíamos previsto. Argumento que, uma vez que Josué estará em um estado próximo a São Paulo, eu gostaria que ele viesse ter comigo uma vez por mês, ao menos até o fim desse ano, proposta que é imediatamente aceita pelo bispo e por Josué. Minha intenção ao propor este tipo de prolongamento do trabalho é cuidar para que o fim da terapia não seja abrupto, mas um passo cuidadoso de fechamento de um processo que caminhava tão bem até ali. Finalizando a entrevista, pergunto aos dois clérigos se querem abordar algum outro assunto, e, diante da negativa deles, dou por encerrado esse encontro. Antes de sair, Josué me comunica que estará em um curso na semana seguinte, de modo que faremos um intervalo em nossas sessões, retomando quinze dias depois da visita do bispo.

Na sessão de volta, Josué traz um sonho muito interessante e que nos ajudaria a fechar algumas *gestalten* importantes em sua vida. Depois de contar sobre o curso, comandado por religiosas psicólogas, e depois de lamentar a resolução de seu bispo, que o obrigará a adiar seus planos de voltar para sua terra, Josué me diz que teve, na semana em que fazia o curso, um sonho que o espantou muito e que guardou para me contar. Na verdade, ele traz apenas um trecho de um sonho, como costuma acontecer com os sonhos que se trabalham em psicoterapia. Nesse trecho do sonho, ele está em uma zona rural, há um chiqueiro, dentro do qual o fazendeiro colocou uma cobra imensa, para proteger o chiqueiro, ao mesmo tempo em que está presa nele. Algumas pessoas alimentam essa cobra com vegetais, os quais ela devora com bastante fome. Josué se espanta diante da boa vontade com que as pessoas alimentam a cobra e com a voracidade com que ela aceita e digere a comida. Aproxima-se da cerca do chiqueiro e sente que a cobra olha furiosamente para ele. Ele passa a também olhar com raiva para ela, provocando-a ao mesmo tempo em que tem medo de que ela aceite a provocação. Ficam um tempo se olhando, até que ele desperta.

Tentamos trabalhar o sonho por todos os caminhos que nossa inspiração de momento indicou. Baseado na ideia de que "o sonho é uma projeção, em que todos os personagens e objetos que aparecem são na realidade a pessoa do sonhador" (Perls, 1977, p. 73) tentei incentivar um diálogo com a cobra. Pesquisamos os outros elementos do sonho, os sentimentos nele contidos, seus possíveis paradoxos, mas pouco caminhamos em sua compreensão. Josué dava ao sonho uma importância muito grande, acreditando que, pela vividez com que o sonhou, haveria ali alguma informação muito relevante. Passamos praticamente toda a sessão na tentativa de compreensão do sonho até que, ao fim da sessão, veio-me a lembrança de um mito do folclore do norte brasileiro, o mito da cobra Norato e a cobra Caninana. No mito, são duas cobras irmãs e polares: Caninana, a malvada, adora virar barcos para afogar as pessoas que viajam neles pelos rios, e Norato, o irmão bom, adora salvar pessoas de botes virados pela irmã ou por outros motivos. Perguntei a Josué se ele conhecia a história, e ele disse que sim, que quando criança lera e se assustara muito com esse mito, vivendo até hoje – e também naquele momento da situação terapêutica – uma ansiedade relativa às lembranças que a história lhe trazia. Procurei explorar com Josué essas lembranças e as situações delas decorrentes no momento da terapia, mas, mais uma vez, pouco caminhamos. Parecia-me que ele queria e não queria aproximar-se do conteúdo daquele sonho, e que a história da infância tinha trazido Josué até o limite no qual ele poderia se aproximar naquele momento. Propus a ele que pesquisássemos uma versão completa do mito, para, se fosse o caso, voltarmos ao assunto.

Ao reler o mito de Cobra Norato, logo me chamou a atenção a relação de Norato com sua irmã, Cobra Caninana. Lembrei-me de que Josué havia se referido a um problema com sua irmã mais velha, quando ele ainda era um garoto. Quando cursava a sexta série, seus pais se mudaram para uma plantação distante da cidade onde moravam. Josué relata que este foi um período difícil, pois ele foi o único filho que ficou na cidade, agora morando na casa de uma parente, tendo ainda que trabalhar durante o dia e estudar somente de noite, mesmo com tão pouca idade. Concomitantemente, houve um episódio muito sofrido para meu cliente, que tinha a irmã mais velha praticamente como uma segunda mãe, dado que fora ela a responsável pela maior parte de sua educação. A saída dos pais da cidade fora precedida por uma desavença familiar entre os pais e a irmã e, sem que Josué pudesse entender o porquê, ele foi proibido pelos pais de se comunicar com a irmã, que saíra de casa e ficara na cidade, até que eles voltassem. Aturdido, obedeceu, mesmo tendo que lutar contra seus sentimentos mais nítidos, e viveu intensa culpa por isso por muitos anos. Ele se sentia ingrato para com a irmã tão amada, mas não tinha forças suficientes para desobedecer, ou sequer questionar a ordem dos pais. Entendo que este foi um momento traumático de sua vida, pois esta passagem deixou marcas profundas em meu cliente até sua idade adulta. Não foi à toa que este sonho apareceu de maneira tão significativa.

Decidi que, se possível, exploraria, na próxima sessão, a história de Josué com sua irmã, pois a mim me parecia que poderia haver por aí algo a ser trabalhado. Por coincidência ou sincronicidade, Josué iniciou a sessão de uma maneira que não me lembro de ter feito antes – ele chegou, sentou-se e me disse a seguinte frase: "Pois é, Ênio, hoje estou vazio, sem assunto nenhum, nem sei do que podemos falar." Logo ele, em geral tão loquaz! Perguntei-lhe, então, se eu poderia propor um assunto, no que tive rápida anuência. Propus que conversássemos um pouco sobre sua irmã, e Josué aceitou a proposta. Perguntou-me por onde começar e eu lhe pedi que me apresentasse sua irmã mais velha.

O que se sucedeu a partir daí foi uma sessão daquelas praticamente impossíveis de se colocar no papel de forma próxima ao vivido. Mesmo a mais treinada memória de terapeuta se sente insegura ao tentar relatar a situação vivida: não há dúvidas de que delicados e importantes detalhes se perderão ao trazer o acontecido em terapia para o papel. Escrever sobre uma sessão terapêutica é uma atividade inevitavelmente esvaziada dos sentimentos e sentidos experimentados no correr do encontro terapêutico, por mais que se tente trazer para cá uma tonalidade do que aconteceu lá. Por dever de ofício, traço um panorama sobre como se deu aquela sessão, consciente de que desenharei garatujas tentando representar uma paisagem impactante.

Josué contou-me, a princípio, um pouco da história de sua irmã e de como uma escolha amorosa dela acabou por precipitar um grave problema familiar, contribuindo até mesmo para que os pais se mudassem para outro local levando quase toda a família para uma fazenda, da qual o pai de Josué era capataz. Além da irmã, o único que não foi com a família foi Josué, que ficou morando na casa da família, agora emprestada para um casal de tios dele. Com poucos dias, a convivência tornou-se insuportável, pois, segundo Josué, a tia o maltratava demais. Então, como alternativa, ele foi morar com uma prima, em outra casa, tornando-se, na prática, o empregado da prima. Arrumava a casa diariamente, ia no açude buscar água duas vezes por dia, capinava e mantinha sempre limpo um quintal imenso, cuidava das filhas da prima enquanto ela trabalhava, e ainda tinha que estudar de noite. Lembra-se de muito sofrimento nessa época, de praticamente não ter muda de roupa, de perder noites e noites de sono tentando entender o porquê de ter sido deixado para trás quando toda a família se mudou, mas, principalmente, lembra-se da imensa dor de ver a irmã pelas ruas da pequena cidade e não poder sequer conversar com ela, justo a única irmã mais velha, sete anos mais velha do que ele, praticamente sua segunda mãe, a irmã mais amada.

Quando Josué, emocionado, chegou nesse ponto do relato, coloquei uma cadeira vazia[2] na sua frente e lhe sugeri que dialogasse com a irmã, que lhe contasse do seu sofrimento por não poder falar com ela. O que se seguiu não há como descrever em palavras escritas. Josué iniciou um diálogo profundo e sentido com a irmã, fazendo o revezamento de papéis tão clássico no exercício da cadeira vazia em Gestalt-terapia de uma maneira tão espontânea que nem parecia ser aquela a primeira vez que fazia esse tipo de exercício. Em certo momento, tomado de emoção, Josué começou a dizer que perdoava a irmã, no que me pareceu ser uma evitação da raiva que transparecia em sua expressão. Pedi-lhe que se concentrasse no que sentia e que dissesse à irmã somente o que estava sentindo verdadeiramente (nesse momento eu imaginava que havia em Josué um medo de se entregar à raiva). Josué ficou em silêncio por alguns instantes, e logo reiniciou o experimento dizendo à irmã de sua dor e de sua ira. Na posição da irmã, externou a raiva por ter sido abandonada pela família quando buscava apenas viver plenamente. Da expressão das raivas, o diálogo de Josué evoluiu para troca de compaixão, terminando em um pranto cheio de perdão verdadeiro e de reconciliação profunda. Depois que terminamos o experimento, e depois que se recolheu um pouco em si, depois que pôde respirar com mais liberdade, Josué comentou: "Ênio, como eu gostaria de poder falar com a minha irmã agora! Eu tenho certeza de que ela adoraria saber o que eu tenho para dizer a ela agora. Quando sair daqui do consultório, vou ligar para ela do primeiro telefone público que encontrar, só para dizer o quanto a amo!"

Os experimentos com a técnica da cadeira vazia são, em Gestalt-terapia e quando adequadamente propostos e manejados, momentos de intensos mergulhos e, por isso, potencialmente propiciadores de libertações e de mudanças significativas. É por serem tão poderosos que tendem a ser raramente utilizados em terapia individual, uma vez que sua repetição constante acaba facilitando mais dramatizações inférteis e sob controle consciente do cliente do que verdadeiras entregas ao vivido na situação terapêutica, esvaziando seu poder transformador. Ao fim da vivência, um dos cuidados mais importantes que o terapeuta deve ter nessas situações intensas é facilitar uma elaboração do experimentado, para que o cliente possa se apropriar e começar a compreender o que se passou, o que está se passando e que possíveis mudanças podem estar se iniciando. Vivências intensas

[2] Na técnica da cadeira vazia, "uma cadeira ou uma almofada são destinadas a ser ocupadas por uma representação. Podem ser personagens de alguma situação inacabada, aspectos polares da personalidade, aspectos projetados ou qualquer outra possibilidade de dissociação e conflito. Tal representação se dá na forma de um diálogo que o cliente estabelece com a outra parte, intercambiando os papéis, mudando de lugar. Para que este recurso ganhe potência, é fundamental o acompanhamento do terapeuta no que diz respeito ao envolvimento do cliente com o papel representado. O profissional deve apontar aspectos incongruentes da sua expressão verbal e corporal. Quando o cliente se envolve de forma plena, os papéis ganham vida própria, surpreendendo o cliente-ator que, dessa forma, entra em contato com material novo que pela *awareness* é reintegrado." (FIGUEIROA, 2015, p. 122)

precisam ser relatadas e refletidas, precisam ecoar, para que gerem consequências reais e duradouras no cotidiano. Foi com isso em mente que passei a abrir espaço para que Josué, então, contasse o que vivia naquele momento pós-experimento.

Aparentemente mais tranquilo, Josué retomou sua história e me contou em impressionantes detalhes tudo o que passou naquela época, provavelmente um dos períodos de mais sofrimento de sua vida. Ele contava então com 12 para 13 anos de idade, início de puberdade, início dos primeiros amores, início do contato com a sexualidade. Josué detalhou como foi duro deixar a casa onde morava por não suportar mais os maus-tratos da tia, contou como lhe era dolorido passar em frente à casa diariamente a caminho da escola e pensar que não podia sequer entrar mais na casa que fora sua, contou como sofria na casa da prima e como foi difícil estudar e aprender alguma coisa em meio a tantas emoções dolorosas. Emocionado, como que derrubando sua história para reconstrui-la, ele contou-me de uma festa junina na escola, na qual não teve coragem de dançar com a menina que amava porque sua única camisa estava muito puída. Contou-me de como, nas férias, seu pai o levou até uma plantação, onde o deixou aos cuidados de uma outra tia, por três meses. Chorando, ele relatou como foi sofrido ver o pai se afastando pelo caminho, e ele ali, com a solidão do mundo, só podendo chorar e se esforçando para que as lágrimas não o impedissem de ver o pai cada vez mais longe. Em sua cabeça, só uma pergunta: "Por quê? Por quê? Por quê, meu Deus?" A tia o abraçou e o levou para tomar um caldo.

Nova imersão em si, mais momentos de silêncio criativo, de novo Josué retoma seu relato daquela época, agora fazendo mais conexões com o momento atual. Conta-me da volta da mãe, mais de um ano depois da saída, conta-me de uma série de detalhes que não vou esmiuçar agora, mas dos quais quero destacar alguns aspectos. Começo com o que diz respeito à irmã, hoje reconciliada com a família, mãe de três filhos e avó de três netos, sendo que atualmente as famílias se frequentam e se respeitam, tendo até havido uma determinada ocasião em que Josué e o sogro da irmã, pastor protestante, rezaram juntos um culto ecumênico. Josué atribui ao sofrimento dessa época, nunca antes dividido com ninguém, a semente do medo, que até hoje carrega, de enlouquecer. Na sessão, relata que percebe que esse medo se desvaneceu em parte. Também diz que acredita ter sido a partir dessa época que começou a se sentir sem forças para exercer seu poder na vida. Josué acha que viveu tanta fragilidade nesse período, que acabou por se sentir frágil para sempre. Para ele, esse período foi tão marcante que acabou por determinar os tantos 'nãos' que ele não disse ao longo de sua vida, o não ao extortor, o não à nomeação para reitor do seminário, o não a alguns médicos e a alguns medicamentos, o não a muitas outras coisas e situações vividas em impotente silenciar e acatar.

Como último questionamento na sessão, Josué diz não entender até hoje porque só ele não foi com a família. Eu lhe digo que imagino que seus pais o tenham deixado porque ele era o único filho que frequentava a escola na época, de modo que esse abandono, embora dolorido, talvez tenha sido motivado por um desejo de que ele progredisse na vida, uma vez que seu desempenho na escola sempre foi bom. Josué acredita na plausibilidade dessa hipótese e parece se aquietar melhor na reconstrução que faz de seu passado nesse momento. Então eu lhe pergunto: "Por que não conversar agora com seus pais sobre isso?" Ele me diz que vai pensar nesta possibilidade.

Terminando a sessão, Josué diz sentir um alívio nunca experimentado antes. Sugiro a ele que se aposse dessa sensação e que a guarde carinhosamente em sua memória.

Na sessão seguinte, alguns dias depois, como se poderia esperar, Josué faltou. Entendo que ele ainda precisava de mais um tempo para digerir tanta coisa vivida em terapia.

Na próxima sessão, Josué continua seu processo de reconstrução de seu passado e me conta histórias familiares. Pela primeira vez fala mais longamente sobre seu pai, conta como é cada irmão, fala de sua mãe e de todas as relações familiares, refere-se a saudades da família e de sua terra natal. Eu me transformo em um terapeuta-ouvido, inspirado no terapeuta elefante de Paulo Barros[3]. Ouço interessadamente o que ele me conta e faço pouquíssimas intervenções, pois, no meu modo de ver, ao me contar sua história, Josué ainda está reagindo ao vivido no trabalho com a cadeira vazia. Percebo que sua fala é mais pausada, que sua respiração é mais tranquila, que seu tom de voz é mais suave. Imagino que estejam acontecendo algumas transformações em Josué.

Na próxima sessão, Josué ainda fala um pouco da família, mas logo entra em novo assunto: diz que quer questionar seus valores. Começa questionando novamente sua sexualidade, falando de sua esperança de conseguir manter o celibato, embora não concorde com ele. À medida que o diálogo avança, eu começo a temer que Josué queira que eu me posicione em algumas questões, como forma de ter um referencial. Temo que ele possa não encontrar seu próprio caminho e queira que eu lhe dê um caminho. Mantenho-me, então, cauteloso. Cuido intensamente para questioná-lo no sentido de que ele se posicione e procure em si seus próprios referenciais. Ele entra, então, por um terreno teórico e, praticamente, me dá uma aula (muito interessante) de teologia. Aos poucos, vou pedindo a ele que perceba como se sente, como seu corpo reage quando trata dessas questões teóricas. Minha intenção é que ele faça uma ponte entre o teórico e o vivido, para se posicionar mais claramente e com mais sustentação ante os valores que discute. Quero ser facilitador para que Josué possa reencontrar o centro de avaliação que um dia

[3] "Talvez exista uma lenda, em algum lugar da África, contando que os elefantes sabem escutar as pedras, e que inclusive sabem identificar no meio de um monte de pedregulhos em qual deles está preso um menininho. Podemos procurá-la." (BARROS, 1994, p. 30)

teve e ao qual renunciou em parte, numa tentativa de receber amor, aprovação e consideração (Rogers; Stevens, 1977, p. 15-19).

As duas próximas sessões transcorrem no mesmo tema. Josué quer, ao descobrir com mais clareza seus próprios valores, ser um sacerdote crítico. Comenta questões importantes da vida consagrada, relata com intensidade as angústias que sente quando tem que aconselhar algum fiel e sente que alguns de seus valores são diferentes de alguns dos valores da Igreja. Conta de quantos sacerdotes que conhece que simplesmente ignoram as normas da Igreja e dizem aos fiéis o que pensam, para dizer que esse não é o caminho que ele gostaria de seguir. Sua busca é por coerência, e essa busca, ele sente, o leva a um caminho muito difícil, cheio de pedras. Refere-se ao seu próprio sofrimento, especialmente nas questões ligadas à sexualidade, compreendendo que, de tanto querer negar sua sexualidade e sua orientação, acabou por viver aspectos muito sombrios e compulsivos. Com um ar de muita satisfação, conta que agora se sente muito melhor ante sua sexualidade, sente que se apropriou dela e entende que pode deixar de ser celibatário quando quiser, que isso é um problema que compete a ele resolver, mas que pretende se manter celibatário até quando puder, pois, se sentir que não conseguirá, pensa que, então, será melhor deixar de ser padre e buscar um outro jeito de viver sua vocação. Eu entendo que Josué está se apropriando da escolha pelo celibato, mesmo que não concorde visceralmente com ele. Há uma qualidade diferente na vivência do celibato da maneira como ele se propõe a viver agora. Não há mais uma obediência cega que alimenta o sombrio e que um dia explodiu na vivência de uma perigosa e danosa promiscuidade, mas aparece com muita nitidez uma possibilidade de escolha que traz a consciência de um sacrifício que tem sentido e que vale a pena, ao menos por ora. Nessas sessões, percebo que mantemos diálogos muito profundos, nos quais tento me cuidar para não atrapalhar Josué em sua busca de seus próprios valores e seu próprio poder. Isso não quer dizer que eu me mantenha neutro, pois essa postura não cabe em um Gestalt-terapeuta, mas, sim, que eu me mantenho orientado por um valor muito importante: o cliente pode achar seu próprio caminho, seus próprios valores e se orientar por isso; meu papel é o de facilitar esse encontro, é buscar ser um catalisador de um processo que, de outra forma, aconteceria de maneira muito mais lenta, talvez muito mais sofrida.

Em nossa próxima sessão, Josué me conta que sua mãe está internada em um hospital de uma capital da região central do Brasil e que ele deseja visitá-la, pois não a vê há mais de um ano. Pergunta-me se haveria problema se ele faltasse a uma sessão por causa disso, e eu discuto com ele a confirmação de suas necessidades e as consequentes escolhas. Sinto-me alegre quando ele, então, decide, por si, que faltará para visitar a mãe, e então eu lembro a ele que isso poderá ser bom também para ela, uma vez que, há algum tempo, ele me contou que a mãe tinha uma grande preocupação sobre o estado de saúde dele, especialmente com relação a problemas mentais. Imagino que será bom para ela vê-lo com um jeito mais integrado do que o de meses atrás. Discutimos também o fim dessa fase do processo terapêutico, pois já estamos no último mês do prazo dado pelo bispo para que Josué volte a suas atividades diocesanas. Ele ainda não tem certeza de para onde irá e mantém uma tênue esperança de poder voltar para sua terra o mais breve possível, embora saiba que, por mais uns dois ou três anos, terá que ficar aqui pelo Sudeste. Discutimos o fim de nosso trabalho, e eu aproveito para lhe pedir uma avaliação, por escrito, do vivido na terapia. Faço esse pedido principalmente por motivos acadêmicos, mas também com a esperança de que ajude Josué a fechar essa etapa da psicoterapia, apossando-se ainda mais das tantas mudanças que conseguiu em tão pouco tempo.

Josué viaja para ver a mãe adoecida, e passa por lá toda a semana. Quando retorna, está animado, satisfeito pela melhora da saúde da mãe, mas especialmente satisfeito por ter podido revê-la e lhe mostrar que passa bem e está superando as dificuldades emocionais que enfrentou. Conta que esteve com a irmã e que conversaram muito, de maneira muito íntima – já não há segredos para a irmã a respeito de todo o sofrimento que Josué passou até o ano passado. Ele se diz feliz por ter notado a empatia e a compreensão da irmã, além da falta de preconceito dela quanto à sua orientação sexual. Minha postura, mais uma vez, é de ouvir e acolher, uma vez que não me parece que estamos em momento de aprofundar a psicoterapia em novos temas, como, por exemplo, a dor que, me parece, ele evita trazer à consciência quando fala dos muitos meses que espera ficar sem ver a família, por causa do alto custo da viagem que teria que empreender para passar alguns dias em casa.. O trabalho de curta duração está próximo do fim determinado.

Na semana seguinte, fazemos apenas uma sessão, uma vez que eu viajo para dar um curso em outro estado. Quando volto, encontro Josué irritado, sentindo-se "perseguido", pois soube, através de um e-mail de um amigo, que foi aventada a possibilidade de que ele voltasse para sua cidade imediatamente, mas que tal possibilidade foi recusada pelo conselho presbiteral porque há lá quem desconfie que Josué ainda esteja dando dinheiro ao extortor. Conta o amigo que um dos motivos para a suspeição foi o fato de Josué ter pedido uma pequena quantia em reais emprestados a um colega padre de lá e ter demorado quase dois meses para pagar o valor.

Percebo que, ao manifestar sua irritação, Josué deflete e sorri. Aponto para ele essa minha percepção e, a partir dessa conscientização, Josué faz uma série de interessantes associações com momentos em que teve dificuldade para demonstrar seus sentimentos. À medida que vai falando, vai permitindo que a raiva se apresente mais claramente, vai falando com voz mais firme a respeito de como se sente injustiçado ante essa suspeição, vai deixando que todo o seu corpo transpire indignação. Pergunto-lhe se está se dando conta de como está se sentindo e se manifestando, e Josué refere ter plena consciência de que "está deixando sua raiva ser", e que sente isso como muito bom, pois lhe dá "boa sensação de poder". Ainda atento e confirmando sua indignação, Josué mostra e relata também uma certa alegria por se permitir sentir essa raiva e por poder se permitir imaginar maneira de colocá-la a seu serviço. Aproveita para contar que escreveu longa carta ao bispo, na qual, "com delicadeza e cuidado", solicita um posicionamento da diocese quanto à sua situação e sugere algumas alternativas que tem em São Paulo, caso sua transferência para o outro estado não se concretize. Diz que está à espera de uma resposta de seu bispo. Terminamos a sessão em um bom clima de acolhimento para a raiva, que Josué leva embora consigo, em graciosa e elaborada sintonia.

O tema da sessão seguinte foi a incerteza de Josué acerca de para onde irá, uma vez que seu bispo ainda não se posicionou a respeito. Essa demora de posicionamento por parte do bispo não é rara em casos assim, segundo mostra minha experiência clínica e a de outros colegas que atendem clérigos. Tal demora se dá especialmente quando a razão do encaminhamento terapêutico se deve a comportamentos desabonadores ou escandalosos. Por causa disso, torna-se bastante comum que se converse em terapia sobre pontos referentes ao retorno e reinserção no dia a dia de padre, com todas as suas circunstâncias, pois, é fácil imaginar, não é pouca a ansiedade e a sensação de desconsideração que tendem a ser geradas por tal atitude dos superiores eclesiásticos do padre.

No fim de semana, recebo uma consulta informal do bispo de Josué, sobre a possibilidade de Josué voltar a trabalhar em uma paróquia. Respondo que a mim me parece que ele está em plenas condições de voltar à ativa e que essa volta, ainda sob meu ponto de vista, ser-lhe-ia bastante terapêutica.

Começo a próxima sessão relatando a Josué sobre a consulta que recebi e da resposta que dei. Isso parece agradá-lo, mas esse assunto não progride, uma vez que Josué diz estar sem assunto, sem ter muito o que discutir nessa sessão. A princípio, ele conversa sobre generalidades, até que engata em um tema difícil: a ansiedade de não conseguir se adaptar ao novo lugar que lhe será designado. Fala também da culpa que ainda sente relativa à extorsão a que cedeu e conta como tem elaborado essa culpa aos poucos e cada vez com mais aprendizagem. Fala longamente sobre temores quanto ao que pode fazer em uma nova diocese e eu o incentivo a que coloque à luz todas as suas expectativas catastróficas, para que as examinemos. Aos poucos, ele diz que sente crescer importante saudade de sua diocese, e nós passamos a nos dedicar a este sentimento. À medida que penetra no sentimento e relata histórias de sua diocese, Josué se aproxima da história da extorsão a que cedeu. Faz longas elaborações, tentando se compreender e perdoar, e termina a sessão com a seguinte fala: "eu errei, mas hoje sei que não sou aquela pessoa má, mau exemplo, que cheguei a pensar que era."

Na semana seguinte, mais uma sessão profunda, cheia de sentimentos e de elaborações consistentes, cujo tema principal é a mentira. Josué critica sua formação, na qual foi-lhe ensinado que era possível viver a santidade, o que lhe dificultou demais a lida com as frustrações inerentes à vida. A pergunta que faz é a seguinte:

"se a santidade não é possível, qual é, então, o limite? Como ser humano e padre?" Entendo que, ao fazer questões tão profundas de maneira tão clara e corajosa, Josué está se apossando de sua padrice, está se dando conta e vivendo importante posse de um aspecto crucial de sua vida, a vocação sacerdotal.

Em sessões seguintes, Josué retoma seus questionamentos e revê, mais uma vez, o que viveu de mais difícil com relação à sua sexualidade e à extorsão de que foi vítima. Entendo esse movimento todo das últimas sessões como um movimento de reconstrução. Ele volta aos assuntos, mas de um outro ponto de vista e em busca de um outro horizonte. Reescreve sua história ao mesmo tempo em que se apropria novamente dela, ao mesmo tempo em que se reapossa de si nela.

Na próxima sessão, Josué volta às elaborações sobre o que viveu, fazendo-me imaginar que só agora ele pode verdadeiramente compreender o que passou. Seu relato e suas elaborações têm uma outra qualidade, uma outra profundidade e uma densidade quase palpável. Termina a sessão afirmando que "é muito bom não precisar mais ficar olhando para o chão a cada vez que vou conversar com os outros. Não tenho mais vergonha de mim!" Em outros termos, o que ele diz é que o *posso* está sedimentado agora, ou seja, o foco do trabalho foi bem escolhido.

A próxima sessão é vazia, com exceção de seu final, quando Josué questiona a demora do bispo em lhe dar um posicionamento sobre seu futuro. Já avançamos sobre setembro e a transferência, que deveria se dar no início de agosto, ainda não foi definida. Pergunto-lhe quanto à terapia, pois nosso contrato era de finalizá-la em agosto. Ele diz que quer continuar enquanto não se define sua situação, quer aproveitar para se explorar um pouco mais, até que seu bispo lhe diga para onde ir. Combinamos reduzir o número de sessões semanais, como forma de fazer lenta despedida. Em setembro, trabalharemos uma vez por semana; em outubro e novembro, se Josué ainda estiver em São Paulo, passaremos a nos encontrar quinzenalmente. Josué decide escrever carta ao bispo, pois "se ele (o bispo) não se posiciona, que me posicione eu!".

Na sessão seguinte, Josué traz a notícia de que seria nosso último encontro, pois sua transferência foi efetivada e ele deverá viajar na mesma semana. Ao todo, foram feitas, efetivamente, 45 sessões, em aproximadamente 10 meses. Marcamos um retorno dentro de cerca de dois meses, para nova avaliação do trabalho feito e das condições de vida de Josué. Ele me promete enviar por e-mail sua avaliação do vivido até aqui, o que efetivamente faz no dia seguinte.

Depois desse período de terapia, estive com Josué mais três vezes – dois meses, seis meses e um ano após o fim da terapia. Atualmente, passados praticamente treze anos, eventualmente ainda tenho notícias dele pelas redes sociais. Hoje ele voltou à sua diocese, onde é pároco de uma das mais importantes paróquias. Vive uma vida "coerente e feliz" (termos dele) e é muito querido por seus paroquianos e colegas.

Como na maioria dos casos de psicoterapia breve, minha sensação ao término do atendimento era um misto de tristeza e de satisfação. Tristeza, até uma certa frustração, porque, mesmo diante do enorme sucesso obtido ao longo do processo terapêutico, haveria mais conteúdos a serem explorados, mais crescimento a ser alcançado, se pudéssemos continuar a psicoterapia por mais tempo. Satisfação porque a pessoa que terminou a terapia não é a mesma que a começou. Satisfação também porque depois do trabalho Josué passou a ter outra possibilidade para continuar sua caminhada, sendo mesmo capaz de fazer as mudanças que eu imagino que ele teria feito com o auxílio de uma psicoterapia mais longa (como garantir que só se cresce através da psicoterapia?). Mais que tudo, no entanto, fica em mim, o psicoterapeuta, a enorme confiança na eficácia terapêutica da psicoterapia breve de fundamentação gestáltica.

Como já disse, ao final do trabalho, pedi a Josué que fizesse para mim um relato, um apanhado do que vivera na psicoterapia breve que fizemos. Termino este estudo com o e-mail que ele me enviou pouco tempo depois de nos despedirmos.

Prezado Ênio: depois de muita luta segue o texto que te prometi. Eu acho pobre, mas entrego assim mesmo. Um abraço, Josué.

Narrativas de uma terapia

Depois de passar por momentos muito difíceis na minha vida pessoal e sacerdotal, fui enviado por meu Bispo para ser acompanhado e orientado por profissionais.

Comecei a terapia com o Ênio, colocando abertamente todos os fatos antigos e recentes acontecidos na minha vida. No início tive dificuldade de me abrir ao psicólogo, mas depois, percebendo seu profissionalismo e sua boa vontade de me ajudar, fui totalmente transparente.

Acredito ser necessário narrar brevemente o que me levou a toda àquela desestruturação psicológica, emocional e espiritual. Fui vítima de uma chantagem, praticada por um ex-seminarista do Seminário onde fui Diretor. Ele me extorquia dinheiro, dizendo ter imagens minhas em cenas altamente eróticas com jovens. Reconheço minha homossexualidade e que realmente mantive relações sexuais com rapazes. Mas o certo é que as ditas imagens nunca apareceram. Eu pagava para não ser descoberto. No fundo com medo de um escândalo e pressionado, fui entrando num poço bem profundo e sem saída. Por isso precisava de ajuda. Tudo ficou mais agravante, porque trabalhava no Seminário na formação de seminaristas e também não busquei ajuda das autoridades (bispo, padres e amigos).

No início da terapia, estava muito confuso, deprimido e estressado. Na minha mente fervilhavam milhões de sentimentos, pensamentos negativos e preocupações que tiravam a minha paz interior e exterior. Pensava na repercussão dos últimos acontecimentos, no que iam dizer de mim e em muitas coisas negativas.

Para ser totalmente sincero, narrei ao psicólogo sobre algumas doenças mentais de alguns dos meus parentes. Todos do lado paterno (avós, tios, tias, primos(as))

O psicólogo achou por bem que fosse consultado por uma psiquiatra. A psiquiatra, sabendo do meu histórico médico e familiar, receitou-me alguns medicamentos que ajudaram a me tranquilizar.

Na terapia com o psicólogo, começamos a trabalhar o aspecto do "poder", presente em todas as pessoas e também em mim e o modo de usar esse poder para enfrentar as situações da vida. Não um poder opressor, dominador, mas um poder pessoal, interior, para me livrar das preocupações e influências destrutivas que me cercavam.

Hoje, vejo que existe um poder capaz de dominar o medo, as inseguranças, as incertezas. Além do poder pessoal, tenho o poder sacerdotal de ministro ordenado que me foi conferido e é para ser usado para o meu bem e o bem dos outros

Este poder é grande e, à medida que sei trabalhá-lo em minha vida, ele vai me proporcionar firmeza, solidez e encorajamento.

Claro que não sou o "todo poderoso", mas Deus me concedeu meios para me libertar de situações de tristeza, desânimo e inferioridade. Digo para mim a cada dia: "exerce o poder que tu tens, para não ser mais amedrontado, perseguido e esmagado por ninguém!". Reafirmo que o trabalho com o psicólogo foi de grande importância para perceber todo esse poder que está dentro de mim.

Um outro aspecto trabalhado foi sobre o medo. Por que isso? Existia em mim, um medo muito grande de que o fulano que me chantageava mostrasse as pseudoimagens que dizia possuir; tinha medo que o bispo soubesse da minha tendência e do meu comportamento sexual, do que fiz; tinha medo da rejeição das pessoas ao saberem da minha situação; tinha medo de escândalo e por fim de tudo.

Na terapia, fui orientado a não sofrer por antecipação. A encarar os fatos como tais e erguer a cabeça, mesmo sabendo que errei. E fui me conscientizando que muitos dos acontecimentos já eram conhecidos por muitas pessoas. Por que temer o que já se sabia? Estava me enganando. E além do mais, o medo leva a outras centenas de problemas: insegurança, baixa autoestima, desconfiança, fuga, temor, incertezas etc...

Agora encaro os fatos com naturalidade e não tenho mais aquele medo apavorante de antes, que me atormentava, dia e noite. Era um inferno!

Como sou sacerdote, fui ajudado a trabalhar os valores na minha vida. O que realmente é "valor" e como classificar esses valores. Percebi que, devido a tantos tormentos e descaminhos que vivi e passei, até a vocação sacerdotal que é um dos grandes valores da minha vida estava ficando de lado. Não a valorizava na medida certa. Fiz uma grande escala de valores e a cada dia vejo os que são mais vívidos, os mais fortes e procuro vivê-los.

Também fui despertado para me perceber totalmente. Pela maneira correta de respirar, pude controlar minha ansiedade que estava a mil por hora quando iniciei a terapia. Também fiz leituras afins e outros meios. Também os exercícios de relaxamento físico e mental têm me proporcionado mais tranquilidade e percepção de mim mesmo.

Através de alguns exercícios de recordação do meu passado, pude me reconciliar e perdoar minha irmã mais velha por circunstâncias que nos separaram e fui separado da minha família (pai, mãe, irmãos).

De todo esse acompanhamento psicoterapêutico que fiz com o Ênio, fica uma certeza: jamais voltaria a minha normalidade sem ele. Minha mente, meus olhos foram abertos para situações tão simples, mas que precisavam ser ajudadas.

A resistência às chantagens que ainda continuaram quando iniciei a terapia, só foi possível graças à insistência, teimosia e apoio do psicólogo. É claro que meu bispo e colegas padres também me ajudaram.

Sei quem eu sou: um padre, com tendência homossexual que vivi desregradamente a prática da homossexualidade e isso me trouxe problemas, angústias e tristezas. Justamente por ser uma pessoa pública. Agora sei que posso conviver com essa tendência, trabalhando meu autoconhecimento, minha autoestima, meu poder pessoal e vivendo meu celibato.

A terapia serviu para que me descobrisse, mesmo sendo padre, como um homem normal, com fraquezas, com desafios como qualquer outra pessoa e com capacidades de superar esses desafios, não sozinho, mas contando com ajuda de profissionais e amigos. Sei que não estou e nunca estarei totalmente imunizado de desejos e vontades, afinal sou humano. Pois quem é humano deseja e quer realizar os desejos e vontades. Mas agora posso discernir e fazer escolhas sensatas, condizentes com meu "estado de vida".

Olhando esses anos que passaram depois que fui ordenado sacerdote, percebo que as situações difíceis pelas quais passei foram frutos da autossuficiência, orgulho, egoísmo, medo e desconfiança. Agora sei que, se precisar, sempre posso procurar ajuda para ser orientado. Não preciso resolver tudo sozinho.

Na situação em que estava, e encontrar pessoas como o Bispo, alguns padres, religiosas, familiares, amigos e sobretudo o Ênio para me orientar, aconteceu uma mudança de rota muito grande na minha vida. Sou grato a todos.

Sei que devo estar atento a muitos acontecimentos e situações que ainda virão à minha vida, mas com tudo o que recebi poderei discernir o que melhor me convém.

Reafirmo com todas as letras que a terapia me fez e me faz muito bem e está fazendo eu voltar a viver, como homem e sacerdote.

Referências

BARROS, P. E. F. *Narciso, a Bruxa, o Terapeuta Elefante e Outras Histórias Psi*. São Paulo: Summus, 1994.

FIGUEIROA, M. As técnicas em Gestalt-terapia. In: FRAZÃO, L. M.; FUKUMITSU, K. O. (Orgs.). *A Clínica, a Relação Psicoterapêutica e o Manejo em Gestalt-terapia*. São Paulo: Editora Summus, 2015.

FIORINI, H. J. *Teoria e Técnica de Psicoterapias*. Rio de Janeiro: Francisco Alves Editora, 1993.

FRAZÃO, L. M. e FUKUMITSU, K. O. (Orgs.). *A Clínica, a Relação Psicoterapêutica e o Manejo em Gestalt-terapia*. São Paulo: Editora Summus, 2015.

PERLS, F. S. *A Abordagem Gestáltica e Testemunha Ocular da Terapia*. Rio de Janeiro: Zahar Editores, 1977.

PERLS, F. S.; HEFFERLINE; R.; GOODMAN, P. *Gestalt-terapia*. São Paulo: Summus, 1997.

PINTO, Ê. B. *Gestalt-terapia de curta duração para clérigos católicos: elementos para a prática clínica*. Tese de Doutorado – Núcleo de Ciências da Religião, PUC – SP, São Paulo, 2007.

PINTO, Ê. B. *Psicoterapia de Curta Duração na Abordagem Gestáltica: Elementos para a prática clínica*. São Paulo: Editora Summus, 2009.

PINTO, Ê. B. *Os Padres em Terapia: Esclarecendo singularidades*. São Paulo: Editora Ideias e Letras, 2012/2015/2018.

PINTO, Ê. B. *Elementos para uma Compreensão Diagnóstica em Psicoterapia: O ciclo de contato e os modos de ser*. São Paulo: Editora Summus, 2015.

RIBEIRO, J. P. *Gestalt-terapia de Curta Duração*. São Paulo: Summus, 1999.

ROGERS, C.; STEVENS, B. *De Pessoa para Pessoa: O problema de ser humano*. São Paulo: Pioneira, 1977.

WINNICOTT, D. W. *O brincar e a realidade*. Rio de Janeiro: Imago, 1971.

CAPÍTULO 13

Atendendo crianças: aspectos éticos

Rosana Zanella

Neste capítulo abordo o delicado atendimento de crianças em Gestalt-terapia, tendo como pano de fundo os aspectos da criança nos dias atuais. Começo com um trecho escrito por Konrad Lorenz em seu ainda tão atual livro, escrito em 1979, *Civilização e pecado*:

> Todos os dons recebidos pelo homem através de seu profundo conhecimento da natureza: os progressos da sua tecnologia, de sua química, de sua medicina, tudo aquilo que parecia atenuar o sofrimento humano, tende, por um espantoso paradoxo, a arruinar a humanidade. E ela ameaça fazer uma coisa que, normalmente, não costuma acontecer nos outros sistemas vivos, ou seja, sufocar a si mesma. O pior, nesse processo apocalíptico, é que parecem destinadas a desaparecer em primeiro lugar, justamente aquelas que mais estimamos, e que são, com justeza, as mais especificamente humanas (Lorenz, 1974, p. 26).
>
> A esmagadora maioria de nossos contemporâneos só dá importância ao sucesso, àquilo que permite vencer os outros, na dolorosa obrigação de exceder (Lorenz, 1974, p. 36).

Lorenz me inspira a escrever sobre a mudança, a tecnologia que nos engole, nos aproxima, mas também nos afasta uns dos outros.

As crianças e adolescentes com os quais trabalhamos em nossos consultórios, instituições e escolas têm sua experiência vivida e seu desenvolvimento permeado pelos acontecimentos do Terceiro Milênio. Estamos preparados para atendê-los?

Quase diariamente, as crianças e os adolescentes veem na televisão e na internet programas que mostram a difícil realidade cotidiana dos presídios, dos assaltos à mão armada e dos sequestros. Realidades que geram medo nas grandes cidades e que aos poucos chegam às pequenas. Os mocinhos dos filmes não estão nos ajudando.

Os alimentos congelados e as comidas pré-fabricadas por um lado facilitaram a praticidade do dia a dia, mas por outro receberam conservantes que podem alterar seu sabor natural. Conservantes que podem até alterar o desenvolvimento. Meninas começaram a menstruar mais cedo.

Cenas de sexo explícito na TV e na Internet reduziram a idade da inocência.

Segundo os dados do IBGE, desde 1980 o número de adolescentes entre 15 e 19 anos grávidas aumentou 15%. Só para ter ideia do que isso significa, são cerca de 700 mil meninas tornando-se mães a cada ano no Brasil. Desse total, 1,3% são partos realizados em garotas de 10 a 14 anos.

A gravidez ocorre geralmente entre a primeira e a quinta relação, sendo o parto normal a principal causa de internação de brasileiras entre 10 e 14 anos. A falta de um projeto de vida e de perspectivas futuras podem deixar as jovens mais vulneráveis a engravidarem.

Cada vez mais cedo os jovens começam a experimentar drogas. O convite ao falso prazer se apresenta cada vez mais com maior facilidade.

A era das lanchonetes, apesar de saborosa, contribuiu para o aumento da obesidade infantil. Já são realizadas cirurgias de redução de estômago em crianças e jovens de 11 a 17 anos. Preocupados com a obesidade infantil, alguns colégios estão oferecendo alimento saudável para seus alunos, principalmente aos que têm até dez anos.

Na outra ponta, imagens, propagandas de academias, produtos emagrecedores, desfiles de moda, exposição de garotas que, por terem um corpo bonito, são bem-sucedidas; dizem que nossos corpos não são bons o suficiente. A imagem corporal perfeita se traduz em magreza. E tudo vale para ficar magro. Muitas adolescentes vêm sofrendo de bulimia e anorexia.

O mundo da Internet conecta as pessoas com o mundo. Os trabalhos escolares já estão prontos nos sites de pesquisa. Basta clicar, selecionar e copiar no Word. Jogos on-line agrupam pessoas. Conhecem-se pessoas e namoros começam via Internet. Namoros começam em conversas telefônicas nos celulares. Jogos de RPG confundem a ficção com a realidade. Crimes já foram cometidos em meio a uma partida desses jogos.

Crimes são cometidos e mostrados a todo instante nas TVs. Crimes de abuso aumentam dia a dia.

O personagem de George Orwel no livro *1984*, o Big Brother (o Grande irmão) controlaria o mundo todo com câmeras espalhadas em todo lugar. O que era um personagem se transformou em reality show. O que parecia impossível nos cerca: em vários lugares somos "vigiados" por câmeras de TV.

Parece que o prazer tem que ser imediato. Nunca tivemos tantas notícias de filhos que assassinam ou mandam assassinar os pais. Muitas crianças têm sido vítimas de violência e abuso.

Crianças e adolescentes que chegam aos nossos consultórios estão conectadas com esse complexo mundo externo. E é aqui que entra o nosso papel de cuidadores, curadores.

"Ciranda, cirandinha, vamos todos cirandar. Vamos dar a meia volta, volta e meia vamos dar".

Convivemos, atendemos e cuidamos de crianças como pais, professores e psicólogos. Vamos dar a meia volta e relembrar a criança que fomos, as brincadeiras que fazíamos e o mundo em que vivíamos: nossa família, nossa escola, nossos amigos. Vamos dar a volta e meia e pensar no adulto de amanhã. Vamos dar a volta inteira e olhar a criança de hoje.

Estamos no terceiro milênio, era da tecnologia, do avanço da ciência, da esperança de cura de várias doenças, da clonagem, da preocupação com a ecologia, do cuidar da terra, da preocupação com a preservação das reservas naturais, do cuidar do humano. Terceiro Milênio de violências, fome, sequestros, terrorismo. Terceiro Milênio de crianças que brincam com brinquedos eletrônicos, computadores, almoçam e jantam na frente da TV. Crianças que se desenvolvem e crescem assistindo pela TV programas infantis, desenhos, novelas, a destruição das torres gêmeas, rebeliões em presídios, chacinas. Crianças que presenciam ao vivo e em cores cenas de assaltos, algumas delas com seus pais e com elas próprias. Crianças que sofrem violências, crianças que precisam trabalhar para ajudar sua sobrevivência, crianças que são introduzidas ao mundo das drogas, crianças que iniciam a vida sexual tão crianças ainda! Crianças que passam fome. Crianças que compram de tudo. Crianças com agendas tão lotadas de atividades extracurriculares que mal têm tempo de brincar. E crianças que não podem brincar.

Crianças que chegam aos nossos consultórios conectadas com esse complexo mundo externo. E é aqui que entra o nosso papel de cuidadores, curadores. E é aqui que entra a ética do humano, a ética do cuidar. De acordo com o dicionário Aurélio, ética vem do latim ethica e do grego ethiké, que é o "estudo dos juízos de apreciação referentes à conduta humana suscetível de qualificação do ponto de vista do bem e do mal, seja relativamente a determinada sociedade, seja de modo absoluto".

Para Frazão (2001, p. 46), ética vai além: "ética não pode ser restringida a um comportamento ou a uma ação. Ser ético é uma atitude no mundo e através do mundo, uma atitude que não pode ser regulada por códigos éticos... A postura ética no mundo precede a postura ética de uma ação no mundo".

Atender a criança implica uma atitude ética, que está na declaração dos Direitos da Criança. Implica olhar com respeito e ternura esse pequeno ser que vem em busca de ajuda.

O cuidar da criança

O primeiro cuidado vem da mãe, da família: a primeira sociedade da criança. *"O microcosmo familiar constitui o primeiro espaço social da criança e nesse espaço a criança tem sua primeira experiência de socialização no senso de coexistência (existir com outros) e no senso de respeito e valores humanos"* (Frazão, 2001). Sendo um ser relacional é no universo familiar que a criança começa a se constituir. A configuração familiar se revela no modo em como a criança entra na escola, na socialização com seus colegas, ajustando-se criativamente aos desafios. É na escola, segundo universo de socialização, que a criança se depara com costumes diferentes dos seus. É a primeira socialização com crianças de sua idade. Cooperação, competição, regras novas, novos limites, tudo tão novo! A criança que chega em nossos consultórios reflete os ajustamentos criativos nesses universos.

Perls, Hefferline e Goodman (1997), nos dizem que a investigação psicológica começa a partir da interação organismo-meio ambiente, ou seja, do estudo do campo onde interagem fatores físicos, culturais, animais e sociais.

E é nessa interrelação organismo-meio que a Gestalt-terapia se ocupa e que eu me pré-ocupo com o cuidado do Humano. Se o desrespeito com a Declaração dos Direitos da Criança e com o Estatuto da Criança não são suficientes para assegurar uma vida digna e Humana, cabe a todos nós, pessoas humanas, zelar por esses direitos. Nós, Psicólogos, devemos ampliar nossas fronteiras de trabalho e atuarmos de maneira mais efetiva no mundo, transcendendo os limites de nossos consultórios. Cada vez mais urge a necessidade do trabalho preventivo e profilático do psicólogo na comunidade. Se a crianças que chegam em nossos consultórios precisam de cuidado, que dirá então das crianças que estão na rua, que passam fome, que são abandonadas? O verdadeiro sentido do cuidado está aí.

Boff (1999, p. 109) nos diz que "o cuidado como modo-de-ser perpassa toda existência humana e possui ressonâncias em diversas atitudes importantes. Através dele as dimensões de céu (transcendência) e as dimensões de terra (imanência) buscam seu equilíbrio e coexistência. Realiza-se também no reino dos seres vivos, pois toda vida precisa de cuidado, caso contrário adoece e morre".

As crianças que chegam hoje aos nossos consultórios têm na maioria das vezes o seu tempo comprometido com tarefas escolares, cursos de inglês e computação, atividades que visam preparar a criança para o adulto que será amanhã. Não podemos resgatar esse adulto agora; podemos reconfigurá-lo a partir da criança de hoje. Vamos dar a meia volta e volta e meia vamos dar. E é aqui que entra novamente o cuidar. Se os acontecimentos do mundo nos despertam medo, está na hora de estreitarmos as relações humanas, o contato com o humano. Se olhamos a criança como um todo, devemos olhar para um todo maior, que é o ecossistema. Como será o adulto de amanhã? Só podemos pensar nele a partir da criança hoje.

"O anel que tu me deste era vidro e se quebrou, o amor que tu me tinhas era pouco e se acabou"

O sentido humano pode estar se quebrando, o amor pelo humano pode estar se acabando, temos medo de sair; ficamos prisioneiros em nossas casas. Temos medo. Atendo uma criança que tinha medo de pessoas vestidas de Mickey, Pateta, pois havia corrido a estória de uma Kombi de onde desciam pessoas vestidas desses personagens para sequestrar crianças. Entre a fantasia e a realidade, esse medo fazia sentido. Foi na relação terapêutica que esse medo deu lugar à vontade de superá-lo. Próximo a uma viagem para a Disney, onde iria disputar um campeonato de futebol, a criança me pediu que o levasse à loja de fantasias para "ver" o Mickey. E foi assim, entrando em contato com seu medo e com o Mickey que ele pôde separar o real do imaginário. Foi à Disney, ganhou a copa e tirou fotos com o Mickey e com o Pateta. Violência social que gera pânico, medo...

Ludoterapia

A Ludoterapia trata da criança através dos brinquedos, já que eles são seu meio natural de expressão do cotidiano, das emoções e dos conflitos que experiencia. Axline (1972) introduz a Ludoterapia não-diretiva e nos diz:

> Sendo o brinquedo seu meio natural de autoexpressão, lhe é dada a oportunidade de, brincando, expandir seus sentimentos acumulados de tensão, frustração, insegurança, agressividade, medo, espanto e confusão. Libertando-se desses sentimentos através do brinquedo, ela se conscientiza deles, esclarece-os, enfrenta-os, aprende a controlá-los, ou os esquece... percebe sua capacidade para se realizar como um indivíduo, pensar por si mesma, tomar suas próprias decisões, tornar-se psicologicamente mais madura e, assim sendo, tornar-se pessoa (Axline, 1972).

Nossa função como terapeutas é ampliar a *awareness* da criança, acolhendo-a com suas dificuldades e potencialidades, permitindo-lhe a construção do autossuporte, a integração saudável do aqui-e-agora com seu lá-e-então fazendo das sessões terapêuticas um laboratório de vivências.

Violet Oaklander (1980) introduziu a abordagem Gestáltica com crianças, promovendo em suas sessões um laboratório de vivências. Violet nos ensina a sermos ativos e participantes nos momentos em que estamos com a criança.

Penso que para atender crianças é fundamental gostarmos delas, sermos capazes de estabelecer uma relação empática com elas, procurando vivenciar seu "mundinho": é olhar o mundo com os olhos da criança. Da criança que fomos, guardamos lembranças e sementes; para atender precisamos resgatar nossa criança interna, presentificando-a durante as sessões: nossa parte espontânea, divertida, brincalhona é trazida nos atendimentos, fazendo do consultório um laboratório de vivências. Se em Gestalt-terapia utilizamos o experimento como um recurso de ampliação de *awareness*, com a criança o próprio brincar é o experimento que possibilita a ampliação de fronteiras.

Para entrar no mundo da criança, eu preciso me inteirar de sua vida, de sua família, de seus amigos, de seus problemas, de seus desejos, de seus medos, de seu sofrimento. Devo estar atenta às novidades e acontecimentos do mundo que interferem em sua vida de alguma forma. Isto abarca também os desenhos da televisão: se há alguns anos a sensação eram os Cavaleiros do Zodíaco, hoje os desenhos da moda são os Pokémons, os Digimons, os Power Rangers e outros. Muitas vezes a criança nos traz esses desenhos como temas de sessões e cabe a nós explorá-los durante os atendimentos, ajudando a criança a reproduzir suas experiências vividas. Cabe a nós acolher o material trazido e utilizá-lo a serviço da criança, ajudando a trazer à tona figuras e situações inacabadas que emergem durante os atendimentos e que interrompem o contato. Nossa função então é ampliar a *awareness* da criança. Myriam B. Fernandes (1995) nos diz que:

> A facilitação do terapeuta ocorre no sentido de acolher a expressão dos mesmos e/ou, ao brincar com a criança, trazer para o campo fatores que estão ligados a tais sentimentos mais alienados da criança, auxiliando-nos a ampliar sua *awareness* e a ressignificar tais sentimentos... favorecer que as crianças possam, através das brincadeiras, reconhecer suas necessidades emergentes e experimentar satisfazê-las, avaliando as suas reais possibilidades de atuação, enfim, exercitando o seu próprio ajustamento criativo (Fernandes, 1995, p. 64).

As crianças, em geral, mostram muita facilidade em mergulhar nas situações do brincar e, portanto, a comunicação entre cliente e terapeuta é favorecida com o clima lúdico das sessões. Se o terapeuta participar das dramatizações e jogos propostos pela criança ou por ele próprio, poderá compreender a maneira como a criança expressa sua existência, facilitando assim o exercitar de seu ajustamento criativo. E é na relação da criança com os brinquedos e com o terapeuta que ocorre o contato, facilitando a interação e a promoção de *awareness*. Brincando, a criança entra em contato com suas dores, seus temores, sua raiva, sua emoção, seu carinho, seu amor; é um laboratório de suas vidas.

Segundo Maria Teresa Vignoli,

> A facilitação da *awareness* vem da própria crença na capacidade da criança descobrir por si, conosco, no próprio ato de brincar, os significados. Estes nem sempre precisam ser explicitados, podendo ser apenas vivenciados. Quando, por exemplo, participamos do espaço lúdico da criança como personagens, podemos facilitar a apreensão do significado do vivido e contido na sua própria expressão (Vignoli, 1994, p. 50).

Cada criança que recebo em meu consultório constitui para mim o desafio de ser capaz de compartilhar com ela seu pequeno grande mundo. Em cada atendimento vejo a importância fundamental de acreditar em suas potencialidades e ajudá-las a construir seu autossuporte. Algumas experiências foram e têm sido gratificantes.

Atender crianças é uma experiência fascinante! Acompanhá-las em seu processo de crescimento exige da terapeuta uma constante atualização da própria criança interna, disponibilidade para aceitá-la e, sobretudo... brincar (Zanella, 2013, p. 122).

No meu processo enquanto psicoterapeuta, pude experienciar mudanças; à medida em que me aproximei da Gestalt-terapia, tornei-me mais flexível, aproximei-me mais das crianças e pude realmente perceber o valor do contato e do dialógico. De acordo com Yontef (1998):

> Um relacionamento é um evento que acontece – é um processo. O processo acontece "entre" duas pessoas (...) A fim de se relacionar, duas pessoas autodefinidas, separadas, devem conectar-se e reconhecer uma à outra, e também precisam manter suas identidades separadas. Na Gestalt-terapia, o relacionamento forma-se em torno da tarefa de realçar a *awareness* necessária para a Autorregulação Organísmica. O contato, para o Gestalt-terapeuta, é moldado pela relação Eu-Tu (Yontef, 1998, p. 251).

Se em Gestalt–terapia utilizamos o experimento como um recurso de ampliação de *awareness* e sendo o brincar um experimento para a criança, pensei em ampliar a questão do experimento fora do ambiente de consultório. Oaklander (1980) nos introduziu a Gestalt-terapia com crianças e nos encorajou a sermos criativos, promovendo nas crianças o desenvolvimento do autossuporte e alterando, assim, sua autoimagem negativa.

Em um atendimento, E., seis anos, foi levado à terapia porque iria fazer uma cirurgia no intestino e estava bastante traumatizado com o tratamento que fazia, pois estava sofrendo muito. Durante nossas sessões, introduzi o brincar de médico e hospital com os bonecos de pano. Na história dramatizada havia o filho que ia ao hospital, o médico e enfermeiras que cuidavam do doente. E. vivia intensamente o papel tanto de médico quanto o de filho e pudemos conversar sobre seus sentimentos com relação à cirurgia. No dia da cirurgia, estive com ele no hospital e, a pedido do cirurgião, entrei com ele na sala cirúrgica até o momento da anestesia, quando então minha presença já não era mais necessária. Durante o pós operatório, fui visitá-lo várias vezes e, quando recebeu alta hospitalar, fui até sua casa, onde fizemos sessões domiciliares até que ele estivesse em condições de retornar ao consultório. Para esta criança, o contato promoveu a construção do autossuporte necessário para passar pela situação cirúrgica. O brincar de hospital propiciou a E. um ensaiar da experiência que estava por vir: um aflorar de sentimentos, entre os quais o medo, que puderam ser trabalhados.

Agora eu retomo minha criança interna; penso nas brincadeiras e brinquedos, na criatividade que os pequenos clientes me despertam. É um constante atualizar a criança que eu fui para a terapeuta que eu sou. É brincar com o cliente, para o cliente e a serviço do cliente. Que prazerosa brincadeira séria. Com riso, com alegria, com choro, com dor, mas sobretudo, com muito amor!

"Por isso, dona criança, faz favor de entrar na roda, diga um verso bem bonito, diga adeus e vai-se embora"

E é nesta ciranda, nesta configuração que a criança entra na roda, entramos com ela para compreendê-la, amá-la, respeitá-la, cuidá-la.; sementes de hoje, adultos de amanhã.

Referências

AXLINE, V. M. *Ludoterapia*. Belo Horizonte: Interlivros, 1972.

BOFF, L. *Saber cuidar – ética do humano – compaixão pela terra*. São Paulo: Vozes, 1999.

FERREIRA, A. B. H. *Dicionário Aurélio da língua portuguesa*. 5. ed. Curitiba: Editora Positivo, 2014.

FRAZÃO, L. M. Compassion and ethics: a glance at the field. In: ROBINE, J. M. (Ed.) *Contact and relationship in a field perspective*. Bordeaux: L'exprimerie, 2001.

FERNANDES, M. B. Gestalt e crianças: crescimento. *Revista de Gestalt*, São Paulo: Instituto Sedes Sapientiae, v. 4, p. 63-73, 1995.

LORENZ, K. *Civilização e pecado: os oito erros capitais do homem moderno*. São Paulo: Artenova, 1979.

OAKLANDER, V. *Descobrindo crianças*. São Paulo: Summus, 1980.

YOUNTEF, G. M. *Processo, diálogo e awareness*. São Paulo: Summus, 1998.

ORWELL, G. *1984*. São Paulo: Companhia das Letras, 1949.

PERLS, F.; HEFERLINE, R.; GOODMAN, P. *Gestalt-Terapia*. São Paulo: Summus, 1997.

VIGNOLI, M. T. O encontro poético na relação terapêutica. *Revista de Gestalt*, São Paulo: Instituto Sedes Sapientiae, v. 3, 1994.

YONTEF, G. M. *Processo, diálogo e awareness*. São Paulo: Summus, 1998.

ZANELLA, R. A criança que chega até nós. In: ANTONY, S. *A clínica gestáltica com crianças – caminhos de crescimento*. São Paulo: Summus, 2010.

CAPÍTULO 14

Pessoas em situação de rua: uma compreensão da exclusão a partir da ótica sartriana

Sueli Guerreiro

> *(...) não são as ideias que modificam os homens, não é suficiente conhecer uma paixão pela causa para suprimi-la, é necessário vivê-la, opor-lhe outras paixões, combatê-la com tenacidade, em suma, trabalhar-se.*
> (SARTRE, 2002)

Estamos no início do inverno de 2019. Os termômetros já registraram até cinco graus célsius e a população em situação de rua continua sendo assistida de forma precária e ineficiente, os projetos alcançam uma parte inexpressiva desta população. Há registros, até o momento, de sete mortos em decorrência das baixas temperaturas. O número de casos registrados, obviamente, são equivocados. Alguns médicos responsáveis por estes laudos são funcionários públicos, concursados, e podem não relatar mais mortes por causa de questões político-partidárias.

Este capítulo não tem qualquer objetivo que não o da denúncia do espaço intersticial entre a demanda da população em situação de rua e os interesses políticos econômicos neoliberais. É um trabalho de cunho ético-político que busca descrever a vida nas ruas. Busca uma aproximação para uma compreensão e acolhimento do desespero destas pessoas em situação de rua.

A situação de vulnerabilidade das pessoas em situação de rua, comove poucos. Alguns são categóricos em diagnosticar, defendendo a posição de que estão em situação de rua por mera escolha. Outros justificam-se, por suas abstenções, que sempre foi assim e não há nada que possa ser feito. No mundo, o número de pessoas em situação de rua cresce a cada dia por uma exclusão social crescente. Níveis cada vez mais elevados de padrões de vida, inalcançáveis, que excluem a muitos. Os indivíduos são culpabilizados por sua situação, entendidos como causa e não como vítimas de estruturas excludentes.

Causa ou consequência?

Há uma inversão. A maioria dos projetos, que se propõem interventivos, para as pessoas em situação de rua partem do pressuposto de que a causa de sua situação está nelas mesmas, culpabilizando-as. A estrutura econômica-política-ideológica-neoliberal excludente que seria a causa não é observada como princípio norteador nestes projetos. A causa de estarem em situação de rua, estaria nesta estrutura perversa. Eliminá-los em uma ação claramente higienista a serviço de interesses econômicos escusos é tratá-los como causa e não como consequência dessa estrutura. Ouvi-los em suas demandas seria o primeiro passo e não o último em uma política de gestão pública. Exemplos como o horário de abertura e fechamento de albergues. Os horários estabelecidos são aviltantes, punitivos e disciplinares, o que resulta em reclamações constantes. É preciso ouvi-los, ouvi-los, ouvi-los em suas necessidades básicas, de sobrevivência; e, de forma compreensiva, suas angustias. Há uma estrutura neoliberalista, sem dúvida, que contribui para uma culpabilização do excluído e ainda que contribui para que esse excluído se sinta fracassado e impotente. O indivíduo, assim, nessas condições, sente-se culpado por sua situação. Há uma resignação, uma aceitação sem questionamento da sua condição inumana. A grande maioria dos pacientes não tem a consciência de que pode mudar sua condição e segue se culpando e se sentindo impotente diante de estruturas opressoras e excludentes. Sendo expulsos da região da Cracolândia[1], por exemplo, sempre, a cada nova gestão política, por projetos claramente higienistas, como artifício de marketing para beneficiar candidatura política, dentre outros motivos. Um paciente estava lá e em um dia de uma dessas intervenções disse que até apareceu num canal de televisão. Os moradores dessa Cracolândia, em comparação com as outras Cracolândias, que é a quinta maior do país, e também corresponde a uma parcela ínfima das pessoas em situação de rua na cidade de São Paulo, isso sem comparar com a população em situação de rua no país inteiro, foram e são expulsos no intuito, evidente, de culpá-los por sua condição inumana. Estarem em situação de rua é consequência dessa estrutura perversa. A principal causa da sua situação de rua, que seria uma estrutura neoliberal perversa e excludente, não é veiculada. Quando expulsam as pessoas que vivem em situação de rua, logo desvirtuam e confundem os expectadores, mantendo somente a defesa dessa ação, argumentando que essas pessoas escolheram estar ali e são culpadas. A não correlação entre as demandas destes indivíduos e os recursos que lhes são oferecidos denuncia a ineficácia das gestões públicas municipais, estaduais e federais, que não contemplam os indivíduos e os delegam a condições inumanas,

[1] Localizada na região central da capital paulista, onde circulam pessoas em situação de rua e usuários de crack, dentre outras drogas licitas ou ilícitas.

tratando-os como subclasse, como se sua existência não tivesse valor algum, provavelmente por não serem úteis. São tratados como causa e não como consequência dessa estrutura político-econômica-ideológica neoliberal excludente. As soluções foram, na maioria das vezes, baseadas em medidas higienistas, na intenção de eliminá-los, expulsá-los, tentativas que não tiveram êxito, pois a causa está nessa estrutura excludente. A miserabilidade da qual são vítimas é por consequência dessas superestruturas.

Há alguns meses, ainda na última gestão municipal, nos anos 2017/2018, houve mais uma vez, um novo projeto declaradamente higienista na região da Cracolândia. As pessoas em situação de rua na região dispersaram-se pela cidade. Algumas vieram para região da Avenida Paulista, no centro da cidade de São Paulo. Sempre que atendia alguns pacientes que ficavam no vão embaixo do Museu de Arte de São Paulo (MASP) ouvia as histórias da ineficácia das intervenções municipais, estaduais e federais na região da Cracolândia. As pessoas em situação de rua estavam desorientadas e bem aflitas no dia da intervenção da PM (Polícia Militar). Em consequência disso, foram para o vão do MASP e para toda a Avenida Paulista. Poucos dias depois, um paciente relatou-me uma pessoa em situação de rua, seu amigo, que em uma situação extrema, por desespero, jogara-se em uma parte de trás do vão do MASP, de uma altura equivalente a um prédio de quatro andares: "Não aguentou a pressão de ter que sair da Cracolândia onde já vivia há anos". Eu poderia descrever como é a vida nas ruas, mas indico a leitura sobre o cotidiano de pessoas em situação de rua descrito sensivelmente e com um maior detalhamento sobre a vida nas ruas feito por Angerami (2017b), em que pontua que o problema da Cracolândia não são as drogas, mas sim, a exclusão social de que são vítimas. Uma proposta inusitada vem do seu olhar durante a convivência de anos com pessoas em situação de rua nesta região da Cracolândia.

A possível irredutibilidade de um novo projeto aos já existentes.

O conservadorismo burocrático-ideológico neoliberal das gestões municipais, estaduais e federais reduz os projetos; há um engessamento. Os projetos cristalizam-se sem a prática. No limite, as poucas concessões são barradas por falta de verba. Nessa nova gestão, em 2019, foi vetada a verba até para distribuição de água para pessoas em situação de rua na região da Cracolândia. Há uma intenção: a de maquiar o problema.

Segundo Sartre,

> [...] movimento pelo qual determinados totalizadores produzem, superando suas contradições, um momento novo e irredutível da totalização deve aparecer-nos, ao mesmo tempo, como realidade e como iluminação.

> Ou, em outras palavras, se a Razão dialética existe, é necessário que ela se defina como a inteligibilidade absoluta, uma novidade irredutível na medida em que esta é uma irredutível novidade. É o contrário do esforço positivista e analítico que tenta iluminar os fatos novos, reduzindo-os a fatos antigos. E de certa forma, a tradição do positivismo está tão ancorada em nós, inclusive atualmente, que a exigência de inteligibilidade pode parecer paradoxal. O novo, *na medida em que é novo*, pode escapar ao intelecto: aceita-se a *qualidade* nova como uma aparição bruta ou, melhor ainda, supõe-se que sua irredutibilidade é provisória e que, mais tarde, a análise há de descobrir nela elementos antigos (Sartre, 2002, p. 174).

Projetos obsoletos a partir das teorias estanques, na maioria de cunho positivista extremados, e que não condizem sequer com a atualidade da demanda. Angerami (2003) alerta-nos de forma muito mais ampla e primorosa sobre essa necessidade:

> [...] em uma sociedade em que os valores se transformam de modo cada vez mais vertiginoso, não há como tentar compreender a condição humana a partir de teorias estanques e que não apresentam a própria evolução dos fatos. Se a verdade é a subjetividade e a realidade é a nossa constituição senso-perceptiva, então não há como enredar a condição humana, a não ser através desses princípios (Angerami, 2003, p. 95).

O processo diacrônico e sincrônico da história

O homem, para Sartre, é um ser histórico. Qualquer projeto para o homem não deveria prescindir de uma avaliação mais cuidada. Observar os resultados a curto e longo prazo. Apesar de apresentarem contradições que sejam vencidas ou problematizadas; podem mudar o sentido da história. Criar com motivações no possível ainda inexistente.

Freitas (2018) pontua de forma magistral, explicando em seu capitulo sobre a técnica progressivo-regressivo de Sartre que, apesar de projetos políticos que defendam os direitos humanos, como o PROUNI (Programa Universidade Para Todos), do Ministério da Educação, em janeiro de 2005, sob a presidência de Luís Inácio Lula da Silva, apresentarem contradições, a relevância estaria no acesso de muitos ao conhecimento adquirido, e isso poderia mudar o sentido da história:

> O indivíduo pode buscar sua essência no campo dessas necessidades, pois "os possíveis sociais são vividos como determinações esquemáticas do futuro individual. E o possível mais individual não passa da interiorização e enriquecimento de um possível social" (Sartre 2002, p. 79). Mesmo com as contradições mencionadas, produzidas com o Prouni, as possibilidades futuras não se restringem apenas à satisfação das demandas

> produzidas no passado. O acesso de muitos ao conhecimento é uma das demandas, mas que os indivíduos farão com os conhecimentos adquiridos, isso pode mudar o sentido da História (FREITAS, 2018, p. 125).

Alcançar uma maior compreensão para construção de projeto público não prescindiria também de um olhar histórico no seu sentido diacrônico e sincrônico. A demanda é do paciente e inserida neste movimento histórico. Segundo Sartre,

> Sendo assim, encontro-me condicionado dialeticamente com o meu passado totalizado e totalizante da aventura humana: como homem de cultura (expressão que designa todo homem, seja qual for sua cultura, inclusive um iletrado), eu me totalizo a partir de uma história milenar e, na medida de minha cultura, eu totalizo esta experiência. Isso significa que minha própria vida é milenar, uma vez os esquemas que permitem compreender, modificar e totalizar minhas empresas práticas (e o conjunto de determinações que a acompanham) *passaram para o atual* (presentes por sua eficácia e passados por sua história devinda). Nesse sentido, a evolução diacrônica é atual (enquanto passada e veremos isto mais tarde, enquanto futura) na totalização sincrônica; os vínculos entre ambas são de interioridade e, na medida em que a experiência crítica é possível, a profundidade temporal da aventura totalizante revela-se desde o momento em que interpreto reflexivamente as operações da minha vida singular. Aqui, com toda a certeza, o indivíduo não é senão o ponto de partida metodológico e sua curta vida dilui-se no conjunto humano e pluridimensional que temporaliza sua totalização e totaliza sua temporalidade (SARTRE, 2002 p 171).

A relação entre a ideia de natureza humana e o preconceito

As pessoas em situação de rua são tratados como escoria, chamadas de bandidos e acusadas de que não vão mudar, pois que existiria uma *natureza humana*. A culpa seria desses indivíduos por suas más escolha e eles não vão mudar.

No inverno de 1982, meu pai levou para nossa casa o Sr. Romário[2], um homem de 66 anos, negro, que estava em situação de rua na região da cidade de São Paulo. Ele nos contou que dos seus 66 anos de vida, 40 anos vivera cumprindo pena em uma penitenciária de segurança máxima. Viveu conosco, em nossa casa por anos. Diante da possibilidade de mudarmos para outro estado, onde ele não queria ir, decidiu ir para um asilo e lá ficou os seus últimos anos de vida. Dizem que já se sabe que escolheram estar nessa condição; já se sabe que são a escória, o

[2] Nome fictício

lixo da sociedade e marginais, porque são bandidos. O preconceito, discriminação e estereotipias que as pessoas em situação de rua sofrem fundamentam-se em determinadas ideias, como essas: "quem mora na rua é um mau-caráter, vai te fazer mal gratuitamente, vai te tratar com usura e vai te roubar. Jaz aí um ser que já tem uma natureza de bandido, como se fora inerente, nasceu assim." Angerami (2017a) nos ensina, apresentando uma reflexão de Sartre sobre a inexistência de uma natureza humana:

> Sartre não crê na Existência de uma natureza humana, embora não negue a condição, válida universalmente: Além disso, se é impossível achar em cada homem uma essência universal que seria a natureza humana, existe, contudo, uma universalidade humana de condição. Não é por acaso que pensadores de hoje falam mais facilmente da condição do homem que da sua natureza.

Sartre exemplifica:

> [...] a experiência reflexiva e o conhecimento quase reflexivo são perfeitamente homogêneos quando se trata de revelar os vínculos sintéticos da história. O próprio conteúdo desses vínculos, em sua materialidade, deve servir somente para distinguir e diferenciar: deve-se assinalar que uma amizade no tempo de Sócrates, não tem o mesmo sentido, nem as mesmas funções de uma amizade contemporânea; mas, por essa diferenciação, que exclui rigorosamente toda crença em uma "natureza humana", limitemo-nos a revelar com maior clareza o vínculo sintético de *reciprocidade* (que, aliás, descreveremos adiante) que é um universal singularizado e o próprio fundamento de todas as relações humanas. Se tomarmos estas precauções, será suficiente escolher os melhores exemplos dessa reciprocidade fundamental nesse passado não vivido por nós e que, no entanto – por intermédio da cultura – nossa de uma ponta à outra. Com efeito ñ se trata de reescrever a aventura humana, mas fazer a experiência crítica das empresas, estruturas ou acontecimentos reais, embora quaisquer, a resposta para esta questão de princípio: na aventura humana, qual é o papel respectivo das relações de interioridade e de exterioridade Se nessa experiência total – que é, em suma, a de toda a minha vida na medida em que ela se dissolve em toda a História, de toda a História na medida em que está reunida em toda uma vida – devemos estabelecer que é o *vínculo de exterioridade* (Razão analítica e positivista) é, por sua vez, *interiorizado* pelas multiplicidades práticas e que só age nelas (como força histórica) na medida em que se torna negação interior da interioridade, encontrar-nos-íamos situados por essa pesquisa no âmago de uma totalização em andamento. (Sartre, 2002)

A aceitação, o vínculo e a sequência nos atendimentos do paciente em situação de rua

No ano de 2014, ao sair do consultório, parei em frente a algumas pessoas deitadas no chão, em cima de papelões, na porta do prédio. Sabemos que não teriam permissão para entrar no prédio. Neste dia convidaram-me para ficar com eles. Já havia me apresentado há alguns dias e, na ocasião, ofereci atendimento. Eram cinco pessoas, já descritas em texto anterior (ver Guerreiro, 2018), em situação de rua, com histórias de dor e miséria humana. Procurava ouvir e não perguntar muito, estar ali, nada mais. Aceitar cada um como fenômeno único e ouvir, ouvir e ouvir. Foi o que poderia fazer efetivamente, pois tinham muito a me oferecer; eu estaria preparada para um encontro pela nossa humanidade. Deixar-me-ia conduzir por eles. Assisti-los? Já tinham especialistas demais em seus encalços. O estado de vulnerabilidade social requer cuidados desde necessidades básicas de sobrevivência até o ser ouvido em suas angustias. Ao longo dos últimos anos tenho acompanhado alguns pacientes de forma sequencial, quando possível, apesar da sempre estarem mudando de ruas, alguns ficam anos em um mesmo lugar.

As intervenções criadas não se efetivam diante do paciente em situação de rua. Para a psicoterapia existencial o conhecimento é construído a cada instante e em cada novo encontro terapêutico.

> Ela é sedimentada na verdade que emerge da paixão, [...] é uma arte destinada a poucos artesãos [...]. Não é, nem jamais será sistematizada com preceitos e normas delimitados formalmente. (Angerami, 2017c)

A relação sempre se estabelece pela aceitação, adquirida com muito cuidado; esse vínculo é construído de acordo com o reconhecimento de que efetivamente a relação é a de cuidado. Oferece-nos uma definição de Cuidado como sendo *aquela força originante que continuamente faz surgir o ser humano* (Boff, 2014, p. 117). Fala também *de uma superação necessária à nossa civilização, superar o modo-de-ser-trabalho-produção-dominação*. Para isso precisaríamos resgatar o Cuidado: "Para isso o ser humano precisa voltar-se sobre mesmo e descobrir o seu modo-ser-cuidado" (Boff, 2014, p. 117).

O desespero e a vontade de sair das ruas

Os consultórios de rua efetivados pelo trabalho dos psicólogos de rua são mais efetivos nos projetos do que na prática e contemplam uma parcela nada expressiva das pessoas em situação de rua. Os atendimentos públicos são estatisticamente, desproporcionais, ineficientes e escassos. A partir dessa constatação, observamos o quanto temos a percorrer na construção do lugar do psicólogo de rua para que ele seja reconhecido por órgãos públicos. Ainda, pelo número de pessoas em situação de rua, que os projetos partam das demandas e não dos interesses político-ideológicos. A busca de uma delimitação, ainda não muito entendida pela grande maioria dos profissionais responsáveis pela área da saúde em projetos de gestão públicos, que seria o do acolhimento da angústia destas pessoas em situação de rua. A vontade deve ser vista como um dos fatores importantes e determinantes no que diz respeito ao grau de engajamento de quem procura ajuda e é preciso saber se existe uma consonância entre o que se define como vontade e quais são as necessidades para profissionais da saúde e para quem necessita de cuidado. Uma das primeiras indagações seria: "O que é essa vontade, e o que os impulsionariam a procurar atendimento psicológico clínico em instituições públicas. Como a vontade seria identificada? E quais seriam os critérios?" Dizer que não têm vontade de receber cuidado seria só uma possível manifestação da indiferença às suas reais necessidades. Os padrões de intervenções, efetivos na minoria dos casos, em alguma medida podem estabelecer leituras advindas antes do contato com o indivíduo, prescindindo da relação, da práxis. O resultado: se não tiverem vontade de serem ajudados, nada poderá ser feito. Mas, estão em situação de rua e a maioria expressa um cansaço com ineficiência dos atendimentos públicos.

A vontade como critério não seria uma nova forma de estigmatização, delegando ao usuário toda e qualquer responsabilidade pelo sucesso ou não de todas as intervenções pensadas e executadas? As constantes manifestações de algumas mídias, a cada instalação de projetos municipais, estaduais e federais, denunciaram sempre os interesses políticos-ideológicos, que não contemplam as pessoas em situação rua e apresentam a intenção eliminá-las.

Essa vontade acaba sendo pré-requisito para receber ajuda, seja em uma internação voluntária, involuntária ou compulsória (Loccoman, 2002), por exemplo.

> Atualmente estão previstos três tipos de internação: voluntária, involuntária e compulsória. A primeira pode ocorrer quando o tratamento intensivo é imprescindível e, nesse caso, a pessoa aceita ser conduzida ao hospital geral por um período de curta duração. A decisão é tomada de acordo com a vontade do paciente. No caso da involuntária, ela é mais frequente em caso de surto ou agressividade exagerada, quando o paciente precisa ser contido, às vezes até com camisa de força. Nas duas situações é obrigatório o laudo médico corroborando a solicitação, que pode ser feita pela família ou por uma instituição. Há ainda a internação compulsória, que tem como diferencial a avaliação de um juiz, usada nos casos em que a pessoa esteja correndo risco de morte devido ao uso de drogas ou de transtornos mentais. Essa ação, usada como último recurso, ocorre mesmo contra a vontade do paciente fracassos são altos para que ada seja adotada como política pública no enfrentamento do crack (Loccoman, 2002).

Sobre um projeto municipal, dentre tantos outros, os mesmos propósitos apresentaram-se através da internação compulsória, detalhada acima, imposta de forma violenta e como primeira opção; consistia na internação a partir da medição da vontade, mais um projeto medíocre e, sem dúvida, de cunho higienista, partidário e de interesses econômicos. O Conselho Regional de Psicologia (CRP), da região 06, se pronunciou contra esse projeto (Loccoman, 2002). Como um projeto de internação compulsória poderia ter sucesso se o sentido da vontade, ou falta de vontade, tem relação com a angustia que os assombra. Aqui, vale lembrar:

> O movimento de desconstrução do hospital psiquiátrico implica um processo político e social complexo, composto de diversos atores, instituições e forças de diferentes origens do qual o CRP participou efetivamente; por isso a instituição se posiciona contra as internações compulsórias e contra as comunidades terapêuticas, defendendo o tratamento em locais abertos ligados à rede antimanicomial. Para isso luta pela ampliação dos serviços oferecidos pelos Centros de Atenção Psicossocial (CAPS), que é um trabalho em saúde mental aberto e comunitário do SUS e local de tratamento para pessoas que justifiquem sua permanência num dispositivo de atenção diária; nas unidades de acolhimento transitório, postos que funcionam como uma passagem breve para o dependente, que depois será encaminhado a serviços de reinserção social. Também são considerados necessários consultórios de rua que atendam à população em situação de risco e vulnerabilidade social, principalmente crianças e adolescentes usuários de álcool e outras drogas; bem como a oferta de leitos em hospital geral e equipes de saúde mental básica articuladas com as redes de urgência. Uma contrapartida à internação compulsória é o reforço de políticas públicas de tratamento em rede substitutiva, em convivência familiar e comunitária aos usuários de entorpecentes (Loccoman, 2002).

No início do tratamento, a angústia era como estar diante de outro que era meu semelhante e esta relação não ser rotulada como de ajuda. Entendo esse tipo de relação de ajuda, como uma relação de poder: eu tenho algo que o outro não tem, e isso me colocaria em lugar privilegiado. Teria recursos financeiros para os ajudar ou algum contato privilegiado, e mesmo até algum sistema político me dando suporte, um sistema religioso ou uma ideologia.

Nas ruas, nos encontros, sempre me fazem um interrogatório inicial. Vencida esta etapa, nos nossos encontros eu ia de mãos vazias, pois nossa relação era única e entre iguais. Ia sem nada preparado, e a cada novo encontro, um encontro novo; lidaria com o imprevisível. E os indivíduos mostravam-se intrigados, na maioria das vezes; por certo, já teriam respostas prontas para qualquer interrogatório. Eu dificilmente perguntava algo, limitava-me a escutar e *estar com*. Qualquer dúvida que me ocorria sobre estar no caminho certo dissolvia-se logo nos primeiros encontros. Deixava-me conduzir. A postura fenomenológica existencial me conduziu à abertura para o sensível, o inexplicável, o imprevisível. Eu não estaria pronta para o encontro, eu lidaria com o imprevisível, sempre, sem nada *a priori*. Na intenção de uma aproximação, pareceu-me importante pontuar a influência do momento atual social no indivíduo, porque pude identificar que ela existe, sim, na relação com as pessoas em situação de rua. Os comportamentos que apresentavam, na maioria das vezes, parecia algo de reativo, de certo modo, subversivo. A relevância de descrever este caso seria por entender que qualquer projeto de política pública, que se auto nomeia psicológico, precisaria atentar-se à demanda do paciente, paciente esse entendido como histórico. E, por certo, precisa ser um projeto orquestrado por várias mãos, um compartilhamento entre vários profissionais. Não é o que se tem observado. Na maioria das vezes, os projetos fazem uso de métodos higienistas e partidários, de interesses de empresários e de alguns moradores da região.

Olhar as demandas a partir de um vínculo criado com essas pessoas em situação de rua, para ouvi-las, e que elas possam aceitar cuidar de si e aceitar a ajuda, mesmo que ineficiente, das instituições públicas. O psicólogo de rua cuida da angústia, procura estabelecer um vínculo nessa relação de aceitação e Cuidado.

Uma aproximação: circunscrever e analisar o entorno das pessoas em situação de rua a partir de uma escuta clínica já exercitada no consultório. Uma caminhada rumo ao *estar com* e compreender o que seria a vontade a partir dessa escuta. As pessoas estão na rua com a certeza das consequências negativas profundas, físicas ou psicológicas, na maioria das vezes, colocando em risco a própria vida. Apesar de todos os avanços dos estudos da psicologia e todos instrumentos na intenção de medir a vontade, feitos por psiquiatras, observei que a vontade como critério de engajamento têm motivações para além do paciente, aqui sim levanta-se uma questão ético-ideológica. Delega-se ao indivíduo a responsabilidade, sem interferências externas, como políticas econômicas, mudanças históricas, culturais e sociais, sem ouvi-lo, sem ser/estar com eles nas relações, na prática, produzindo projetos a partir do paciente. É preciso pensar nos qual seriam os recursos que que fariam os profissionais compreenderem se uma possível falta de vontade não seria apenas uma reação à ineficácia dos atendimentos oferecidos. Estabelecer a vontade do indivíduo como critério de engajamento demandaria investigar o quanto ele tem consciência da complexidade e do emaranhado, quase insolúvel, em que está imbricada a sua vontade. Procurar respostas na relação para saber o que seria relevante para a pessoa em situação de rua seria uma forma de aproximação que abriria possibilidades. É preciso oferecer possibilidades para que os indivíduos possam ressignificar as condições às quais se submetem diariamente.

No meu trabalho como psicóloga de rua, recebia usuários do crack vivendo o dia a dia com dificuldades por sentirem um sofrimento intenso e vontade de parar. No consultório, como psicóloga clínica, não apareceriam com facilidade. Como me aproximar, percorrer um caminho até ele, ir ao seu encontro? As pessoas em situação de rua, na região da Cracolândia, por mais que tenham sido produzidas políticas públicas com o objetivo de acolher, ainda continuam em situação de desamparo e sem atendimento apropriado. Qual seria a motivação/vontade de se deslocar até o atendimento mais próximo? Ser psicólogo de rua é estar com eles. Estatísticas apontam para o fato de que usuários que procuram ajuda por si só se engajam melhor num atendimento. E os que não tem vontade estão excluídos. Só vemos projetos pensados de forma político-econômico-social-ideológico que excluem sempre. Delegar a responsabilidade ao indivíduo e propor um projeto declaradamente higienista e partidário ainda não tem sido a solução mais eficiente. Rótulos são aceitos com conceitos apreendidos e disseminadas socialmente como: eles não querem ajuda, não tem vontade de sair. E, assim, fecha-se a questão.

Ocorre que, numa primeira aproximação, a vontade seria a vontade de algo. Mais especificamente, a vontade de se engajar numa retomada da busca das possibilidades existências. Num reconhecimento e aceitação dessas possibilidades.

A maioria das pessoas em situação de rua conhecem e questionam as políticas públicas que poderiam beneficiá-las de algum modo. Alguns já passaram por internações. Dormem, na maioria dos dias, nas ruas apesar de conhecerem inúmeros albergues da cidade. Assistindo às pessoas em situação de rua, deparo-me com um quadro grotesco: o da luta pela sobrevivência. Indivíduos que, sem dúvida, mostram também questões existenciais profundas. Ora se apresentam como heróis, ora como vítimas. Heróis, porque alguns são questionadores, opositores contumazes de uma estrutura socio-política-econômica- ideológica. Outros, na maioria das vezes, desconhecem e somente reclamam, sentem seus efeitos. Um sentimento de culpa por sua inadequação, sua incapacidade, um sentimento de desencaixe, de desamparo e sem questionamentos, como o de que o que sentem poder ser fruto da exclusão social perversa da qual são vítimas. Conhecem as políticas públicas da cidade de São Paulo para orientar quem precisar, sendo suas descrições altamente críticas. Sempre questionam a ajuda disponível em projetos públicos. A grande maioria não acessam o sentido por sua condição de excludência.

No ano 2017, quando estava de plantão no vão do MASP, um paciente se aproximou. Convidou-me para ver seus pertences, estava com um colchão novo, limpo, com lençol limpo e seus objetos pessoais muito bem organizados. Neste dia, conversamos longamente. Disse que queria muito me contar que conseguira sair do fluxo da Cracolândia, falou-me também de sua história de vida; somente neste dia, depois de dois anos que o atendia. Perguntei se gostaria de me acompanhar até o meu consultório, que ficava a poucos metros dali. Era um dia de domingo e a rua estava interditada para passagem de carros. Caminhamos pelo meio rua. A rua estava lotada de pessoas que vieram apreciar a avenida, por ser um dos cartões postais da cidade. Respondeu-me: "Você não se importa que te acompanhe? Olhe, as pessoas vão olhar você comigo. Tem certeza disso?" Recordo-me, com pesar, deste dia e de como a sensação forte de proximidade com ele, a partir da nossa humanidade, de certa forma fora interrompida por esta fala acima, como se nossa semelhança enquanto humanos deixasse de ser semelhança, porque tínhamos aparências diferente; mas, no caminho, senti que esta diferença diluiu-se um pouco. No caminho, decidiu me confidenciar e descrever suas experiências nas clínicas de internação, que foram muitas. Falou da existência das relações de poder que observou na maioria delas e da importância do lucro em detrimento do paciente. Há alguns meses, encontrei-o no caminho para o consultório. Ele aparecia no meu caminho quando queria conversar. Neste encontro, depois de dois anos, ele resolvera falar sobre seus pais. Veio empolgado contando de sua intenção de comprar um carro, de catar papelão nas ruas. Perguntei se conhecia o projeto da prefeitura de empréstimos de carros. Respondeu que sabia e descreveu o projeto em detalhes, explicou o quanto o projeto era falho e que não contemplava suas necessidades. Exemplificou: "Emprestam, mas não tem seguro e se me roubarem como vou pagar?". Em seguida, disse que recebera uma proposta de emprego, no centro da cidade, de segurança numa loja de departamentos. Não o vejo há meses. Recebi a notícia de que seu pai falecera, um dos seus declarados algozes, e ele ainda não sabe. Pelo menos o algoz que decidiu eleger, dentre tantos outros que elencara na vida. Há alguns dias encontrei um amigo dele, que sempre esteve com ele nas ruas. Contou-me: "Vi ele no centro. Está com o cabelo comprido, com um chapéu tipo...sabe aqueles tipo italianos e tá limpo. Pode ser que não voltou mais para o fluxo (região central da Cracolândia*), porque tá muito limpo e arrumado".*

Fraternidade

Passam-se os anos e sempre ouço questionamentos da validade, intenção e fundamento do trabalho como psicólogo de rua. Pesou-me o estereótipo do cristão. Sendo assim, a fraternidade foi reduzida a um comportamento esperado de um religioso. Por certo o trabalho dos religiosos com pessoas em situação de rua tem relevância, pois, durante longos períodos da história, eram os únicos que acolhiam os necessitados. O Padre Júlio Lancelotti e meu pai, Wilson Santos de Carvalho, pastor evangélico, têm trabalhos com pessoas em situação de rua que serviriam de modelo para muitos profissionais da saúde, são inovadores e primam pelo cuidado. Recentemente tive o prazer de conhecer o padre Júlio Lancelotti pessoalmente, entregou-nos um livreto com conteúdo muito bem elaborado e com reflexões primorosas sobre as pessoas em situação de exclusão[3]. Presencie uma

[3] Texto do documento da Conferência Nacional dos Bispos do Brasil do ano 2019: "Contemplar o Cristo sofredor na pessoa dos pobres significa comprometer-se com todos os que sofrem, buscando compreender as causas de seus flagelos, especial as que os jogam na exclusão. A ausência de sentido

intervenção: a temperatura caiu e uma pessoa que estava alcoolizada e sem proteção contra o frio não foi atendida por nenhum órgão público, alegaram superlotação e ela acabou sendo acolhida por civis ligados à igreja do padre Júlio Lancelotti. A fraternidade deixou a muito de ser algo inerente apenas à nossa humanidade

Nas palavras de Angerami:

> Fraternidade praticamente se tornou tema religioso, evocado apenas em cultos e ofícios religiosos, sem lugar em nossa sociedade neoliberal... Falar de fraternidade, então, é evocar tema que há muito foi excluído da vivência interpessoal, e até mesmo social (ANGERAMI, 2014).

Ouço sempre: "As pessoas estão na rua porque querem. Imagina se vou me aproximar e ser confundido e tratado como um fazedor de caridade". *Estar com* não prescinde de cuidados, dos mais simples, sem dúvida, mas sempre temos como postura uma forma de atuar fundamentada numa visão de mundo, na qual o outro verdadeiramente é reconhecido na sua condição de humano por nossa humanidade e o psicólogo atenderia nessa escuta a sua angústia. Angerami (2013) ao discorrer sobre a postura do profissional da saúde assevera que: "[...] uma relação, para ser definida como humana, necessita inicialmente que eu me reconheça como humano e que igualmente identifique no outro essa condição de humano" (ANGERAMI, 2013).

Nos atendimentos quase que diários nas cercanias da avenida Paulista: *quando caminho pela Avenida Paulista – sempre refiro-me a esta avenida por ser conhecida mundialmente, um dos cartões postais do país, e também por se tratar do setting terapêutico, local de experiências diárias e de anos ininterruptos –, observo a complexidade e as dissonâncias de comportamentos típicas de um centro urbano. Pessoas apressadas para o trabalho, moradores dos prédios levando seus cachorros para fazerem o seu exercício diário, algumas pessoas fazendo exercícios matinais. Uma paisagem conhecida por todos nós. Neste cenário, pego-me por um instante, segundos, parada na calçada, observando a naturalidade com que a maioria das pessoas caminha, tropeça e pragueja por entre as camas de papelões.* Observo que há um movimento, um deslocamento destas pessoas em situação de rua. Alguns ficam por mais tempo, se instalam em determinados pontos, outros fazem uso da avenida inteira. Há uma circularidade também na cidade inteira. Fazem uso de um galpão no centro velho da cidade e em vários lugares onde há um

para a vida é fonte de grande sofrimento. De fato, a correria do cotidiano, a exigência de metas e desempenho e a lógica da eficiência afetam a qualidade de vida da sociedade atual, cada vez mais urbanizada, individualizada e consumista. O vazio tende a colocar em crise o sentido da vida para muitas pessoas. A frustação, especialmente de jovens, emerge quando não se consegue alcançar o desempenho sugerido pela sociedade de infinitas possibilidades. Também os cristãos são afetados por essa crise de sentido que gera cansaço, depressão, pânico, transtornos de personalidade e até suicídio. Esta situação ocorre porque se vive em uma sociedade que sustenta tudo ser possível, especialmente com o avanço das novas tecnologias."

agrupamento de pessoas em situação de rua. Quando há alguma intervenção da prefeitura nestes pontos, com intuito de expulsá-los, espalham-se. Há um refluxo do fluxo da Cracolândia, por exemplo, a avenida Paulista é um de seus refúgios. Há uma pulverização dos grupos, espalham-se pela cidade, indo até para bairros mais distantes, mais periféricos, mas reorganizam-se. Reagem aos aparatos higienistas criados em projetos municipais, estaduais e federais. A maioria deles, indiferente aos aparatos higienistas destas intervenções, retornam, ou se espalham pela cidade, ou mudam de endereço. Mudar de endereço foi uma analogia com os que têm casa, que também mudam muitas vezes de endereço por motivos de ordem financeira. Aqui há uma semelhança nos motivos: um sistema econômico neoliberalista que exclui sempre. Nessa busca de um lugar de atuação como psicóloga de rua, deparo-me com questões sócio-político econômicas, com questionamentos que são objetos de estudo de sociólogos, assistentes sociais, entre outros. A busca por um lugar de atuação fica enviesada. O modo de atuar aparece no fazer, mas o olhar é carregado destas preocupações. Esse paciente está o tempo todo, e de forma literal, em lugar aberto, cheio de interferências. Ora sou solicitada para fazer um laudo para cirurgia de mudança de sexo de um, ora para ouvir suas reclamações sobre como as políticas públicas não os contemplam na grande maioria das vezes. Portanto, o conteúdo e o material nos encontros são de ordem individual e social.

A marginalização e a escolha

Não é uma questão de escolha. Há um estado com sua política econômica, neoliberal, que exclui pessoas. O estado que deveria cuidar não cuida. Políticas públicas insuficientes e que não contemplam minimamente a população, muito menos as que estão em situação de rua. O distanciamento entre o que seria ideal e o oferecido é abismal. Projetos cidadãos que teriam êxito são abortados a cada nova gestão pública. No trajeto do *aeroporto de Havana* ao centro da cidade há um *outdoor* com o retrato de uma criança sorrindo e a *frase*: "Esta noite 200 milhões de crianças dormirão nas ruas do mundo. Nenhuma em Cuba". O trabalho do psicólogo de rua, desta forma, presta um desserviço para a população, pois luta por pessoas em situação de miserabilidade social e é impotente diante de uma estrutura política, econômica, ideológica, neoliberal e capitalista que exclui sempre.

Castoriadis (1982), pensador ateniense, ao argumentar que o problema do capitalismo não é só econômico, evidencia uma sociedade de *necessidades criadas*.

> A economia no sentido mais amplo (da produção de consumo) passa pela expressão por excelência da racionalidade do capitalismo e das sociedades modernas. Mas é a economia que exibe da maneira mais surpreendente- precisamente porque se pretende integral e exaustivamente

racional- a supremacia do imaginário em todos os níveis. É esse visivelmente o caso no que se refere à definição das necessidades que ela se supõe atender. Mais do que outra sociedade, o caráter "arbitrário", não natural, não funcional da definição social das necessidades aparece na sociedade moderna, precisamente, e devido ao seu desenvolvimento produtivo, a sua riqueza que lhe permite ir muito além das "necessidades elementares" (o que aliás, com frequência, como contrapartida não menos significativa do que a satisfação dessas necessidades elementares, são sacrificadas as necessidades "gratuitas". Mais que nenhuma outra, também, a sociedade permite a fabricação histórica das necessidades, que são manufaturadas todos os dias sob nossos olhos. A descrição deste estado de coisas foi feita desde há muitos anos; essas análises deveriam ser consideravelmente aprofundadas [...] Lembremos somente o lugar gradualmente crescente que assumem nas despesas dos consumidores as compras de objetos correspondendo às necessidades "artificiais"; ou então a renovação, sem nenhuma razão "funcional" de objetos que podem ainda servir, simplesmente porque estão fora de moda ou não possuem tal "aperfeiçoamento", frequentemente ilusório (Castoriadis, 1982).

Esta ideia abre precedente para outras reflexões que não caberiam aqui. Como, por exemplo, ter esta clareza nos levaria à consciência da falta de sentido do consumo pelo consumo. Disso decorre que uma das nossas preocupações foi a de argumentar, sempre, contra a redução da atuação, como psicólogo de rua, a um estereótipo de cunho religioso. Uma outra preocupação: argumentar contra o estereótipo partidário ou ideológico, no intuito de demarcar e vencer qualquer crítica quanto ao lugar do psicólogo de rua. Psicólogo de rua porque está com pessoas em situação de rua, e que não estão morando na rua, não tem moradia. *Pessoa em situação de rua* como pontua Angerami (2017b), não têm moradia, casa na rua. Porque a imprevisibilidade não permite ficarem só em um local. Alguns ficam em ocupações temporárias e logo voltam a ficar em situação de rua. Fui convidada para ir à uma ocupação e lá nomearam-me como psicóloga de rua. Lá vi pessoas fortes lutando pela sobrevivência. Vi muito consumo de drogas licitas e ilícitas. Atuar é transpor obstáculos é lidar com o imprevisto. O trabalho do psicólogo de rua é também entender aspectos que circundam as pessoas em situação de rua.

A liberdade

A falta de conhecimento de si mesmo e dos mecanismos que o envolvem, faz acreditar que liberdade é não ter limites para se comportar. A liberdade estaria somente nessa oposição a tudo e a todos, cegamente. Na maioria das vezes observo uma autoavaliação contaminada por sentimentos de autoincapacidade, de inadequação, de impotência ligados à autoestima baixa. Angustiam-se por esses sentimentos, sem nenhum questionamento para além deles. Não questionam a não liberdade com relação à sua condição de miserabilidade. O psicólogo de rua deveria atuar, também, neste lugar.

Angerami (2003) nos ensina: "ao aceitarmos o paciente enquanto fenômeno único, alguém cujas especificidades igualmente são únicas e que tampouco se repetem, estaremos abrindo a nossa própria sensopercepção para o levarmos a horizontes muito mais amplos e promissores em sua vida".

Carmo (2011) mostra-nos também a partir do seu entendimento de Merleau-Ponty quando discorre sobre a liberdade que "o filosofo define a existência como a possibilidade de superar a situação de fato, dando-lhe uma nova dimensão. O homem é capaz de revolucionar a cultura criada por ele mesmo, substituindo por outra".

Observo no dia a dia que a exclusão social é sentida, mas não questionada. Angerami (2017) mostra que em uma sociedade com regimes autoritários facilitam e estimulam muito o quietismo:

> Regimes autoritários, e muito das sociedades definidas como democracias e que, no entanto, impõem de modo cruel o neoliberalismo, facilitam muito o quietismo, o imobilismo das pessoas. Dificilmente as pessoas ousam dizer não, pois de maneira convincente são forjadas em suas mais profundas subjetividades a não confrontar a autoridade constituída por mais injusta e amoral que essa possa ser. E a vida passando, morrendo quieta. Principalmente as sociedades neoliberais, e que se apresentam com o verniz de democracias estimulam esse passar pela vida de forma resignada, aceitando soluções passivas. As pessoas sequer ousam pensar na possibilidade de que aquela situação infeliz possa ser transformada, que ela possa ter uma vida mais digna. Ao contrário, o que se vê é muito quietismo, resignação. Aquela eterna ideia de que a vida é assim mesmo. E até a mais dolorosa das formas de Resignação (Angerami, 2017).

Serialidades

O enfrentamento das ruas pelas pessoas em situação de rua se dá de forma gradativa, até a total entrega, a perda da consciência de si, da consciência da dor, dentre outras consciências. O desejo, a vontade, por exemplo, só são preservadas, na maioria das vezes, no limite para a sobrevivência.

Recursos para a sobrevivência são procurados em vícios como álcool, tabaco dentre outros tipos de drogas. Assim, a subjetividade vai sendo comprometida pelas agruras da vida nas ruas, até chegar a um sofrimento mental insuportável, na maioria dos casos. A percepção de cada um pode, no limite de sua degradação, diante do enfrentamento, levar o indivíduo em situação de rua a colocar-se em condições inumanas, perder a sua condição humana. No limite há o desligamento com os outros que lhes foram significativos e, também em consequência disto, as memorias significativas relacionadas a estes vínculos, culminam em alguém com um sofrimento psíquico intenso[4].

Angerami (2017), na sua descrição de todo o movimento histórico desta nova psiquiatria sartriana, escreve sobre como essa mudança não foi somente conceitual, mas demarcou a passagem do que era visto como um fenômeno em sua condição individual para torna-se parte uma desestruturação mais ampla.

Ao pensar o indivíduo a partir desta postura fenomenológico-existencial, Angerami (2003) adverte sobre um outro cuidado que seria olhar esse indivíduo no qual o modo de sua subjetividade está imbricado com a sua historicidade.

Nos encontros com um paciente, o senhor Omar (já citado por mim em Guerreiro, 2019) sempre quando o relembrava da conversa anterior ele respondia de forma negativa: "Não era eu... não fui eu... não disse isso não!" A memória estava bem alterada e ele não conseguia se comunicar. Saía do consultório às 22 horas como na maioria dos dias, e em uma dessas ocasiões passei por ele e vi que ainda estava acordado, preparando-se para dormir. Sempre tomava um café, que sempre ganhava de alguém, e o copo de café era descartável, não tomaria na cafeteria, pois por sua aparência não seria aceito pelos usuários do local. Tomava café para compor um ritual, tomava café e em seguida, neste dia, pude presenciar que retirou o filtro do cigarro e o fumou. Pedi para me sentar perto dele e ele concordou. Ele estava deitado no chão gelado sem proteção nenhuma. Fiquei em silêncio e, passados 25 minutos, ele começou a rir. Perguntei porque estava rindo e me disse, de forma muito meiga, a meiguice pareceu dissonante diante da aparência brutalizada e grotesca, que não era por nada. Nos dias seguintes passei por ele e o cumprimentava com aperto de mão, com a intenção de criar um vínculo. Um desses dias, passei num final de tarde o encontrei e quase não o reconheci. Estava barbeado e com roupas limpas, ele mesmo tomou a iniciativa de me cumprimentar. Entrei na cafeteria e encontrei a senhora que cuidava dele há cerca de vinte anos. Disse-lhe que observava o Sr. Omar há dias e que o segurança da cafeteria a indicou para dar-me mais informações sobre ele. Ela mostrou-se bastante resistente, bastante cética, mas insisti um pouco e ela aceitou conversar. Hoje, escrevendo, sinto a resistência como um cansaço, um desânimo por causa das inúmeras vezes nas quais foi interpelada por agentes de saúde, e por não terem alcançado nenhum resultado que ela julgasse relevante. Ele andou, durante meses, carregando nas costas duas madeiras em forma de cruz e um saco onde guardava seu cobertor. Está há mais de vinte anos nas cercanias da Avenida Paulista. Certamente por

[4] Utilizo sofrimento psíquico ao invés de *doente mental*, segundo a nova psiquiatria sartriana.

ele passaram muitos profissionais. Viveu sob várias gestões políticas e econômicas municipais, estaduais e federais. E a sua vida foi deteriorando-se gradativamente. Um homem que aparenta ter cinquenta anos, pele clara, anda descalço, seus pés têm sinais de estar descalço por um longo período. Seus cabelos viraram placas de sujeira. Uma imagem difícil de se olhar. A degradação estava evidente na sua aparência. Os seus gestos e comportamentos demonstravam que ainda tinha desejo, tomava decisões quando não concordava com algo. Falava pouco, e somente com pessoas que conhecia. Sua família morrera há cinco anos, num acidente de carro (segundo relatos de uma cuidadora). Além de andar descalço, usava roupas que não trocava há meses. Mas não aceitava qualquer doação de roupas. Seu único cobertor, todo corroído. Tem um de seus dedos enrolado em um arame, de forma que a circulação do sangue fica quase que totalmente interrompida. Ao ter sido levado por uma ambulância ao hospital, assim que soube que precisaria amputar esse dedo, fugiu. Sua condição o assemelhava a um animal, no sentido do distanciamento da condição humana. Neste dia conversamos por alguns minutos, eu e a pessoa que o conhecia, que me contou o que sabia sobre ele. Disse-me que parte das informações conseguira com o dentista das filhas do Sr. Omar, que ficava no prédio ao lado, que contou que as filhas do Sr. Omar vinham sempre ao seu consultório e aproveitavam para ver o pai. E que as filhas disseram ao dentista que moravam numa boa casa, e que o pai era engenheiro. Enquanto me contava parou e disse: "Acho que ele é engenheiro mesmo, pois sempre vejo ele observando as colunas do prédio." E continuou dizendo que ele foi para as ruas porque sua ex-esposa o traíra com outro homem. E que ele perdera o pai, a ex-esposa e filhas em um acidente de carro. Ao nos aproximarmos do Sr. Omar, apresentou-me como sua amiga, (explicou-me que achou que seria melhor não me apresentar como psicóloga, porque ele poderia não querer falar comigo, por medo que eu levasse para um hospital). Elogiou a aparência dele, ele acabara de se barbear e trocara de roupa. Ao ser perguntado sobre quanto tempo estava nas ruas, disse que há três meses, o que não era real. Ele acrescentou em seguida que antes ficava embaixo de um viaduto. Ficamos conversando por mais alguns minutos. Quando a gerente da loja levantou, ele se levantou também, ela me explicou que ele reagia desta maneira porque não confiava em ninguém, somente nela. Disse também que ele era um homem bom e por isso sempre pensou em levá-lo para morar na casa dela, não o fez somente por falta de espaço em sua casa. Interrompemos a conversa, pois a mulher precisou retornar ao trabalho. O Sr. Omar havia perdido alguns vínculos afetivos ao longo do tempo, perdeu parte importante das referências que lhe eram significativas. A sua memória estava comprometida, criou uma data que não era real, pois estava ali há vinte anos. Por mais irreal que fosse a verdadeira, ele respondeu com uma data e não alguma outra coisa sem mais sentido, por mais que sua memória parecesse enfraquecida.

Segundo Sartre nos ensina quando discorre sobre a alucinação, os pacientes sabem que objetos dos quais se cercam são irreais; e que o mesmo vale para aqueles que eles fazem aparecer. Há uma passagem do saber intencional a uma consciência imaginante e que "(...) o doente não é surpreendido por sua alucinação, ele não a contempla: irá realizá-la" (Sartre, 1996, p. 204).

Quando o Sr. Omar caminha em círculos na calçada, notei, recentemente, que fica falando sem parar. Só não dá para ouvir o que ele fala, porque fala muito baixo. Mas, sempre que me aproximo ele para de falar e responde ao meu cumprimento. A sua percepção foi forjada nas ruas nos últimos 20 anos, pelo menos. A função da terapia é tentar mostrar as possibilidades infinitas que existem para mudar a partir da mudança de percepção: "O objetivo da psicoterapia é, entretanto, ampliar a visão perceptiva do paciente para que ele possa ter uma percepção do mundo mais abrangente e repleta de possibilidades." (Angerami, 2017a, p. 56).

Sr. Omar carregou duas madeiras em forma de cruz, por meses. O que era uma imagem muito intrigante, mas cujo significado para ele não pude alcançar. Mas essas madeiras foram aos poucos mostrando outras funções e significados. Algum tempo depois, transformaram-se em instrumento musical e, quando passei por lá, ele estava dedilhando a madeira com se tocasse um violão. Virou um instrumento musical. E depois uma arma. Começou a andar com dois pedaços de madeira empunhados nas mãos e o seu corpo ficava sempre posicionado como se fosse defender-se de algum ataque, mudou porque tinha sido atacado por outros moradores de rua na noite anterior. Podia observá-lo todos os dias, pois o lugar fazia parte do meu caminho para o consultório. Dias antes, percebi que seus olhos estavam vermelhos. Mais tarde soube que foi espancado por alguns homens que estavam drogados e que ficou acordado a noite toda sentado na porta da cafeteria, que era aberta 24 horas, para proteger-se.

O Sr. Omar também sempre tinha o hábito de criar vários outros objetos com o que encontrava de material pelas ruas, segundo sua cuidadora, que contou, com admiração, de quando ele pegou uns pedaços de arames e criou uma armação de óculos que usou durante meses. Recentemente, em um de nossos encontros observei que ele havia criado colar com materiais que provavelmente encontrara nos lixos. O colar era muito bem elaborado, demonstrando um senso estético e de combinação de cores admirável.

Ele sempre foi cuidado por vários comerciantes no seu entorno. Muitas foram as tentativas de levá-lo para internação em um hospital, mas ele sempre fugia e voltava para o mesmo lugar. Isso demonstra que ele ainda tem um certo domínio sobre seus desejos. A cuidadora relatou que o Sr. Omar falava pouco, tinha pouca noção da passagem do tempo e ficava boa parte do dia rodando em círculos e falando sozinho, num estado de sofrimento intenso, comportando-se, assim, como se tivesse o mínimo de consciência da realidade para proteger-se dos eventuais ataques e conseguir alimento. A vida nas ruas tirou lhe a dignidade e sua condição humana. O seu sofrimento mental o fez vivenciar situações imaginarias, com alteração significativa de sua consciência em relação ao mundo.

Angerami (2003) nos diz que a patologia seria esta vivência de situações imaginarias em detrimento do real, assim, a patologia mental seria uma alteração significativa de consciência em relação ao mundo.

Outro paciente em situação de rua (já citado em Guerreiro, 2019), em sofrimento psíquico intenso, chamado de palestrante por Iara, uma outra pessoa em situação de rua, era travesti, negra e que sofreu toda forma de preconceitos e abusos. Ela recentemente foi para outro estado, pois conseguiu voltar a relacionar-se bem com a mãe e mora agora com ela. Este paciente, o palestrante, que me foi apresentado por Iara, alucinava sempre.

Há alguns meses o vi riscando com giz a calçada em frente a uma banca de revistas, fazendo cálculos no chão. Aproximei-me, cumprimentei-o e pedi que me explicasse de onde tinha tirado aqueles números; ele me olhou com atenção e respondeu prontamente, apontando para a lateral da banca e mostrando os números em uma capa de uma revista. Agradeci a explicação, perguntei seu nome e segui para o consultório. Nas semanas que se seguiram, sempre que me encontro com ele o cumprimento, chamando pelo seu nome e dando um aperto de mão. Observo que demonstra lembrar-se de mim, apesar de estar em estado de psicose grave, e sempre me responde prontamente.

Tenho encontrado nas ruas pessoas com sofrimento psíquico intenso sem cuidados. Vivem à margem. São maltratadas e sofrem com o preconceito, por serem considerados, indevidamente, como doentes mentais, o que os coloca em um serial excludente. Angerami (2017a) nos ensina sobre o conceito de serial a partir de Sartre: "A serialidade *doente mental* traz sobre si a condição marginal, a exclusão dessa pessoa das condições mínimas de dignidade e até mesmo do convívio social".

O atendimento às pessoas em situação de rua ainda é fragmentado. Na grande maioria dos projetos, quem vai as ruas são agentes sociais sem formação em psicologia, psiquiatria ou assistência social. Fazem uma primeira aproximação e, se o paciente aceitar o atendimento de um psicólogo e um psiquiatra, por exemplo, é encaminhado a unidade de atendimento mais próxima.

Interdisciplinaridade versus fragmentação

Uma pessoa em situação de rua que conheci há alguns anos era considerada a mascote de um grupo de seis amigos, todos em situação de rua. Ele aparentava pouco mais de vinte anos. Tinha uma namorada muito ciumenta que sempre batia nele. Ele sempre estava muito quieto. Vi-o poucas vezes durantes os últimos dois anos. Ele ficava numa praça próxima a um viaduto. Ele morou poucos meses em uma ocupação e sempre que eu ia a esta ocupação lá estava ele, sempre alcoolizado. Durante o dia, era pedinte, pedia dinheiro e comida na praça. Muitas vezes, quando passei por ele, estava revirando o lixo à procura de comida. Ele sempre era muito educado e cuidadoso. Há algumas semanas recebi a notícia de que ele misturou remédio para epilepsia com álcool e pulou do viaduto.

Freitas e Oliveira nos oferecem um histórico do conceito de interdisciplinaridade e necessidade em *oposição aos saberes e fazeres "disciplinarizados"*

> Num breve resgate histórico-conceitual, a ideia de "interdisciplinaridade", formada ao longo do século XX, aparece como proposta de superação dos entraves científico-práticos acerca da especialização e fragmentação metodológicas – heranças da ciência moderna e de suas revoluções, bem como do advento epistemológico e da análise causal acerca dos fenômenos estudados. Essa lógica de mudança advém, por sua vez, do processo histórico-científico de "disciplinarização" do conhecimento, decorrendo da desintegração de um saber unitário e de suas concepções inquestionáveis – nas quais o cosmos era vivido como ordenado e total – no sentido de sistematizações e organizações dos conhecimentos acerca de um domínio determinado (Japiassu, 1976). Em caráter de disciplinarização, a especialização do saber funcionaria numa tentativa de diferenciar e focalizar áreas de estudo e atuações, e embora possa resultar na proposição simultânea e na formação de equipes compostas por diferentes especialidades, mantém-se sob as fragmentações de seus objetos de estudo, métodos e linguagens, não permitindo efetivas cooperações, coordenações e trocas dialógicas – o que vem a ser denominado como "multidisciplinaridade" (Freitas; Oliveira, 2019, p. 329).

Considerações finais

A grande maioria das pessoas em situação de rua que recebem assistência não vislumbram a saída das ruas. Vivem à margem e tentando se encaixar ao movimento das ruas nos centros urbanos. Na maioria dos casos, são acometidos por uma falta de motivação, falta de sentido para viver e de autoculpabilização por suas condições, perderam tudo o que podia lhes ser significativo, vivem apenas para sobreviver e não têm para onde ir ou voltar. Alguns mal conseguem alimentar-se. A percepção da vida fica assim alterada, e a sua situação de miserabilidade afasta-os de sua condição humana, delegando-os às condições mínimas de sobrevivência, como se fossem apenas parte de um cenário, das ruas, uma imagem difícil de contemplar. São tratados como marginais e como vítimas de sua própria escolha. Muitos desistiram de lutar sem alcançarem a real dimensão de pertencer a uma estrutura social, econômica, política que os exclui sempre. A vontade, na maioria das vezes, reduz-se a continuarem vivos mais um dia. Não conseguem alcançar qualquer reflexão mais ampla sobre as condições às quais são submetidos.

O trabalho do psicólogo de rua ideal seria o que acontecesse de forma sequencial, compartilhada e interdisciplinar, com outros vários profissionais da saúde. O que está bem distante da atual realidade.

Parêmia De como o sofrimento nos desumaniza...

Valdemar Augusto Angerami

Para Wilson Santos de Carvalho...

Dádiva de luz aos combalidos...

A condição humana padece, muitas vezes, em níveis insuportáveis; a resiliência da alma nos leva à superação inalcançável pela compreensão; a razão disforme não atina para tais evidências. O sofrimento extremado nos desumaniza; nos torna algo próximo às condições mais primitivas de desenvolvimento. Aquele que se vê na condição de procurar restos de comida em meio a lixos para a própria sobrevivência deixou sua dignidade junto com aqueles dejetos. E até mesmo a magnitude de sua condição humana. O que dorme na sarjeta em meio à chuva e ao vento que açoita até mesmo a alma e na convivência com as ratazanas noturnas, padece não apenas da misericórdia caritativa, mas também de sua humanidade. O que vive a esmolar com sua mão em concha atrás de míseras moedas para tentar comer qualquer coisa se submete a uma humilhação que perde o sentido diante de sua penúria de vida. A rua, o sofrimento das nossas masmorras penitenciárias, da desigualdade social que atira diariamente milhares de pessoas às raias do desespero é algo intangível pela compreensão. A vida pede mais vida, mais dignidade e principalmente respeito à nossa condição humana. Paz e bem! (Angerami, 2019).

Referencias

ANGERAMI, V. A. *Desespero e flagelo humano: parêmias da Cracolândia*. Belo Horizonte: Artesã Editora, 2017b.

ANGERAMI, V. A. *Psicoterapia existencial: noções básicas*. Belo Horizonte: Editora Artesã, 2017c.

ANGERAMI, V. A. *Psicossomática e suas interfaces. O lado Silencioso do Adoecimento*. São Paulo: Cengage,2014.

ANGERAMI, V. A. *Psicoterapia e Subjetivação. Uma Análise de Fenomenologia, Emoção e Percepção*. São Paulo: Pioneira Thomson Learning, 2003.

ANGERAMI, V. A. *Psicoterapia fenomenológico-existencial*. Belo Horizonte: Artesã Editora, 2017a.

BOFF, L. *Saber cuidar; ética do humano – compaixão pela terra*. Petrópolis: Vozes, 2014.

CARMO, P. S. *Merleau-Ponty Uma introdução*. São Paulo: EDUC, 2011.

CASTORIADIS, C. *A instituição imaginaria da sociedade*. Rio de Janeiro: Paz e Terra, 1982.

LOCCOMAN, L. *A polêmica da internação compulsória. Revista Scientifc American Mente e Cérebro. abril de 2002*

FREITAS, S. M. P. *Psicologia existencialista de grupos e de mediação grupal: contribuições do pensamento de Sartre*. Curitiba: Appris, 2018.

FREITAS, S. M. P.; OLIVEIRA, P. F. Contribuições da antropologia estrutural e histórica de Sartre para compreensão do campo interdisciplinar na saúde coletiva. In: ANGERAMI, V. A. (Org.) *Psicologia da saúde na prática. Teoria e Prática*. Belo Horizonte: Artesã, 2019.

GUERREIRO, S. *A autodestruição da vida nas ruas e a exclusão social*. In: ANGERAMI, V. A. *Suicídio e suas interfaces: o ardiloso emaranhado da autodestruição*. (Org.). Belo Horizonte: Artesã, 2018

GUERREIRO, S. Consultório de rua. Atendimento às pessoas em situação de rua. Uma aproximação do conceito de vontade. In: ANGERAMI, V. A. *Psicologia da saúde na prática. Teoria e Prática* (Org.). Belo Horizonte: Artesã, 2019.

GUERREIRO, S. Pessoas em situação de rua e a autodestruição imposta pela exclusão social. In: ANGERAMI, V. A. *Suicídio e suas interfaces: o ardiloso emaranhado da autodestruição*. (Org.). Belo Horizonte: Artesã, 2018

SARTRE, J. P. *Crítica da Razão Dialética: Questões de método, Crítica da razão dialética, Da práxis individual ao prático-inerte, Do grupo à história*. DP&A, 2002.

SARTRE, J. P. *O imaginário*. São Paulo: Ártica, 1996.

POESIA

Linda, Negra e Tua

Valdemar Augusto Angerami

Para Maria Augusta...
Em memória...

E eis que ela surge em uma saia curta
de cor marrom, uma blusinha branca e
uma sandália com as tiras enfeixadas
sobre as pernas... sua graciosidade é
puro deleite de alma, fascínio, mistério,
emoção... sua graciosidade é ardor, amor,
eloquência e paixão...

Estreito-a em meus braços e digo da
minha felicidade em encontrá-la, do meu
prazer em tê-la como parceira de vida e
de sonhos... digo que ela simplesmente
está linda, e ela responde: "linda,
negra e tua..."

O significado disso tudo é algo que
minha alma não abarca nem o coração
compreende... é sonhar acordado com
o mais azul dos sonhos e querer dormir
novamente para continuar sonhando e
encontrá-la nesses sonhos...

Linda, negra e tua, palavras que formam
um som de magia, uma música de deleite
da alma... e de amor.
De amor como os acalantos africanos que
ela cantarola... e se ela se diz minha
significa dizer que ela está em minha vida,
incrustada em minha alma...

Dormir estreitado em seus braços e
ter o Sol nos encontrando em plena magia
de amor é dádiva de luz que os anjos

legaram à minha vida depois de
um longo período de sofrimento e
provações da própria alma...

Linda, negra e tua, uma doce canção
trazida pelo vento e que tocou minha
alma, tatuando em minha pele suas
marcas de amor... uma doce canção
que invade minha janela nas noites
de frio em que sua ausência é presença a
dilatar meu coração e estremecer minhas
entranhas...
Ela está em minha carne em cada detalhe
de seu ser... e em minha alma na totalidade
de suas crenças e valores...

Linda, negra e tua, palavras que me
remetem à dimensão da deificação feminina
em formato sublime de negritude, de
vida, e cor... ela se diz minha e
sinto-me um Deus adorado por ter uma
criatura tão divina a professar seu amor...
Beijá-la é sentir o olorar dos craveiros
na madrugada... é sentir o sabor do mais
prazeroso dos vinhos suavemente degustado...
é viver cada centelha de segundos
como a própria eternidade...

Tomá-la pela mão e caminhar pelas
alamedas dos sonhos... e descobrir em
cada florada o desdobrar dos sentimentos
que a vida nos propicia e que
acalenta-nos em momentos de dúvida e
incertezas... viver cada momento em
seus detalhes e fragrâncias de mistério...
Linda, negra e tua...

Serra da Cantareira, numa manhã azul do outono de 2007.

CAPÍTULO 15

A clínica infantil na perspectiva fenomenológico-existencial na atualidade

Lucia Cecilia da Silva
Renata Rodrigues Penha de Souza Oliveira

A criança que chega à clínica psicológica geralmente tem atrás de si um adulto que percebeu seu sofrimento, sua dificuldade interpessoal ou os seus comportamentos considerados inadequados, e a encaminha/leva ao psicólogo. Esses adultos podem ser os próprios pais ou responsáveis, um amigo deles, um médico, um professor e até mesmo um juiz, conforme o caso. Assim, a criança chega ao psicólogo pelo olhar do outro, pela perspectiva do adulto que a vê como um ser que sofre e necessita do cuidado psicológico, o que nos leva a perguntar, como faz Azevedo (2002), de quem é a crise, afinal? Os motivos pelos quais a criança é levada ao atendimento dizem muito sobre as expectativas de quem a leva para atendimento, do projeto de sociedade que estamos constantemente construindo e dos sofrimentos que vivenciamos em nossa atualidade. Neste capítulo temos por objetivo refletir sobre princípios norteadores de uma clínica infantil de base fenomenológico-existencial. Nossas reflexões pontuam de forma especial o momento em que os pais, por si sós ou por indicação de outrem, decidem levar seus filhos ao psicólogo. O que demandam? O que esperam? E ao quê ou quem deve responder uma clínica fenomenológico-existencial?

Ser criança mundo contemporâneo

Antes de iniciarmos as reflexões acerca do objeto proposto, precisamos trazer alguns pontos que consideramos importantes. O primeiro deles é que não devemos nos esquecer, conforme bem salienta Freitas (2015), que os estudos sobre crianças e para crianças foram elaborados a partir do olhar e do lugar do adulto.

Aquilo que se fala e se teoriza sobre a infância é feito sempre por alguém que já saiu da infância e já não mais vivencia a experiência de ser criança, de forma que aquilo que sabemos sobre a criança e a infância é, prioritariamente, aquilo que os adultos entendem dela.

A fenomenologia reconhece que a criança e o homem adulto são expressões de uma mesma condição, a condição humana, sem que sejam ignoradas as diferenças existentes entre criança e adultos, contudo "... há uma opacidade do fenômeno infantil ao olhar do adulto" (Freitas, 2015, p. 36). Isso se dá porque a visão que temos das coisas, do mundo, é sempre em perspectiva, própria daquele sujeito que visa. É a "minha visão", é a "sua visão", mesmo que isso se dê a partir de um mesmo campo histórico, com os atravessamentos que lhe são característicos. Assim, o adulto vê o mundo com os olhos e o olhar de adulto, da mesma forma como a criança vê o mundo e os adultos com os olhos e o olhar de criança, donde a opacidade mencionada por Freitas (2015). Disso depreendemos que os pais que levam seus filhos para atendimento psicoterápico o fazem segundo a sua perspectiva, da mesma forma que o psicólogo que acolhe a criança tende a olhar para ela e para os pais da sua perspectiva, por isso o esforço que se faz numa clínica fenomenológico-existencial de suspender aquilo que já está posto sobre a criança e "seus problemas" para que se veja a criança como ela aparece nos seus modos de ser.

Outro ponto que consideramos importante é sobre a necessidade de se levar em conta a situação em que esses pais e filhos se encontram, isto é, de que campo objetivo e subjetivo seus "problemas" emergem a ponto de terem de encaminhar seus filhos à psicoterapia. O que se desencaminhou nas suas trajetórias, na dos pais e na das crianças? Ao tentar responder a essa questão olharemos para o projeto dos pais em relação à psicoterapia de seus filhos.

Segundo Mattar (2015, p. 31), os pais de nosso tempo chegam ao psicólogo trazendo seus filhos, que deveriam ser a projeção para um futuro de sucesso, e "dizem não saber mais como serem pais e mães, como agirem com seus filhos, como educá-los e orientá-los". Pensamos que um aspecto que contribui para esse não saber como agir com a criança para orientá-la é que, hoje em dia, ela ficou muito mais a altura do adulto. Assuntos que diziam respeito ao mundo dos adultos hoje estão disponíveis facilmente às crianças. O mundo do adulto e o mundo da criança já não estão nitidamente delineados. As crianças estão expostas a um mundo que era considerando um particular do adulto, como a violência e a sexualidade. Muitas das decisões que os pais tomavam pelas crianças, hoje são tomadas pelas próprias. Muito cedo, elas escolhem o que vestir, o que comer, onde a família vai passar férias, que marcas e tipos de equipamentos comprar etc. Para isso, muito contribuíram as novas tecnologias de comunicação, que agora são globalizadas em tempo real, por meio das mídias eletrônicas que fomentam as redes sociais virtuais. Essas novas tecnologias facilitam sobremaneira a disseminação e o acesso à ideologia dominante de nossa sociedade, cujas características são o consumismo, o imediatismo, a celeridade.

Antes disso, o mercado consumidor já havia gerado consequências para as famílias. As crianças passaram a ser importantes nesse mundo consumista e foi necessária sua adequação aos padrões vigentes, principalmente à instantaneidade e à descartabilidade de objetos e produtos, assim como a valorização de um estilo de vida que se pauta pela competitividade, pela busca do sucesso, pela intolerância à frustação e perdas. É comum, por exemplo, as crianças da classe média já consumirem serviços e serem instigadas a desenvolverem habilidades consideradas importantes para o sucesso de seu futuro profissional. Muitas delas estão imersas em tantas atividades "importantes" para seu futuro, que lhes falta tempo para brincar. Neste sentido, Mattar (2015) é bastante assertiva quando considera que:

> Ao iniciar a vida escolar, a elevação do desempenho da criança em suas tarefas será incentivada ao máximo, através de múltiplas atividades que a levem à autossuperação, à independência, à competição e vitória sobre os colegas, a não ter medo, a não fracassar. Daí surgem as pressões para ser bem-sucedida, não demonstrar insegurança, a fim de estar apta para mais tarde ingressar no mercado de trabalho em condições de vencer, escolher profissões rentáveis, independentemente de sua vocação (Mattar, 2015, p. 29).

Assim como para os adultos, as crianças, para serem bem-sucedidas, independentemente da classe social a que pertencem e independentemente do que seja considerado sucesso para uma ou outra classe, precisam consumir. Para isso, houve um avanço de publicidade voltada para o público infantil, vindo a manipular desejos e gostos por meio de imagens, que podem ou não ter relação com o produto a ser vendido, imagens que se referem principalmente ao dinheiro, ao sexo e ao poder (Mattar, 2015).

Evidentemente, há aquelas famílias sem o poder aquisitivo para o consumo dos produtos e serviços considerados convenientes e desejáveis. As crianças das classes subalternas, de pais desempregados ou subempregados, não terão acesso a esses bens da mesma forma como a classe média se esforça para ter. Contudo, esse é o modelo que prevalece, é o que se almeja, mesmo que não se tenha condições materiais para obter aquilo que é desejado. Espera-se que as famílias possam oferecer o melhor para seus filhos, a fim de que sejam crianças saudáveis e bem-educadas, que tenham seu futuro garantido e se tornem adultos plenamente inseridos na sociedade.

Os motivos pelos quais os adultos encaminham a criança ao psicólogo são vários: dificuldades de aprendizagem; altas habilidades intelectuais; falta de adaptação ao contexto escolar; comportamentos inadequados; o desrespeito às normas e regras familiares; as dificuldades de relacionamento com outras crianças; o sofrimento; isolamento, entre outras tantas queixas possíveis. Porém, grosso modo, poderíamos resumi-las em uma falta de adequação ao convívio e às exigências sociais, adequação essa que, em tese, garantir-lhe-ia um futuro promissor, como bem assinala Feijoó (2017):

> a pretensão com a psicoterapia é de que a criança possa entrar na cadência das determinações do mundo moderno. Espera-se que a criança seja estudiosa, alegre, comunicativa, esperta, ou seja, tenha as características necessárias para se tornar um adulto produtivo. Aquelas que não se mostram como recurso potencial para a produtividade, são alvos da preocupação da escola e dos pais. E por não corresponderem ao potencial requerido no mundo da técnica, recebem o rótulo de criança problema. E os pais, consequentemente, também são rotulados como incapazes e culpados por não terem tratado de modo suficiente um manancial energético (Feijoo, 2017, p. 41).

O constituir-se da criança enquanto sujeito

Ao nascer, a criança já se encontra em uma família, em um lugar social, permeada por expectativas desses pais e sob o olhar deles. É a partir desse lugar que a criança vai se constituir. Para Sartre (2011), nossa condição de humanos é radicalmente a liberdade, somos indeterminados, portanto, livres para escolher nosso ser, é a isso que se refere o seu tão conhecido e fundamental princípio: a existência precede a essência (Sartre, 2010). Contudo, essa liberdade é situada, ou seja, se manifesta por meio de escolhas realizadas em determinadas condições contornadas por um contexto histórico, social, político, econômico, que aparece e nos é apresentado, primeiramente, pela família. Sendo assim, essas relações familiares são bastante significativas e importantes ao nosso olhar clínico, especialmente, quando nos chegam crianças bem pequenas que tem pouco convívio social além do convívio familiar.

Compreender quem são esses pais, que família é essa, quais são seus valores e princípios, como se relacionam, o que entendem como sendo certo e errado, bom ou ruim, quais experiências permitem que seus filhos tenham, faz parte da clínica com crianças. A aproximação do modo de ser dos pais é importante não para julgá-los ou avaliá-los como bons ou maus, mas para compreender a partir de que campo e contingências a criança se constitui. Buscamos compreender como o universal é apropriado e subjetivado pelos pais e pela sua criança, nos seus respectivos processos de singularização.

Para ilustrar nossa discussão, nos reportamos ao conto *A infância de um chefe*, em que Sartre (1990) narra a história de Lucien, filho de uma família burguesa em Paris, e demonstra como o movimento da família, as expectativas dos pais, as relações sociais que eles cultivavam constituem o campo objetivo para que Lucien se constituísse como um sujeito singular. Nesse processo, quando infante, por vezes, era chamado de 'mocinha' pelas amigas da mãe, e isso o fazia se questionar se seria mesmo menino ou se seria uma menininha e até se sua mãe seria mesmo uma mulher. Chegava a questioná-la, mas as respostas da mãe não o aquietavam:

> Talvez ela tivesse sido outrora um menino e lhe tivessem posto vestidos – como fizeram com ele, aquela tarde – e ela houvesse continuado a vesti-los para parecer uma moça. Apalpou carinhosamente seus belos braços gordos, que, sob a seda, eram macios como manteiga. Que aconteceria se alguém tirasse o vestido de sua mãe e ela pusesse as calças de seu pai? Talvez lhe nascesse, de repente, um bigode preto (Sartre, 1990, p. 142).

Os valores sociais e o modo como uma criança "deveria" ser aparecem no conto, e vemos também como esses valores atravessam a experiência existencial de Lucien. Não atravessam determinando seu comportamento ou o sentido que iria direcionar sua vida, mas oferecendo contornos à sua constituição, a partir dos quais ele fazia suas escolhas.

> Repetiu: "Eu gosto da mamãe!", mas sua voz pareceu-lhe estranha, sentiu um medo terrível e correu sem parar até o salão. Desde esse dia, compreendeu que não gostava da mãe. Embora sem se sentir culpado, redobrou seus carinhos, porque pensava que a gente devia fingir sempre amar os pais, senão seria um menino ruim (Sartre, 1990, p. 146).

Lucien percebe que não gostar dos pais não é algo bem visto, então, mesmo constatando que não gosta da mãe, prefere fingir e se mostrar sempre atencioso e cuidadoso com ela. Mais adiante na história, Lucien sai com o pai na rua e percebe que os operários passam por ele, olham-no com respeito e tiram o chapéu para cumprimentá-los. Seu pai era respeitado como chefe desses homens e explica ao filho o que é ser chefe e, que o filho também se tornaria um quando crescesse.

> - *Será que me tornarei também um chefe?* – perguntou Lucien.
> - *Mas certamente, meu rapaz, foi para isso que você nasceu.*
> - *E em quem eu mandarei?*
> - *Bem, quando eu morrer, você será o dono da usina e mandará nos operários.*
> - *Mas eles também estarão mortos.*
> - *Então, você mandará nos filhos deles, e será preciso que você saiba fazer-se obedecer e amar* (Sartre, 1990, p. 152).

No decorrer do conto, outros tantos trechos demonstram, desde a tenra infância até a idade adulta, o movimento de constituição de seu ser e como esse processo é sempre realizado em relação e na relação com os outros. "Ao longo do conto, o discurso de vários outros atribui sentido às definições identitárias que fazem Lucien articular as possibilidades do seu existir" (Britto, 2017, p. 170), ora são as amigas da mãe, ora a própria mãe, ora o pai, ora os amigos da faculdade: movimento que vai demonstrando que somos sempre essa construção e relação com os outros.

Nesse conto, Sartre (1990) também apresenta a angústia ante o nada, a indeterminação. O nada da existência fazia com que Lucien estivesse a todo momento buscando algo que o definisse. No entanto, mesmo que, por algum tempo, a definição fosse confortável, logo já não servia mais e, outra vez, estava lançado à gratuidade. Nas palavras de Britto (2017):

> O jovem personagem se movimenta ora checando quão preso poderia estar a alguma das definições com que se depara, ora objetificando-se, a partir do que lhe era dito sobre si, ora angustiando-se, com a inevitável impossibilidade de estar atado a quaisquer designações. O que se pode ver é Lucien, em seu caráter de ser-aí, angustiado com a indefinição de sua existência, buscando todo tempo muretas que o definam, mas que também o enquadram e limitam (Britto, 2017, p. 176-177).

Observa-se que nada o contentava, e buscava encontrar alguma determinação que lhe definisse, mas, novamente, seu caráter de indeterminação aparecia. Não há como fugir, seja na idade adulta ou na infância, do movimento do ser-aí, que sempre é relação com o mundo, não havendo dissociação entre homem-mundo. O homem está no mundo de modo gratuito, sem um porquê nem um para quê, é na existência que vai buscando encontrar respostas, sentidos para seu existir. Pode se segurar naquilo que os pais, familiares, amigos respondem, entretanto, estas podem ser respostas que podem não se sustentar.

Sartre (1990) mostra no conto o movimento que acontece com as crianças. E mostra que, desde muito pequeno, já se é liberdade; esta não seria conquistada com o decorrer da idade e da maturidade, pois é ontológica. Mesmo que o processo não se dê a partir de uma consciência reflexiva e nem reflexiva crítica, escolhas já são feitas, mesmo que alienadas: o modo como Lucien se comportava, seus atos, a compreensão que fazia daquilo que falavam dele já dizia dele, da sua escolha fundamental.

Para Sartre (1990), não há uma essência humana que determinaria os atos e as ações do sujeito: ele tem de escolher-se a cada momento, não há determinações *a priori*. O homem escolhe o seu ser, e o modo como o faz Sartre denominou de projeto, a escolha que cada homem faz de si. Pode-se entender projeto como o projeto de fazer uma faculdade, de se casar, de ter filhos, de ser feliz, entre outros tantos que vamos estabelecendo durante a vida. Entretanto, o modo como esses projetos são construídos e colocados em ação, a forma como são vividos dizem respeito a algo mais originário, a uma escolha fundamental, que dá sentido a todas as outras escolhas feitas no cotidiano, o projeto fundamental, como denomina Sartre (2011).

É esse o processo que se pode acompanhar com uma criança na clínica existencial, o seu processo de constituição, de escolha de ser no mundo. Como é que ela vem se articulando, escolhendo-se em meio as possibilidades que lhes são oferecidas e em meio às possibilidades que ela vai elegendo, na circunscrição da família, da sociedade. Como é a lida com os pais, com os colegas, com os professores. Isso já vai dizendo do seu projeto.

Britto (2017) afirma que tomamos nas mãos aquilo que está pronto, fechado, as construções históricas, mas é no movimento dialético objetivação-subjetivação que a existência acontece. "Justamente, porque suas articulações existenciais não são dadas *a priori*, não estão determinadas e limitadas, apesar de estarem atravessadas por seu contexto histórico, é que são sempre singulares" (Britto, 2017, p. 177). Sendo sempre singulares é que faz sentido o processo de psicoterapia infantil que aqui defendemos, de que o profissional busque não enquadrar e classificar a criança, mas que tenha uma postura de aguardar e de compreender aquilo que ela vai nos mostrando.

Claro está que as crianças chegam trazidas para atendimento por alguém que identifica que algo não vai bem. Essa queixa será sempre levada em consideração, contudo, a função maior do profissional que se propõe ao atendimento infantil é estar com a criança e compreender como aquele problema, percebido pelos outros, aparece para ela, na sua vivencia, se é que aparece, e como está sendo lidar com aquilo que dizem dela. Os pais são os arredores da criança, quem as situam, precisamos deles, mas é fundamental abrir o espaço para que a criança possa se mostrar, não ficar aprisionados naquilo que dizem dela (Azevedo, 2002; Mattar, 2015).

Sass (2014, p. 234), baseando-se na proposta sartreana, afirma que as "determinações sociais e materiais existem, elas somente são vividas concretamente por cada pessoa, ou seja, de forma individual, sem serem uniformes e válidas para todos da mesma maneira". Entende-se, então, que no existencialismo sartriano, o homem é sempre ser-com, ser de relação, e que jamais conseguiríamos pensá-lo fora ou longe das determinações do mundo que é o seu, mas também é imprescindível levar em conta que cada homem, ao existir, terá que se haver com o seu ser e se construir de modo singular nesse mundo partilhado com outros homens. A superação da objetividade posta constrói novas objetividades, ou seja, há a subjetividade entremeando isso, e, da mesma maneira que não é possível considerar a consciência e mundo separadamente, também é impossível ater-se à objetividade sem tomar, ao mesmo tempo, a subjetividade. Sartre ajuda-nos a entender que as singularidades do sujeito estão conectadas, estão sempre jungidas com o social, com a coletividade, com o universal, sem que, entretanto, esse universal possa ser o determinante da constituição dos sujeitos, uma vez que são estes que são aberturas no e para o mundo.

O emocionar-se, o imaginar, o perceber são modos do mundo aparecer, que se revelam em cada ato humano singular, mas que foram mediatizados e construídos na relação com o universal; o universal, por sua vez, é subjetivado, e assim por diante. Objetividade e subjetividade são fenômenos cooriginários e coexistentes. Então, quando pensamos nas queixas dos pais e na expectativa que eles têm acerca da psicoterapia de seus filhos, entendemos que falam de queixas e esperanças desse tempo que é o nosso e de como isso os afetam e o que eles fazem com aquilo que lhes chegam como exigências de uma época e com aquilo que eles entendem ser necessário à seu filho. Considerando isso, como mães e pais são levados a considerar a possibilidade e necessidade de psicoterapia para seus filhos?

Vislumbrando a necessidade de psicoterapia para o(a) filho(a)

As queixas que mobilizam os pais são as mais diversas possíveis, mas podemos pensar que aparecem quando encontram dificuldades para lidar com os "problemas" que as crianças começam a apresentar. Isso pode se dar na escola, nas relações familiares, nas relações com outras crianças. Do ponto de vista do adulto, em algum momento, o comportamento da criança não corresponde ao que deveria ser para a sua idade, ou está destoante se comparado ao comportamento de outras crianças na escola, ao modo como gostaria que ela se comportasse em casa. Ou, até mesmo, percebem que a criança não está bem, está triste, muito tímida, com poucos amigos, apresenta poucas habilidades para se expressar, e que eles, enquanto pais ou agentes educacionais, fizeram o que podiam e sabiam, ou se encontram sem saber o que fazer, e que, agora, precisam de uma "ajuda" ou de "orientação".

A escola e a família são, por excelência, os espaços em que as crianças frequentam, atualmente; pouca coisa lhes resta além deles. Não que a criança não tenha condições de estar presente e de agir em outros espaços, mas o modo como nos organizamos confina as crianças, prioritariamente, a esses ambientes e contextos. A família tornou-se responsável por garantir que a criança tenha acesso ao que for necessário para que o bom desenvolvimento da criança ocorra sem problemas. Por sua vez, a escola tornou-se uma instituição sem a qual a criança não pode ficar, pois ali terá acesso aos conteúdos fundamentais para o seu desenvolvimento intelectual e psicossocial, bem como para sua formação cidadã, ou seja, como participante ativo na sociedade.

Desde o século XIX, a escola é um espaço de importância quando pensamos a criança e suas relações. A escola tornou-se a instituição que, a princípio, todos os meninos deveriam frequentar e, depois, também as meninas. O sentimento de família, de amor e cuidado entre os seus membros aparece juntamente à priorização da escola. (Ariès, 2015).

Desde 1988, com a Constituição Federal, e depois com o Estatuto da Criança e do Adolescente, prevê-se que toda criança tem direito à Educação e a frequentar a escola (e esperamos que isso aconteça de fato para todas as crianças). A escola é considerada uma instituição fundamental, tal como a família, em termos de mediações sociais que concorrem para a constituição do sujeito e de sua subjetividade. Observamos entretanto, que além de suas funções precípuas, hoje a escola também comparece como mediadora da constituição do ser-pai/ser-mãe com o ser-filho, não ficando apenas na esfera da mediação do ser-pai-de-aluno e do ser-aluno, e o mesmo podemos dizer da família, que também atravessa o sujeito no seu ser-aluno e no ser-pai/mãe de aluno.

Contudo, o ser-pai, o ser-mãe, o ser-criança, apesar de serem atravessados pelas condições sociais e históricas, não são determinadas *a priori*; são os próprios homens, livres que são, que escolhem como ser pai, como ser mãe e até como ser criança. Nas situações que se encontram e nas condições coletivas, o indivíduo se situa singularmente, conforme seus possíveis. Estudiosos, como Castro (2002), buscam trazer novos modos de olhar as crianças, não como seres que são meramente produtos do que os pais e a sociedade, a família e outras instituições fazem delas. Para a autora, elas não são seres menores do que os adultos e que devem desenvolver-se para alcançarem os modelos de adultos previamente estabelecidos. A criança é um sujeito atuante que se constitui a partir do que é passado pelos pais, escola, família, mas que também age nesses espaços, modificando-os e modificando-se. Os comportamentos inadequados, a agressividade, a timidez e outras formas de manifestação da criança, sempre apontadas como queixas que justificam a ida ao psicólogo, já nos dá condição de liberdade, de abertura para se fazerem. Elas não reagem somente, elas também agem em seu ambiente, seja na família, seja na escola.

O pensamento de Sartre nos ajuda a pensar nisso, como bem apresenta Pretto (2013). Para esse filósofo, é fato que a criança nasce em uma família ou em um ambiente com muitas coisas já postas. A família e, mais tarde, a escola, trazem o modo como o mundo funciona, o que é bom ou ruim, certo ou errado, determinadas formas de lidar com os outros e de se relacionar com os outros. A criança já vai nascer com um lugar a ser ocupado, com expectativas, com um sentido que foi construindo no seu âmbito familiar. Mas a criança transcende sua situação.

A criança não deve ser vista como somente um ser que viria a absorver tudo o que lhe é passado. Não, a criança se faz nessas relações e somente na relação pode existir, o que não significa que estas a determinam. A criança está sempre no processo de interiorização e exteriorização, de subjetivação e objetivação, universalização e singularização. Desde o seu nascimento é situada por tudo que a cerca, interioriza e age nesse espaço, mas não é mero produto dele, é também agente de modificação e construção desse meio. Tanto é assim que as crianças retiram, muitas vezes, os adultos de suas zonas de conforto.

Contudo, tende-se a atribuir-lhe uma essência mediante os olhos de quem a vê. Salientamos que tanto os pais como os educadores que lidam com a criança têm um olhar sobre ela, e esse olhar a define, e isso tende a enclausurá-la em determinados rótulos: fulano "é agressivo", fulano "é tímido", fulano "é filho de pais separados", ele é um "déficit de atenção".

Sartre (2011) afirma que precisamos do olhar do outro para nos constituirmos, somos seres de relação e é nela que nos constituímos. Nascemos em um mundo que outros construíram, subjetivamos as objetivações de outros, o que está posto e feito o foi por outras liberdades. A questão que surge é que eu vejo o outro e o outro me vê; ao me ver, pode me tratar como uma determinação, como tímido, agressivo, como legal, chato e, então, aos olhos do outro, sou uma coisa. O modo como o outro me define não me determina, e o que importa é o que será feito com aquilo que fizeram de mim. Porém, no nosso horizonte temporal o paradigma dominante exige o controle, a adequação, a previsibilidade, não se deixando muito espaço de mobilidade e de reflexão para o sujeito ser quem poderia ser.

Como no conto *A Infância de um Chefe*: Lucien cresceu em meio às amigas da mãe, nos passeios com o pai, e todos apresentavam suas expectativas com relação ao que esperavam que ele se tornasse. Como se, dessa maneira, fossem completando a criança, preenchendo aquilo que estava vazio. Todavia, é Lucien quem precisava se haver com tudo isso e se escolher em meio a todos os olhares dos Outros, a tudo que diziam que ele era. Parece que, assim, o olhar do Outro, quando tenta nos determinar, esconde o vazio que somos, e, de repente, estamos cheios de características que já nos dizem o que, como e quando devemos agir.

Para Sartre (2010), o modo de ser do homem é a incompletude, é abertura, é falta originária, nunca fechamento. E a criança também, desde sempre, é essa falta, essa totalização em curso, esse projetar-se para o futuro, sem nunca encontrar o que possa determiná-la. Nas relações, parece que alguns momentos se pode preencher e, de certo modo, descansar nessa completude. Todavia, pouco tempo se passa e a falta aparece novamente, pois não há como conquistar esse fechamento que é próprio dos outros entes que não os humanos.

Os pais também recebem o olhar do outro, sofrem as mediações da escola, recebem um modelo de pai/mãe da sociedade, e este é, muitas vezes, ratificado pela escola. A escola é responsável pela aprendizagem da criança de conteúdos já pré-definidos e organizados para cada faixa etária. Mas, muitas vezes, os educadores entendem que precisam do apoio dos pais e da ajuda deles para lidarem com singularidades de seus alunos, sejam elas relacionadas aprendizagem, sejam relacionadas ao comportamento.

Geralmente, a escola entende que os pais precisavam tomar alguma providência com relação ao seu filho, quando este, como aluno, de um modo ou de outro, perturba o bom andamento da turma, além de terem seus prejuízos pessoais. Chamando os pais à responsabilidade em relação aos "problemas" de seus filhos, a escola demanda que eles providenciem, por meio do atendimento psicológico, a alteração de comportamentos da criança, a superação de dificuldades de aprendizagem e outros problemas, para que, assim, tanto o aluno quanto a escola possam obter o sucesso escolar. Tem-se uma escola que obedece a currículos e programas únicos para diferentes crianças, e, socialmente, entende-se que todas precisam se "encaixar" no padrão da instituição, corresponder ao que ao esperado. Pode ser que não seja tarefa fácil para muitas crianças.

Ainda que tenhamos algumas expectativas delineadas pela sociedade do que deva ser uma mãe ou um pai cuidadosos, uma criança saudável, não há como garantir que todos serão assim. Não há um padrão que possa determinar a escolha que o homem faz de si. Para Sartre, somos sempre liberdade, e dela não há como fugir, o homem se faz mediante suas escolhas. Entendemos que as crianças fazem suas escolhas a partir de uma consciência irreflexiva, sem se posicionar, já os adultos podem partir de uma consciência reflexiva em que se posicionam, pensam o seu modo de ser, questionam-se e refletem sobre si. Esse movimento, de alcançar a reflexão sobre aquilo que se fez, pode ser visto como mais fácil para os adultos do que o é para as crianças (Pretto, 2013). E Sartre (2011) afirma, ainda, que não há um só gesto, uma só fala nossa que não diga do nosso ser, somos ato, somos o modo que agimos, como nos colocamos na relação com o outro e com as coisas.

Assim, pontuamos como faz Feijoó (2017), que um olhar fenomenológico-existencial espera que o analisando fale por si mesmo. Precisamos suspender aquilo que se fala da criança, dos diagnósticos já elaborados acerca de suas dificuldades para que vejamos essa criança como ela aparece, sobretudo nas relações que estabelece na família e na escola, as duas instituições que mais olham para o mundo infantil. Da mesma forma, esse olhar dirigido aos pais necessita aguardar aquilo que são próprios deles, suspendendo aquilo que a escola espera deles. Contudo isso não é tão fácil quanto parece, é muito fácil escorregar no discurso do nosso tempo, no racionalismo e nos ideais de uma psicologia positivista, que prima pelo controle e previsibilidade, que exige resultados rápidos.

De modo geral, o projeto dos pais com a psicoterapia de seus filhos permanece afinado com o nosso horizonte histórico, uma sociedade que clama pela rapidez, imediaticidade, resolução de problemas. Contudo, entendemos que a proposta da psicoterapia infantil numa perspectiva fenomenológico-existencial não é a de oferecer, primeiramente, resultados positivos aos pais ou à escola. A proposta dessa clínica é um acompanhamento, um caminhar junto com o analisando para que, nessa trajetória, os caminhantes possam desvelar e compreender o que acontece com aquela criança, sem se tomar aquilo que se diz sobre a criança como um *a priori*. A proposta não é um compromisso em orientar e guiar os pais mediantes ações ou programas pré-estabelecidos, já que se se encontram perdidos e sem direção nessa complexa caminhada de mediar a constituição da criança, pelo contrário, o psicólogo suspende as hipóteses e diagnósticos já dados, sejam eles especializados ou não, e olha para esses pais e seus filhos com os olhos de novidade, como seres em relação que tateiam buscando seus caminhos existenciais, procurando concretizar seus projetos de ser.

Estamos nós também, profissionais da psicologia, contornados pelo contemporâneo, permeados pelas demandas desse tempo, constituídos nas relações humanas próprias desse tempo. Também somos assombrados, como os pais, pela sensação de impotência, pelos sentimentos de não dar conta, pelo medo de fracassar. Não é trabalho fácil para o profissional da psicologia, como afirmam Britto (2015) e Feijoo (2017), manter-se nesse lugar de suspender as determinações, inclusive as que recaem sobre si mesmo, e de estar com o analisando e conseguir acompanhá-lo em seu próprio caminhar, mas esse esforço precisa ser nosso a cada momento, sempre.

Referências

ARIÈS, P. *História Social da criança e da família.* 2 ed. Rio de Janeiro: LTC, 2015.

AZEVEDO, D. C. Análise situacional ou psicodiagnóstico infantil: uma abordagem humanista-existencial. In: Anegrami, V. A. C. (Org.). *Psicoterapia fenomenológica-existencial* São Paulo: Pioneira Thomson Learning, 2002.

BRITTO, O. H. G. A clínica psicológica infantil pela abordagem fenomenológico- existencial: uma aposta não-moralizante. In: FEIJOO, A. M. L. C.; FEIJOO E. L. *Situações Clínica Infantil 2.* Rio de Janeiro: IFEN, 2017.

CASTRO, L. R. Da invisibilidade à ação: crianças e jovens na construção da cultura. In: Castro, L. R. *Crianças e Jovens na construção da cultura.* Rio de Janeiro: FAPERJ, 2001.

FEIJOO, A. M. L. C. Uma ou quatro crianças em um consultório de psicologia: José e, também, Menino Maluquinho, João sem medo e Bentinho? In: FEIJOO, A. M. L. C.; FEIJOO, E.L. *Situações Clínica Infantil 2.* Rio de Janeiro: IFEN, 2017.

FREITAS A criança sob o olhar fenomenológico: O despertar do Mundo-da-Vida. In: FEIJOO, A. M. L. C.; FEIJOO, E. L. (Orgs.). *Ser criança: uma compreensão existencial da experiência infantil.* Rio de Janeiro: Edições IFEN, 2015.

MATTAR, C. M. A criança e a família: aspectos históricos e dilemas contemporâneos. In: FEIJOO, A. M. L. C.; FEIJOO, E. L. (Orgs.). *Ser criança: uma compreensão existencial da experiência infantil.* Rio de Janeiro: Edições IFEN, 2015.

PRETTO, Z. A infância como acontecimento singular na complexidade dialética da história. *Psicologia & Sociedade*, v. 25, n. 3, p. 623-630. Disponível em: https://dx.doi.org/10.1590/S0102-71822013000300016

SARTRE, J. P. A infância de um chefe. In: SARTRE, J. P.*O Muro.* São Paulo: Circulo do Livro, 1990.

SARTRE, J. P. *O Ser e o Nada: ensaio de uma ontologia fenomenológica.* 19 ed. Petrópolis: Vozes, 2011.

SARTRE, J. P. *O existencialismo é um humanismo.* 2 ed. Petrópolis: Vozes de Bolso, 2010.

SASS, S. D. A noção de compreensão na filosofia de Sartre. *Sapere Aude*, v. 5, n. 10, p. 223-240, 2014.

CAPÍTULO 16

Noções fenomenológicas existenciais sobre o amor: o processo terapêutico

Fausto Rocha Fernandes
Daniela Darabas Jacinto

> *O amor não se pode definir, e talvez que esta seja a sua melhor definição. Sendo em nós limitado o modo de explicar, é infinito o modo de sentir; por isso nem tudo o que se sabe sentir, se sabe dizer: o gosto, e a dor, não se podem reduzir a palavras.*
> (Aires, 1990)

O que seria o fenômeno amor? Qual seria o sentimento experenciado pela sua essência, desta forma dando ênfase à fenomenologia como base de estudo para discorrer sobre o tema. Nota-se que os estudos relacionados ao amor são de grande importância, visto que todas as pessoas já sentiram, sentem e continuam sentindo durante a sua vida, seja ele fraternal, materno, próprio ou em uma relação com um parceiro.

Segundo Angerami (2006) o amor é seguramente uma das maiores buscas humanas de realização, e, embora não tenha uma definição operacional absoluta, é buscado da forma como a percepção apreende e conceitua como real e verdadeiro.

De acordo com Wright, Simmons, Campbell e Fletcher (2007; 2002 *apud* Fonseca; Duarte, 2014), o amor e as ligações de intimidade são partes que constituem a vida do sujeito, promovendo nestes uma aceitação, cuidado e uma retribuição para essa aceitação e cuidado.

Segundo Silva, Lopes e Diniz (2006), a fenomenologia interpreta o homem enquanto ser no mundo, de modo que sua posição é de estar presente e ser presença. Essa abordagem proporciona, além do desenvolvimento pessoal, o entendimento da existência do ser, com a sua subjetividade. Assim, reconhecendo e facilitando o ser na relação com o outro.

A palavra Amor – do latim *amore* – contém uma imensa pluralidade de significados diferentes. Ferreira (2010), traz a definição de amor em mais de dez explicações, dentre elas: sentimento que induz a aproximar, a proteger ou a conservar a pessoa pela qual se sente afeição ou atração; grande afeição ou afinidade forte por outra pessoa; sentimento intenso de atração entre duas pessoas; ligação afetiva com outrem, incluindo geralmente também uma ligação de cariz sexual; ser que é amado; disposição dos afetos para querer ou fazer o bem a algo ou alguém; entusiasmo ou grande interesse por algo; ter amor a: dar importância a.

Segundo Fischer, Hendrick e Hendrick (2006, *apud* Shiramizu; Lopes, 2013), o aparecimento do amor pode ser reconhecido desde que o mundo existe até a atualidade por meio das obras literárias, seja em histórias fatídicas seja em histórias de romances e dramas. Harlow, (1958, *apud* Shiramizu; Lopes, 2013) enfatiza que o amor oferece ao ser humano o sentimento de compensação. Já Sternberg (1984, *apud* Shiramizu; Lopes, 2013) ressalta que o amor induz as pessoas a iludir, falsear, furtar e até assassinar em seu nome.

O amor se processa na relação do outro com algo ou alguém, os propósitos também podem ser variados, desde o prazer sexual até o nomeado "amor puro" dos teólogos, que é dedicado integralmente a Deus como único objeto de amor. Porém, pode-se constatar que há algo compartilhado quando existe uma predisposição a se unir ao outro: a vontade de ter o outro de modo constante e formarem-se um só (Sophia, 2008).

Apesar de todas as delineações do amor de uma forma geral a respeito do sentimento, o que vivenciamos com os nossos pais ou em uma relação com os filhos ou ainda com um parceiro, pode ser considerado o mesmo amor? John Alan Lee abandonou toda essa generalização do sentimento de amor e começou a compreender as tipologias destes envolvimentos (Shiramizu; Lopes, 2013).

Todavia, é inapropriado e improvável que se consiga ter certeza de quantos tipos de amor se encontram. Para tal compreensão dos estilos de relações, Lee utiliza as cores como comparação das divisões do amor a fim de esclarecer sua tese. As cores são divididas em primárias, quando misturadas, formam-se as secundarias e, em diante, inúmeras possibilidades. Assim funcionam os tipos de amor que, ao serem misturados aos outros, formam diversas variações no amor (Silva; Trindade; Junior, 2013).

Para que Lee desenvolvesse tal teoria sobre o amor, realizou uma pesquisa com 200 pessoas, as quais deveriam descrever o que entendiam sobre o termo amor. Feito isso, analisou que cada compreensão é única, mas que existiam singularidades que poderiam ser agrupadas. Dessa maneira, foram definidos os três estilos de amor primários: Eros, Ludus e Storge. (Silva; Trindade; Junior, 2013).

Segundo Lee (1977 *apud* Sophia, 2008), o amor Eros é característico pela atração física, é a demonstração da paixão e é a causa sofrimento no outro. Pessoas que apresentam esse tipo de amor não estão dispostas a ter um amor, mas estão predispostas a passar pelas ameaças relacionadas a ele. São intensas, e descrevem o amor com a frase típica "nosso relacionamento sexual é intenso e satisfatório", ou seja, é o amor romântico e apaixonado. A sedução fica com o amor Ludus, caracterizado pela poligamia, onde o indivíduo não consegue ser fiel a uma única pessoa. Tem como base principal o jogo do prazer, não se importam em amar mais de um ao mesmo tempo e garantem conseguir amar os parceiros igualmente; é a liberdade do amar. Sua frase característica é "eu gosto de jogar o jogo do amor com vários parceiros simultaneamente". Para completar os amores primários, o estilo Storge manifesta-se depois de uma longa parceria com um amigo, antes de qualquer relação sexual. Nele a característica física não é a principal interação, mas sim a relação de confiança e companheirismo solidificada com o tempo entre um casal. O emocional está em número um, e a sua frase é "o melhor tipo de amor é o que ocorre com base em uma longa amizade".

De acordo com Lee, as experiências que os indivíduos têm ao longo da vida, podem fazer com que eles mudem o seu estilo de amor. Mas que é necessário avaliar o estilo da pessoa no momento, para autoconhecimento ou até mesmo na busca de um relacionamento. Diante desses três estilos de amor apresentados, as derivações das misturas dos primários resultam-se em seis estilos. A mania (eros + ludus) tem um estilo compulsivo, obcecado e excessivo; é primordial que seja amado, mas tem receio de que seja machucado. Pragma (ludus + storge) é caracterizado por pessoas de amor verdadeiro e que buscam por indivíduos com preferências compatíveis. O amor ágape (eros + storge) tem como base a reciprocidade com a outra pessoa, é o amor fraternal e sem cobranças. Predomínio Storge (storge + eros) não tem obsessão pela relação sexual, todavia, nas relações de companheirismo com o outro, tratam o amor como algo primordial para uma vida longa a dois. Predomínio Ludus (ludus + eros) é caracterizado pela vivência fascinante e estímulos a conhecer diversos amores diferentes. Por fim, o predomínio Storge (storge + ludus) não gosta de mudanças na rotina, prefere uma relação tranquila e de confiança (Silva; Trindade; Junior, 2013).

Nos dias atuais, uma das pesquisas mais completas, que tem grandes contribuições sobre o amor, é a do psicólogo Sternberg: a teoria triangular do amor. Ela foi constituída por três elementos básicos, na qual cada um dos seus vértices corresponde a: comprometimento/decisão, intimidade e paixão (Sophia, 2008).

De acordo com Sternberg (1988, *apud* Shiramizu; Lopes, 2013), o vértice da intimidade define-se como a base do amor. Mas, para a construção de uma base sólida, é necessário paciência para a estruturação de laços fortes de intimidade. Esse tipo proporciona uma relação de confiança e proximidade, no entanto é considerada um dos aspectos mais difíceis de se ter. O segundo vértice é o comprometimento/decisão; é dividido em longo e curto prazo, o curto prazo consiste na decisão de amar o outro na relação, enquanto o longo prazo tem o comprometimento de continuar ou não o vínculo com a outra pessoa. O último vértice, a paixão, define-se pela atração física e consumação sexual.

Assim como na teoria de Lee, a combinação dos vértices do triângulo de Sternberg (1988), também se resultam em outras formas de amor. É possível perceber como os três vértices do triângulo e suas combinações se resultam em mais quatro tipos de amor, conforme a Fig. 1, totalizando em sete tipos de amor: gostar, amor romântico, amor vazio, amor inconsequente, amor paixão, amor romântico e amor consumado.

Figura 1 – Os tipos de amor de acordo com a combinação dos elementos do amor
Fonte: Sternberg (1988, *apud* Silva; Trindade; Junior, 2013).

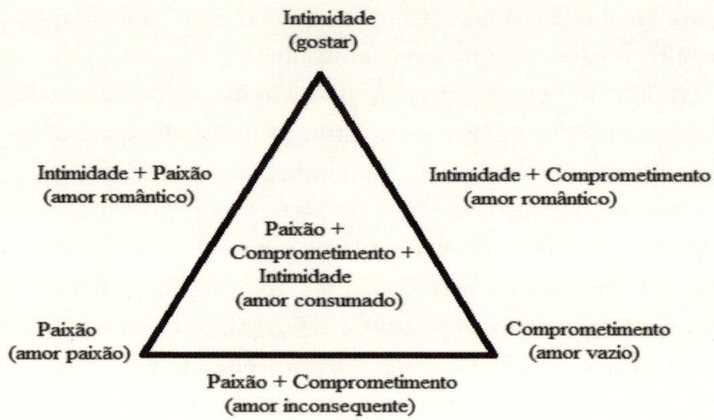

Tipos de Amor	Descrição
Gostar	Não há intensidade em paixões ou em uma relação duradoura. É definido como estar junto com alguém e querer o bem, são as relações de amizade.
Paixão	É o amor obsessivo, é a idealização do objeto do amor; possui grande agitação intelectual e física.
Amor vazio	Este já passou pelos tipos de amor da paixão e da intimidade e, por inúmeros motivos, eles se extinguiram. É caracterizado por relações de longo tempo.
Amor romântico	Acredita que o comprometimento é algo do futuro e não crê na duração da relação. As atrações físicas e emocionais são características.

Tipos de Amor	Descrição
Amor companheiro	Próprio dos casamentos ou amizades de longos tempos, de bases fortes com as relações no companheirismo e comprometimento.
Amor inconsequente	É o amor típico "à primeira vista", não há um comprometimento com o outro neste tipo de relação; quando a paixão se vai é normal que esta relação termine.
Amor consumado	Junção dos três vértices do triangulo, é o tipo de amor que todo mundo quer, pois se torna uma relação sólida, e possui todos os elementos necessários de um relacionamento ideal.

Fonte: Silva; Trindade; Junior, 2013.

Através das contribuições de Sophia e Shiramizu e Lopes (2008; 2013), pode-se concluir que tanto Lee e Sternberg revolucionaram os estudos relacionados ao amor, porém, por mais que tentassem descrever os tipos, há inúmeras combinações e tipos de amor; eles conseguiram relatar os principais e mais visíveis. Mas o amor tem uma infinidade de sentimentos, emoções e angústias que o envolvem. Todos nós passaremos por pelo menos um deles em nossas vidas.

Para começarmos a estudar a fenomenologia, não podemos esquecer do fundador e precursor Edmund Husserl, destacando a sua forma de interpretação dos fenômenos. Husserl, (2003, *apud* Goto, 2015) expressou seus estudos, salientando que a fenomenologia não procura ser nada além de uma doutrina de essências da alma pura, a qual, se refletimos até o fim, dá-se como todas as ciências a *priori*.

Husserl afirmava que, se a pessoa conseguisse olhar para sua vivência com tudo que está implicado na experiência, deixando todo seu conceito e juízos de valor do que é devido às suas experiências anteriores, poderia chegar a desfechos seguros do conhecimento e sua importância. Nessa lógica, pode afirmar-se sobre os atos da consciência, e isso seria o alcance da verdade, deixando o ceticismo de lado e dando lugar a uma base sólida para argumentos. A todo esse propósito Husserl denominou a filosofia como ciência rigorosa e, por fim, a "fenomenologia" (Amatuzzi, 2009).

A fenomenologia é o estudo dos fenômenos, o que se mostra na consciência daquilo que nos é dado, procurando entender tal fenômeno. Essa abordagem filosófica expõe ao mundo o significado do fenômeno, apesar de ser necessário descobrir sobre, de modo que se mostre o que aquilo que a coisa é (Silva; Lopes; Diniz, 2006).

É uma filosofia, de certo modo, fácil, descreve o que se pode denominar de rotina, algo corriqueiro, ou seja, a descrição de algo que é sempre moderno. Porém, não é simples para ser estudada, seus materiais de estudo são complicados, longos e muitas vezes incompreensíveis em uma primeira leitura. São textos que não prendem a atenção do leitor e exigem muita concentração e paciência para compreender (Holanda, 2014).

Para um entendimento etimológico, a palavra fenomenologia resulta de duas palavras gregas: *phainomai* (fenômeno), que quer dizer mostrar-se, e a palavra *logos,* que, neste caso, significa descrever. Deste modo a fenomenologia tem sentindo de descrever tudo aquilo que se mostra, que surge (Goto, 2015).

Para Husserl (1986), a explicação sobre a construção do fenômeno é a fenomenologia, esses fenômenos são as vivências que estão na consciência. Toda essa organização da consciência transcendental estabelece as significações no simples e autêntico ato de apreender (plano empírico) ou no significar (plano transcendente) os sentidos naturais e espirituais (Ziles, 2013).

Observando Heidegger (1999), este tem como conceito e compreende o fenômeno como o que se mostra, o sentido da coisa, suas mudanças e desdobramentos, pois esse mostrar não é apenas só mostrar ou uma simples manifestação do que se é. Vai além do só mostrar, vai como cada pessoa o percebe e significa para si (Silva; Lopes; Diniz, 2006).

Segundo Holanda (2009), para uma maior compreensão e de maneira prática e simples, a fenomenologia pode ser descrita através de três conceitos básicos. O primeiro conceito baseia-se na fenomenologia como uma epistemologia, é a base principal para a sua construção, é a fundamentação teórica dos estudos em como se dá o entender. Em seguida a fenomenologia como um método, que nos proporciona a interação com o mundo, os fenômenos sendo como eles são e o sujeito em reação à exposição do mundo a sua volta. Por fim a fenomenologia como uma filosofia, que estuda e compreende o homem em suas inúmeras perspectivas, sociológicas, antropológicas etc.

De acordo com Guimarães (2008, *apud* Borba, 2010), a fenomenologia se interessa no sentindo em que o sujeito dá ao fato ou do objeto percebido, não apenas para o momento ali. Todo esse ato de compreender os sentidos e a essência é denominado fenomenologia, o entendimento do fato e a sua percepção ao objeto, isso é o que difere da ciência que busca a sua verdade em cima de fatos reais.

Goto (2015) afirma que o fenômeno deve ser compreendido como tudo aquilo que se mostra, como tudo o que existe, pois o fenômeno se mostra como ele é e de fato ele é o que se manifesta. Um exemplo são as plantas, eles se mostram como plantas porque elas de fato são plantas, elas não se mostram como humanos, pois se manifestam pelo fato de que são elas mesmas.

A luta da fenomenologia consiste na atividade de apreender o mundo como este se manifesta a nós enquanto fenômeno. Ou seja, podemos representar o mundo e as coisas às quais damos significados por meio de um olhar ingênuo. Significa percebermos o mundo no que de fato a coisa é; não com uma interpretação que já está em nós, anterior a nossa experiência, na qual é colocada a nós por nossos conceitos, julgamentos, social e cultural. Significa apenas olhar e ver, sem olhar, achar algo e julgar (Holanda, 2014).

Dentre os inúmeros desdobramentos da fenomenologia, um dos conceitos que surge é o "do mundo vivido", o ser-no-mundo; mundo que nos é oferecido antes de formularmos sobre ele. É deste mundo vivido que surgem os nossos pensamentos. Esse conhecimento dá-se na relação em estar no mundo, em conhecer o nosso nele, saber sobre nossas relações. Esse saber que se apresenta nas relações se mostra como o fenômeno e posteriormente o pensamento idealizado. Todo esse conhecimento dá-se a partir do nosso estar e agir no mundo. (Amatuzzi, 2009).

Holanda (2014) ressalta ainda que a fenomenologia é um estímulo para o esclarecimento da realidade. É o começo das vivências e experiências do mundo. É a busca do fenômeno, do que se mostra e aparece, do que surge por si só. Fenomenologia é *ir às coisas mesmas,* buscando compreender como eu as percebo e como elas se apresentam a mim. É envolvimento das vivências e experiências e uma relação contínua de olhar, ver, perceber, dar sentido. Diante dessa relação, a fenomenologia torna-se o existir, de fazer parte e colocar-se no mundo. E assim temos o ser humano do modo mais complexo e completo fenômeno, trazendo todas as suas relações no mundo, como o amor, que é outro fenômeno resultado do fenômeno ser humano.

Os conceitos de amor são bem diversos e extensos, cada autor o define de uma forma, por mais que sejam da mesma abordagem. Alguns autores até possuem pensamentos iguais, mas fazem descrições diferentes. Um dos primeiros registros da palavra amor é encontrado em um dos fragmentos de Parmênides sobre a origem do universo, quando ele escreve: "antes de todos os deuses, criou o amor".

De acordo com Holanda (2004 *apud* Fujioka, 2009), vários são os questionamentos pelo amor, porém os estudos sempre se dirigiram ao sentido de sua denominação. Em outras palavras, a busca pela resposta da palavra amor não pode ser somente uma definição, tem de se voltar à constituição ontológica da existência, buscando sua a essência pura do que é investigado, ou seja, *ir às coisas mesmas.*

Heidegger (1986) criticava essa procura da classificação do amor, pois acreditava que jamais se atingiu a essência do amor. Quando se pergunta "o que é o amor?", contesta-se que o amor é colocado numa posição de algo concreto, algo que pode ser definido como um objeto. Mas essa forma de indagar o que é, sem se chegar à essência do fenômeno e ao modo ser, não é uma interpretação fenomenológica. Dessa maneira, o questionamento do amor não pode ser apenas algo que visa obter respostas concretas, como se o amor fosse um instrumento que pode ser avaliado e definido, ou ser submetido a uma investigação superficial (Lima, 2015).

Segundo Petrelli (1999, *apud* Fujioka, 2009), um dos maiores dilemas do existir é manter uma relação de intimidade perfeita e amorosa. Ele esclarece que o amadurecimento humano se atinge através do amor e do trabalho. Petrelli afirma que os motivos que influenciam uma pessoa a estabelecer vínculos com a outra são dois: a estruturação de uma obra físico-cultural ou a idealização de uma relação de amor com outra pessoa, seja de um modo particular seja social.

Agostinho (1837) reflete sobre o que devemos amar. Ele diz que nós precisamos amar sem medo, mas com inteligência. Isso expressa que o amor também deve ser amado, pois não se ama só, isto é, não se ama o nada ou ninguém. Porém, deve-se ter cuidado, pois deve-se amar as coisas que devem ser amadas, o que é real e não idealizado. Agostinho (1837) ainda compara que o amor equivale ao desejar e, que esse desejo pelo ser amado resulta na felicidade (Lima, 2015).

Aquela antiga frase "foi amor à primeira vista" é uma ilusão, não há amor repentino quando se olha para alguém, o que acontece é uma atração erótica. O homem se apaixona pelo grau de afeição e atração e acredita estar amando. Mas isso é apenas gostar, no momento em que esse sentimento avassalador se esvai, alguns relacionamentos passam de estágio, que é mais tranquilo e sem tantos hormônios à flor da pele. Esse novo estágio é o amor, é a fase final de todo um processo. Nesse estágio final o ser amado não é visto como um objeto sexual, somente como atração física, mas um reconhecimento e compreendimento do outro como pessoa (Romero, 2011).

Holanda (2004, *apud* Fujioka, 2009), ao afirmar que o homem só existe na relação, fortifica-se nas dessemelhanças e na diversidade de um ser na relação com o outro, isso quer dizer que o homem está em constante relação com o diferente e o similar ao mesmo tempo. Ele destaca que o "eu" não tem existência sem que haja contato com o outro, ou seja, não há um eu só, tanto quanto não há o outro só, somente há uma existência quando ambos se constituem relacionalmente. Woodward (2000) acrescenta que a identidade se instala no espaço das diversidades, também confirma que nos constituímos como pessoas singulares e únicas na convivência com os outros.

No livro "As formas da Sensibilidade – Emoções e sentimentos na vida humana", Emilio Romero descreve o amor como:

> O amor é um processo que surge pela interação com a pessoa amada; supõe uma progressivo conhecimento e valorização dela, chegando a constituir um bem acima de qualquer dúvida: é um bem único, supremo. São poucos os bens supremos. A vida, Deus, a saúde, a felicidade, a paz de espírito, nossos pais, o amor. Todos eles levam o selo do espirito, isto é, de um valor universal, sem restrições (Romero, 2011, p. 226).

Buber (1979, *apud* Fujioka, 2009) declara que o amor não está direcionado ao eu sozinho, ele não se idealiza no homem. Ele não se estabelece apenas em um ou no outro, ele ocorre em uma relação eu-tu. Buber não considera que o amor seja um sentimento único, mas um fenômeno que se dá em uma relação entre um e outro. E é somente nessa relação entre ambos, na dimensão da intersubjetividade, que se estabelece a existência humana.

O homem não vive sozinho, ele está disponível para o mundo, para relações de convivência, vive em uma constante relação de comunhão com os outros. Seguindo essa lógica de Gabriel Marcel (2004, *apud* Fujioka, 2009), existir é conviver ou ser com os outros. O eu sou é apenas um ato de existir, no entanto a partir do momento no qual me relaciono com os outros, eu existo com os outros, e essa é a intersubjetividade, a participação amorosa. Quando acontece a relação eu-tu, ela se dá imediatamente apenas com a presença.

Assim que esta relação eu-tu acontece e já passou por todos os estágios de compreensão entre ambos, o amor se estabelece, tornando assim uma relação mais clara e tranquila do ser amado. E é por essa visão mais clarificada que conseguimos enxergar os defeitos do outro, todavia, não deixando que esse lado negativo atrapalhe as virtudes do outro. Portanto, o amor não é cego, mas é totalmente explícito; possibilitando-nos conhecer na pessoa amada todas as características e qualidades que os outros não podem ver (Romero, 2011).

Petrelli (2005, *apud* Fujioka, 2009) define o amor como ética da existência que considera o fato de estar presente. Ressalta que amar é apoiar, defender e repartir. Amar é ter respeito com o outro e notar que cada um tem o seu tempo e espaço, sabendo valorizar o que o ser amado tem de melhor, ajudando-o a descobrir seus próprios valores e potencialidades. Amar é entrar na vida do ser amado e fazer uma nova história.

Agostinho (1837, *apud* Lima, 2015) relata que o amor é fruição. Apenas se sabe o quanto algo é valioso quando deste se frui algo. Se para amar você deve saber o quanto você pode usufruir, saber se é bom ou não, logo desejar significa que amar também é conhecer. Ou seja, o amor é o conhecimento do ser amado, do quão bom aquilo pode ser e do quanto se pode fruir, e assim ninguém pode ter ou compreender integralmente um bem que não é amado.

Holanda (2004, *apud* Fujioka, 2009) aponta que uma relação amorosa não é uma ação de uma pessoa em relação ao outro, mas um ato de intimidade entre ambos. Essa existência amorosa é o mais autêntico modo de "ser-no-mundo", o amor sendo como algo concreto e real de um sujeito, não como uma fantasia ou projeção da consciência.

O propósito do amor é oferecer o bem da outra pessoa, é proporcionar seu crescimento e realização, sua liberdade e independência. O amor não tem cobrança, ele quer dar mais do que possuir, os antigos dizem que até o mais mesquinho pode tornar-se uma pessoa caritativa. Portanto, ele realça os dons das pessoas (Romero, 2011).

Nesse sentido, Holanda (2004, *apud* Fujioka, 2009) também afirma que o amor é a presença de um na vida do outro. O amor é um chamado para uma relação de participação mútua, que caracteriza um ato de voltar-se para o outro, de estar disponível para dialogar; colocando-se genuinamente na relação. É nesse momento de estar aberto à relação que se estabelece a experiência do amor. Ele é simplesmente o ato de amparar, cuidar, respeitar e compreender o outro.

Assim como é extensa as definições e características do amor, as relações onde o amor se estabelece são variadas, primeiramente, o amor materno e paterno, o qual é o primeiro amor que conhecemos, em que os pais o transmitem à criança desde quando é gerada. Por conseguinte, o amor em relações amorosas, por exemplo em relacionamentos, casamentos e paixões. No terceiro caso, o amor fraterno e caritativo, que doa e ajuda ao próximo sem pensar em recompensas. Por fim, o amor patológico, pois há inúmeras pessoas às quais o amor deveria ser algo bom, entretanto torna-se doentio, fazendo com que ambas as partes se machuquem e não se sintam bem.

Os estudos psicanalíticos são os pioneiros em estudos que ressaltaram a importância do amor materno e paterno. Freud apresenta em suas teorias o Complexo de Édipo, que seria o primeiro ato de amor e desejo da criança (Angerami, 2006).

Mas foi Winnicott que apresentou estudos fenomenológicos até então não analisados para o cerne da psicanálise. Ele utilizou aspectos como o conceito de self, transicionalidade e a ideia de paradoxo, para uma melhor compreensão do crescimento humano a partir do vínculo materno-infantil. Winnicott descreveu como processo maturacional ou emocional todo o andamento de desenvolvimento do ser humano, que se estabelece nas primeiras relações, ainda no ventre materno. Estes primeiros cuidados maternos, ainda durante a gestação, são necessários para o crescimento do indivíduo (Silva, 2016)

A relação de amor maternal é o primeiro campo de aprendizado para o ser humano sobre o amor, devido à primeira relação mãe-filho. É partir desses vínculos criados que a criança irá desenvolver suas crenças, virtudes, sentimentos e atitudes na habilidade em amar e ser amado. O fundamento materno não está somente nas responsabilidades com a criança, mas também na compreensão e respeito para que o outro cresça (Cardella, 1994).

Todavia, para avaliar esse amor paterno e materno, é preciso diferenciá-los, uma vez que a mulher é preparada desde a infância, enquanto ainda brinca de boneca e casinha para a sua função de mãe quando adulta. E, na maioria dos casos, o pai se vê como pai já na fase adulta, quando casado e planeja a construção de uma família, ou ainda quando se vê frente a uma gravidez inesperada (Angerami, 2006).

Os primeiros contatos entre mãe e filho vão construindo-se desde o nascimento até os primeiros anos de vida. A relação é desenvolvida a partir da concepção, percorrendo pela gestação até o nascer. Quando a criança nasce, ao escutar a voz da mãe e sentir o calor, o bebê recorda-se do ventre materno. Essa relação estabelece confiança entre ambos, oferecendo o primeiro ambiente no qual a criança crescerá emocionalmente. É esse vínculo que irá compor o psiquismo do bebê, seu mundo interno, seu interior e seu self (Silva, 2016).

Após o nascimento, esse sentimento materno torna-se algo inexplicável de descrever. Os sentimentos da gestação elaboram-se durante ao longo da vida e, independente da literatura ou análises, o amor maternal não se encaixa em rotulações teóricas. Este cresce desde o útero onde o feto é gerado e continua aumentando ao longo da vida (Angerami, 2006).

Pesquisas atuais revelam a importância do pai na construção do indivíduo, em especial na elaboração da identidade. Contudo, ao contrário do que ocorre com as mulheres, os homens não são preparados para serem pais. Evidentemente há alguns casos em que os homens têm essa vontade de ser pai, mas, na maioria dos casos, o homem continua com o seu papel de macho dentro da sociedade, e o filho pertence apenas à mãe. Recentemente o pai tem assumido um papel mais presente na criação dos filhos, porém o amor materno sobressai diante do amor paterno, devido aos vínculos ainda criados durante a gestação (Angerami, 2006).

Desde o romanticismo no século XIX, o amor é um dos grandes objetivos da existência. De uma forma ou de outra, as pessoas confessam o desejo de serem amadas ou amar. A maioria acredita que, sem a motivação amorosa, a vida torna-se inútil e miserável e provavelmente não merece ser vivida. O amor das paixões torna-se em romance que justifica qualquer esforço do parceiro, o sentimento de um encontro eterno (Romero, 2011).

A existência do amor é constituída nos mais variados campos de uma relação, iniciando desde a vivência erótica (paixão e desejo sexual pelo outro) até a construção de estruturas de afinidade para uma base sólida do relacionamento. Viver esse amor é render-se ao gosto de uma emoção que se reinicia na alma humana, e cuja essência nunca poderá ser descrita por autores científicos (Angerami, 2006).

De acordo com Oltramari (2009 *apud* Fonseca; Duarte, 2014), para se chegar ao amor, as relações passam por barreiras como os conflitos, expectativas que não são alcançadas, lados negativos do parceiro; e, todos esses percalços encontrados têm como substrato a afetividade. Há séculos o amor é o sentimento mais pretendido e buscado, e ele nunca perde o pedestal de ser o mais cobiçado entra os demais. A começar dos séculos passados, ele é lembrado como a razão de viver e sofrer, trazendo responsabilidades, tanto das felicidades humanas quanto de seus sofrimentos.

De acordo com Rogers (1979, *apud* Fujioka, 2009), aprender a vivência da vida a dois é compreender não uma técnica ou um sistema, mas um processo de estágios que dá continuidade a outros processos como a sexualidade, intimidade, respeito, procriação, partilha de responsabilidades, no qual todas essas ramificações formam o casamento. A relação na qual o casal mais se empenha para dar certo.

Abreu (2016) afirmou que o fato de estar casado não torna as pessoas felizes, entretanto, um casamento feliz e estável pode colaborar para que os cônjuges tenham um estado de felicidade maior. Na verdade, o que garante essa felicidade, fazendo com que o amor dure, é saber expressar o afeto que sentem um pelo outro; saber dialogar com o parceiro; celebrar as notícias boas, além de todo o apoio emocional; sair da rotina; saber que o amor não é o único que sustenta uma relação, que é necessário superar os dias ruins, apoiar, respeitar; e ser consciente da sua escolha, pois, assim como um escolheu o parceiro para a vida, o outro também escolheu, e ambos são responsáveis por fazer dar certo.

Aguiar (2005 *apud* Fujioka, 2009) evidencia que uma das maiores satisfações e prazeres da vida é poder ter um parceiro com quem você possa contar na vida, na alegria e na tristeza, na saúde e na doença, na riqueza e na pobreza e para "o que der e vier". Você poder ser quem você é independente de onde esteja e saber que pode contar com o apoio do seu amado.

Angerami (2006) ainda ressalta em seu livro "As relações de amor" sobre o quanto a experiência de cada relação é única:

> Dizer que a vivência de duas pessoas jamais será repetida por outras é até mesmo o que um determinado ser viveu com o seu amante jamais será vivido em similaridade de intensidade e afeto nem mesmo com esse amante. O amor é experiência que não se repete. E a paixão é algo que se torna insólito quando se tenta acoplá-la a explicações teóricas. A razão que impulsiona a vivência dos grandes momentos de amor não cabe em qualquer tipo de explicação, por mais detalhada e ampla que possa ser (Angerami, 2006, p. 104).

O amor fraterno é o amor que doa, é o amor pela humanidade. É o amor que acontece durante as vivências da ajuda, apoio, solidariedade e amparo à própria humanidade. Existe nesse amor uma vivência de união e cumplicidade humana, partindo do princípio de que todos somos um só. (Cardella, 1994)

Angerami (2006) apresenta o amor caritativo como o que busca a caridade, a fé e a esperança como bases, e estas são virtudes importantes, mas o amor é o que se sobressai sobre todas as outras virtudes. Angerami ainda ressalta que "o amor como amor ao bem não tem medida" e de fato o amor fraterno não mede esforços e nem busca recompensar ou usufrui deste.

Cardella (1994) constata que a liberdade é a base do amor fraterno, não é exclusivo para uma única pessoa e não visa o bem de apenas um. Ele é livre do apego. O amor fraterno não escolhe cor, raça, posição social, apenas escolhe amar ao próximo sem distinções. É o amor pelo desconhecido e diferente, mas semelhante em sua humanidade, proporcionando a proximidade entre o vínculo das pessoas só pelo sentimento de familiaridade.

Partindo dos séculos passados até os dias atuais, nota-se que nunca faltarão situações onde serão necessárias à solidariedade humana, pois depressão e suicídio sempre irão fazer parte da humanidade, independentemente da atual circunstância econômica na qual se encontra o mundo. Aqueles que praticam o amor fraterno ainda sonham com uma sociedade em que as pessoas não sejam excluídas e em que a justiça reine (Angerami, 2006).

De acordo com estudos expostos, é perceptível que cada pessoa ama de sua forma, portanto, não há o certo ou o errado de amar. O que pode ser considerado errado são os amores em excessos e que podem, ao invés de beneficiar ambos os lados, trazer sérios problemas psicológicos. Abreu, em seu livro "Psicologia do Cotidiano", define o amor patológico como:

> Quando o comportamento sentimental se torna excessivo e a pessoa se vê obrigada a manter atenção no parceiro mais do que consideraria razoável, deixando de lado outras atividades e pessoas que antes valorizava – como amigos, filhos, família-, ela pode estar, na verdade, com um problema que se chama amor patológico (Abreu, 2016, p. 24).

Já foi visto que as relações saudáveis e suficientes são fontes de felicidade e bem-estar. Porém, quando estas relações terminam, geram grandes angústias e decepções. Sophia (2008) afirma que no amor patológico a pessoa não está disposta a mudar, nem muito menos a romper essa relação abusiva, fazendo com que o sofrimento seja exagerado e a saúde mental abalada.

Apesar de acontecer tanto com os homens e quanto com as mulheres, o sexo feminino é o que mais se destaca quando o assunto é amor patológico. Este tipo de amor é comparado às dependências de drogas e álcool; a pessoa cria uma dependência tão grande em relação ao outro, que qualquer indício de término da relação pode causar sintomas físicos no indivíduo. Em grande parte dos relacionamentos no qual há esse excesso e abuso, termina-se por desgaste dos sentimentos de conexão da relação (Abreu, 2016).

Esse amor é definido pela conduta de ter cautela e cuidado com o outro de modo excessivo e frequente, sem que se tenha um controle. No amor patológico o parceiro passa a ser prioridade em tudo o que se faz. Mesmo após haver um diálogo com a pessoa; ela reconhecer sobre o seu jeito de amar em excesso, perceber o quanto isso a faz mal e como tem-se afastado de suas atividades e familiares, ainda assim, o relacionamento e as atitudes são mantidas pelo indivíduo com amor patológico. Isso é extremamente prejudicial para ambas as partes (Sophia, 2008).

Segundo Holanda (2004, *apud* Fujioka, 2009) e Heidegger (1986, *apud* Lima 2015), todos as pesquisas relacionadas ao tema amor procuram denominar a palavra, não buscando a essência do que é amar. Elas o colocam como um objeto que pode ser analisado de uma única forma, definindo o seu significado. Para eles, deve-se buscar o amor de uma forma pura; talvez este seja um dos motivos pelo qual Heidegger escreveu apenas alguns fragmentos sobre o amor, pois acreditava que jamais seria possível alcançá-lo como de fato é.

Porém, Romero e Petrelli (2011; 2005, *apud* Fujioka, 2009) definiram o amor como algo que é construído em uma relação. Eles afirmam que o amor é respeitar e apoiar, é defender e repartir, e que deve saber valorizar o que o outro tem de melhor. Descrevendo assim o amor na fenomenologia, conforme o objetivo geral, em que amar é estar presente na vida do outro, é um processo de conhecimento do outro no qual não há cobranças e no qual se deve respeitar as diferenças e individualidades de cada um.

Romero (2011) ainda afirma que o propósito de amar é proporcionar crescimento e liberdade ao ser amado. Constata também que ele quer dar mais que possuir, é doar-se ao outro sem recompensas ou cobranças. Mas Agostinho (1837, *apud* Lima, 2015) vai contra a todos as afirmações anteriores, quando ele diz que o amor é fruição, e que só se sabe o quanto o amor pode ser valioso quando se tem uma recompensa dele, quando, de alguma forma, pode-se usufruir dele.

Através dos relatos dos autores apresentados, é possível compreender que para que o amor se constitua é preciso existir uma construção de respeito e reciprocidade com o próximo. Esse amparo ao próximo não é somente para relações de casais, mas também pode ser considerado em uma amizade ou na família. Independente das partes integrantes do amor, ele sempre deve estar relacionado ao outro, deixando que o outro seja ele mesmo.

Para Guimarães (2008, *apud* Borba, 2010) e Silva, Lopes e Diniz (2006), a fenomenologia importa no sentido que cada pessoa dá ao fato percebido, ou seja, percebe o que de fato a coisa é e qual o significado dela para o Eu. Por isso, cada pessoa interpreta algo de forma individual, como se olhássemos as coisas de modo puro sem interpretações anteriores.

Segundo Merleau-Ponty (1994, *apud* Feijoo; Mattar, 2014), a fenomenologia é o estudo das essências e tudo que essa percepção acarreta. É a compreensão do homem em sua existência, a essência da consciência. Ele buscou os valores internos de cada um, quando afirmou que a compreensão é dada por cada um na sua integridade e na percepção dela; além de que o indivíduo interpreta o outro à sua forma, pois sua compreensão só ele pode ter.

Amatuzzi (2009) e Holanda (2009) ressaltam que a fenomenologia é o existir e o se colocar no mundo; que todo conhecimento o qual temos sobre o mundo se concede à medida em que vamos vivenciando e criando novas experiências de mundo, o mundo-vivido. Esses aprendizados dão-se na relação com o outro, no olhar para o outro sem preconceitos estabelecidos, tentando compreender o outro como de fato ele é.

De acordo com todas essas perspectivas, fica evidente o porquê de a fenomenologia ser escolhida para servir como base teórica para o amor, visto que ela se estabelece nas relações com o outro, que é uma abordagem sem julgamentos iniciais. Ela se baseia no que o Eu vive, sente e em como esse Eu percebe o outro, deixando de lado todos os seus ceticismos. É simplesmente olhar o outro e entender como ele é e respeitar. Assim é o amor, é a compreensão pelo outro de forma que não o julgue antes de conhecê-lo, antes que se estabeleça uma relação ou antes de construir as intimidades.

Lee (1977, *apud* SOPHIA 2008), um dos pioneiros a fazer essa divisão dos tipos de amor, revelou que é impossível definir quantas ramificações o amor pode ter. No entanto, assim como as cores, no amor também existem os primários, secundários e à proporção em que vão se misturando, vão criando novas formas de amar. Ao realizar a sua pesquisa ainda constatou que uma pessoa não ama só de uma forma, que isso pode variar de acordo com o momento no qual ela vive, ou com o quanto ela está disposta a se relacionar com alguém. Nesse sentido, é extremamente importante o autoconhecimento, para que a pessoa saiba o que buscar no outro, sem que se tenha sofrimentos em alguma das partes.

Como existem várias formas de amar, não se pode dizer que um jeito é errado só pelo fato do ser amado não conseguir ser fiel ao outro ou que, por não ter feito jus à frase "até que a morte nos separe", significa que não foi amor. O amor sempre pode recomeçar e renovar-se, pode-se amar alguém hoje e não dar certo por objetivos, projetos futuros diferentes. Mas, ao conhecer uma nova pessoa com a qual dure muito tempo, não significa que os relacionamentos passados não tenham sido amor, significa que se viveu momentos distintos e teve percepções dissemelhantes.

Diante do que foi exposto até aqui, é possível perceber que, na maioria das pesquisas, o amor é tratado nas relações de marido-mulher, namorados e amantes. Entretanto, ele não se submete somente a essas relações. O sentimento de doar, sentimentos pelos pais e irmãos, o sentimento até mesmo por um animal de estimação podem denominar-se amor, deixando evidente mais uma vez que o amor não é algo único a alguém, mas é variado e cada pessoa o sente da forma como o percebe.

Todavia, as ramificações de amor são longas e podem existir em inúmeras relações; portanto, não seria possível descrever em um artigo todas. Assim, foi decidido falar sobre apenas quatro delas para as descrever no presente estudo. O primeiro tipo foi definido por ser exatamente o primeiro amor que conhecemos, a relação filho-pais. O segundo amor nas relações de casais, pois é aquela que nós buscamos por uma vida, porque o homem acredita que só estará realmente completo quando encontrar alguém para amar e ser amado. O terceiro amor vai contra alguns conceitos apresentados aqui, o amor caritativo não precisa que a relação seja recíproca, o amor é doado ao outro sem que seja recíproco. Por fim, o quarto amor retrata-se como uma doença que pode trazer sérios problemas psicológicos para quem está na relação.

Conforme os tipos de amor, é factível perceber que ele se desenvolve de inúmeros modos, seja por vínculos mãe-filho ou por construção de respeito e reciprocidade nos quais se estabelece. Outros nem se sabe como se desenvolveram, apenas se sabe que ali existe amor. Sabe-se também que o amor não surge do nada, ele cresce, renova-se, recomeça e se desenvolve de uma maneira incrível e única.

Contudo, apenas o amor fraterno vai contra essa construção da relação, pois ele não precisa que se construa em ambas as partes o sentimento, basta somente um dos lados doar-se sem pensar na troca. Por ser pouco estudado, não se conhece seu surgimento de fato nem como ele é estabelecido em cada uma das pessoas.

Independentemente de quem se ama ou o que se ama, o amor surge nas relações afetivas através de componentes que o envolvem. Esses componentes são essenciais para que o amor seja saudável para ambos. É óbvio que nem sempre o amor é perfeito, ele tem seus percalços, altos e baixos; mas, quando de fato existe o amor em ambas as partes e elas prezam por esse sentimento, ele pode superar qualquer problema. O amor é respeitar a individualidade do outro, deixá-lo livre e valorizar tudo o que há de melhor nele.

> O amor é algo que brota em cada fração de segundo nos mais longínquos cantos do universo. E, enquanto houver um apaixonado colhendo uma flor para sua amada e um sorriso de criança a iluminar nossos dias, o amor será a centelha de esperança para uma nova realidade humana. O amor é a esperança tingida de azul a enfrentar o desamor do ódio que domina muitos corações humanos (Angerami, 2006, p 150).

A partir das contribuições de Angerami (2006), conclui-se que o amor deve ser como uma estrada, esta tem de ser uma "via de duas mãos". Ele também tem de ser prazeroso, bom e complementar a vida; tem de ser ajuda e amparo. O amor que parece "um ringue de box", ou seja, uma luta constante, é ego. E, quando ele se rebaixa, só causa dor. O amor precisa ser livre, porque liberdade é fundamental a todos.

O amor é um dos únicos sentimentos que é unânime, milhares de pessoas buscam-no todos os dias, pois acreditam que ele poderá mudar suas vidas. Embora todos queiram sentir, falar dele não é fácil. Ao questionar qualquer pessoa de qualquer lugar do mundo sobre o que é o amor, por vezes, as respostas serão vagas, porque ninguém consegue chegar à sua essência, e cada um o vive de uma forma. Há pessoas que sentem frio na barriga, outras estremecem o corpo quando estão com o amado ou uma mãe não consegue descrever o amor pelo filho; mas no final tudo se resume ao amor.

Toda essa construção de uma relação afetiva não é simples e nem fácil de se estabelecer. Nem toda mãe ama o seu filho ou cria um vínculo, nem toda pessoa consegue encontrar alguém para amar, pois, para o amor ter validade, é necessário que as partes estejam dispostas a construir essa relação. Por isso, em alguns casos, o amor pode não ser recíproco e uma das partes acabar sofrendo.

Desta forma, podemos pensar o fenômeno amor, dentro do campo psicoterápico, no qual entendemos o mesmo como uma ruptura de todas as essências para se chegar ao entendimento. Quando usamos a redução fenomenológica no processo terapêutico, falamos de suspensão de todas as nossas crenças, valores e teorias pré-existentes para se chegar ao fenômeno como tal se mostra a nossa consciência.

O fenômeno amor passa a ser trazido pelo cliente em uma forma de essência, onde captamos apenas o vivido desta relação, seja qual tipo de amor for, como mencionado na teoria. Essa essência do amor é trazida pelo paciente no setting terapêutico e descrita por ele em uma forma convencional de significação, onde se transporta para a psicoterapia os sentimentos experenciados nesta relação com o amor.

O psicoterapeuta nesse processo, desperta no cliente uma condição de escuta terapêutica, onde o paciente possa estar assistido em sua completa alienação em trazer seus recursos sentimentais promovidos por uma constante vivência com o fenômeno amor, resgatando um novo significado a esse vivido.

A Psicoterapia Fenomenológica Existencial proporciona esse olhar em direção aos fenômenos trazidos e vivenciados pelo cliente, sendo de grande eficácia para o desvelamento dos pensamentos trabalhados no tratamento.

Segundo Feijoo (2000), para se situar a psicoterapia fenomenológico-existencial, cabe então chegar àquilo que fundamenta o processo psicoterapêutico nesta perspectiva. Pretende-se, então, alcançar a essência tal como pressupõe a fenomenologia, ou seja, tomando-a como consistindo naquilo que, uma vez ausente, faz o fenômeno deixar de existir.

Através das reduções fenomenológicas, alcança-se a essência da psicoterapia como algo sem o qual não há o processo: chega-se à "escuta e à fala" que são imprescindíveis no processo psicoterapêutico, no qual o método é o fenomenológico e um afunilamento consiste na hermenêutica. É a hermenêutica, como modo de interpretação do discurso em um processo de compreensão, que vai permitir a ocorrência do processo psicoterapêutico. (FEIJOO, 2000).

A clínica psicológica, em uma perspectiva fenomenológico-existencial, parte da premissa de que o homem se constitui no mundo: ser-no-mundo. As temáticas discutidas pela filosofia do existir tratam da vulnerabilidade do homem, do risco, da liberdade, da morte, da solidão e dos paradoxos da existência humana. A clínica psicológica, pautada nestas reflexões, vai se dar para que o homem possa se reconhecer em sua vulnerabilidade, com liberdade perante seu ser de possibilidades e não como um ente simplesmente dado pela sua função no mundo. (FEIJOO, 2000).

Perante as colocações apresentadas é possível caracterizar o amor de inúmeras formas e conceitos, apresentar variados tipos de amor e até mesmo descrever que o amor surge através do respeito, carinho, atenção ao outro, quando ambas as partes se doam. Mas, o que não é possível definir é como cada pessoa sente o amor, pois ele é único em cada indivíduo, não há uma generalização, e dizer, afirmar que dois seres sentem o amor da mesma forma é errado. O amor é um dos fenômenos mais complexos de se descrever, porque cada sujeito dá o sentido ao amor de forma ímpar, cada um o vivencia de forma incomparável.

Desta forma, o sujeito que é submetido a Psicoterapia em um embasamento Fenomenológico Existencial irá demostrar o amor de várias maneiras, em vários sentidos e será trabalhada pelo psicoterapeuta a forma que o cliente experiencia este sentimento em sua natureza, e no seu projeto de vida. Desta forma o cliente terá uma ressignificação do fenômeno amor a partir do comprometimento dele mesmo com a essência deste sentimento e despertara em sua jornada diária uma nova razão e um novo olhar sobre o fenômeno amor.

Referências

ABREU, C. N. *Psicologia do Cotidiano: como vivemos pensamos e nos relacionamos hoje.* Porto Alegre: Artmed, 2016.

AIRES, M. Reflexões Sobre a Vaidade dos Homens e Cartas Sobre a Fortuna, Ed. *Imprensa Nacional, IN. CM, Lxa*, 1990.

AMATUZZI, M. M. Psicologia fenomenológica: uma aproximação teórica humanista. *Estudos de Psicologia.* v. 26, n. 1, p. 93-100. Campinas – SP, 2009. Disponível em: <http://www.scielo.br/pdf/estpsi/v26n1/a10v26n1.pdf>

ANGERAMI, V A. *As Relações de Amor em Psicoterapia.* São Paulo: Pioneira Thompson Learning, 2006.

BORBA, J. M. P. A Fenomenologia em Husserl. *Rev. NUFEN.* v. 2, n. 2, p. 90-111. São Paulo – SP, 2010. Disponível em: <http://pepsic.bvsalud.org/pdf/rnufen/v2n2/a07.pdf>

CARDELLA, B. H. P. *O amor na relação terapêutica: Uma Visão Gestáltica.* São Paulo: Summus Editora, 1994.

FEIJOO, A. M. L. C.; MATTAR, C. M. A fenomenologia como método de investigação nas filosofias da existência e na psicologia. *Psicologia: Teoria e Pesquisa.* v. 30, n. 4, p. 441-447. Brasília – DF, 2014. Disponível em: <http://www.scielo.br/pdf/ptp/v30n4/v30n4a09.pdf>

FEIJOO, A. M. A *escuta e a fala em psicoterapia: uma proposta fenomenológico-existencial.* São Paulo: Vetor, 2000.

FERREIRA, A. B. de H. *Míni Aurélio: O Dicionário da Língua Portuguesa.* 8 ed. Curitiba: Editora Positivo, 2010.

FONSECA, S. R. A.; DUARTE, C. M. N. D. Do Namoro ao Casamento: Significados, Expectativas, Conflito e Amor. *Rev. Psicologia: Teoria e Pesquisa.* v. 30, n. 2, p.135-143, Brasília- DF, 2014. Disponível em: < http://www.scielo.br/pdf/ptp/v30n2/02.pdf> Acesso em: 28/02/2019.

FUJIOKA, T. R. Solidão na relação conjugal: um estudo fenomenológico. Goiânia: Universidade Católica de Goiás, 2009. Tese de Mestrado em Psicologia pela Universidade Católica de Goiás, Goiânia – GO, 2009. Disponível em:<http://tede2.pucgoias.edu.br:8080/bitstream/tede/2035/1/Thais%20Ribari%20Fujioka.pdf> Acesso em 06/05/2019.

GOTO, T. A. *Introdução à Psicologia Fenomenológica: a nova psicologia de Edmund Husserl.* São Paulo: Paulus, 2008.

HERNANDEZ, J. A E.; OLIVEIRA, I. M. B. Os componentes do amor e a satifação. *Rev. Psicologia Ciência e Profissão.* v. 21, n. 3, p. 58-69. Brasília – DF, 2003. Disponível em: <http://www.scielo.br/scielo.php?script=sci_arttext&pid=S1414-98932003000100009>

HOLANDA, A. F. Fenomenologia e Psicologia: diálogos e interlocuções. *Rev. Abordagem Gestalt.* v. 15, n. 2, p. 87-92. Goiânia-GO. 2009. Disponível em: < http://pepsic.bvsalud.org/pdf/rag/v15n2/v15n2a02.pdf>

HOLANDA, Adriano Furtado. *Fenomenologia e Humanismo: Reflexões Necessárias.* Curitiba: Juruá, 2014.

LIMA, P. S. O caminho do amor, a possibilidade existencial do amor em Heidegger e sua importância para a investigação do justo. São Paulo: Universidade de São Paulo, 2015. Tese de Doutorado da Universidade de São Paulo. São Paulo – SP, 2015. Disponível em: <http://www.teses.usp.br/teses/disponiveis/2/2139/tde-17082015-103141/pt-br.php> PIZZANI, L.; *et al.* A arte da pesquisa bibliográfica na busca do conhecimento. *Ver. Dig. Bibl. Ci. Inf.* V. 10, n. 1, p. 53-66. Campinas – SP, 2012. Disponível em: < https://periodicos.sbu.unicamp.br/ojs/index.php/rdbci/article/view/1896>

ROMERO, E. *As Formas da Sensibilidade: Emoções e Sentimentos na Vida Humana.* 5 ed. São José dos Campos: Della Bídia Editora, 2011.

SILVA, J. M de O.; LOPES, R. L.; DINIZ, N. M. F. Fenomenologia. *Rev. Brasileira de Enfermagem.* v. 61, n. 2, p. 254-257, Brasília – DF, 2008. Disponível em: < http://www.scielo.br/pdf/reben/v61n2/a18v61n2.pdf>

SILVA, P. de O. M.; TRINDADE, Z. A.; JUNIOR, A. da S. Teorias sobre o amor no campo da psicologia social. *Rev. Psicologia: Ciência e Profissão.* v. 33, n. 1, p. 16-31, Brasília – DF, 2013. Disponível em: < http://www.scielo.br/pdf/pcp/v33n1/v33n1a03.pdf>

SILVA, S. G. Do feto ao bebê: Winnicott e as primeiras relações materno-infantis. *Revista Psicologia Clínica.* v. 28, n. 2, Rio de Janeiro – RJ, 2016. Disponível em: <http://pepsic.bvsalud.org/scielo.php?script=sci_arttext&pid=S0103-56652016000200003>

SOPHIA, E. C. *Amor Patológico: Aspectos clínicos e de personalidade.* São Paulo: Universidade de São Paulo, 2008. Dissertação de Mestrado de Medicina pela Universidade de São Paulo – USP. São Paulo, 2008. Disponível em: <https://www.google.com/search?q=Sophia+2008+amor&oq=Sophia+2008+amor&aqs=chrome.69i57j0.6376j0j4&sourceid=chrome&ie=UTF-8#>

SHIRAMIZU, V. K. M.; LOPES, F. de A. A perspectiva evolucionista sobre relações românticas. Rev. Psicologia USP. v. 24, n. 1, p. 55-76, São Paulo – SP, 2013. Disponível em: <http://www.scielo.br/pdf/pusp/v24n1/v24n1a04.pdf> Acesso em 10/03/2019.

ZILES, Urbano. Fenomenologia e teoria do conhecimento em Husserl. *Rev. Abordagem Gestalt.* v. 13, n. 2, Goiânia-GO, 2007. Disponível em: <http://pepsic.bvsalud.org/scielo.php?script=sci_arttext&pid=S1809-68672007000200005>

Os autores

Organizador

VALDEMAR AUGUSTO ANGERAMI

Psicoterapeuta existencial; professor de pós-graduação de Psicologia da Saúde na PUC-SP; professor de pós-graduação em Psicologia da Saúde na UFRN; professor convidado do programa de pós-graduação em Psicologia e Oncologia da Unicamp; membro da Comissão Justiça e Paz de São Paulo e autor com o maior número de livros publicados em psicologia no Brasil e adotado também nas universidades da Espanha, Portugal, Canadá e América Latina.

Autores

ADRIANO FURTADO HOLANDA

Graduado em Psicologia, Mestre em Psicologia Clínica pela Universidade de Brasília e Doutor em Psicologia pela PUC-Campinas. Professor Associado do Departamento de Psicologia, Orientador de Mestrado em Psicologia e Orientador de Mestrado e Doutorado em Educação na Universidade Federal do Paraná. Editor-Chefe da revista *Phenomenological Studies – Revista da Abordagem Gestáltica* e Editor Associado da revista *Interação em Psicologia* (UFPR). Coordenador do Laboratório de Fenomenologia e Subjetividade (LabFeno-UFPR). Membro Colaborador do Círculo Latino Americano de Fenomenologia (Clafen), Coordenador do Grupo de Trabalho "Fenomenologia, Saúde e Processos Psicológicos" na ANPEPP. Tem experiência na área de Psicologia, atuando principalmente nos seguintes temas: Fenomenologia, Fenomenologia Husserliana, Psicoterapia, Abordagens Fenomenológicas e Existenciais, Psicologia da Religião, História da Psicologia e Pesquisa Fenomenológica, Psicologia Clínica, Processos de Saúde/Doença e Saúde Mental. Site: www.labfeno.com.br .

ANDRÉ LUIS SALES DA COSTA

Psicólogo; Mestre em Saúde pelo Programa Multi-Institucional do Centro de Pesquisas Leônidas & Maria Deane da Fundação Oswaldo Cruz em parceria com a Universidade Federal do Amazonas – CPqLMD/FIOCRUZ/UFAM; Especialista em Gerontologia e Saúde do Idoso pela Universidade Aberta da Terceira Idade em parceria com a Universidade do Estado do Amazonas (UnATI/UEA); Atua no campo da saúde, especificamente em serviços de Oncologia (Serviço de Terapia da Dor e Cuidados Paliativos da Fundação Centro de Controle de Oncologia do Amazonas – STDCP/FCECON/AM) ancorado nos referenciais da Psicologia Fenomenológico-Existencial.

BRUNO GONÇALVES

Graduação em Psicologia. Especialização em Docência no Ensino Superior pela PUC do Rio Grande do Sul. Formação em Psicoterapia Fenomenológico Existencial no Centro de Psicoterapia Existencial. Professor no curso de Formação em Psicoterapia Fenomenológico Existencial no Centro de Psicoterapia Existencial. Atuação como psicólogo clínico desde 2014. Atuação como psicólogo da saúde no CAPS de Porto Feliz de 2015 a 2019. Atualmente atua como psicólogo social na prefeitura de Jundiaí.

DAFNE A. V. SUIT

Psicóloga pela Universidade Federal da Bahia (UFBA), é mestra e doutora em Psicologia Social pela mesma instituição e tem formação em Gestalt-terapia pelo Instituto de Gestalt-terapia do Nordeste, é psicoterapeuta e supervisora na abordagem gestáltica. Dedicada à formação de psicólogos e Gestalt-terapeutas, lecionou na Universidade Federal da Bahia (UFBA), Faculdade São Bento da Bahia e Universidade Católica do Salvador (UCSAL), lecionando, atualmente, na Comunidade Gestáltica da Bahia, da qual é sócia-fundadora.

DANIELA DARABAS JACINTO

Graduação em Psicologia pela Universidade Luterana do Brasil (ULBRA). Especialização Lato Sensu: Psicologia Clínica Humanista, Fenomenológica e Existencial pelo Instituto Suassuna.

ÊNIO BRITO PINTO

(CRP 06/14675), psicólogo (PUCRJ), é mestre e doutor em Ciência da Religião (PUCSP), e tem pós-doutorado em Psicologia Clínica (PUCSP). Gestalt-terapeuta, é coordenador do Núcleo de Terapia Breve do Instituto Gestalt de São Paulo e professor convidado de cursos de formação em Gestalt-terapia no Brasil. É membro do corpo clínico do Instituto Terapêutico Acolher (ITA), especializado no atendimento a religiosos católicos. É autor, dentre outros, de “Os Padres em Psicoterapia: Esclarecendo singularidades”, “Psicoterapia de Curta Duração na Abordagem Gestáltica: Elementos para a prática clínica" e "Elementos para uma Compreensão Diagnóstica: O ciclo de contato e os modos de ser".

FAUSTO ROCHA FERNANDES

Possui Graduação em Psicologia pela Unitri - Centro Universitário do Triângulo. Especialização Latu Sensu em Docência no Ensino Superior pela Unicid- Universidade Cidade de SP. Pós-Graduado em Psicologia do Trânsito pela Universidade Católica de Brasília - DF. Formação em Gestalt-Terapia e Psicoterapia Fenomenológica pela Alethéia - Centro em Desenvolvimento em Psicologia - Uberlândia - MG. Co-autor do Livro: Suicídio e suas Interfaces: o Ardiloso Emaranhado da Autodestruição. Docente e Supervisor de Estágios do Curso de Graduação em Psicologia da ILES/ULBRA de Itumbiara-GO, Fucamp de Monte Carmelo e FATRA de Uberlândia-MG. Coordenador e Professor da Especialização Lato Sensu: Psicologia Clínica Humanista, Fenomenológica Existencial pelo Instituto Suassuna de Goiânia-GO e do Grupo de Estudos em ACP-Abordagem Centrada na Pessoa na FEP - Fernandes Eventos em Psicologia de Uberlândia-MG. Diretor Executivo do Simpósio Uberlandense de Psicologia e da FEP- Fernandes Eventos em Psicologia. Psicólogo Perito Examinador de Trânsito na Clínica São Miguel de Uberlândia-MG. Psicoterapeuta Humanista Fenomenológica Existencial (Crianças, Adolescentes e Adultos).

FRANCISCO BATISTA ASSUMPÇÃO JR

Livro docente pela Faculdade de Medicina da Universidade de São Paulo; professor associado do Instituto de Psicologia da Universidade de São Paulo; membro da Academia Paulista de Medicina (cadeira 17).

GISELE ALVES MEDEIROS

Graduada em Psicologia pela Universidade Luterana do Brasil, Especialista em Psicologia da Saúde e Hospitalar (ACCG/PUC-GO) e Mestra pela Universidade Federal de Uberlândia (UFU). Tem experiência em Psicologia Social, atuante em CRAS e Serviço de Convivência e Fortalecimento de Vínculos. Atualmente realiza atendimento Clínico e Hospitalar (experiência com pacientes oncológicos, hematológicos e acompanhamento em UTI).

ILENO IZÍDIO DA COSTA

Psicólogo pela Universidade de Brasília; Bacharel em Comunicação Social (Jornalismo) pelo Centro de Ensino Unificado de Brasília; Especializado em Psicologia e Psicoterapia Conjugal e Familiar (CEFAM); Mestre em Psicologia Social e da Personalidade pela UnB; Master of Arts in Philosophy and Ethics of Mental Health (University of Warwick/Reino Unido) e Doutor em Psicologia Clínica pela UnB/University of Warwick. Professor Adjunto do Departamento de Psicologia Clínica da UnB. Ex-Coordenador do Centro de

Atendimento e Estudos Psicológicos-CAEP/IP/UnB. Coordenador dos Grupos de Intervenção Precoce nas Psicoses (GIPSI), PERSONNA (Violência, Criminalidade, Perversão e "Psicopatia") e do Núcleo de Estudos. Pesquisas e Atendimentos em Saúde Mental e Drogas (NEPASD) do Instituto de Psicologia/UnB. Foi Coordenador do Centro Regional de Referência para o Enfrentamento às Drogas da UnB/Campus Darcy Ribeiro/Senad/MJ. Ex Vice-Diretor, Coordenador de Extensão, de Pós-Graduação Lato Sensu e de Projetos Especiais do Instituto de Psicologia da UnB. Foi Membro Titular do Comitê Nacional de Prevenção e Combate à Tortura (CNPCT) da Secretaria de Direitos Humanos da Presidência da República, representando o Conselho Federal de Psicologia (2014-2016). Tem experiência clínica, investiga, estuda e ensina sobre: psicoses/esquizofrenia, psicopatologias, saúde mental, psicoterapias (psicanalítica, sistêmicas, fenomenológicas) filosofias da mente, da linguagem e fenomenologia; intervenção precoce nas psicoses, primeiras crises psíquicas graves, fenomenologia do sofrimento psíquico, políticas públicas em saúde mental, álcool e outras drogas, luta antimanicomial, direitos humanos, psicologia forense, combate à tortura, reforma psiquiátrica e avaliação de serviços em saúde mental. Participa de GTs sobre Saúde Mental da Câmara dos Deputados (Federal) e sobre Medida de Segurança do Ministério Público do DF. Vice-Líder da Linha de Pesquisa "Psicopatologia, Psicoterapia e Linguagem"; do Laboratório de Psicopatologia e Psicanálise (PCL/PsiCC/IP/UnB) e Colaborador do Grupo de Pesquisa "Clínica da Atenção Psicossocial e Uso de Álcool e outras Drogas", coordenado pelo PSICLIN/UFSC. Finalizou Pós-Doutorado na Universidade Católica Portuguesa (Lisboa) sobre Fenomenologia da Crise Psíquica (2018).

LUCIA CECILIA DA SILVA

Psicóloga, docente do Programa de Pós-Graduação em Psicologia da Universidade Estadual de Maringá. Doutora em Psicologia pela Universidade de São Paulo, com pós-doutorado pela Université Paris-Diderot (França). Suas pesquisas são em torno dos fundamentos da fenomenologia e do existencialismo, morte e morrer, suicídio, cuidados paliativos. É membro do Comitê de Prevenção e Posvenção do Suicído da Secretaria Municipal de Saúde do Município de Maringá. Diretora do Veredas Instituto de Psicologia, Arte e Cultura (Maringá/PR).

LUIZ JOSÉ VERÍSSIMO

Psicólogo clínico pela PUC-RJ, Graduado, Mestre, Doutor e Pós-Doutor em Filosofia pela UERJ. Professor Adjunto e supervisor clínico em Psicoterapia Existencial na Universidade Veiga de Almeida (UVA). Leciona nos cursos de Pós-Graduação da UNIPAR (Psicologia Fenomenológico-Existencial) e da PUC-RJ (Psicologia Junguiana, Arte e Imaginário).

MIGUEL MAHFOUD

Doutor em Psicologia Social pelo Instituto de Psicologia da Universidade de São Paulo, Professor Associado aposentado do Departamento de Psicologia da Faculdade de Filosofia e Ciências Humanas da Universidade Federal de Minas Gerais, membro do "GT Psicologia & Fenomenologia" da Associação Nacional de Pesquisa e Pós-Graduação em Psicologia (ANPEPP).

RAFAEL RENATO DOS SANTOS

Possui formação em Magistério pelo Centro Específico de Formação e Aperfeiçoamento do Magistério (CEFAM). Graduado em Psicologia pela Universidade de Marília (UNIMAR), realizou o curso de Formação e Aprofundamento em Gestalt-terapia pelo DASEIN: Grupo de Apoio à Formação Terapêutica (Marília/SP). Trabalhou como psicólogo na Fundação CASA (Centro de Atendimento Socioeducativo ao Adolescente). Foi Tutor do Curso EaD de Capacitação para Comunidades Terapêuticas (Unesp - Campus Botucatu/SP). Atualmente trabalha no Centro de Referência Especializado da Assistência Social (CREAS - Itapetininga/SP), onde atua diretamente com Medidas Socioeducativas em Meio Aberto. É facilitador de Processos Circulares no Núcleo de Justiça Restaurativa de Itapetininga. Professor e supervisor do curso de especialização em Gestalt-terapia da Universidade Cruzeiro do Sul. Coautor dos livros "Clínica Gestáltica com Adolescentes" e "Psicoterapia Fenomenológico-Existencial". Mestrando do Programa de Pós-Graduação em Estudos da Condição Humana UFSCar Sorocaba.

RENATA RODRIGUES PENHA DE SOUZA OLIVEIRA

Psicóloga clínica, com experiência em atendimento infantil. Mestre em Psicologia pela Universidade Estadual de Maringá. Especialista em Psicologia Clínica Fenomenológico-Existencial pelo Instituto de Psicologia Fenomenológico Existencial do Rio de Janeiro, IFEN.

RODOLFO RIGON SPACK

Acadêmico do curso de Psicologia da Universidade Estadual de Maringá (UEM/PR). Advogado e Bacharel em Direito pela Universidade Federal do Paraná (UFPR). Proponente do Projeto de Iniciação Científica (PIC).

ROSANA ZANELLA

Psicóloga, psicoterapeuta, Mestre em Psicologia da Saúde pela UMESP, Especialização em Gestalt-terapia pelo Instituto Sedes Sapientiae, professora do curso de especialização em Gestalt –terapia no referido Instituto, editora da Revista de Gestalt do Instituto Sedes Sapientiae, professora das Faculdades Metropolitanas Unidas (FMU), grupo Laureatte.

SUELI GUERREIRO

Psicóloga. Atua com pessoas em situação de rua desde 2005. Coautora dos livros Sobre o suicídio: a psicoterapia diante da autodestruição; Psicologia da saúde na prática.Teoria e Pratica; Suicídio e suas interfaces: o ardiloso emaranhado da autodestruição. Formação em psicoterapia fenomenológico-existencial pelo Centro De Psicoterapia existencial

SYLVIA MARA PIRES DE FREITAS

Psicóloga. Doutora em Psicologia pela Universidade Estadual de Maringá (UEM/PR). Mestre em Psicologia Social e da Personalidade pela Pontifícia Universidade Católica do Rio Grande do Sul (PUCRS). Especialista em Psicologia do Trabalho pelo Centro Universitário Celso Lisboa (CEUCEL/RJ). Formação em Psicologia Clínica na abordagem existencialista pelo Núcleo de Psicoterapia Vivencial (NPV/RJ). Professora dos cursos de Graduação em Psicologia e do Programa de Pós-Graduação em Psicologia da Universidade Estadual de Maringá (UEM/PR). Autora do livro *Psicologia Existencialista de Grupos e da Mediação Grupal: contribuições do pensamento de Sartre*, lançado em 2018 pela Editora Appris.

TOMMY AKIRA GOTO

Professor da Pós-Graduação em Filosofia e da Graduação e Pós-Graduação em Psicologia da Universidade Federal de Uberlândia (UFU), Doutor em Psicologia como Profissão e Ciência pela PUC-Campinas, Mestre em Filosofia e Ciências da Religião pela Universidade Metodista de São Paulo e Graduado em Psicologia pela Universidade São Marcos. Membro do GT de Fenomenologia da Associação Nacional de Pós-Graduação em Filosofia (ANPOF); Membro do GT "Fenomenologia, Saúde e Processos Psicológicos" da Associação Nacional de Pesquisa e Pós-Graduação em Psicologia (ANPEPP). É vice-presidente fundador da Associação Brasileira de Psicologia Fenomenológica, Membro-colaborador do Círculo Latinoamericano de Fenomenologia (CLAFEN), Membro Ordinário da Asociación Internacional de Fenomenología y Ciencia Cognitiva, Membro-assistente da Sociedad Iberoamericana de Estudios Heideggerianos SIEH e membro da Associacion Latinoamericana de Psicologia Existencial (ALPE). Tem experiência profissional e docente na Psicologia e Filosofia, Epistemologia, Fenomenologia e Ciências Cognitivas, Psicologia e Educação, Psicologia Fenomenológica de Edmund Husserl e Edith Stein. Além disso tem atuado e pesquisado as seguintes áreas: Filosofia, Antropologia Filosófica, Experiência religiosa, Fenomenologia da Religião, Fenomenologia e Saúde e Psicologia Fenomenológica. Email: prof-tommy@hotmail.com

Este livro foi composto com tipografia Bembo
e impresso em papel Lux Cream LD 70g. na Gráfica Del Rey.